税务公务员
业务知识一本通

（2024 年版）

《税务公务员业务知识一本通》编写组　编

中国税务出版社

图书在版编目(CIP)数据

税务公务员业务知识一本通：2024年版/《税务公务员业务知识一本通》编写组编. -- 北京：中国税务出版社，2024.4

ISBN 978-7-5678-1465-3

Ⅰ.①税…　Ⅱ.①税…　Ⅲ.①税收管理-中国-干部培训-教材　Ⅳ.①F812.423

中国国家版本馆CIP数据核字(2024)第038641号

书　　名：税务公务员业务知识一本通(2024年版)
SHUIWU GONGWUYUAN YEWU ZHISHI YIBENTONG(2024 NIAN BAN)
作　　者：《税务公务员业务知识一本通》编写组　编
责任编辑：庞　博　高莉贤
责任校对：姚浩晴
技术设计：林立志
出版发行：中国税务出版社
北京市丰台区广安路9号国投财富广场1号楼11层
邮政编码：100055
网址：https://www.taxation.cn
投稿：https://www.taxation.cn/qt/zztg
发行中心电话：(010)83362083/85/86
传真：(010)83362047/49
经　　销：各地新华书店
印　　刷：天津嘉恒印务有限公司
规　　格：787毫米×1092毫米　1/16
印　　张：30.5
字　　数：484000字
版　　次：2024年4月第1版　2024年4月第1次印刷
书　　号：ISBN 978-7-5678-1465-3
定　　价：80.00元

编者说明

为满足税务干部业务能力提升和日常学习培训需要，帮助税务干部全面掌握相关税费基础知识，快速提高业务能力，为高质量推进中国式现代化税务实践提供坚强的人才支撑和智力保障，根据全国税务系统干部教育培训规划等相关制度文件要求，我们组织税务系统部分专家和业务骨干编写了2024年版《税务公务员业务知识一本通》，以期对广大税务干部业务素质培养和履职能力提升有所裨益。

本书系统介绍了我国税务机关负责征收的各种税费，涵盖相关税（费）制概要、优惠政策、征收管理等内容，并设置疑难解答和案例解析。全书行文力求简明、清晰，法规引用力求最新、精准，疑难解答力求准确、明晰，案例解析力求实用、典型。本书既可作为日常工作中随手查阅的工具书，也可作为税务干部业务培训的学习资料。

由于编者水平有限，疏漏之处在所难免，恳请读者批评指正。

目 录

第一章　增值税

第一节　税制概要

一、纳税人

在中华人民共和国境内（以下简称境内）销售货物或者加工、修理修配劳务，销售服务、无形资产、不动产以及进口货物的单位和个人，为增值税纳税人。我国将增值税纳税人按其经营规模大小划分为一般纳税人和小规模纳税人。

（一）一般纳税人

年应税销售额超过财政部和国家税务总局规定标准的纳税人为一般纳税人。

根据《增值税一般纳税人登记管理办法》（国家税务总局令第43号）规定，增值税纳税人，年应税销售额超过财政部和国家税务总局规定的小规模纳税人标准的，除按照政策规定选择按照小规模纳税人纳税的和年应税销售额超过规定标准的其他个人外，应当向其机构所在地主管税务机关办理一般纳税人登记手续。

年应税销售额，是指纳税人在连续不超过12个月或4个季度的经营期内累计应征增值税销售额，包括纳税申报销售额、稽查查补销售额、纳税评估调整销售额。纳税人偶然发生的销售无形资产、转让不动产的销售额，不计入应税行为年应税销售额。

（二）小规模纳税人

年应税销售额未超过财政部和国家税务总局规定标准的纳税人为小规模纳税人。

根据《财政部 税务总局关于统一增值税小规模纳税人标准的通知》（财税〔2018〕33号）规定，自2018年5月1日起，增值税小规模纳税人标准为年应征增值税销售额500万元及以下。

根据《中华人民共和国增值税暂行条例实施细则》（以下简称《增值税暂行条例实施细则》）第二十九条规定，年应税销售额超过小规模纳税人标准的其他个人按小规模纳税人纳税；非企业性单位、不经常发生应税行为的企业可选择按小规模纳税人纳税。

根据《营业税改征增值税试点实施办法》（财税〔2016〕36号附件1）第三条规定，年应税销售额超过规定标准的其他个人不属于一般纳税人。年应税销售额超过规定标准但不经常发生应税行为的单位和个体工商户可选择按照小规模纳税人纳税。

小规模纳税人会计核算健全，能够提供准确税务资料的，可以向主管税务机关办理一般纳税人登记，成为一般纳税人。

（三）一般纳税人转登记为小规模纳税人

除国家税务总局另有规定外，纳税人一经认定为一般纳税人后，不得转为小规模纳税人。为了促进税收公平和保护广大纳税人的合法权益，减轻纳税人税收负担，在2018年至2020年期间，国家先后三次出台了一般纳税人转登记为小规模纳税人的政策。

1. 2018年政策规定

根据《财政部 税务总局关于统一增值税小规模纳税人标准的通知》（财税〔2018〕33号）规定，自2018年5月1日起，按照《增值税暂行条例实施细则》第二十八条规定，已登记为增值税一般纳税人的单位和个人，转登记日前连续12个月（以1个月为1个纳税期）或者连续4个季度（以1个季度为1个纳税期）累计销售额未超过500万元的一般纳税人，自2018年5月1日至2018年12月31日前，可转登记为小规模纳税人，其未抵扣的进项税额作转出处理。

2. 2019 年政策规定

根据《国家税务总局关于小规模纳税人免征增值税政策有关征管问题的公告》（国家税务总局公告 2019 年第 4 号）第五条规定，转登记日前连续 12 个月（以 1 个月为 1 个纳税期）或者连续 4 个季度（以 1 个季度为 1 个纳税期）累计销售额未超过 500 万元的一般纳税人，在 2019 年 12 月 31 日前，可选择转登记为小规模纳税人。

3. 2020 年政策规定

根据《国家税务总局关于明确二手车经销等若干增值税征管问题的公告》（国家税务总局公告 2020 年第 9 号）第六条规定，转登记日前连续 12 个月（以 1 个月为 1 个纳税期）或者连续 4 个季度（以 1 个季度为 1 个纳税期）累计销售额未超过 500 万元的一般纳税人，在 2020 年 12 月 31 日前，可选择转登记为小规模纳税人。

二、增值税税率和征收率

（一）税率

1. 13%税率

（1）纳税人销售或者进口货物（适用低税率、征收率和零税率的除外）；

（2）纳税人提供加工、修理修配劳务；

（3）纳税人提供有形动产租赁服务。

2. 9%税率

纳税人销售交通运输、邮政、基础电信、建筑、不动产租赁服务，销售不动产，转让土地使用权，销售或者进口下列货物适用税率为 9%：

（1）粮食等农产品、食用植物油、食用盐；

（2）自来水、暖气、冷气、热水、煤气、石油液化气、天然气、二甲醚、沼气、居民用煤炭制品；

（3）图书、报纸、杂志、音像制品、电子出版物；

（4）饲料、化肥、农药、农机、农膜；

（5）国务院规定的其他货物。

3. 6%税率

纳税人销售服务、无形资产以及增值电信服务，除另有规定外适用税率为6%。

4. 零税率

出口货物（不包括国家禁止、限制出口货物）、劳务或者境内单位和个人发生的跨境应税行为，税率为零。

（二）征收率

我国现行增值税征收率有两档，分别为5%和3%。

1. 小规模纳税人适用的征收率

（1）5%征收率

①销售自建或者取得的不动产；

②房地产开发企业中的小规模纳税人，销售自行开发的房地产项目；

③小规模纳税人出租（经营租赁）其取得的不动产；

④其他个人销售其取得（不含自建）的不动产（不含其购买的住房）；

⑤其他个人出租（经营租赁）其取得的不动产（不含住房）；

⑥小规模纳税人提供劳务派遣服务选择差额纳税的；

⑦小规模纳税人提供安全保护服务选择差额纳税的。

（2）3%征收率

除适用5%征收率的小规模纳税人外，其他小规模纳税人增值税征收率为3%。

2. 一般纳税人简易计税规定

（1）一般纳税人销售自产的下列货物，可选择按照简易办法依照3%征收率计算缴纳增值税：

①县级及县级以下小型水力发电单位生产的电力。小型水力发电单位，是指各类投资主体建设的装机容量为5万千瓦以下（含5万千瓦）的小型水力发电单位；

②建筑用和生产建筑材料所用的砂、土、石料；

③以自己采掘的砂、土、石料或其他矿物连续生产的砖、瓦、石灰（不含粘土实心砖、瓦）；

④用微生物、微生物代谢产物、动物毒素、人或动物的血液或组织制成的生物制品；

⑤自来水；

⑥商品混凝土（仅限于以水泥为原料生产的水泥混凝土）。

一般纳税人选择简易办法计算缴纳增值税后，36 个月内不得变更。

（2）一般纳税人销售货物属于下列情形之一的，暂按简易办法依照 3% 征收率计算缴纳增值税：

①寄售商店代销寄售物品（包括居民个人寄售的物品在内）。

②典当业销售死当物品。

（3）根据《财政部 海关总署 税务总局 国家药品监督管理局关于抗癌药品增值税政策的通知》（财税〔2018〕47 号）规定，自 2018 年 5 月 1 日起，增值税一般纳税人生产销售和批发、零售抗癌药品，可选择按照简易办法依照 3%征收率计算缴纳增值税。选择简易办法计算缴纳增值税后，36 个月内不得变更。

（4）一般纳税人的下列情况适用 5%征收率：

①一般纳税人选择简易计税方法计税的不动产销售；

②一般纳税人选择简易计税方法计税的不动产经营租赁；

③一般纳税人提供劳务派遣服务选择差额纳税的；

④一般纳税人提供安全保护服务，选择差额纳税的；

⑤一般纳税人在 2016 年 4 月 30 日前签订的不动产融资租赁合同，或以 2016 年 4 月 30 日前取得的不动产提供的融资租赁服务，选择适用简易计税方法的；

⑥一般纳税人收取试点前开工的一级公路、二级公路、桥、闸通行费，选择适用简易计税方法的；

⑦一般纳税人提供人力资源外包服务，选择适用简易计税方法的；

⑧纳税人转让 2016 年 4 月 30 日前取得的土地使用权，选择适用简易计税方法的。

（5）下列应税行为可按简易计税适用 3%征收率：

①公共交通运输服务。

公共交通运输服务，包括轮客渡、公交客运、地铁、城市轻轨、出租车、长途客运、班车。

班车，是指按固定路线、固定时间运营并在固定站点停靠的运送旅客的陆路运输服务。

②经认定的动漫企业为开发动漫产品提供的动漫脚本编撰、形象设计、背景设计、动画设计、分镜、动画制作、摄制、描线、上色、画面合成、配音、配乐、音效合成、剪辑、字幕制作、压缩转码等服务，以及在境内转让动漫版权活动（包括动漫品牌、形象或者内容的授权及再授权）。

③电影放映服务、仓储服务、装卸搬运服务、收派服务和文化体育服务。

④以纳入营改增试点之日前取得的有形动产为标的物提供的经营租赁服务。

⑤在纳入营改增试点之日前签订的尚未执行完毕的有形动产租赁合同。

⑥建筑服务。

A. 一般纳税人以清包工方式提供的建筑服务，可以选择适用简易计税方法计税。

以清包工方式提供建筑服务，是指施工方不采购建筑工程所需的材料或只采购辅助材料，并收取人工费、管理费或者其他费用的建筑服务。

B. 一般纳税人为甲供工程提供的建筑服务，可以选择适用简易计税方法计税。

甲供工程，是指全部或部分设备、材料、动力由工程发包方自行采购的建筑工程。

C. 一般纳税人为建筑工程老项目提供的建筑服务，可以选择适用简易计税方法计税。

建筑工程老项目，是指：

——《建筑工程施工许可证》注明的合同开工日期在2016年4月30日前的建筑工程项目；

——未取得《建筑工程施工许可证》的，建筑工程承包合同注明的开工日期在2016年4月30日前的建筑工程项目。

⑦非企业性单位中的一般纳税人提供的研发和技术服务、信息技术服务、鉴证咨询服务，以及销售技术、著作权等无形资产，可以选择简易计税方法按照3%征收率计算缴纳增值税。

⑧非企业性单位中的一般纳税人提供《营业税改征增值税试点过渡政策的规定》（财税〔2016〕36号附件3）第一条第（二十六）项中的“技术转让、技术开发和与之相关的技术咨询、技术服务”，可以选择简易计税方法按照3%征收率计算缴纳增值税。

⑨一般纳税人提供非学历教育服务，可以选择适用简易计税方法按照3%征收率计算应纳税额。

⑩一般纳税人提供教育辅助服务，可以选择简易计税方法按照3%征收率计算缴纳增值税。

⑪提供物业管理服务的纳税人，向服务接受方收取的自来水水费，以扣除其对外支付的自来水水费后的余额为销售额，按照简易计税方法依3%的征收率计算缴纳增值税。

⑫农村信用社、村镇银行、农村资金互助社、由银行业机构全资发起设立的贷款公司、法人机构在县（县级市、区、旗）及县以下地区的农村合作银行和农村商业银行提供金融服务收入，可以选择适用简易计税方法按照3%的征收率计算缴纳增值税。

⑬对中国农业银行纳入“三农金融事业部”改革试点的各省、自治区、直辖市、计划单列市分行下辖的县域支行和新疆生产建设兵团分行下辖的县域支行（也称县事业部），提供农户贷款、农村企业和农村各类组织贷款取得的利息收入，可以选择适用简易计税方法按照3%的征收率计算缴纳增值税。

⑭2027年12月31日前，中国邮政储蓄银行纳入“三农金融事业部”改革的各省、自治区、直辖市、计划单列市分行下辖的县域支行，提供农户贷款、农村企业和农村各类组织贷款（具体贷款业务清单见附件）取得的利息收入，可以选择适用简易计税方法按照3%的征收率计算缴纳增值税。

⑮一般纳税人销售自产机器设备的同时提供安装服务，应分别核算机器设备和安装服务的销售额，安装服务可以按照甲供工程选择适用简易计税方法计税。

⑯一般纳税人销售外购机器设备的同时提供安装服务，如果已经按照兼营的有关规定，分别核算机器设备和安装服务的销售额，安装服务可以按照甲供工程选择适用简易计税方法计税。

⑰建筑工程总承包单位为房屋建筑的地基与基础、主体结构提供工程服务，建设单位自行采购全部或部分钢材、混凝土、砌体材料、预制构件的，适用简易计税方法计税。

⑱资管产品管理人运营资管产品过程中发生的增值税应税行为，暂适用简易计税方法，按照3%的征收率缴纳增值税。

⑲从事再生资源回收的增值税一般纳税人销售其收购的再生资源，可以选择适用简易计税方法依照3%征收率计算缴纳增值税，或适用一般计税方法计算缴纳增值税。

（三）兼营

纳税人销售货物或者加工修理修配劳务，销售服务、无形资产或者不动产适用不同税率或者征收率的，应当分别核算适用不同税率或者征收率的销售额，未分别核算销售额的，按照以下方法适用税率或者征收率：

1. 兼有不同税率的应税销售行为，从高适用税率。
2. 兼有不同征收率的应税销售行为，从高适用征收率。
3. 兼有不同税率和征收率的应税销售行为，从高适用税率。

（四）混合销售

一项销售行为如果既涉及货物又涉及服务，为混合销售。从事货物的生产、批发或者零售的单位和个体工商户的混合销售行为，按照销售货物缴纳增值税；其他单位和个体工商户的混合销售行为，按照销售服务缴纳增值税。

上述从事货物的生产、批发或者零售的单位和个体工商户，包括以从事货物的生产、批发或者零售为主，并兼营销售服务的单位和个体工商户在内。

纳税人销售活动板房、机器设备、钢结构件等自产货物的同时提供建筑、安装服务，不属于《营业税改征增值税试点实施办法》（财税〔2016〕

36号附件1）规定的混合销售，应分别核算货物和建筑服务的销售额，分别适用不同的税率或者征收率。

三、应纳税额

（一）一般计税方法

一般纳税人销售货物、劳务、服务、无形资产、不动产（以下统称应税销售行为），应纳税额为当期销项税额抵扣当期进项税额后的余额。应纳税额计算公式为：

当期应纳增值税额＝当期销项税额－当期进项税额

当期销项税额小于当期进项税额不足抵扣时，其不足部分可以结转下期继续抵扣。

1. 销项税额

纳税人发生应税销售行为，按照销售额和增值税税率计算并向购买方收取的增值税额，为销项税额。销项税额计算公式为：

销项税额＝销售额×税率

2. 销售额

销售额为纳税人发生应税销售行为收取的全部价款和价外费用，但是不包括收取的销项税额。

根据《增值税暂行条例实施细则》第十二条规定，价外费用，包括价外向购买方收取的手续费、补贴、基金、集资费、返还利润、奖励费、违约金、滞纳金、延期付款利息、赔偿金、代收款项、代垫款项、包装费、包装物租金、储备费、优质费、运输装卸费以及其他各种性质的价外收费。但下列项目不包括在内：

（1）受托加工应征消费税的消费品所代收代缴的消费税；

（2）同时符合以下条件的代垫运输费用：①承运部门的运输费用发票开具给购买方的；②纳税人将该项发票转交给购买方的。

（3）同时符合以下条件代为收取的政府性基金或者行政事业性收费：①由国务院或者财政部批准设立的政府性基金，由国务院或者省级人民政府及其财政、价格主管部门批准设立的行政事业性收费；②收取时开具省级以上财政部门印制的财政票据；③所收款项全额上缴财政。

（4）销售货物的同时代办保险等而向购买方收取的保险费，以及向购买方收取的代购买方缴纳的车辆购置税、车辆牌照费。

根据《营业税改征增值税试点实施办法》（财税〔2016〕36号附件1）第三十七条规定，价外费用是指价外收取的各种性质的收费，但不包括以下项目：

（1）行政单位收取的同时满足以下条件的政府性基金或者行政事业性收费：①由国务院或者财政部批准设立的政府性基金，由国务院或者省级人民政府及其财政、价格主管部门批准设立的行政事业性收费；②收取时开具省级以上（含省级）财政部门监（印）制的财政票据；③所收款项全额上缴财政。

（2）以委托方名义开具发票代委托方收取的款项。

3. 进项税额

进项税额是纳税人购进货物、劳务、服务、无形资产、不动产所支付或负担的增值税额。进项税额可以从销项税额中抵扣的基本条件是：第一，要有合法有效的增值税抵扣凭证，包括增值税专用发票（含税控机动车销售统一发票）、海关进口增值税专用缴款书、农产品收购发票、农产品销售发票和中华人民共和国税收缴款凭证。第二，允许抵扣的进项税额，必须是用于增值税应税项目而购买所支付的税款。

（1）准予抵扣进项税额

下列进项税额准予从销项税额中抵扣：

①从销售方取得的增值税专用发票上注明的增值税额。

②从海关取得的海关进口增值税专用缴款书上注明的增值税额。

③购进农产品，除取得增值税专用发票或者海关进口增值税专用缴款书外，按照农产品收购发票或者销售发票上注明的农产品买价和扣除率计算的进项税额。计算公式为：

$$进项税额=买价\times扣除率$$

买价，是指纳税人购进农产品在农产品收购发票或者销售发票上注明的价款和按照规定缴纳的烟叶税。

购进农产品，按照《农产品增值税进项税额核定扣除试点实施办法》（财税〔2012〕38号附件1）抵扣进项税额的除外。

根据《财政部 税务总局 海关总署关于深化增值税改革有关政策的公告》（财政部 税务总局 海关总署公告2019年第39号）规定，自2019年4月1日起，纳税人购进农产品，原适用10%扣除率的，扣除率调整为9%。纳税人购进用于生产或者委托加工13%税率货物的农产品，按照10%的扣除率计算进项税额。

④自境外单位或者个人购进劳务、服务、无形资产或者境内的不动产，从税务机关或者扣缴义务人取得的代扣代缴税款的完税凭证上注明的增值税额。

准予抵扣的项目和扣除率的调整，由国务院决定。

纳税人购进货物、劳务、服务、无形资产、不动产，取得的增值税扣税凭证不符合法律、行政法规或者国务院税务主管部门有关规定的，其进项税额不得从销项税额中抵扣。

（2）不得抵扣进项税额

纳税人取得的增值税扣税凭证不符合法律、行政法规或者国家税务总局有关规定的，其进项税额不得从销项税额中抵扣。除此之外，下列项目的进项税额不得从销项税额中抵扣：

①用于简易计税方法计税项目、免征增值税项目、集体福利或者个人消费的购进货物、劳务、服务、无形资产和不动产。

上述购进货物，不包括既用于增值税应税项目（不含免征增值税项目）也用于非增值税应税项目、免征增值税项目、集体福利或者个人消费的固定资产。

纳税人租入固定资产、不动产，既用于一般计税方法计税项目，又用于简易计税方法计税项目、免征增值税项目、集体福利或者个人消费的，其进项税额准予从销项税额中全额抵扣。

②非正常损失的购进货物，以及相关的劳务和交通运输服务。

③非正常损失的在产品、产成品所耗用的购进货物（不包括固定资产）、劳务和交通运输服务。

④非正常损失的不动产，以及该不动产所耗用的购进货物、设计服务和

建筑服务。

⑤非正常损失的不动产在建工程所耗用的购进货物、设计服务和建筑服务。

⑥购进的贷款服务、餐饮服务、居民日常服务和娱乐服务。

⑦国务院规定的其他项目。

（3）不得抵扣进项税额的其他规定

①适用一般计税方法的纳税人，兼营简易计税方法计税项目、免征增值税项目而无法划分不得抵扣的进项税额的，按照下列公式计算不得抵扣的进项税额：

$$\text{不得抵扣的进项税额}=\text{当期无法划分的全部进项税额}\times\left(\text{当期简易计税方法计税项目销售额}+\text{当期免征增值税项目销售额}\right)\div\text{当期全部销售额}$$

主管税务机关可以按照上述公式依据年度数据对不得抵扣的进项税额进行清算。

②已抵扣进项税额的购进货物（不含固定资产）、应税劳务、服务，发生上述（2）中不得抵扣进项税额情形（简易计税方法计税项目、免征增值税项目除外）的，应当将该部分进项税额从当期进项税额中扣减；无法确定该部分进项税额的，按照当期实际成本计算应扣减的进项税额。

③纳税人适用一般计税方法的，因进货折让、进货终止或者进货退回而收回的增值税额，应当从当期的进项税额中扣减。

④已抵扣进项税额的固定资产、无形资产，发生上述（2）中不得抵扣进项税额情形的，按照下列公式计算不得抵扣的进项税额：

不得抵扣的进项税额=固定资产、无形资产净值×适用税率

固定资产、无形资产净值，是指纳税人根据财务会计制度计提折旧或摊销后的余额。

⑤已抵扣进项税额的不动产，发生非正常损失，或者改变用途，专用于简易计税方法计税项目、免征增值税项目、集体福利或者个人消费的，按照下列公式计算不得抵扣的进项税额：

不得抵扣的进项税额=已抵扣进项税额×不动产净值率

不动产净值率=（不动产净值÷不动产原值）×100%

（二）一般纳税人简易计税方法

一般纳税人简易计税方法是指在特定情形下，一般纳税人不实行一般计税方法计算缴纳增值税，而是按照简易计税方法计算缴纳增值税或者在特定情形下，一般纳税人可以选择按照简易计税方法计算缴纳增值税的一种方式。一般纳税人简易计税方法的应纳税额，是指按照销售额和增值税征收率计算的增值税额，不得抵扣进项税额。应纳税额计算公式为：

应纳税额＝销售额×征收率

一般纳税人发生财政部和国家税务总局规定的特定应税销售行为，一经选择适用简易计税方法计税，36个月内不得变更。

（三）小规模纳税人应纳税额

小规模纳税人发生应税销售行为，适用简易计税方法计税。简易计税方法的公式为：

当期应纳增值税额＝销售额×征收率

按简易计税方法计税的销售额不包括其应纳的增值税税额，纳税人采用销售额和应纳增值税税额合并定价方法的，按照下列公式计算销售额：

销售额＝含税销售额÷（1+征收率）

（四）视同销售行为

单位或者个体工商户的下列行为，视同发生应税销售行为：

1. 将货物交付其他单位或者个人代销；

2. 销售代销货物；

3. 设有两个以上机构并实行统一核算的纳税人，将货物从一个机构移送至其他机构用于销售，但相关机构设在同一县（市）的除外；

4. 将自产、委托加工的货物用于集体福利或者个人消费；

5. 将自产、委托加工或者购进的货物作为投资，提供给其他单位或者个体工商户；

6. 将自产、委托加工或者购进的货物分配给股东或者投资者；

7. 将自产、委托加工或者购进的货物无偿赠送其他单位或者个人；

8 单位或者个体工商户向其他单位或者个人无偿销售应税服务、无偿转让无形资产或者不动产，但用于公益事业或者以社会公众为对象的除外；

9. 财政部和国家税务总局规定的其他情形。

上述9种情况应该确定为视同发生应税销售行为，均要征收增值税。

（五）核定销售额

纳税人发生应税销售行为价格明显偏低或者偏高且不具有合理商业目的的，或者发生视同应税销售行为而无销售额的，由主管税务机关按照下列顺序核定销售额：

1. 按照纳税人最近时期发生同类应税销售行为的平均价格确定；

2. 按照其他纳税人最近时期发生同类应税销售行为的平均价格确定；

3. 按照组成计税价格确定。组成计税价格的公式为：

$$组成计税价格=成本\times（1+成本利润率）$$

成本利润率由国家税务总局确定。

四、税收优惠

（一）起征点

纳税人销售额未达到国务院财政、税务主管部门规定的增值税起征点的，免征增值税；达到起征点的，依照规定全额计算缴纳增值税。增值税起征点的适用范围限于个人，但不适用于认定为一般纳税人的个体工商户。

增值税起征点的幅度规定如下：

1. 按期纳税的，为月销售额5000~20000元（含本数）；

2. 按次纳税的，为每次（日）销售额300~500元（含本数）。

（二）减免税

纳税人销售货物或者应税服务适用免税规定的，可以放弃免税，依照规定缴纳增值税。放弃免税后，36个月内不得再申请免税。

纳税人兼营免税、减税项目的，应当分别核算免税、减税项目的销售额；未分别核算销售额的，不得免税、减税。

纳税人提供应税服务同时适用免税和零税率规定的，优先适用零税率。

1.《增值税暂行条例》规定的免征增值税项目

（1）农业生产者销售的自产农产品。

（2）避孕药品和用具。

（3）古旧图书。古旧图书是指向社会收购的古书和旧书。

（4）直接用于科学研究、科学试验和教学的进口仪器、设备。

（5）外国政府、国际组织无偿援助的进口物资和设备。

（6）由残疾人的组织直接进口供残疾人专用的物品。

（7）销售的是自己使用过的物品。自己使用过的物品，是指其他个人自己使用过的物品。

2. 其他免征增值税项目

（1）蔬菜流通环节免征增值税。经国务院批准，自2012年1月1日起，对从事蔬菜批发、零售的纳税人销售的蔬菜免征增值税。

（2）部分鲜活肉蛋产品流通环节免征增值税。自2012年10月1日起，对从事农产品批发、零售的纳税人销售的部分鲜活肉蛋产品免征增值税。

（3）粕类产品征免增值税。自2010年1月1日起，除豆粕以外的其他粕类饲料产品，均免征增值税。

（4）图书免征增值税。自2018年1月1日至2027年12月31日，免征图书批发、零售环节增值税。

（5）自2008年6月1日起，纳税人生产销售和批发、零售有机肥产品免征增值税。

（6）自2018年1月1日至2027年12月31日，科普单位的门票收入，县级及以上党政部门和科协开展科普活动的门票收入，免征增值税。

（7）个人转让著作权。

（8）残疾人员本人为社会提供的服务。

（9）残疾人个人提供的加工、修理修配劳务。

（10）残疾人福利机构提供的育养服务。

（11）纳税人提供技术转让、技术开发和与之相关的技术咨询、技术服务。

（12）符合条件的节能服务公司实施合同能源管理项目中提供的应税服务。

（13）随军家属就业。

（14）军队转业干部就业。

（15）纳税人提供的直接或者间接国际货物运输代理服务。

（16）托儿所、幼儿园提供的保育和教育服务。

（17）养老机构提供的养老服务。

（18）提供社区养老、托育、家政服务。

（19）婚姻介绍服务。

（20）殡葬服务。

（21）医疗机构提供的医疗服务。

（22）从事学历教育的学校提供的教育服务。

（23）学生勤工俭学提供的服务。

（24）农业机耕、排灌、病虫害防治、植物保护、农牧保险以及相关技术培训业务，家禽、牲畜、水生动物的配种和疾病防治。

（25）纪念馆、博物馆、文化馆、文物保护单位管理机构、美术馆、展览馆、书画院、图书馆在自己的场所提供文化体育服务取得的第一道门票收入。

（26）寺院、宫观、清真寺和教堂举办文化、宗教活动的门票收入。

（27）个人销售自建自用住房。

（28）个人将购买不足 2 年的住房对外销售的，按照 5%的征收率全额缴纳增值税；个人将购买 2 年以上（含 2 年）的住房对外销售的，免征增值税。上述政策适用于北京市、上海市、广州市和深圳市之外的地区。

个人将购买不足 2 年的住房对外销售的，按照 5%的征收率全额缴纳增值税；个人将购买 2 年以上（含 2 年）的非普通住房对外销售的，以销售收入减去购买住房价款后的差额按照 5%的征收率缴纳增值税；个人将购买 2 年以上（含 2 年）的普通住房对外销售的，免征增值税。上述政策仅适用于北京市、上海市、广州市和深圳市。

（29）国家助学贷款利息收入。

（30）国债、地方政府债利息收入。

（31）人民银行对金融机构的贷款利息收入。

（32）住房公积金管理中心用住房公积金在指定的委托银行发放的个人住房贷款利息收入。

（33）外汇管理部门在从事国家外汇储备经营过程中，委托金融机构发放的外汇贷款利息收入。

（34）统借统还业务中，企业集团或企业集团中的核心企业以及集团所属财务公司按不高于支付给金融机构的借款利率水平或者支付的债券票面利率水平，向企业集团或者集团内下属单位收取的利息收入。

（35）被撤销金融机构以货物、不动产、无形资产、有价证券、票据等财产清偿债务。

（36）保险公司开办的一年期以上人身保险产品取得的保费收入。

（37）下列金融商品转让收入：

①合格境外投资者（QFII）委托境内公司在我国从事证券买卖业务收入。

②香港市场投资者（包括单位和个人）通过沪港通买卖上海证券交易所上市A股转让收入。

③香港市场投资者（包括单位和个人）通过基金互认买卖内地基金份额转让收入。

④证券投资基金（封闭式证券投资基金，开放式证券投资基金）管理人运用基金买卖股票、债券转让收入。

⑤个人从事金融商品转让业务收入。

（38）金融同业往来利息收入。

（39）家政服务企业由员工制家政服务员提供家政服务取得的收入。

（40）福利彩票、体育彩票的发行收入。

（41）军队空余房产租赁收入。

（42）为了配合国家住房制度改革，企业、行政事业单位按房改成本价、标准价出售住房取得的收入。

（43）将土地使用权转让给农业生产者用于农业生产。

（44）涉及家庭财产分割的个人无偿转让不动产、土地使用权。

（45）土地所有者出让土地使用权和土地使用者将土地使用权归还给土

地所有者。

（46）县级以上地方人民政府或自然资源行政主管部门出让、转让或收回自然资源使用权（不含土地使用权）。

（47）自2016年1月1日起，在营改增试点期间，中国邮政集团公司及其所属邮政企业为金融机构代办金融保险业务取得的代理收入。

（48）中国信达资产管理股份有限公司、中国华融资产管理股份有限公司、中国长城资产管理公司和中国东方资产管理公司及各自经批准分设于各地的分支机构，在收购、承接和处置剩余政策性剥离不良资产和改制银行剥离不良资产过程中开展的特定业务。

（49）自2021年11月7日至2025年12月31日，对境外机构投资境内债券市场取得的债券利息收入暂免征收增值税。

（50）自2022年1月1日起，对法律援助人员按照《中华人民共和国法律援助法》规定获得的法律援助补贴，免征增值税

（51）2025年12月31日前，对经营公租房所取得的租金收入，免征增值税。公租房经营管理单位应单独核算公租房租金收入，未单独核算的，不得享受免征增值税、房产税优惠政策。

（52）2027年12月31日前，对符合规定的边销茶生产企业销售自产的边销茶及经销企业销售的边销茶免征增值税。

（53）2027年供暖期结束前，对“三北”地区供热企业向居民个人供热取得的采暖费收入，免征增值税。

（54）2027年12月31日前，对饮水工程运营管理单位向农村居民提供生活用水取得的自来水销售收入，免征增值税。

（55）2027年12月31日前，对金融机构向小型企业、微型企业和个体工商户发放小额贷款取得的利息收入，免征增值税。金融机构应将相关免税证明材料留存备查，单独核算符合免税条件的小额贷款利息收入，按现行规定向主管税务机关办理纳税申报；未单独核算的，不得免征增值税。

（56）2027年12月31日前，纳税人为农户、小型企业、微型企业及个体工商户借款、发行债券提供融资担保取得的担保费收入，以及为上述融资担保（以下称原担保）提供再担保取得的再担保费收入，免征增值税。再担保合同对应多个原担保合同的，原担保合同应全部适用免征增值税政策。

否则，再担保合同应按规定缴纳增值税。

（57）2027年12月31日前，对金融机构向农户发放小额贷款取得的利息收入，免征增值税。金融机构应将相关免税证明材料留存备查，单独核算符合免税条件的小额贷款利息收入，按现行规定向主管税务机关办理纳税申报；未单独核算的，不得免征增值税。

（58）2027年12月31日前，对经省级地方金融监督管理部门批准成立的小额贷款公司取得的农户小额贷款利息收入，免征增值税。

（59）2027年12月31日前，对企业集团内单位（含企业集团）之间的资金无偿借贷行为，免征增值税。

（60）2027年12月31日前，对经国务院批准对外开放的货物期货品种保税交割业务，暂免征收增值税。

（61）自2024年1月1日至2027年12月31日，对国家级、省级科技企业孵化器、大学科技园和国家备案众创空间自用以及无偿或通过出租等方式其向在孵对象提供孵化服务取得的收入，免征增值税。

（62）2027年12月31日前，对广播电视运营服务企业收取的有线数字电视基本收视维护费和农村有线电视基本收视费，免征增值税。

（63）2027年12月31日前，对电影主管部门（包括中央、省、地市及县级）按照职能权限批准从事电影制片、发行、放映的电影集团公司（含成员企业）、电影制片厂及其他电影企业取得的销售电影拷贝（含数字拷贝）收入、转让电影版权（包括转让和许可使用）收入、电影发行收入以及在农村取得的电影放映收入，免征增值税。

（64）2027年12月31日前，党报、党刊将其发行、印刷业务及相应的经营性资产剥离组建的文化企业，自注册之日起所取得的党报、党刊发行收入和印刷收入，免征增值税。

（65）2027年12月31日前，对符合规定的国产抗艾滋病病毒药品免征生产环节和流通环节增值税。

3. 减征增值税项目

（1）根据《财政部 税务总局 退役军人事务部关于进一步扶持自主就业退役士兵创业就业有关税收政策的公告》（财政部 税务总局 退役军人事务部公告2023年第14号）规定：①自2023年1月1日至2027年12月31日，

自主就业退役士兵从事个体经营的，自办理个体工商户登记当月起，在3年（36个月，下同）内按每户每年20000元为限额依次扣减其当年实际应缴纳的增值税、城市维护建设税、教育费附加、地方教育附加和个人所得税。限额标准最高可上浮20%，各省、自治区、直辖市人民政府可根据本地区实际情况在此幅度内确定具体限额标准。②自2023年1月1日至2027年12月31日，企业招用自主就业退役士兵，与其签订1年以上期限劳动合同并依法缴纳社会保险费的，自签订劳动合同并缴纳社会保险当月起，在3年内按实际招用人数予以定额依次扣减增值税、城市维护建设税、教育费附加、地方教育附加和企业所得税优惠。定额标准为每人每年6000元，最高可上浮50%，各省、自治区、直辖市人民政府可根据本地区实际情况在此幅度内确定具体定额标准。

（2）根据《财政部 税务总局 人力资源社会保障部 农业农村部关于进一步支持重点群体创业就业有关税收政策的公告》（财政部 税务总局 人力资源社会保障部 农业农村部公告2023年第15号）规定：①自2023年1月1日至2027年12月31日，脱贫人口（含防止返贫监测对象，下同）、持《就业创业证》（注明“自主创业税收政策”或“毕业年度内自主创业税收政策”）或《就业失业登记证》（注明“自主创业税收政策”）的人员，从事个体经营的，自办理个体工商户登记当月起，在3年（36个月，下同）内按每户每年20000元为限额依次扣减其当年实际应缴纳的增值税、城市维护建设税、教育费附加、地方教育附加和个人所得税。限额标准最高可上浮20%，各省、自治区、直辖市人民政府可根据本地区实际情况在此幅度内确定具体限额标准。②自2023年1月1日至2027年12月31日，企业招用脱贫人口，以及在人力资源和社会保障部门公共就业服务机构登记失业半年以上且持《就业创业证》或《就业失业登记证》（注明“企业吸纳税收政策”）的人员，与其签订1年以上期限劳动合同并依法缴纳社会保险费的，自签订劳动合同并缴纳社会保险当月起，在3年内按实际招用人数予以定额依次扣减增值税、城市维护建设税、教育费附加、地方教育附加和企业所得税优惠。定额标准为每人每年6000元，最高可上浮30%，各省、自治区、直辖市人民政府可根据本地区实际情况在此幅度内确定具体定额标准。

（三）小规模纳税人优惠

我国针对增值税小规模纳税人的增值税普惠性优惠政策目前存在两种类型，一种是税基式减免，另一种是税率式减免。最初，增值税普惠性优惠仅采取税基式减免形式。先是在《增值税暂行条例》规定了起征点，适用对象为属于小规模纳税人的个体工商户和自然人；其后又单独下发文件，将适用对象扩大为所有小规模纳税人并将免征销售额从月 2 万元逐步提高。小规模纳税人增值税税基式减免演进过程见表 1-1。

表 1-1　　小规模纳税人增值税税基式减免演进一览表

文件号	优惠期	月销售额
财税〔2013〕52 号	2013 年 8 月 1 日起	2 万元
财税〔2014〕71 号	2014 年 10 月 1 日—2015 年 12 月 31 日	2 万~3 万元
财税〔2015〕96 号	2016 年 1 月 1 日—2017 年 12 月 31 日	2 万~3 万元
财税〔2017〕76 号	2018 年 1 月 1 日—2020 年 12 月 31 日	2 万~3 万元
财税〔2019〕13 号	2019 年 1 月 1 日—2021 年 12 月 31 日	10 万元
财税〔2021〕11 号	2021 年 4 月 1 日—2022 年 12 月 31 日	15 万元
财政部、税务总局公告 2023 年第 1 号	2023 年 1 月 1 日—2023 年 12 月 31 日	10 万元
财政部、税务总局公告 2023 年第 19 号	2024 年 1 月 1 日—2027 年 12 月 31 日	10 万元

从 2020 年初开始，国家实施了一系列支持小微企业发展的税率式减免优惠政策。小规模纳税人增值税税率式减免演进过程见表 1-2。

表 1-2　　小规模纳税人增值税税率式减免演进一览表

文件号	优惠期	摘要
财政部、税务总局公告 2020 年第 13 号	2020 年 3 月 1 日—2020 年 5 月 31 日	3%减按 1%征收
财政部、税务总局公告 2020 年第 24 号	延至 2020 年 12 月 31 日	3%减按 1%征收
财政部、税务总局公告 2021 年第 7 号	延至 2021 年 12 月 31 日	3%减按 1%征收
财政部、税务总局公告 2022 年第 15 号	延至 2022 年 3 月 31 日	3%减按 1%征收
财政部、税务总局公告 2022 年第 15 号	2022 年 4 月 1 日—2022 年 12 月 31 日	3%的免征
财政部、税务总局公告 2023 年第 1 号	2023 年 1 月 1 日—2023 年 12 月 31 日	3%减按 1%征收
财政部、税务总局公告 2023 年第 19 号	2024 年 1 月 1 日—2027 年 12 月 31 日	3%减按 1%征收

从政策规定可以看出，目前小规模纳税人增值税税率式减免与税基式减免叠加，除少数适用5%征收率的应税行为（项目）外，减免税政策覆盖了所有小规模纳税人。

（四）即征即退优惠

1. 残疾人就业。

对安置残疾人的单位，实行由税务机关按单位实际安置残疾人的人数，限额即征即退增值税。

2. 资源综合利用。

自2022年3月1日起，增值税一般纳税人销售自产的资源综合利用产品和提供资源综合利用劳务，可享受增值税即征即退政策。

3. 风力发电产品。

自2015年7月1日起，对纳税人销售自产的利用风力生产的电力产品，实行增值税即征即退50%的政策。

4. 新型墙体材料。

自2015年7月1日起，对纳税人销售自产的列入《享受增值税即征即退政策的新型墙体材料目录》的新型墙体材料，实行增值税即征即退50%的政策。

5. 增值税一般纳税人销售其自行开发生产的软件产品，征收增值税后，对其增值税实际税负超过3%的部分实行即征即退政策。

6. 自2018年5月1日至2023年12月31日，对动漫企业增值税一般纳税人销售其自主开发生产的动漫软件，征收增值税后，对其增值税实际税负超过3%的部分，实行即征即退政策。

7. 一般纳税人提供管道运输服务，对其增值税实际税负超过3%的部分实行增值税即征即退政策。

8. 经人民银行、银监会（现为国家金融监督管理总局）或者商务部批准从事融资租赁业务的试点纳税人中的一般纳税人，提供有形动产融资租赁服务和有形动产融资性售后回租服务，对其增值税实际税负超过3%的部分实行增值税即征即退政策。

9. 增值税的退还。

纳税人本期已缴增值税额小于本期应退税额不足退还的，可在本年度内以前纳税期已缴增值税额扣除已退增值税额的余额中退还，仍不足退还的可结转本年度内以后纳税期退还。

年度已缴增值税额小于或等于年度应退税额的，退税额为年度已缴增值税额；年度已缴增值税额大于年度应退税额的，退税额为年度应退税额。年度已缴增值税额不足退还的，不得结转以后年度退还。

（五）先征后退优惠

1. 根据《财政部 国家税务总局关于加快煤层气抽采有关税收政策问题的通知》（财税〔2007〕16 号）规定，对煤层气抽采企业的增值税一般纳税人抽采销售煤层气实行增值税先征后退政策。

2. 根据《财政部 国家税务总局关于核电行业税收政策有关问题的通知》（财税〔2008〕38 号）规定，核力发电企业生产销售电力产品，自核电机组正式商业投产次月起 15 个年度内，统一实行增值税先征后退政策，返还比例分三个阶段逐级递减。

3. 根据《财政部 税务总局关于延续实施宣传文化增值税优惠政策的公告》（财政部 税务总局公告 2023 年第 60 号）规定，2027 年 12 月 31 日前，执行下列增值税先征后退政策：

（1）对下列出版物在出版环节执行增值税 100%先征后退的政策：

①中国共产党和各民主党派的各级组织的机关报纸和机关期刊，各级人大、政协、政府、工会、共青团、妇联、残联、科协的机关报纸和机关期刊，新华社的机关报纸和机关期刊，军事部门的机关报纸和机关期刊。

②专为少年儿童出版发行的报纸和期刊，中小学的学生教科书。

③专为老年人出版发行的报纸和期刊。

④少数民族文字出版物。

⑤盲文图书和盲文期刊。

⑥经批准在内蒙古、广西、西藏、宁夏、新疆五个自治区内注册的出版单位出版的出版物。

⑦符合条件的图书、报纸和期刊。

（2）对下列出版物在出版环节执行增值税50%先征后退的政策：

①非执行增值税100%先征后退的各类图书、期刊、音像制品、电子出版物。

②符合规定的报纸。

（3）对下列印刷、制作业务执行增值税100%先征后退的政策：

①对少数民族文字出版物的印刷或制作业务。

②符合条件的新疆维吾尔自治区印刷企业的印刷业务。

（六）加计抵扣

1. 5%加计抵扣政策

根据《财政部 税务总局关于先进制造业企业增值税加计抵减政策的公告》（财政部 税务总局公告2023年第43号）规定，自2023年1月1日至2027年12月31日，允许先进制造业企业按照当期可抵扣进项税额加计5%抵减应纳增值税税额。

根据《财政部 税务总局关于明确增值税小规模纳税人减免增值税等政策的公告》（财政部 税务总局公告2023年第1号）规定，自2023年1月1日至2023年12月31日，允许生产性服务业纳税人按照当期可抵扣进项税额加计5%抵减应纳税额。生产性服务业纳税人，是指提供邮政服务、电信服务、现代服务、生活服务取得的销售额占全部销售额的比重超过50%的纳税人。

2. 10%加计抵扣政策

根据《财政部 税务总局关于明确增值税小规模纳税人减免增值税等政策的公告》（财政部 税务总局公告2023年第1号）规定，自2023年1月1日至2023年12月31日，允许生活性服务业纳税人按照当期可抵扣进项税额加计10%抵减应纳税额。生活性服务业纳税人，是指提供生活服务取得的销售额占全部销售额的比重超过50%的纳税人。

（七）其他征收率减免

1. 根据《财政部 国家税务总局关于简并增值税征收率政策的通知》（财税〔2014〕57号）规定，征收率优惠包含以下内容：

①小规模纳税人（除其他个人外）销售自己使用过的固定资产，减按2%征收率征收增值税。

②一般纳税人销售自己使用过的不得抵扣且未抵扣进项税额的固定资产，按照简易办法依照3%征收率减按2%征收增值税。

③纳税人销售旧货，按照简易办法依照3%征收率减按2%征收增值税。所称旧货，是指进入二次流通的具有部分使用价值的货物（含旧汽车、旧摩托车和旧游艇），但不包括自己使用过的物品。

2. 根据《营业税改征增值税试点有关事项的规定》（财税〔2016〕36号附件2）规定，征收率优惠包含以下内容：

①个人出租住房，应按照5%的征收率减按1.5%计算应纳税额。

②住房租赁企业中的增值税一般纳税人向个人出租住房取得的全部出租收入，可以选择适用简易计税方法，按照5%的征收率减按1.5%计算缴纳增值税，或适用一般计税方法计算缴纳增值税。住房租赁企业中的增值税小规模纳税人向个人出租住房，按照5%的征收率减按1.5%计算缴纳增值税。

3. 根据《财政部 税务总局关于延续实施二手车经销有关增值税政策的公告》（财政部 税务总局公告2023年第63号）规定，自2023年1月1日至2027年12月31日，从事二手车经销的纳税人销售其收购的二手车，按照简易办法依3%征收率减按0.5%征收增值税。

五、增值税留抵退税

根据《财政部 税务总局 海关总署关于深化增值税改革有关政策的公告》（财政部 税务总局 海关总署公告2019年第39号）、《国家税务总局关于办理增值税期末留抵税额退税有关事项的公告》（国家税务总局公告2019年第20号）和《国家税务总局关于进一步加大增值税期末留抵退税政策实施力度有关征管事项的公告》（国家税务总局公告2022年第4号）等政策规定，我国适用增量留抵税额政策范围逐渐扩大，对于促增长、保民生及稳就业等方面发挥积极的政策效应。具体政策沿革情况见表1-3。

表 1-3　　增值税留抵退税政策沿革表

政策开始时间	自 2019 年 4 月 1 日起	自 2021 年 4 月 1 日起	自 2022 年 4 月 1 日起	自 2022 年 7 月 1 日起
政策适用文件	《财政部 税务总局 海关总署关于深化增值税改革有关政策的公告》（财政部 税务总局 海关总署公告 2019 年第 39 号）	《财政部 税务总局关于明确先进制造业增值税期末留抵退税政策的公告》（财政部 税务总局公告 2021 年第 15 号）	《财政部 税务总局关于进一步加大增值税期末留抵退税政策实施力度的公告》（财政部 税务总局公告 2022 年第 14 号）	《财政部 税务总局关于进一步加快增值税期末留抵退税政策实施进度的公告》（财政部 税务总局公告 2022 年第 17 号）
政策适用范围	一般企业全行业	生产并销售“非金属矿物制品”“通用设备”“专用设备”“计算机、通信和其他电子设备”“医药”“化学纤维”“铁路、船舶、航空航天和其他运输设备”“电气机械和器材”“仪器仪表”等行业的纳税人	1. 小微企业：符合条件的小微企业，可以自 2022 年 4 月纳税申报期起向主管税务机关申请退还增量留抵税额。 2. 特定行业：从事“制造业”“科学研究和技术服务业”“电力、热力、燃气及水生产和供应业”“软件和信息技术服务业”“生态保护和环境治理业”和“交通运输、仓储和邮政业”等行业纳税人	1. 按月全额退还增值税增量留抵税额、一次性退还存量留抵税额的政策范围，扩大至“批发和零售业”“农、林、牧、渔业”“住宿和餐饮业”“居民服务、修理和其他服务业”“教育”“卫生和社会工作”和“文化、体育和娱乐业”行业纳税人
增量留抵税额计算	允许退还的增量留抵税额 = 增量留抵税额×进项构成比例×60%	允许退还的增量留抵税额 = 增量留抵税额×进项构成比例	1. 一次性退还存量留抵退税额 2. 允许退还的增量留抵税额 = 增量留抵税额×进项构成比例×100%	1. 一次性退还存量留抵退税额 2. 允许退还的增量留抵税额 = 增量留抵税额×进项构成比例×100%

续表

政策开始时间	自 2019 年 4 月 1 日起	自 2021 年 4 月 1 日起	自 2022 年 4 月 1 日起	自 2022 年 7 月 1 日起
适用条件	1. 自 2019 年 4 月税款所属期起，连续 6 个月（按季纳税的，连续 2 个季度）增量留抵税额均大于零，且第 6 个月增量留抵税额不低于 50 万元； 2. 纳税信用等级为 A 级或者 B 级； 3. 申请退税前 36 个月未发生骗取留抵退税、出口退税或虚开增值税专用发票情形； 4. 申请退税前 36 个月未因偷税被税务机关处罚两次及以上的； 5. 自 2019 年 4 月 1 日起未享受即征即退、先征后返（退）政策的	1. 增量留抵税额大于零； 2. 纳税信用等级为 A 级或者 B 级； 3. 申请退税前 36 个月未发生骗取留抵退税、出口退税或虚开增值税专用发票情形； 4. 申请退税前 36 个月未因偷税被税务机关处罚两次及以上； 5. 自 2019 年 4 月 1 日起未享受即征即退、先征后返（退）政策	1. 纳税信用等级为 A 级或者 B 级； 2. 申请退税前 36 个月未发生骗取留抵退税、出口退税或虚开增值税专用发票情形的； 3. 申请退税前 36 个月未因偷税被税务机关处罚两次及以上的； 4. 自 2019 年 4 月 1 日起未享受即征即退、先征后返（退）政策的	1. 纳税信用等级为 A 级或者 B 级； 2. 申请退税前 36 个月未发生骗取留抵退税、出口退税或虚开增值税专用发票情形的； 3. 申请退税前 36 个月未因偷税被税务机关处罚两次及以上的； 4. 自 2019 年 4 月 1 日起未享受即征即退、先征后返（退）政策的

与增值税留抵退税相关的概念主要包括以下内容。

（1）增值税存量留抵金额。以 2019 年 3 月 31 日期末留抵税额为参考值，对比退税前当期与参考值留抵税额，按孰小原则确认存量一次性实际退税额。

（2）增值税增量留抵金额。当期期末留抵税额与 2019 年 3 月 31 日相比新增加的增量为当期期末留抵税额。

（3）按规定享受按月全额退还增量留抵税额、一次性全额退还存量留抵税额的适用范围。2022 年 4 月 1 日起享受增值税留抵退税政策的纳税人应从事以下行业："制造业""科学研究和技术服务业""电力、热力、燃气及水生产和供应业""软件和信息技术服务业""生态保护和环境治理业"。2022年7月1日起增加"交通运输、仓储和邮政业""批发和零售业""农、林、牧、渔业""住宿和餐饮业""居民服务、修理和其他服务业""教育""卫生和社会工作"和"文化、体育和娱乐业"等行业。

以上规定要求纳税人符合增值税留抵退税行业要求的销售额占全部增值税销售额的比重超过50%的纳税人。相关销售额比重根据纳税人申请退税前连续12个月的销售额计算确定；申请退税前经营期不满12个月但满3个月的，按照实际经营期的销售额计算确定。

（4）符合条件的小微企业。根据《国家税务总局关于进一步加大增值税期末留抵退税政策实施力度有关征管事项的公告》（国家税务总局公告2022年第4号）规定，符合条件的小微企业，可以自2022年4月纳税申报期起向主管税务机关申请退还增量留抵税额。符合条件的微型企业，可以自2022年4月纳税申报期起向主管税务机关申请一次性退还存量留抵税额；符合条件的小型企业，可以自2022年5月纳税申报期起向主管税务机关申请一次性退还存量留抵税额。

（5）进项构成比例。2019年4月至申请退税前一税款所属期已抵扣的增值税专用发票（含带有"增值税专用发票"字样全面数字化的电子发票、税控机动车销售统一发票）、收费公路通行费增值税电子普通发票、海关进口增值税专用缴款书、解缴税款完税凭证注明的增值税额占同期全部已抵扣进项税额的比重。

六、征收管理

（一）纳税义务发生时间

纳税义务发生时间是指税法规定的纳税人应当承担纳税义务的起始时间。

1. 销售货物或者应税劳务

销售货物或者应税劳务，为收讫销售款项或者取得索取销售款项凭据的当天；先开具发票的，为开具发票的当天。由于纳税人销售结算方式不同，规定了具体的纳税义务发生时间。

（1）采取直接收款方式销售货物，不论货物是否发出，均为收到销售款或者取得索取销售款凭据的当天。

（2）采取托收承付和委托银行收款方式销售货物，为发出货物并办妥托收手续的当天。

（3）采取赊销和分期收款方式销售货物，为书面合同约定的收款日期的当天，无书面合同的或者书面合同没有约定收款日期的，为货物发出的当天。

（4）采取预收货款方式销售货物，为货物发出的当天，但生产销售生产工期超过 12 个月的大型机械设备、船舶、飞机等货物，为收到预收款或者书面合同约定的收款日期的当天。

委托其他纳税人代销货物，为收到代销单位的代销清单或者收到全部或者部分货款的当天。未收到代销清单及货款的，为发出代销货物满 180 天的当天。

（5）销售应税劳务，为提供劳务同时收讫销售款或者取得索取销售款的凭据的当天。

（6）纳税人发生除将货物交付其他单位或者个人代销和销售代销货物以外的视同销售货物行为，为货物移送的当天。

2. 销售服务、无形资产或者不动产

（1）纳税人销售服务、无形资产或者不动产并收讫销售款项或者取得索取销售款项凭据的当天；先开具发票的，为开具发票的当天。

收讫销售款项，是指纳税人提供应税服务过程中或者完成后收到款项。

取得索取销售款项凭据的当天，是指书面合同确定的付款日期；未签订书面合同或者书面合同未确定付款日期的，为应税服务完成的当天。

（2）纳税人提供租赁服务采取预收款方式的，其纳税义务发生时间为收到预收款的当天。

（3）纳税人从事金融商品转让的，为金融商品所有权转移的当天。

（4）纳税人发生视同销售服务、无形资产或者不动产情形的，其纳税义务发生时间为服务、无形资产转让完成的当天或者不动产权属变更的当天。

（二）纳税期限

纳税人以1个月或者1个季度为1个纳税期的，自期满之日起15日内申报纳税；以1日、3日、5日、10日或者15日为1个纳税期的，自期满之日起5日内预缴税款，于次月1日起15日内申报纳税并结清上月应纳税款。

（三）纳税地点

固定业户应当向其机构所在地的主管税务机关申报纳税。总机构和分支机构不在同一县（市）的，应当分别向各自所在地的主管税务机关申报纳税；经国务院财政、税务主管部门或者其授权的财政、税务机关批准，可以由总机构汇总向总机构所在地的主管税务机关申报纳税。

固定业户到外县（市）销售货物或者劳务，应当向其机构所在地的主管税务机关报告外出经营事项，并向其机构所在地的主管税务机关申报纳税；未报告的，应当向销售地或者劳务发生地的主管税务机关申报纳税；未向销售地或者劳务发生地的主管税务机关申报纳税的，由其机构所在地的主管税务机关补征税款。

非固定业户销售货物或者劳务，应当向销售地或者劳务发生地的主管税务机关申报纳税；未向销售地或者劳务发生地的主管税务机关申报纳税的，由其机构所在地或者居住地的主管税务机关补征税款。

进口货物，应当向报关地海关申报纳税。

扣缴义务人应当向其机构所在地或者居住地的主管税务机关申报缴纳其扣缴的税款。

（四）纳税辅导期管理

新认定为一般纳税人的小型商贸批发企业实行纳税辅导期管理的期限为3个月；其他一般纳税人实行纳税辅导期管理的期限为6个月。主管税务机关对实行纳税辅导期管理的增值税一般纳税人（以下简称辅导期纳税人）实行限量限额发售专用发票。

辅导期纳税人一个月内多次领用专用发票的，应从当月第二次领用专用发票起，按照上一次已领用并开具的专用发票销售额的3%预缴增值税，未预缴增值税的，主管税务机关不得向其发售专用发票。

辅导期纳税人按《增值税一般纳税人纳税辅导期管理办法》（国税发〔2010〕40号）第九条规定预缴的增值税可在本期增值税应纳税额中抵减，抵减后预缴增值税仍有余额的，可抵减下期再次领用专用发票时应当预缴的增值税。

纳税辅导期结束后，纳税人因增购专用发票发生的预缴增值税有余额的，主管税务机关应在纳税辅导期结束后的第一个月内，一次性退还纳税人。

纳税辅导期内，主管税务机关未发现纳税人存在偷税、逃避追缴欠税、骗取出口退税、抗税或其他需要立案查处的税收违法行为的，从期满的次月起不再实行纳税辅导期管理，主管税务机关应制作、送达《税务事项通知书》，告知纳税人；主管税务机关发现辅导期纳税人存在偷税、逃避追缴欠税、骗取出口退税、抗税或其他需要立案查处的税收违法行为的，从期满的次月起按照规定重新实行纳税辅导期管理，主管税务机关应制作、送达《税务事项通知书》，告知纳税人。

（五）申报比对

申报比对管理是指税务机关以信息化为依托，通过优化整合现有征管信息资源，对增值税纳税申报信息进行票表税比对，并对比对结果进行相应处理。

自2018年5月1日起，国家税务总局制定的《增值税纳税申报比对管理操作规程（试行）》（税总发〔2017〕124号）开始执行，进一步加强和规范增值税纳税申报比对管理，提高申报质量，优化纳税服务。

1. 增值税一般纳税人票表比对。

比对1：销项比对

当期开具发票（不包含不征税发票）的金额、税额合计数应小于或者等于当期申报的销售额、税额合计数。

纳税人当期申报免税销售额、即征即退销售额的，应当比对其增值税优惠备案信息，按规定不需要办理备案手续的除外。

比对2：进项比对

（1）当期已认证或确认的进项增值税专用发票上注明的金额、税额合计数应大于或者等于申报表中本期申报抵扣的增值税专用发票进项金额、税额合计数。

（2）经稽核比对相符的海关进口增值税专用缴款书上注明的税额合计数应大于或者等于申报表中本期申报抵扣的海关进口增值税专用缴款书的税额。

（3）取得的代扣代缴税收缴款凭证上注明的增值税税额合计数应大于或者等于申报表中本期申报抵扣的代扣代缴税收缴款凭证的税额。

（4）取得的《出口货物转内销证明》上注明的进项税额合计数应大于或者等于申报表中本期申报抵扣的外贸企业进项税额抵扣证明的税额。

（5）按照政策规定，依据相关凭证注明的金额计算抵扣进项税额的，计算得出的进项税额应大于或者等于申报表中本期申报抵扣的相应凭证税额。

（6）红字增值税专用发票信息表中注明的应作转出的进项税额应等于申报表中进项税额转出中的红字专用发票信息表注明的进项税额。

（7）申报表中进项税额转出金额不应小于零。

比对 3：应纳税额减征额比对

当期申报的应纳税额减征额应小于或者等于当期符合政策规定的减征税额。

比对 4：预缴税款比对

申报表中的预缴税额本期发生额应小于或者等于实际已预缴的税款。

比对 5：特殊规则

（1）实行汇总缴纳增值税的总机构和分支机构可以不进行票表比对。

（2）按季申报的纳税人应当对其季度数据进行汇总比对。

2. 增值税小规模纳税人票表比对。

（1）当期开具的增值税专用发票金额应小于或者等于申报表填报的增值税专用发票销售额。

（2）当期开具的增值税普通发票金额应小于或者等于申报表填报的增值税普通发票销售额。

（3）申报表中的预缴税额应小于或者等于实际已预缴的税款。

（4）纳税人当期申报免税销售额的，应当比对其增值税优惠备案信息，按规定不需要办理备案手续的除外。

3. 表税比对。

纳税人当期申报的应纳税款应小于或者等于当期实际入库税款。

4. 其他申报比对。

（1）国家税务总局可以根据增值税风险管理的需要，对申报表特定项目设置申报比对规则。

（2）各省税务机关可以根据申报比对管理实际，合理设置相关比对项目金额尾差的正负范围。

（3）主管税务机关可以结合申报比对管理实际，将征收方式、发票开具等业务存在特殊情形的纳税人列入“白名单”管理，并根据实际情况确定所适用的申报比对规则。“白名单”实行动态管理。

5. 上述第 1 条至第 2 条比对规则为基本规则，第 3 条至第 4 条比对规则为可选规则。各省税务机关可以在上述比对规则的基础上，根据申报管理的需要自主增加比对规则。

6. 根据《国家税务总局关于取消增值税扣税凭证认证确认期限等增值税征管问题的公告》（国家税务总局公告 2019 年第 45 号）规定，自 2020 年 3 月 1 日起，增值税一般纳税人取得 2017 年 1 月 1 日及以后开具的增值税专用发票、海关进口增值税专用缴款书、机动车销售统一发票、收费公路通行费增值税电子普通发票，取消认证确认、稽核比对、申报抵扣的期限。纳税人在进行增值税纳税申报时，应当通过本省（自治区、直辖市和计划单列市）增值税发票综合服务平台对上述扣税凭证信息进行用途确认。

增值税一般纳税人取得 2016 年 12 月 31 日及以前开具的增值税专用发票、海关进口增值税专用缴款书、机动车销售统一发票，超过认证确认、稽核比对、申报抵扣期限，但符合规定条件的，仍可按照《国家税务总局关于逾期增值税扣税凭证抵扣问题的公告》（国家税务总局公告 2011 年第 50 号，国家税务总局公告 2017 年第 36 号、国家税务总局公告 2018 年第 31 号修改）、《国家税务总局关于未按期申报抵扣增值税扣税凭证有关问题的公告》（国家税务总局公告 2011 年第 78 号，国家税务总局公告 2018 年第 31 号修改）规定，继续抵扣进项税额。

七、出口退（免）税

出口货物、劳务、服务退（免）税是对我国报关出口的货物、应税劳务、应税服务退还或免征在国内各生产环节和流通环节按税法规定缴纳的增值税和消费税。纳税人出口货物、应税劳务、应税服务（国家限制出口的除外）适用零税率。

（一）免抵退税办法

免抵退税办法，是指出口环节免征增值税，相应的进项税额抵减内销应纳增值税额（不包括适用增值税即征即退、先征后退政策的应纳增值税额），未抵减完的部分予以退还。

（二）免退税办法

免退税办法，是指出口环节免征增值税，相应的进项税额予以退还。

适用增值税一般计税方法的外贸企业外购服务或者无形资产出口实行免退税办法。

第二节　发票管理

一、增值税专用发票

增值税专用发票是增值税一般纳税人销售货物或者提供应税劳务、应税服务开具的发票，是购买方支付增值税额并可按照增值税有关规定据以抵扣增值税进项税额的凭证。

1. 发票联次

增值税专用发票由基本联次或者基本联次附加其他联次构成。基本联次为三联：发票联、抵扣联和记账联。

发票联，作为购买方核算采购成本和增值税进项税额的记账凭证；抵扣联，作为购买方报送主管税务机关认证和留存备查的凭证；记账联，作为销售方核算销售收入和增值税销项税额的记账凭证。其他联次用途，由纳税人自行确定。

2. 增值税专用发票开具范围

（1）一般纳税人发生应税销售行为，应向购买方开具增值税专用发票。

①商业企业一般纳税人零售的烟、酒、食品、服装、鞋帽（不包括劳保专用部分）、化妆品等消费品不得开具增值税专用发票。

②增值税小规模纳税人需要开具增值税专用发票的，可向主管税务机关申请代开。

③销售免税货物不得开具增值税专用发票，法律、法规及国家税务总局另有规定的除外。

（2）纳税人发生应税销售行为，应当向索取增值税专用发票的购买方开具增值税专用发票，并在增值税专用发票上分别注明销售额和销项税额。属于下列情形之一的，不得开具增值税专用发票：

①应税销售行为的购买方为消费者个人的；

②发生应税销售行为适用免税规定的。

增值税小规模纳税人（其他个人除外）发生增值税应税行为，需要开具增值税专用发票的，可以自愿使用增值税发票管理系统自行开具。选择自行开具增值税专用发票的小规模纳税人，税务机关不再为其代开增值税专用发票。

3. 不得作为增值税进项税额抵扣凭证的增值税专用发票

（1）有下列情形之一的，不得作为增值税进项税额的抵扣凭证，税务机关退还原件，购买方可要求销售方重新开具增值税专用发票：

①无法认证。无法认证，是指增值税专用发票所列密文或者明文不能辨认，无法产生认证结果。

②纳税人识别号认证不符。纳税人识别号认证不符，是指增值税专用发票所列购买方纳税人识别号有误。

③增值税专用发票代码、号码认证不符。增值税专用发票代码、号码认证不符，是指增值税专用发票所列密文解译后与明文的代码或者号码不一致。

（2）有下列情形之一的，暂不得作为增值税进项税额的抵扣凭证，税务机关扣留原件，查明原因，分别情况进行处理：

①重复认证。重复认证，是指已经认证相符的同一张增值税专用发票再次认证。

②密文有误。密文有误，是指增值税专用发票所列密文无法解译。

③认证不符。认证不符，是指纳税人识别号有误，或者增值税专用发票所列密文解译后与明文不一致。

④列为失控增值税专用发票。列为失控增值税专用发票，是指认证时的增值税专用发票已被登记为失控增值税专用发票。

4. 对丢失已开具增值税专用发票的发票联和抵扣联的处理

纳税人同时丢失已开具增值税专用发票或机动车销售统一发票的发票联和抵扣联，可凭加盖销售方发票专用章的相应发票记账联复印件，作为增值税进项税额的抵扣凭证、退税凭证或记账凭证。

纳税人丢失已开具增值税专用发票或机动车销售统一发票的抵扣联，可凭相应发票的发票联复印件，作为增值税进项税额的抵扣凭证或退税凭证。

纳税人丢失已开具增值税专用发票或机动车销售统一发票的发票联，可凭相应发票的抵扣联复印件，作为记账凭证。

5. 开具增值税专用发票后发生退货或开票有误的处理

（1）增值税一般纳税人开具增值税专用发票后，发生销货退回、开票有误、应税服务中止等情形但不符合发票作废条件，或者因销货部分退回及发生销售折让，需要开具红字增值税专用发票的，按以下方法处理：

①购买方取得增值税专用发票已用于申报抵扣的，购买方可在增值税发票管理系统中填开并上传《开具红字增值税专用发票信息表》，在填开《开具红字增值税专用发票信息表》时不填写相对应的蓝字增值税专用发票信息，应暂依《开具红字增值税专用发票信息表》所列增值税税额从当期进项税额中转出，待取得销售方开具的红字增值税专用发票后，与《开具红字增值税专用发票信息表》一并作为记账凭证。

购买方取得增值税专用发票未用于申报抵扣、但发票联或抵扣联无法退回的，购买方填开《开具红字增值税专用发票信息表》时应填写相对应的蓝字增值税专用发票信息。

销售方开具增值税专用发票尚未交付购买方，以及购买方未用于申报抵扣并将发票联及抵扣联退回的，销售方可在新系统中填开并上传《开具红字增值税专用发票信息表》。销售方填开《开具红字增值税专用发票信息表》时应填写相对应的蓝字增值税专用发票信息。

②主管税务机关通过网络接收纳税人上传的《开具红字增值税专用发票信息表》，系统自动校验通过后，生成带有“红字发票信息表编号”的《开具红字增值税专用发票信息表》，并将信息同步至纳税人端系统中。

③销售方凭税务机关系统校验通过的《开具红字增值税专用发票信息表》开具红字增值税专用发票，在新系统中以销项负数开具。红字增值税专用发票应与《开具红字增值税专用发票信息表》一一对应。

④纳税人也可凭《开具红字增值税专用发票信息表》电子信息或纸质资料到税务机关对《开具红字增值税专用发票信息表》内容进行系统校验。

（2）税务机关为小规模纳税人代开增值税专用发票，需要开具红字增值税专用发票的，按照一般纳税人开具红字增值税专用发票的方法处理。

（3）纳税人需要开具红字增值税普通发票的，可以在所对应的蓝字发票金额范围内开具多份红字发票。红字机动车销售统一发票须与原蓝字机动车销售统一发票一一对应。

（4）纳税人认定或登记为一般纳税人前进项税额抵扣问题，按照《国家税务总局关于纳税人认定或登记为一般纳税人前进项税额抵扣问题的公告》（国家税务总局公告 2015 年第 59 号）规定执行。

二、增值税普通发票

1. 增值税普通发票（折叠票）。增值税普通发票（折叠票）由基本联次或者基本联次附加其他联次构成，分为两联版和五联版两种。基本联次为两联：第一联为记账联，是销售方记账凭证；第二联为发票联，是购买方记账凭证。其他联次用途，由纳税人自行确定。纳税人办理产权过户手续需要使用发票的，可以使用增值税普通发票第三联。

2. 增值税普通发票（卷票）。增值税普通发票（卷票）分为两种规格：57mm×177. 8mm、76mm×177. 8mm，均为单联。

3. 增值税普通发票代码的编码原则。

根据《国家税务总局关于增值税普通发票管理有关事项的公告》（国家税务总局公告 2017 年第 44 号，国家税务总局公告 2018 年第 31 号修改）规定，增值税普通发票（折叠票）的发票代码为 12 位，编码规则：第 1 位为 0，第 2~5 位代表省、自治区、直辖市和计划单列市，第 6~7 位代表年度，第 8~10 位代表批次，第 11~12 位代表票种和联次，其中 04 代表二联增值税普通发票（折叠票）、05 代表五联增值税普通发票（折叠票）。

三、全面数字化的电子发票

1. 全面数字化电子发票概念

全面数字化电子发票（以下简称数电票）是以可信身份认证体系和新型电子发票服务平台为依托，与纸质发票具有同等法律效力，其不以纸质形式存在、不用介质支撑、不需申请领用。以标签化、要素化、去版式、授信制、赋码制为特征，以全领域、全环节、全要素电子化为运行模式的新型电子发票。相较于传统纸质发票及电子发票，数字化电子发票具有诸多优点。数电票随着数字化进程的推进，越来越多的地区和行业开始试点或推广数电票，这标志着我国发票管理正在逐步走向全面数字化。

第一，数电票实现了发票信息的全面数字化，使得发票全领域、全环节、全要素电子化，从而极大地提高了发票的处理效率。第二，发票版式得到了全面简化，重新设计了票面要素，简化了购买方、销售方信息，仅需填写纳税人识别号和纳税人名称，联次也全面简化，全票无联次，彻底取消了收款人和复核人栏，使会计工作更为便捷。第三，开票流程也得到了全面简化，无须税控设备即可开票，无须票种票量核定即可开票，且开票额度可动态调整，这为企业提供了极大的便利。第四，数电票还实现了发票的自动交付，纳税人可以通过电子发票服务平台税务数字账户自动交付全电发票，也可以通过电子邮件、二维码等方式自行交付全电发票，这大大提高了发票的交付效率。同时，数电票还解决了电子发票重复入账报销的问题，纳税人可以通过电子发票服务平台标记发票入账标识，避免重复入账。第五，数电票的红字发票处理流程也得到了简化，发票未入账时可直接全额红冲，发票已入账时销售方和购买方均可提出红字申请。

2. 数电票与其他发票特点对比

数电票与其他发票对比见表 1-4。

表 1-4　　数电票与其他发票对比

发票类型	税控纸质发票	税控电子发票	数电票	电票平台纸质发票
特点	采用高标准的防伪技术印制	基于现行纸质发票样式和管理流程	具有同等法律效力的全新发票	与税控纸质发票类似，但开票方式变为通过电票平台开具
	以纸质形式存在	将纸质发票票面电子化	去版式、去介质、不需领用	
	具有固定版面、格式	是纸质发票的电子映像和电子记录	票面信息全面数字化	
	由国家统一定版发行	2015 年推行电子普票、2020 年试点电子专票		
	统一数字编号			
	制式发票			

电子发票与数电发票详细对比见表 1-5。

表 1-5　　电子发票与数电发票详细对比表

电子发票	对比指标	数电发票
申请票种核定	开票前置环节	无须票种核定
申领税控设备		无须申领税控设备
领取发票号码段		无须发票领用
在给定的份数和限额内开票	发票开票限制	授信制：在给定的总额度内开具
依申请增版增量		任意额度与任意份数的发票
有地址栏、银行账户账号栏、发票代码、开票人及密文区	票面展示内容	删除地址栏等，购买方和销售方信息并列展示
8 位发票号，按年度、分批次编制		20 位发票号，含年度、行政区划、代码、开具渠道、顺序编码等
项目有 8 行限制，可开具清单		取消行次限制，废除清单
公共服务平台	发票开具平台	电子发票服务平台
可离线开票		仅允许在线开票

续表

电子发票	对比指标	数电发票
增值税电子普通发票	发票种类构成	将“7+10”种制式发票统一为电子发票
增值税电子专用发票		增值税发票、机动车发票、二手车发票等
通过邮件、短信等方式人工交付	发票交付手段	自动发送至开票方和受票方的税务数字账户，并自动归集
OFD等格式	版式文件格式	新增XML，保留OFD，PDF等

3. 数字化电子发票六大特点

（1）去介质

纳税人不再需要预先领取专用税控设备，通过网络可信身份等新技术手段（新的验证手段，穿透到人、监控到人），摆脱专用算法和特定硬件束缚，实现“认盘改认人”。

（2）去版式

数电发票可以选择以数据电文形式（XML）交付，破除PDF、OFD等特定版式要求，降低发票使用成本，提升纳税人用票的便利度和获得感。

数电发票票样根据不同业务进行差异化展示（附有票样展示），为纳税人提供更优质的可视化展示。

（3）标签化

通过标签实现了对电子发票功能、状态、用途的具体分类。目前有发票标签155项，其中“纳税人管理”类标签53个、“发票管理”类标签76个、“税种管理”类标签22个、“风险管理”类标签4个。

标签化可以改变当前多个发票票种的现状，也可以实时标识发票流转中的各类状态。

（4）要素化

发票要素是指发票的具体数据项，是构成数电发票的最小单元，生成后用于交付、使用和归档等环节，根据发票基本属性和特定行业、特殊商品服务及特定应用场景的规范，共设计216个发票要素，分为“基本要素”“特定要素”“附加要素”三大类。

（5）授信制

依托动态“信用+风险”的体系，结合纳税人生产经营、开票和申报行为，自动为纳税人赋予发票开具金额总额度并动态调整，实现“以系统授信为主，人工调整为辅”的授信制管理。

其中授信额度指纳税人在一个所属期内（一般是按月）最多可开票金额的合计值。

发票授信管理是指税务机关根据动态“信用+风险”体系，结合纳税人生产经营、开票和申报行为，自动授予并动态调整纳税人授信额度的业务事项。

（6）赋码制

电票平台在发票开具时自动赋予每张发票唯一编码的赋码机制（可理解为发票代码+发票号码），见表1-6。

表1-6　　电票平台赋码机制特点

去介质	去审核	去申领	扫码开票
“认人不认盘”	“开票零前置”	“赋码即开具”	开票方可选择出具“基础信息二维码”，由购买方纳税人扫码补录购方基础信息后开具发票，对比韩国“逆发行”发票开具功能，与我们提供的扫码开票思路和做法一致
不再需要预先购置专用税控设备，通过可信身份体系	不再需要进行增值税专用发票最高开票限额审批和发票票种核定，通过“授信制”自动为纳税人赋予开票总额度	纳税人不再需要进行特定发票号段申领，通过“赋码制”自动分配唯一的发票号码	

4. 数电票票样

现阶段，数电票将纸质增值税专用发票、增值税电子专用发票、纸质增值税普通发票、增值税电子普通发票、收费公路通行费增值税电子普通发票、机动车销售统一发票、二手车销售统一发票共7种增值税发票和通用机打发票、通用手工发票、冠名机打发票、定额发票、出租车发票、医疗服务发票、公园门票、公路客运发票、铁路客运发票、民航行程单10种其他普通发票现行发票归并为统一的电子发票数据，票样形式上包括以电子发票命名的增值税专用发票、普通发票等六类发票。数电票（增值税普通发票）

的样式如图 1-1 所示，数电票（增值税专用发票）的样式如图 1-2 所示。

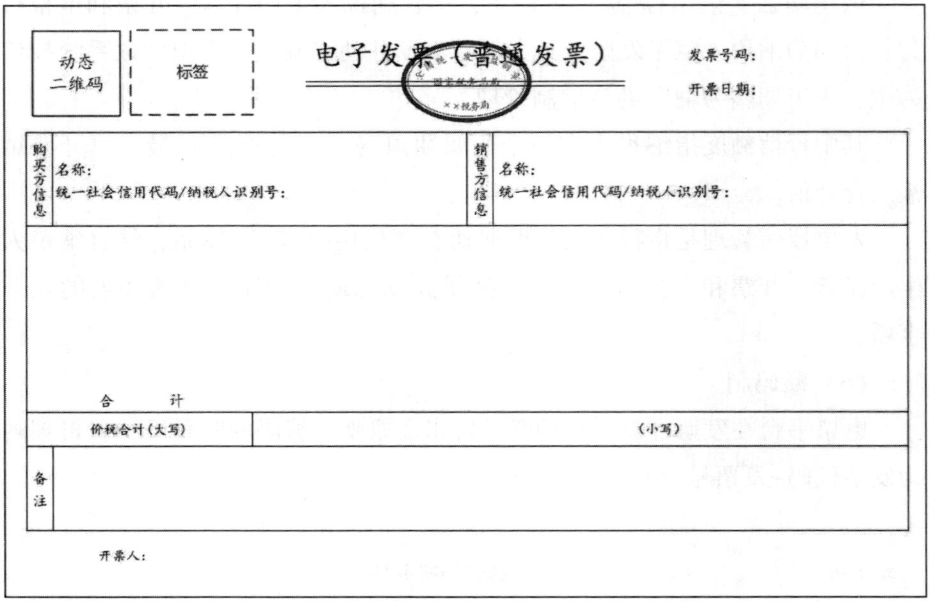

图 1-1　数电票（增值税普通发票）

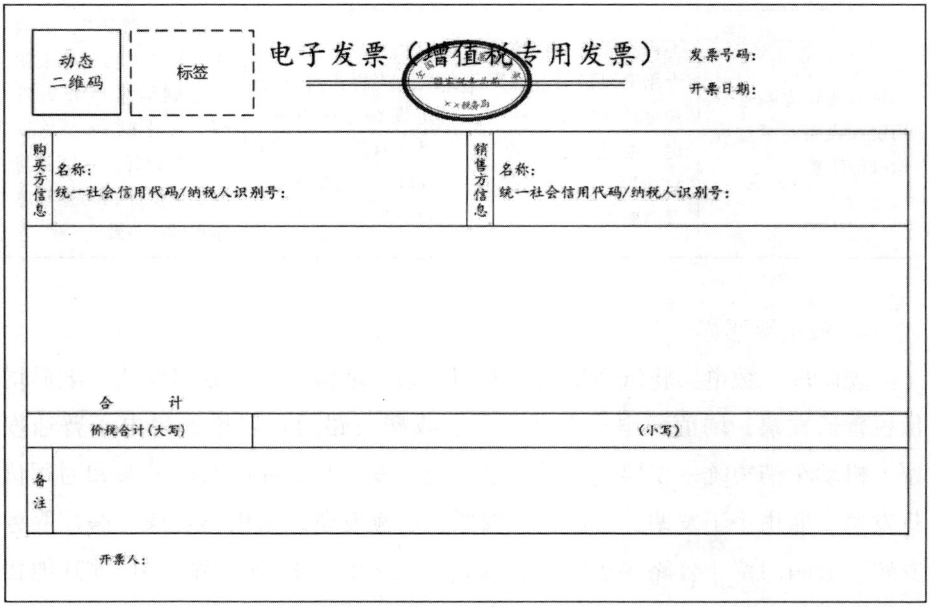

图 1-2　数电票（增值税专用发票）

第三节 疑难解答

1. 甲公司未纳入农产品增值税进项税额核定扣除试点，从小规模纳税人处购进农产品取得的增值税专用发票，用于生产13%税率的货物，可以按10%的扣除率计算进项税额吗?

答：可以。根据《财政部 税务总局 海关总署关于深化增值税改革有关政策的公告》（财政部 税务总局 海关总署公告2019年第39号）第二条规定，纳税人购进用于生产或者委托加工13%税率货物的农产品，按照10%的扣除率计算进项税额。

甲公司从小规模纳税人购进农产品取得的增值税专用发票，用于生产13%税率的货物，符合上述规定的，可以根据规定程序，按照10%的扣除率计算抵扣进项税额。

2. 一般纳税人兼营再生资源回收业务和其他业务能否分别适用简易计税方法和一般计税方法计税?

答：根据《财政部 税务总局关于完善资源综合利用增值税政策的公告》（财政部 税务总局公告〔2021〕40号）规定，一般纳税人发生财政部和国家税务总局规定的特定应税行为，且符合国家主管部门相关规定要求并取得相关资质的可以选择适用简易计税方法计税。因此，一般纳税人兼营再生资源回收业务和其他业务，在能够分别进行会计核算的情况下，并符合国家主管部门相关规定要求并取得相关资质的，其回收业务适用简易计税方法计税，不影响其他业务适用一般计税方法计税。

3. 小规模纳税人乙于2023年10月15日自行开具了1张征收率为3%的增值税专用发票，提供给下游客户用于抵扣进项税额。请问对于这笔销售收入，如果要享受减按1%征收增值税政策，是否必须追回已开具的征收率为3%的增值税专用发票?

答：根据《财政部 税务总局关于增值税小规模纳税人减免增值税政策的公告》（财政部 税务总局公告2023年第19号）第二条规定，增值税小规模纳税人适用3%征收率的应税销售收入，减按1%征收率征收增值税。纳税人乙取得适用3%征收率的应税销售收入，可以享受减按1%征收率征收增值税政策。但增值税专用发票具有抵扣功能，已向购买方开具3%征收率的增值税专用发票，应在增值税专用发票全部联次追回予以作废或者按规定开具红字专用发票后，方可就此笔业务适用减征增值税政策。否则，需要就已开具增值税专用发票的应税销售收入按3%征收率申报缴纳增值税。

4. 小型建筑公司丙在A市和B市都有建筑项目，属于按季申报的增值税小规模纳税人。丙公司2023年第四季度预计销售额50万元，其中在A市的建筑项目销售额35万元，在B市的建筑项目销售额15万元，应如何缴纳增值税？

答：根据《财政部 税务总局关于增值税小规模纳税人减免增值税政策的公告》（财政部 税务总局公告2023年第19号）规定，对月销售额10万元以下（含本数）的增值税小规模纳税人，免征增值税。增值税小规模纳税人适用3%征收率的应税销售收入，减按1%征收率征收增值税；适用3%预征率的预缴增值税项目，减按1%预征率预缴增值税。

根据《国家税务总局关于增值税小规模纳税人减免增值税等政策有关征管事项的公告》（国家税务总局公告2023年第1号）第一条规定，增值税小规模纳税人发生增值税应税销售行为，合计月销售额未超过10万元（以1个季度为1个纳税期的，季度销售额未超过30万元）的，免征增值税。第九条规定，按照现行规定应当预缴增值税税款的小规模纳税人，凡在预缴地实现的月销售额未超过10万元的，当期无须预缴税款。在预缴地实现的月销售额超过10万元的，适用3%预征率的预缴增值税项目，减按1%预征率预缴增值税。

建筑公司丙2023年第四季度销售额50万元，超过了30万元，因此不能享受小规模纳税人免征增值税政策，在机构所在地可享受减按1%征收率征收增值税政策。在建筑服务预缴地A市实现的销售额35万元，减按1%预征率预缴增值税；在建筑服务预缴地B市实现的销售额15万元，无须预缴增值税。

第四节 案例解析

案例一

一、案例描述

某食品加工厂（一般纳税人）2023 年 5 月发生下列业务：

1. 向农民收购大麦 10 吨，收购凭证上注明价款 20000 元，验收后移送另一食品加工厂（一般纳税人）加工膨化食品，支付加工费价税合计 600 元，取得增值税专用发票。

2. 从县城某工具厂（小规模纳税人）购入小工具一批，取得税务机关代开的增值税专用发票，支付价税合计款 3605 元，该项业务适用的征收率为 3%。

3. 将以前月份购入的 10 吨玉米渣对外销售 9 吨，取得不含税销售额 21000 元，将 1 吨玉米渣无偿赠送给客户。

4. 2023 年 4 月向农民收购的用于生产玉米渣的玉米因保管不善霉烂，账面成本 4477.27 元（含运费 127.27 元，从增值税一般纳税人处取得增值税专用发票已抵扣进项税额）。

5. 生产夹心饼干销售，开具的增值税专用发票上注明销售额 100000 元。

6. 转让 2015 年 3 月购入的小型生产设备一台，从购买方取得支票 8000 元（含税）。

根据以上业务，企业会计计算出本月应缴纳增值税 13451.93 元。请问是否正确？

二、案例分析

根据现行增值税政策，企业以上业务的涉税计算如下：

第 1 项农产品收购业务由于用于加工膨化食品（适用税率 13%），可抵扣进项税 = 20000×10% = 2000（元），加工费可抵扣进项税额 = 600÷（1+

13%）×13%＝69.03（元）；

第 2 项业务购入货物取得代开增值税专用发票，可抵扣进项税额＝3605÷（1+3%）×3%＝105（元）；

第 3 项业务企业销售玉米渣 9 吨，增值税销项税额＝21000×9%＝1890（元），无偿赠送玉米渣 1 吨应视同销售计算增值税，增值税销项税额＝1×21000/9×9%＝210（元）；

第 4 项业务 2023 年 4 月购进用于生产玉米渣的玉米发生非正常损失，进项税额转出＝（4477.27－127.27）÷（1－9%）×9%＝430.22（元），运费部分应转出进项税额＝127.27×9%＝11.45（元）；

第 5 项业务销售货物，增值税销项税额＝100000×13%＝13000（元）；

第 6 项业务企业转让增值税转型后购入的固定资产，销项税额＝8000÷（1+13%）×13%＝920.35（元）。

根据以上计算分析：

企业 2023 年 5 月销项税额＝1890+210+13000+920.35＝16020.35（元）

可抵扣进项税额＝2000+69.03+105－430.22－11.45＝1732.36（元）

应缴纳的增值税＝16020.35－1732.36＝14287.99（元）

因此，企业会计计算出的本月应纳增值税额是不正确的，根据分析可得出企业少计税款 836.06 元。

案例二

一、案例描述

致远公司从事电器制造业务，2021 年度增值税销售额 720 万元，从业人数 25 人。该公司 2019 年 3 月（税款所属期）期末留抵税额为 30 万元，2022 年 3 月（税款所属期）期末留抵税额为 90 万元，符合 14 号公告第三条规定的留抵退税 4 个条件，进项构成比例为 100%。

问：

1. 致远公司是否可以申请增值税增量留抵退税？可以申请多少金额？

2. 致远公司是否可以申请增值税存量留抵退税？可以申请多少金额？

二、案例分析

根据《中小企业划型标准规定》（工信部联企业〔2011〕300号）第四条第二项规定，对工业行业，从业人员1000人以下或营业收入40000万元以下的为中小微型企业。其中，从业人员300人及以上，且营业收入2000万元及以上的为中型企业；从业人员20人及以上，且营业收入300万元及以上的为小型企业；从业人员20人以下或营业收入300万元以下的为微型企业。根据本案例中提供的信息，我们将致远公司划型为小型企业。

根据《财政部 税务总局关于进一步加大增值税期末留抵退税政策实施力度的公告》（财政部 税务总局公告2022年第14号）第一条规定，符合条件的小微企业，可以自2022年4月纳税申报期起向主管税务机关申请退还增量留抵税额。在2022年12月31日前，退税条件按照该公告第三条规定执行。符合条件的微型企业，可以自2022年4月纳税申报期起向主管税务机关申请一次性退还存量留抵税额；符合条件的小型企业，可以自2022年5月纳税申报期起向主管税务机关申请一次性退还存量留抵税额。

因此，致远公司可以申请增值税留抵退税，具体内容如下：

1. 致远公司可以在2022年4月申报后申请增量留抵退税，增量留抵退税额=（90−30）×100%×100%=60（万元）。

2. 致远公司可以自2022年5月纳税申报期起申请一次性退还存量留抵税额，存量留抵退税额=90−60=30（万元）。

补充说明：本案例中提及的“进项构成比例”为2019年4月至申请退税前一税款所属期已抵扣的增值税专用发票（含带有“增值税专用发票”字样全面数字化的电子发票、税控机动车销售统一发票）、收费公路通行费增值税电子普通发票、海关进口增值税专用缴款书、解缴税款完税凭证注明的增值税额占同期全部已抵扣进项税额的比重。

第二章　消费税

第一节　税制概要

一、纳税人、征税范围和税率

（一）纳税人

在中华人民共和国境内生产、委托加工和进口消费税应税消费品的单位和个人，以及国务院确定的销售《中华人民共和国消费税暂行条例》（以下简称《消费税暂行条例》）规定的消费品的其他单位和个人，为消费税的纳税人。

（二）征税范围

依照《消费税暂行条例》所附的《消费税税目税率表》，目前应征消费税的消费品共有15类，分别是烟、酒、高档化妆品、贵重首饰及珠宝玉石、鞭炮及焰火、成品油 、摩托车、小汽车、高尔夫球及球具、高档手表、游艇、木制一次性筷子、实木地板、电池、涂料。

（三）税率

现行消费税税率根据课税对象的具体情况，采用三种形式：一是比例税率，最低1%，最高56%；二是定额税率，适用于啤酒、黄酒、成品油；三是比例加定额的复合税率，适用于卷烟、白酒。具体见表2-1消费税税目税率表。

表 2-1　　消费税税目税率表

税目	比例税率	定额税率
一、烟		
1. 卷烟		
(1) 工业		
①甲类卷烟［调拨价 70 元（不含增值税）/条以上（含 70 元）］	56%	30 元/万支
②乙类卷烟［调拨价 70 元（不含增值税）/条以下］	36%	30 元/万支
(2) 商业批发	11%	50 元/万支
2. 雪茄烟	36%	—
3. 烟丝	30%	—
4. 电子烟（烟弹、烟具以及烟弹与烟具组合销售的电子烟产品）		
(1) 工业	36%	—
(2) 商业批发	11%	—
二、酒		
1. 白酒	20%	0.5 元/500 克（毫升）
2. 黄酒	—	240 元/吨
3. 啤酒		
(1) 甲类啤酒［出厂价格 3000 元（不含增值税）/吨以上（含 3000 元）］	—	250 元/吨
(2) 乙类啤酒［出厂价格 3000 元（不含增值税）/吨以下］	—	220 元/吨
4. 其他酒	10%	—
三、高档化妆品	15%	—
四、贵重首饰及珠宝玉石		
1. 金银首饰、铂金首饰和钻石及钻石饰品	5%	—
2. 其他贵重首饰和珠宝玉石	10%	—
五、鞭炮、焰火	15%	—
六、成品油		
1. 汽油	—	1.52 元/升
2. 柴油	—	1.20 元/升
3. 航空煤油（暂缓征收）	—	1.20 元/升
4. 石脑油	—	1.52 元/升
5. 溶剂油	—	1.52 元/升
6. 润滑油	—	1.52 元/升
7. 燃料油	—	1.20 元/升

续表

税目	比例税率	定额税率
七、摩托车		
1. 气缸容量（排气量，下同）= 250 毫升	3%	—
2. 气缸容量>250 毫升	10%	—
八、小汽车		
1. 乘用车		
（1）气缸容量（排气量，下同）≤1.0 升	1%	—
（2）1.0 升<气缸容量≤1.5 升	3%	—
（3）1.5 升<气缸容量≤2.0 升	5%	—
（4）2.0 升<气缸容量≤2.5 升	9%	—
（5）2.5 升<气缸容量≤3.0 升	12%	—
（6）3.0 升<气缸容量≤4.0 升	25%	—
（7）气缸容量>4.0 升	40%	—
2. 中轻型商用客车	5%	—
3. 超豪华小汽车［每辆零售价格 130 万元（不含增值税）及以上的乘用车和中轻型商用客车］	10%	—
九、高尔夫球及球具	10%	—
十、高档手表	20%	—
十一、游艇	10%	—
十二、木制一次性筷子	5%	—
十三、实木地板	5%	—
十四、电池	4%	—
十五、涂料	4%	—

二、应纳税额

（一）从价定率

应纳税额=销售额×比例税率

销售额为纳税人销售应税消费品向购买方收取的全部价款和价外费用。

（二）从量定额

应纳税额=销售数量×定额税率

销售数量是指应税消费品的销售数量。

（三）复合计税

应纳税额=销售额×比例税率+销售数量×定额税率

目前现行消费税的征税范围中，只有卷烟、白酒采用复合计税方法。

（四）组成计税价格计算纳税

1. 纳税人自产自用的应税消费品，按照纳税人生产的同类消费品的销售价格计算纳税；没有同类消费品销售价格的，按照组成计税价格计算纳税。

实行从价定率办法计算纳税的组成计税价格计算公式为：

组成计税价格=（成本+利润）÷（1-比例税率）

实行复合计税办法计算纳税的组成计税价格计算公式为：

组成计税价格=（成本+利润+自产自用数量×定额税率）÷（1-比例税率）

2. 委托加工的应税消费品，按照受托方的同类消费品的销售价格计算纳税；没有同类消费品销售价格的，按照组成计税价格计算纳税。

实行从价定率办法计算纳税的组成计税价格计算公式为：

组成计税价格=（材料成本+加工费）÷（1-比例税率）

实行复合计税办法计算纳税的组成计税价格计算公式为：

组成计税价格=（材料成本+加工费+委托加工数量×定额税率）÷（1-比例税率）

3. 进口的应税消费品，按照组成计税价格计算纳税。

实行从价定率办法计算纳税的组成计税价格计算公式为：

组成计税价格=（关税完税价格+关税）÷（1-消费税比例税率）

实行复合计税办法计算纳税的组成计税价格计算公式为：

组成计税价格=（关税完税价格+关税+进口数量×消费税定额税率）÷（1-消费税比例税率）

三、征税环节

（一）生产销售环节

生产销售是消费税征收的主要环节，对于大多数消费税应税商品而言，在生产销售环节征税以后，流通环节不用再缴纳消费税。

（二）批发环节

卷烟除了在生产销售环节征收消费税外，在批发环节也征收消费税。

自 2015 年 5 月 10 日起，卷烟批发环节从价税税率提高至 11%，并按 0.005 元/支加征从量税。纳税人兼营卷烟批发和零售业务的，应当分别核算批发和零售环节的销售额、销售数量；未分别核算批发和零售环节销售额、销售数量的，按照全部销售额、销售数量计征批发环节消费税。

（三）零售环节

在零售环节征收消费税的税目包括：金银首饰、钻石、钻石饰品和超豪华小汽车。其中金银首饰的范围包括：金、银和金基、银基合金首饰，以及金、银和金基、银基合金的镶嵌首饰，不包括镀金（银）、包金（银）首饰，以及镀金（银）、包金（银）的镶嵌首饰。

（四）移送环节

纳税人将生产的应税消费品换取生产资料、消费资料、投资入股、偿还债务，以及用于连续生产应税消费品以外的其他方面的，应于移送使用时缴纳消费税。纳税人将自产自用的应税消费品移送用于连续生产应税消费品的，不纳税。

（五）委托加工环节

委托加工的应税消费品，除受托方为个人外，由受托方在向委托方交货时代收代缴消费税税款。

（六）进口环节

进口的应税消费品，于报关进口时纳税。

四、消费税额扣减

（一）消费税税额扣减适用的项目

外购应税消费品和委托加工收回的应税消费品所纳消费税税款可按规定扣除。具体包括以下情形：

1. 外购或委托加工收回的已税烟丝生产的卷烟。

2. 外购或委托加工收回的已税高档化妆品生产的高档化妆品。

3. 外购或委托加工收回的已税珠宝玉石生产的贵重首饰及珠宝玉石。

4. 外购或委托加工收回的已税鞭炮、焰火生产的鞭炮、焰火。

5. 外购或委托加工收回的已税汽油、柴油、石脑油、燃料油、润滑油为原料生产的应税成品油。

6. 外购或委托加工收回的已税杆头、杆身和握把为原料生产的高尔夫球杆。

7. 外购或委托加工收回的已税木制一次性筷子为原料生产的木制一次性筷子。

8. 外购或委托加工收回的已税实木地板为原料生产的实木地板。

9. 纳税人从葡萄酒生产企业购进、进口葡萄酒连续生产应税葡萄酒的，准予从葡萄酒消费税应纳税额中扣除所耗用应税葡萄酒已纳消费税税款。

10. 啤酒生产集团内部企业间用啤酒液连续灌装生产的啤酒。

说明：纳税人用外购的或委托加工收回的已税珠宝玉石生产的，改在零售环节征收消费税的金银、钻石首饰，在计税时一律不得扣除外购或委托加工收回的珠宝玉石已纳的消费税税款。

（二）外购应税消费品允许扣除已纳税款的计算

1. 外购应税消费品实行从价定率计税的

$$\text{当期准予扣除外购应税消费品已纳税款} = \text{当期准予扣除外购应税消费品买价} \times \text{外购应税消费品适用税率}$$

$$\frac{\text{当期准予扣除外购}}{\text{应税消费品买价}}=\frac{\text{期初库存外购}}{\text{应税消费品买价}}+\frac{\text{当期购进外购}}{\text{应税消费品买价}}-\frac{\text{期末库存外购}}{\text{应税消费品买价}}$$

其中：外购应税消费品买价为纳税人取得的规定的发票（含销货清单）注明的应税消费品的销售额（不包含可以抵扣的增值税）。

2. 外购应税消费品实行从量定额计税的

$$\frac{\text{当期准予扣除外购}}{\text{应税消费品已纳税款}}=\frac{\text{当期准予扣除外购}}{\text{应税消费品数量}}\times\frac{\text{外购应税消费品}}{\text{单位税额}}$$

$$\frac{\text{当期准予扣除外购}}{\text{应税消费品数量}}=\frac{\text{期初库存外购应税}}{\text{消费品数量}}+\frac{\text{当期购进外购应税}}{\text{消费品数量}}-\frac{\text{期末库存外购应税}}{\text{消费品数量}}$$

其中：外购应税消费品数量为纳税人取得的规定的发票（含销货清单）注明的应税消费品的销售数量

（三）委托加工应税消费品允许扣除已纳税款的计算

委托方收回委托加工的应税消费品后用于连续生产应税消费品的，其已纳消费税税款准予按照规定从连续生产的应税消费品应纳消费税税额中抵扣。允许扣除的已纳税款的计算公式为：

$$\text{当期准予扣除的委托加工应税消费品已纳税款}=\text{期初库存的委托加工应税消费品已纳税款}+\text{当期收回的委托加工应税消费品已纳税款}-\text{期末库存的委托加工应税消费品已纳税款}$$

委托加工应税消费品已纳税款为代扣代收税款凭证注明的受托方代收代缴的消费税。

五、税收优惠

（一）成品油消费税优惠

1. 对用外购或委托加工收回的已税汽油生产的乙醇汽油免征消费税。

2. 自 2009 年 1 月 1 日起，对符合生产原料中废弃的动物油和植物油用量所占比重不低于 70%且生产的纯生物柴油符合国家《柴油机燃料调合用生物柴油（BD100）》标准的纯生物柴油免征消费税。

3. 自 2009 年 1 月 1 日起，对成品油生产企业在生产成品油过程中，作为燃料、动力及原料消耗掉的自产成品油，免征消费税。

4. 自 2011 年 10 月 1 日起，生产企业自产石脑油、燃料油用于生产乙烯、芳烃类化工产品的，按实际耗用数量暂免征消费税。

自 2011 年 10 月 1 日起，对使用石脑油、燃料油生产乙烯、芳烃的企业购进并用于生产乙烯、芳烃类化工产品的石脑油、燃料油，按实际耗用数量暂退还所含消费税。

5. 自 2013 年 11 月 1 日至 2027 年 12 月 31 日，对以回收的废矿物油为原料生产的润滑油基础油、汽油、柴油等工业油料免征消费税。

6. 自 2009 年 1 月 1 日起，对利用废弃的动植物油生产纯生物柴油免征消费税。

（二）电池消费税优惠

自 2015 年 2 月 1 日起，对无汞原电池、金属氢化物镍蓄电池（又称氢镍蓄电池或镍氢蓄电池）、锂原电池、锂离子蓄电池、太阳能电池、燃料电池和全钒液流电池免征消费税。

（三）涂料消费税优惠

自 2015 年 2 月 1 日起，对施工状态下挥发性有机物（Volatile Organic Compounds，VOC）含量低于 420 克/升（含）的涂料免征消费税。

六、征收管理

（一）纳税义务发生时间

1. 纳税人销售应税消费品的，根据销售结算方式的不同，纳税义务发生时间分别为：

（1）采取赊销和分期收款结算方式的，为书面合同约定的收款日期的当天，书面合同没有约定收款日期或者无书面合同的，为发出应税消费品的当天；

（2）采取预收货款结算方式的，为发出应税消费品的当天；

（3）采取托收承付和委托银行收款方式的，为发出应税消费品并办妥托收手续的当天；

（4）采取其他结算方式的，为收讫销售款或者取得索取销售款凭据的当天。

2. 纳税人自产自用应税消费品的，为移送使用的当天。

3. 纳税人委托加工应税消费品的，为纳税人提货的当天。

4. 纳税人进口应税消费品的，为报关进口的当天。

（二）纳税地点

1. 纳税人销售的应税消费品，以及自产自用的应税消费品，除国务院财政、税务主管部门另有规定外，应当向纳税人机构所在地或者居住地的主管税务机关申报纳税。

2. 委托加工的应税消费品，除受托方为个人外，由受托方向机构所在地或者居住地的主管税务机关解缴消费税税款。

3. 纳税人到外县（市）销售或者委托外县（市）代销自产应税消费品的，于应税消费品销售后，向机构所在地或者居住地主管税务机关申报纳税。

4. 纳税人的总机构与分支机构在同一省（自治区、直辖市），但不在同一县（市），经本省（自治区、直辖市）财政厅（局）、税务局审批同意，报财政部、国家税务总局备案，可以由总机构汇总向总机构所在地的税务机关申报缴纳消费税。

（三）纳税期限

消费税的纳税期限分别为1日、3日、5日、10日、15日、1个月或者1个季度。纳税人的具体纳税期限，由主管税务机关根据纳税人应纳税额的大小分别核定；不能按照固定期限纳税的，可以按次纳税。

纳税人以1个月或者1个季度为1个纳税期的，自期满之日起15日内申报纳税；以1日、3日、5日、10日或者15日为1个纳税期的，自期满之日起5日内预缴税款，于次月1日起15日内申报纳税并结清上月应纳税款。

七、风险提示

（一）成品油消费税管理存在的风险

凡在产品特性上符合《成品油消费税征收范围注释》（财税〔2008〕167号）规定的，无论取何种名称，都应征收消费税。纳税人将部分产品改变名称后应计提未计提消费税，会给管理带来风险。

（二）计税价格管理存在的风险

1. 未按规定采集、审核、汇总、核定卷烟消费税计税价格，公布卷烟消费税计税价格核定结果，可能带来税收风险。

2. 未按规定采集、审核、核定白酒消费税最低计税价格，可能带来税收风险。

第二节 疑难解答

1. 企业销售货物，用外汇结算的，如何折算为人民币计算交纳消费税？

答：根据《消费税暂行条例》和《中华人民共和国消费税暂行条例实施细则》（以下简称《消费税暂行条例实施细则》）规定，纳税人销售的应税消费品，以人民币以外的货币结算销售额的，其销售额的人民币折合率可以选择销售额发生的当天或者当月1日的人民币汇率中间价。纳税人应在事先确定采用何种折合率，确定后1年内不得变更。

2. 纳税人出口电子烟是否可以办理消费税出口退（免）税？

答：根据《财政部 海关总署 税务总局关于对电子烟征收消费税的公告》（财政部 海关总署 税务总局公告2022年第33号）第五条规定，纳税人出口电子烟，适用出口退（免）税政策。将电子烟增列至边民互市进口商品不予免税清单并照章征税。除上述规定外，个人携带或者寄递进境电子烟的消费税征收，按照国务院有关规定执行。电子烟消费税其他事项依照《消费税暂行条例》和《消费税暂行条例实施细则》等规定执行。

3. 纳税人兼营不同税率的应税消费品，如何适用消费税税率？

答：根据《消费税暂行条例》第三条规定，纳税人兼营不同税率的应当缴纳消费税的消费品，应当分别核算不同税率应税消费品的销售额、销售数量；未分别核算销售额、销售数量，或者将不同税率的应税消费品组成成套消费品销售的，从高适用税率。

根据《消费税暂行条例实施细则》第四条规定，《消费税暂行条例》第三条所称纳税人兼营不同税率的应当缴纳消费税的消费品，是指纳税人生产销售两种税率以上的应税消费品。

4. 以进口葡萄酒为原料连续生产葡萄酒的纳税人，能否抵减进口环节已纳消费税税额？

答：根据《国家税务总局关于修订〈葡萄酒消费税管理办法（试行）〉的公告》（国家税务总局公告2015年第15号）附件《葡萄酒消费税管理办法（试行）》规定，纳税人以进口、外购葡萄酒连续生产应税葡萄酒，分别依据《海关进口消费税专用缴款书》《增值税专用发票》，按照现行政策规定计算扣除应税葡萄酒已纳消费税税款。纳税人应建立《葡萄酒消费税抵扣税款台账》，作为申报扣除外购、进口应税葡萄酒已纳消费税税款的备查资料。纳税人依照该办法附件的式样设置台账，也可根据需要增设台账内容，但对参考式样的内容不得删减。

第三节　案例解析

一、案例描述

A公司是从事各种酒类生产和销售的企业，为增值税一般纳税人，2023年发生业务如下：

1. 4月，生产葡萄酒按10%税率缴纳消费税。销售葡萄酒取得不含税收入100万元，当月用200吨葡萄酒换取生产资料。最高价为每吨不含税200元，最低价每吨不含税180元，中间平均价为每吨不含税190元。计算4月应纳消费税和应纳增值税。

2. 5月，A公司开设的门市部将该企业生产的粮食白酒与黄酒共10吨组成礼品套装出售给某商场，取得不含税收入60万元，随货销售的包装物不含税价为12万元，假设包装物未单独计价，收取包装物押金2.26万元（事后未退回），进项税额为76500元。已知该门市部为A公司下设的部门，财务由A公司统一核算，则该门市部是否需要缴纳消费税？如果需要缴纳，请计算出该项业务应缴纳的消费税及增值税销项税额。

3. 5月，生产一种新的粮食白酒，广告样品使用0.4吨，已知该种白酒无同类产品出厂价，生产成本为每吨42000元，成本利润率为10%，白酒定额税率为每500克0.5元，比例税率为20%。计算该公司5月应缴纳的消费税。

二、案例分析

1.（1）计算过程

应纳消费税 = 100×10%+200×200÷10000×10% = 10.4（万元）

应纳增值税 = 100×13%+200×190÷10000×13% = 13.494（万元）

（2）政策分析

①根据《国家税务总局关于印发〈消费税若干具体问题的规定〉的通知》（国税发〔1993〕156号）第三条第（六）项规定，纳税人用于换取生产资料和消费资料，投资入股和抵偿债务等方面的应税消费品，应当以纳税人同类应税消费品的最高销售价格作为计税依据计算消费税。

②根据《增值税暂行条例实施细则》第十六条规定，纳税人有《增值税暂行条例》第七条所称价格明显偏低并无正当理由或者有《增值税暂行条例实施细则》第四条所列视同销售货物行为而无销售额者，按下列顺序确定销售额：A. 按纳税人最近时期同类货物的平均销售价格确定；B. 按其他纳税人最近时期同类货物的平均销售价格确定；C. 按组成计税价格确定。

上述材料中，A公司用葡萄酒换生产资料属于增值税视同销售行为，应按A公司最近时期同类货物的平均销售价格确定。

2. 应当缴纳消费税

（1）计算过程

应纳消费税 =（600000 + 120000 + 22600 ÷ 1.13）× 20% + 10 × 2000 × 0.5 = 158000（元）

应纳增值税 =（600000 + 120000 + 22600 ÷ 1.13）× 13% − 76500 = 19700（元）

（2）政策分析

①根据《国家税务总局关于印发〈消费税若干具体问题的规定〉的通知》（国税发〔1993〕156号）第三条第（五）项规定，纳税人通过自设非独立核算门市部销售的自产应税消费品，应当按照门市部对外销售额或者销售数量征收消费税。

②根据《消费税暂行条例》第三条规定，纳税人兼营不同税率的应税消费品，应当分别核算不同税率应税消费品的销售额、销售数量；未分别核算销售额、销售数量，或者将不同税率的应税消费品组成成套消费品销售的，从高适用税率。因此，材料中将粮食白酒和黄酒组成礼品套装进行出售，应从高适用粮食白酒的消费税税率。

③根据《消费税暂行条例实施细则》第十二条规定，《消费税暂行条例》第六条所称销售额，不包括应向购货方收取的增值税税款。因此，在计算包装物押金时，应换算为不含税价格。

④根据《消费税暂行条例实施细则》第十三条规定，应税消费品连同包装物销售的，无论包装物是否单独计价以及在会计上如何核算，均应并入应税消费品的销售额中缴纳消费税。如果包装物不作价随同产品销售，而是收取押金，此项押金则不应并入应税消费品的销售额中征税。但对因逾期未收回的包装物不再退还的或者已收取的时间超过12个月的押金，应并入应税消费品的销售额，按照应税消费品的适用税率缴纳消费税。对既作价随同应税消费品销售，又另外收取押金的包装物的押金，凡纳税人在规定的期限内没有退还的，均应并入应税消费品的销售额，按照应税消费品的适用税率缴纳消费税。

⑤根据《财政部 国家税务总局关于酒类产品包装物押金征税问题的通知》（财税字〔1995〕53号）规定，酒类产品生产企业销售酒类产品而收

取的包装物押金，无论押金是否返还与会计上如何核算，均需并入酒类产品销售额中，依酒类产品的适用税率征收消费税。

包装物收入的税务处理见表2-2。

表2-2　　包装物收入的税务处理

包装物	税务处理（与增值税相比较）
作价随同销售	并入销售额中征收消费税
非酒类产品收取押金单独计价，未逾期	不并入销售额中征收消费税
非酒类产品收取押金单独计价不退还或逾期	并入销售额中征收消费税
黄酒、啤酒以外的其他酒产品（无论是否逾期或会计如何核算）	收取当期并入销售额中征收消费税
黄酒、啤酒	不逾期不并入销售额中征收消费税；逾期只缴增值税，不缴消费税（从量计征，与价格无关）

3.（1）计算过程

从量税=0.4×2000×0.5=400（元）

从价税=［0.4×42000×（1+10%）+0.4×2000×0.5］÷（1-20%）×20%=4720（元）

应纳消费税=400+4720=5120（元）

（2）政策分析

根据《消费税暂行条例》第五条规定，实行复合计税办法计算的，应纳税额的计算公式为：

应纳税额=销售额×比例税率+销售数量×定额税率

根据《消费税暂行条例》第七条规定，纳税人自产自用的应税消费品，按照纳税人生产的同类消费品的销售价格计算纳税；没有同类消费品销售价格的，按照组成计税价格计算纳税。实行复合计税办法计算纳税的组成计税价格计算公式为：

组成计税价格=（成本+利润+自产自用数量×定额税率）÷（1-比例税率）

三、案例拓展

消费税的管理应把握两个重点，一是计税方法。本案例举例说明了粮食白酒采用复合计税方法的情形。消费税有三种计税方法，根据《消费税暂行条例》第五条规定，消费税实行从价定率、从量定额，或者从价定率和从量定额复合计税的办法计算应纳税额卷烟和白酒实行复合计税方法（见表 2-3）。二是税基管理。对比消费税的三种计税方法，结合税制要素会发现，影响消费税应纳税额的重要一点就是税基。概括起来，影响税基的因素很多，其中较为重要的有两个：一个是"质"的因素。不同的税目有不同的税基，因此，要准确界定课税的具体对象。本案例中，对酒厂开设的门市部将该酒厂生产的粮食白酒销售给商场是否需要缴纳消费税问题的界定，即是在厘清课税的具体对象。另一个是"量"的因素。消费税纳税义务人、征税范围、纳税义务发生时间等税制要素都表现为消费税税基的"量"，这些都与当期应纳消费税税额的多少有密切的关系。

表 2-3　　消费税的三种计税方法比较

计税方法	计税依据	适用范围	计税公式
从价定率计税	销售额	除列举项目之外的应税消费品	应纳税额=销售额×比例税率
从量定额计税	销售数量	啤酒、黄酒、成品油	应纳税额=销售数量×定额税率
复合计税	销售额、销售数量	粮食白酒、卷烟	应纳税额=销售额×比例税率+销售数量×定额税率

第三章　车辆购置税

第一节　税制概要

一、纳税人、征税范围和税率

（一）纳税人

在中华人民共和国境内购置应税车辆的单位和个人，为车辆购置税的纳税人。

购置，是指以购买、进口、自产、受赠、获奖或者其他方式取得并自用应税车辆的行为。

（二）征税范围

车辆购置税的征税范围包括汽车、有轨电车、汽车挂车、排气量超过150毫升的摩托车。地铁、轻轨等城市轨道交通车辆，装载机、平地机、挖掘机、推土机等轮式专用机械车，以及起重机（吊车）、叉车、电动摩托车、排气量150毫升（含）以下的摩托车，不属于应税车辆。

（三）税率

车辆购置税的税率为10%。

二、计税依据

应税车辆的计税价格，按照下列规定确定：

1. 纳税人购买自用应税车辆的计税价格，为纳税人实际支付给销售者的全部价款，不包括增值税税款。纳税人以外汇结算应税车辆价款的，按照申报纳税之日的人民币汇率中间价折合成人民币计算缴纳税款。

2. 纳税人进口自用应税车辆的计税价格，为关税完税价格加上关税和消费税。

计税价格=关税完税价格+关税+消费税

3. 纳税人自产自用应税车辆的计税价格，按照同类应税车辆（即车辆配置序列号相同的车辆）的销售价格确定，不包括增值税税款；没有同类应税车辆销售价格的，按照组成计税价格确定。组成计税价格计算公式为：

组成计税价格=成本×（1+成本利润率）

属于应征消费税的应税车辆，其组成计税价格中应加计消费税税额。

上述公式中的成本利润率，由国家税务总局各省、自治区、直辖市和计划单列市税务局确定。

4. 纳税人以受赠、获奖或者其他方式取得自用应税车辆的计税价格，按照购置应税车辆时相关凭证载明的价格确定，不包括增值税税款。相关凭证，是指原车辆所有人购置或者以其他方式取得应税车辆时载明价格的凭证；无法提供相关凭证的，参照同类应税车辆市场平均交易价格确定其计税价格。

5. 纳税人申报的应税车辆计税价格明显偏低，又无正当理由的，由税务机关依照《中华人民共和国税收征收管理法》（以下简称《税收征管法》）的规定核定其应纳税额。

纳税人应当如实申报应税车辆的计税价格，税务机关应当按照纳税人申报的计税价格征收税款。纳税人编造虚假计税依据的，税务机关应当依照《税收征管法》及其实施细则的相关规定处理。

三、应纳税额的计算

车辆购置税实行从价定率的方法计算应纳税额。

应纳税额=计税价格×税率

纳税人将已征车辆购置税的车辆退回车辆生产企业或者销售企业的，可以向主管税务机关申请退还车辆购置税。退税额以已缴税款为基准，自缴纳税款之日至申请退税之日，每满一年扣减10%。

四、税收优惠

（一）法定免税

根据《中华人民共和国车辆购置税法》规定，对下列车辆免征车辆购置税：

1. 依照法律规定应当予以免税的外国驻华使馆、领事馆和国际组织驻华机构及其有关人员自用的车辆。

2. 中国人民解放军和中国人民武装警察部队列入装备订货计划的车辆。

3. 悬挂应急救援专用号牌的国家综合性消防救援车辆。

4. 设有固定装置的非运输专用作业车辆。享受免征车辆购置税的车辆，通过工业和信息化部、税务总局发布《免征车辆购置税的设有固定装置的非运输专用作业车辆目录》实施管理。

5. 城市公交企业购置的公共汽电车辆。

（二）其他减免

1. 新能源汽车车辆购置税减免政策。对购置日期在2024年1月1日至2025年12月31日期间的新能源汽车免征车辆购置税，其中，每辆新能源乘用车免税额不超过3万元；对购置日期在2026年1月1日至2027年12月31日期间的新能源汽车减半征收车辆购置税，其中，每辆新能源乘用车减税额不超过1.5万元。免征车辆购置税的新能源汽车，通过工业和信息化部、税务总局发布《免征车辆购置税的新能源汽车车型目录》实施管理。

2. 回国服务的在外留学人员用现汇购买1辆个人自用国产小汽车和长期来华定居专家进口1辆自用小汽车免征车辆购置税。

3. 防汛部门和森林消防部门用于指挥、检查、调度、报汛（警）、联络的由指定厂家生产的设有固定装置的指定型号的车辆免征车辆购置税。

4. 中国妇女发展基金会“母亲健康快车”项目的流动医疗车免征车辆

购置税。

5. 北京 2022 年冬奥会和冬残奥会组织委员会新购置车辆免征车辆购置税。

6. 原公安现役部队和原武警黄金、森林、水电部队改制后换发地方机动车牌证的车辆（公安消防、武警森林部队执行灭火救援任务的车辆除外），一次性免征车辆购置税。

（三）减半征收

自 2018 年 7 月 1 日至 2027 年 12 月 31 日，对购置挂车减半征收车辆购置税。

（四）其他规定

免税、减税车辆因转让、改变用途等原因不再属于免税、减税范围的，纳税人应当在办理车辆转移登记或者变更登记前缴纳车辆购置税。计税价格以免税、减税车辆初次办理纳税申报时确定的计税价格为基准，每满一年扣减百分之十。

五、征收管理

（一）纳税申报

1. 征税车辆纳税申报

车辆购置税实行一车一申报制度，车辆购置税实行一次性征收。购置已征车辆购置税的车辆，不再征收车辆购置税。

纳税人办理纳税申报时应当如实填报《车辆购置税纳税申报表》，同时提供车辆合格证明和车辆相关价格凭证。

自 2019 年 6 月 1 日起，纳税人在全国范围内办理车辆购置税纳税业务时，税务机关不再打印和发放纸质车辆购置税完税证明。纳税人办理完成车辆购置税纳税业务后，在公安机关交通管理部门办理车辆注册登记时，不需向公安机关交通管理部门提交纸质车辆购置税完税证明。

纳税人申请注册登记的车辆识别代号信息与完税或者免税电子信息不符的，公安机关交通管理部门不予办理车辆注册登记。

自 2019 年 7 月 1 日起，纳税人在全国范围内办理车辆购置税补税、完税证明换证或者更正等业务时，税务机关不再出具纸质车辆购置税完税证明。

纳税人如需纸质车辆购置税完税证明，可向主管税务机关提出，由主管税务机关打印《车辆购置税完税证明（电子版）》，亦可自行通过本省（自治区、直辖市和计划单列市）电子税务局等官方互联网平台查询和打印。

2. 免（减）税车辆纳税申报

纳税人在办理车辆购置税免税、减税时，除按上述规定提供资料外，还应当根据不同的免税、减税情形，分别提供相关资料的原件、复印件。

（1）外国驻华使馆、领事馆和国际组织驻华机构及其有关人员自用车辆，提供机构证明和外交部门出具的身份证明。

（2）城市公交企业购置的公共汽电车辆，提供所在地县级以上（含县级）交通运输主管部门出具的公共汽电车辆认定表。

（3）悬挂应急救援专用号牌的国家综合性消防救援车辆，提供中华人民共和国应急管理部批准的相关文件。

（4）回国服务的在外留学人员购买的自用国产小汽车，提供海关核发的《中华人民共和国海关回国人员购买国产汽车准购单》。

（5）长期来华定居专家进口自用小汽车，提供国家外国专家局或者其授权单位核发的专家证或者 A 类和 B 类《外国人工作许可证》。

免税、减税车辆因转让、改变用途等原因不再属于免税、减税范围的，纳税人应当在办理车辆转移登记或者变更登记前缴纳车辆购置税。计税价格以免税、减税车辆初次办理纳税申报时确定的计税价格为基准，每满一年扣减 10%。

（二）纳税环节

纳税人应当在向公安机关交通管理部门办理车辆注册登记前，缴纳车辆购置税。公安机关交通管理部门办理车辆注册登记，应当根据税务机关提供的应税车辆完税或者免税电子信息对纳税人申请登记的车辆信息进行核对，核对无误后依法办理车辆注册登记。购买二手车时，购买者应当向原车主索要完税证明。

（三）纳税地点

车辆购置税由税务机关负责征收。需要办理车辆登记的，向车辆登记地的主管税务机关申报纳税；不需要办理车辆登记的，单位纳税人向其机构所在地的主管税务机关申报纳税，个人纳税人向其户籍所在地或者经常居住地的主管税务机关申报纳税。

纳税人购置应税车辆，应当向车辆登记注册地的主管税务机关办理纳税申报；购置不需要办理车辆登记注册手续的应税车辆，应当向纳税人所在地的主管税务机关办理纳税申报。

税务机关和公安、商务、海关、工业和信息化等部门应当建立应税车辆信息共享和工作配合机制，及时交换应税车辆和纳税信息资料。

（四）纳税义务发生时间

车辆购置税的纳税义务发生时间为纳税人购置应税车辆的当日。

1. 购买自用应税车辆的为购买之日，即车辆相关价格凭证的开具日期。

2. 进口自用应税车辆的为进口之日，即《海关进口增值税专用缴款书》或者其他有效凭证的开具日期。

3. 自产、受赠、获奖或者以其他方式取得并自用应税车辆的为取得之日，即合同、法律文书或者其他有效凭证的生效或者开具日期。

纳税人应当自纳税义务发生之日起60日内申报缴纳车辆购置税。

第二节　疑难解答

1. 纳税人购买的车辆无法登记上牌，是否可以申请退还已缴纳的车辆购置税？

答：根据《中华人民共和国车辆购置税法》第十五条规定，纳税人将已征车辆购置税的车辆退回车辆生产企业或者销售企业的，可以向主管税务机关申请退还车辆购置税。退税额以已缴税款为基准，自缴纳税款之日至申请退税之日，每满一年扣减 10%。

根据《国家税务总局关于车辆购置税征收管理有关事项的公告》（国家税务总局公告 2019 年第 26 号）规定，已经缴纳车辆购置税的，纳税人向原征收机关申请退税时，应当如实填报《车辆购置税退税申请表》，提供纳税人身份证明，并区别不同情形提供相关资料：①车辆退回生产企业或者销售企业的，提供生产企业或者销售企业开具的退车证明和退车发票；②其他依据法律法规规定应当退税的，根据具体情形提供相关资料。

因此，纳税人因无法登记上牌将车辆退回生产企业或销售企业的，可以申请退还已缴纳的车辆购置税。

2. 很多购车人认为购买新能源车不需要缴纳车辆购置税。这样理解对吗？

答：根据《财政部 税务总局 工业和信息化部关于延续和优化新能源汽车车辆购置税减免政策的公告》（财政部 税务总局 工业和信息化部公告 2023 年第 10 号）规定，对购置日期在 2024 年 1 月 1 日至 2025 年 12 月 31 日期间的新能源汽车免征车辆购置税，其中，每辆新能源乘用车免税额不超过 3 万元；对购置日期在 2026 年 1 月 1 日至 2027 年 12 月 31 日期间的新能源汽车减半征收车辆购置税，其中，每辆新能源乘用车减税额不超过 1.5 万元。

同时不是所有的新能源汽车都免征车辆购置税，要符合工业和信息化部、国家税务总局联合发布的《免征车辆购置税的新能源汽车车型目录》里的车型才属于免征范围。

因此，消费者在购买新能源汽车之前，应当向销售商确认，所购买的新能源车辆是否可以享受免征车辆购置税的待遇。

3. “换电模式”的新能源汽车，如何确定车辆购置税的计税价格？

答：为配合新能源汽车“换电模式”创新发展，从引导和规范的角度，允许符合相关技术标准和要求的“换电模式”新能源汽车，以不含动力电池的新能源汽车作为车辆购置税征税对象。为准确区分不含动力电池的新能源汽车车辆购置税计税价格，要求销售方销售时应分别核算不含动力电池的新能源汽车销售额，并与动力电池分别开具发票。符合以上要求的，依据购车人购置不含动力电池的新能源汽车时取得的机动车销售统一发票载明的不含税价作为车辆购置税计税价格。

第三节　案例解析

一、案例描述

李某 2020 年从国外留学回国，用现汇购买了 1 辆国产小轿车，于 2020 年 8 月 20 日办理纳税申报，税务机关按确定的计税价格 45 万元为李某办理了车辆购置税免税手续。2023 年 3 月 20 日，李某将该小轿车转让给赵某。请问赵某是否需要重新申报缴纳车辆购置税？如果需重新申报缴纳，应纳税额是多少？

二、案例分析

该小轿车初次办理纳税申报时，税务机关确定的计税价格为 45 万元。李某将已办理免税手续的小轿车转让给赵某，车辆所有权发生转移，因新所有权人赵某不具备免税主体资格，不再符合规定的免税条件，因此，赵某需要重新申报缴纳车辆购置税。

该小轿车为使用过的车辆，按规定应对其免税期间的税额予以扣除。该小轿车 2020 年 8 月 20 日进行免税申报，至 2023 年 3 月 20 日卖出，使用年限为 2 年 7 个月，已满 2 年，不满 3 年，因此应扣除 2 年的税额。因国外留学回国用现汇购买国产小轿车 1 辆全额免税，已纳税额为 0。

应纳税额＝45×（1－2×10%）×10%－0＝3.6（万元）

第四章　企业所得税

第一节　税制概要

一、纳税人

企业所得税的纳税人，是指在中华人民共和国境内，企业和其他取得收入的组织（以下统称企业）。

个人独资企业和合伙企业不适用企业所得税法，不属于企业所得税纳税人。

企业所得税的纳税人分为居民企业和非居民企业。

1. 居民企业，是指依法在中国境内成立，或者依照外国（地区）法律成立但实际管理机构在中国境内的企业。

2. 非居民企业，是指依照外国（地区）法律成立且实际管理机构不在中国境内，但在中国境内设立机构、场所的，或者在中国境内未设立机构、场所，但有来源于中国境内所得的企业。

居民企业应当就其来源于中国境内、境外的所得缴纳企业所得税。非居民企业在中国境内设立机构、场所的，应当就其所设机构、场所取得的来源于中国境内的所得，以及发生在中国境外但与其所设机构、场所有实际联系的所得，缴纳企业所得税。非居民企业在中国境内未设立机构、场所的，或者虽设立机构、场所但取得的所得与其所设机构、场所没有实际联系的，应当就其来源于中国境内的所得缴纳企业所得税。

二、税率

企业所得税的税率为25%。

非居民企业在中国境内未设立机构、场所的，或者虽设立机构、场所但取得的所得与其所设机构、场所没有实际联系的，其来源于中国境内的所得，适用税率为20%（实际中减按10%的税率征税）。

三、应纳税所得额

企业每一纳税年度的收入总额，减除不征税收入、免税收入、各项扣除以及允许弥补的以前年度亏损后的余额，为应纳税所得额。计算公式为：

$$\text{应纳税所得额}=\text{收入总额}-\text{不征税收入}-\text{免税收入}-\text{各项扣除}-\text{允许弥补的以前年度亏损}$$

企业应纳税所得额的计算，以权责发生制为原则，属于当期的收入和费用，不论款项是否收付，均作为当期的收入和费用；不属于当期的收入和费用，即使款项已经在当期收付，均不作为当期的收入和费用。《中华人民共和国企业所得税法实施条例》（以下简称《企业所得税法实施条例》）和国务院财政、税务主管部门另有规定的除外。

企业财务、会计处理办法同税收法律、行政法规的规定不一致的，应当依照税收法律、行政法规的规定计算确认应纳税所得额。

（一）收入总额

企业以货币形式和非货币形式从各种来源取得的收入，为收入总额。

1. 一般收入

（1）销售货物收入

销售货物收入，是指企业销售商品、产品、原材料、包装物、低值易耗品以及其他存货取得的收入。

（2）提供劳务收入

提供劳务收入，是指企业从事建筑安装、修理修配、交通运输、仓储租赁、金融保险、邮电通信、咨询经纪、文化体育、科学研究、技术服务、教育培训、餐饮住宿、中介代理、卫生保健、社区服务、旅游、娱乐、加工以及其他劳务服务活动取得的收入。

企业在各个纳税期末，提供劳务交易的结果能够可靠估计的，应采用完工进度（完工百分比）法确认提供劳务收入。

（3）转让财产收入

转让财产收入，是指企业转让固定资产、生物资产、无形资产、股权、债权等财产取得的收入。

（4）股息、红利等权益性投资收益

股息、红利等权益性投资收益，是指企业因权益性投资从被投资方取得的收入。

除国务院财政、税务主管部门另有规定外，按照被投资方做出利润分配决定的日期确认收入的实现。

（5）利息收入

利息收入，是指企业将资金提供他人使用但不构成权益性投资，或者因他人占用本企业资金取得的收入，包括存款利息、贷款利息、债券利息、欠款利息等收入。

利息收入，按照合同约定的债务人应付利息的日期确认收入的实现。

（6）租金收入

租金收入，是指企业提供固定资产、包装物或者其他有形资产的使用权取得的收入。

租金收入，按照合同约定的承租人应付租金的日期确认收入的实现。

（7）特许权使用费收入

特许权使用费收入，是指企业提供专利权、非专利技术、商标权、著作权以及其他特许权的使用权取得的收入。

特许权使用费收入，按照合同约定的特许权使用人应付特许权使用费的日期确认收入的实现。

（8）接受捐赠收入

接受捐赠收入，是指企业接受的来自其他企业、组织或者个人无偿给予的货币性资产、非货币性资产。

接受捐赠收入，按照实际收到捐赠资产的日期确认收入的实现。

（9）其他收入

其他收入，是指企业取得的除以上收入外的其他收入，包括企业资产溢余收入、逾期未退包装物押金收入、确实无法偿付的应付款项、已作坏账损失处理后又收回的应收款项、债务重组收入、补贴收入、违约金收入、汇兑收益等。

2. 视同销售

企业发生非货币性资产交换，以及将货物、财产、劳务用于捐赠、偿债、赞助、集资、广告、样品、职工福利或者利润分配等用途的，应当视同销售货物、转让财产或者提供劳务，但国务院财政、税务主管部门另有规定的除外。

企业将资产移送他人的下列情形，因资产所有权属已发生改变而不属于内部处置资产，应按规定视同销售确定收入：

（1）用于市场推广或销售；

（2）用于交际应酬；

（3）用于职工奖励或福利；

（4）用于股息分配；

（5）用于对外捐赠；

（6）其他改变资产所有权属的用途。

3. 不征税收入

收入总额中的下列收入为不征税收入：

（1）财政拨款

财政拨款，是指各级人民政府对纳入预算管理的事业单位、社会团体等组织拨付的财政资金，但国务院和国务院财政、税务主管部门另有规定的除外。

（2）依法收取并纳入财政管理的行政事业性收费、政府性基金

①行政事业性收费，是指依照法律法规等有关规定，按照国务院规定程序批准，在实施社会公共管理，以及在向公民、法人或者其他组织提供特定公共服务过程中，向特定对象收取并纳入财政管理的费用。

②政府性基金，是指企业依照法律、行政法规等有关规定，代政府收取

的具有专项用途的财政资金。

（3）国务院规定的其他不征税收入

国务院规定的其他不征税收入，是指企业取得的，由国务院财政、税务主管部门规定专项用途并经国务院批准的财政性资金。

4. 免税收入

免税收入，是指属于企业的应税所得但按照税法规定免予征收企业所得税的收入。

免税收入具体项目见本节“五、税收优惠”。

（二）扣除项目

1. 扣除项目的范围

（1）成本。成本是指企业在生产经营活动中发生的销售成本、销货成本、业务支出以及其他耗费。

（2）费用。费用是指企业在生产经营活动中发生的销售费用、管理费用和财务费用，已经计入成本的有关费用除外。

（3）税金。税金是指企业发生的除企业所得税和允许抵扣的增值税以外的各项税金及其附加。

（4）损失。损失是指企业在生产经营活动中发生的固定资产和存货的盘亏、毁损、报废损失，转让财产损失，呆账损失，坏账损失，自然灾害等不可抗力因素造成的损失以及其他损失。

（5）其他支出。其他支出是指除成本、费用、税金、损失外，企业在生产经营活动中发生的与生产经营活动有关的、合理的支出。

2. 扣除标准

（1）工资薪金支出。企业发生的合理的工资薪金支出，准予扣除。工资薪金，是指企业每一纳税年度支付给在本企业任职或者受雇的员工的所有现金形式或者非现金形式的劳动报酬。包括基本工资、奖金、津贴、补贴、年终加薪、加班工资，以及与员工任职或者受雇有关的其他支出。

属于国有性质的企业，其工资薪金不得超过政府有关部门给予的限定数额；超过部分，不得计入企业工资薪金总额，也不得在计算企业应纳税所得额时扣除。

（2）职工福利费支出。企业发生的职工福利费支出，不超过工资薪金总额14%的部分，准予扣除。

（3）工会经费。企业拨缴的工会经费，不超过工资薪金总额2%的部分，准予扣除。

（4）职工教育经费。根据《财政部 税务总局关于企业职工教育经费税前扣除政策的通知》（财税〔2018〕51号）规定，自2018年1月1日起，企业发生的职工教育经费支出，不超过工资薪金总额8%的部分，准予在计算企业所得税应纳税所得额时扣除；超过部分，准予在以后纳税年度结转扣除。

根据《财政部 国家税务总局关于进一步鼓励软件产业和集成电路产业发展企业所得税政策的通知》（财税〔2012〕27号）规定，自2011年1月1日起，集成电路设计企业和符合条件软件企业的职工培训费用，应单独进行核算并按实际发生额在计算应纳税所得额时扣除。

（5）社会保险费和住房公积金。企业依照国务院有关主管部门或者省级人民政府规定的范围和标准为职工缴纳的基本养老保险费、基本医疗保险费、失业保险费、工伤保险费、生育保险费等基本社会保险费和住房公积金，准予扣除。

企业为投资者或者职工支付的补充养老保险费、补充医疗保险费，在国务院财政、税务主管部门规定的范围和标准内，准予扣除。

企业依照国家有关规定为特殊工种职工支付的人身安全保险费和国务院财政、税务主管部门规定可以扣除的其他商业保险费允许扣除。

企业参加财产保险，按照规定缴纳的保险费，准予扣除。

根据《国家税务总局关于责任保险费企业所得税税前扣除有关问题的公告》（国家税务总局公告2018年第52号）规定，2018年度及以后年度企业所得税汇算清缴时，企业参加雇主责任险、公众责任险等责任保险，按照规定缴纳的保险费，准予在企业所得税税前扣除。

（6）借款费用、利息支出及汇兑损失

①企业在生产经营活动中发生的合理的不需要资本化的借款费用，准予扣除。企业为购置、建造固定资产、无形资产和经过12个月以上的建造才能达到预定可销售状态的存货发生借款的，在有关资产购置、建造期间发生

的合理的借款费用，应当作为资本性支出计入有关资产的成本，并依照本条例的规定扣除。

②企业在生产经营活动中发生的下列利息支出，准予扣除：非金融企业向金融企业借款的利息支出、金融企业的各项存款利息支出和同业拆借利息支出、企业经批准发行债券的利息支出；非金融企业向非金融企业借款的利息支出，不超过按照金融企业同期同类贷款利率计算的数额的部分。

③企业在货币交易中，以及纳税年度终了时将人民币以外的货币性资产、负债按照期末即期人民币汇率中间价折算为人民币时产生的汇兑损失，除已经计入有关资产成本以及与向所有者进行利润分配相关的部分外，准予扣除。

（7）业务招待费。企业发生的与生产经营活动有关的业务招待费支出，按照发生额的60%扣除，但最高不得超过当年销售（营业）收入的5‰。

（8）广告和业务宣传费。企业发生的符合条件的广告费和业务宣传费支出，除国务院财政、税务主管部门另有规定外，不超过当年销售（营业）收入15%的部分，准予扣除；超过部分，准予在以后纳税年度结转扣除。

根据《财政部 税务总局关于广告费和业务宣传费支出税前扣除有关事项的公告》（财政部 税务总局公告2020年第43号）规定，自2021年1月1日至2025年12月31日，对化妆品制造或销售、医药制造和饮料制造（不含酒类制造）企业发生的广告费和业务宣传费支出，不超过当年销售（营业）收入30%的部分，准予扣除；超过部分，准予在以后纳税年度结转扣除。

对签订广告费和业务宣传费分摊协议（以下简称分摊协议）的关联企业，其中一方发生的不超过当年销售（营业）收入税前扣除限额比例内的广告费和业务宣传费支出可以在本企业扣除，也可以将其中的部分或全部按照分摊协议归集至另一方扣除。另一方在计算本企业广告费和业务宣传费支出企业所得税税前扣除限额时，可将按照上述办法归集至本企业的广告费和业务宣传费不计算在内。

烟草企业的烟草广告费和业务宣传费支出，一律不得在计算应纳税所得额时扣除。

（9）环境保护、生态恢复专项资金。企业依照法律、行政法规有关规定提取的用于环境保护、生态恢复等方面的专项资金，准予扣除。上述专项资金提取后改变用途的，不得扣除。

（10）租赁费。企业根据生产经营活动的需要租入固定资产支付的租赁费，按照以下方法扣除：

①以经营租赁方式租入固定资产发生的租赁费支出，按照租赁期限均匀扣除。

②以融资租赁方式租入固定资产发生的租赁费支出，按照规定构成融资租入固定资产价值的部分应当提取折旧费用，分期扣除。

（11）劳动保护支出。企业发生的合理的劳动保护支出，准予扣除。

（12）公益性捐赠支出。企业通过公益性社会组织或者县级（含县级）以上人民政府及其组成部门和直属机构，用于慈善活动、公益事业的捐赠支出，在年度利润总额12%以内的部分，准予在计算应纳税所得额时扣除；超过年度利润总额12%的部分，准予结转以后3年内在计算应纳税所得额时扣除。

（13）总机构分摊费用。非居民企业在中国境内设立的机构、场所，就其中国境外总机构发生的与该机构、场所生产经营有关的费用，能够提供总机构出具的费用汇集范围、定额、分配依据和方法等证明文件，并合理分摊的，准予扣除。

3. 不得扣除的项目

在计算应纳税所得额时，下列支出不得扣除：

（1）向投资者支付的股息、红利等权益性投资收益款项。

（2）企业所得税税款。

（3）税收滞纳金。

（4）特别纳税调整加收的利息。

（5）罚金、罚款和被没收财物的损失。

（6）准予扣除的公益性捐赠支出以外的捐赠支出。

（7）赞助支出。

（8）未经核定的准备金支出。

（9）与取得收入无关的其他支出。

（10）企业的不征税收入用于支出所形成的费用或者财产，不得扣除或者计算对应的折旧、摊销扣除。

（11）除企业依照国家有关规定为特殊工种职工支付的人身安全保险费和国务院财政、税务主管部门规定可以扣除的其他商业保险费外，企业为投资者或者职工支付的商业保险费，不得扣除。

（12）企业之间支付的管理费、企业内营业机构之间支付的租金和特许权使用费，以及非银行企业内营业机构之间支付的利息，不得扣除。

（13）企业从其关联方接受的债权性投资与权益性投资的比例超过规定标准而发生的利息支出，不得扣除。

（14）除《中华人民共和国企业所得税法》（以下简称《企业所得税法》）及其实施条例另有规定外，企业实际发生的成本、费用、税金、损失和其他支出，不得重复扣除。

4. 税前扣除凭证的管理

根据《国家税务总局关于发布〈企业所得税税前扣除凭证管理办法〉的公告》（国家税务总局公告 2018 年第 28 号，以下简称《办法》）规定，收款凭证、内部凭证、分割单等也可以作为税前扣除凭证，主要内容如下：

（1）税前扣除凭证的定义

税前扣除凭证，是指企业在计算企业所得税应纳税所得额时，证明与取得收入有关的、合理的支出实际发生，并据以税前扣除的各类凭证。

（2）适用范围

《办法》适用的纳税人主体为《企业所得税法》及其实施条例所规定的居民企业和非居民企业。

（3）税前扣除凭证的种类

根据税前扣除凭证的取得来源，《办法》将其分为内部凭证和外部凭证。内部凭证是指企业根据国家会计法律、法规等相关规定，在发生支出时，自行填制的用于核算支出的会计原始凭证。如企业支付给员工的工资，工资表等会计原始凭证即为内部凭证。外部凭证是指企业发生经营活动和其他事项时，从其他单位、个人取得的用于证明其支出发生的凭证，包括但不限于发票（包括纸质发票和电子发票）、财政票据、完税凭证、收款凭证、分割单等。其中，发票包括纸质发票和电子发票，也包括税务机关代开的发票。

（4）外部凭证的税务处理

企业在规定期限内取得符合规定的发票、其他外部凭证的，相应支出可以税前扣除。应当取得而未取得发票、其他外部凭证或者取得不合规发票、不合规其他外部凭证的，可以按照以下规定处理。

①汇算清缴期结束前的税务处理。

A. 能够补开、换开符合规定的发票、其他外部凭证符合规定的，相应支出可以税前扣除。

B. 因对方注销、撤销、依法被吊销营业执照、被税务机关认定为非正常户等特殊原因无法补开、换开符合规定的发票、其他外部凭证的，凭相关资料证实支出真实性后，相应支出可以税前扣除。

C. 未能补开、换开符合规定的发票、其他外部凭证并且未能凭相关资料证实支出真实性的，相应支出不得在发生年度税前扣除。

②汇算清缴期结束后的税务处理。

A. 由于一些原因（如购销合同、工程项目纠纷等），企业在规定的期限内未能取得符合规定的发票、其他外部凭证或者取得不合规发票、不合规其他外部凭证，企业主动没有进行税前扣除的，待以后年度取得符合规定的发票、其他外部凭证后，相应支出可以追补至该支出发生年度扣除，追补扣除年限不得超过 5 年。其中，因对方注销、撤销、依法被吊销营业执照、被税务机关认定为非正常户等特殊原因无法补开、换开符合规定的发票、其他外部凭证的，企业在以后年度凭相关资料证实支出真实性后，相应支出也可以追补至该支出发生年度扣除，追补扣除年限不得超过 5 年。

B. 税务机关发现企业应当取得而未取得发票、其他外部凭证或者取得不合规发票、不合规其他外部凭证，企业自被告知之日起 60 日内补开、换开符合规定的发票、其他外部凭证或者按照《办法》第十四条规定凭相关资料证实支出真实性后，相应支出可以在发生年度税前扣除。否则，该支出不得在发生年度税前扣除，也不得在以后年度追补扣除。

（5）特殊规定

①国家税务总局对应税项目开具发票另有规定的，以规定的发票或者票据作为税前扣除凭证，如《国家税务总局关于铁路运输和邮政业营业税改征增值税发票及税控系统使用问题的公告》（国家税务总局公告 2013 年第 76

号，国家税务总局公告2018年第31号修改）规定的中国铁路总公司及其所属运输企业（含分支机构）自行印制的铁路票据等。

②企业在境内发生的支出项目虽不属于应税项目，但按国家税务总局规定可以开具发票的，可以发票作为税前扣除凭证，如《国家税务总局关于增值税发票管理若干事项的公告》（国家税务总局公告2017年第45号，国家税务总局公告2018年第31号修改）附件《商品和服务税收分类编码表》中规定的不征税项目等。

（三）亏损弥补

亏损是指企业依照《企业所得税法》及其实施条例的规定，将每一纳税年度的收入总额减除不征税收入、免税收入和各项扣除后小于零的数额。

企业在汇总计算缴纳企业所得税时，其境外营业机构的亏损不得抵减境内营业机构的盈利。

企业纳税年度发生的亏损，准予向以后年度结转，用以后年度的所得弥补，但结转年限最长不得超过5年。根据《财政部 税务总局关于延长高新技术企业和科技型中小企业亏损结转年限的通知》（财税〔2018〕76号）规定，自2018年1月1日起，当年具备高新技术企业或科技型中小企业资格的企业，其具备资格年度之前5个年度发生的尚未弥补完的亏损，准予结转以后年度弥补，最长结转年限由5年延长至10年。

（四）资产的税务处理

企业的各项资产，包括固定资产、生物资产、无形资产、长期待摊费用、投资资产、存货等，以历史成本为计税基础。

1. 固定资产

固定资产，是指企业为生产产品、提供劳务、出租或者经营管理而持有的、使用时间超过12个月的非货币性资产，包括房屋、建筑物、机器、机械、运输工具以及其他与生产经营活动有关的设备、器具、工具等。

固定资产按照直线法计算的折旧，准予扣除。企业应当自固定资产投入使用月份的次月起计算折旧；停止使用的固定资产，应当自停止使用月份的次月起停止计算折旧。企业应当根据固定资产的性质和使用情况，合理确定固定资产的预计净残值。固定资产的预计净残值一经确定，不得变更。

2. 生产性生物资产

生产性生物资产，是指企业为生产农产品、提供劳务或者出租等而持有的生物资产，包括经济林、薪炭林、产畜和役畜等。

生产性生物资产按照直线法计算的折旧，准予扣除。企业应当自生产性生物资产投入使用月份的次月起计算折旧；停止使用的生产性生物资产，应当自停止使用月份的次月起停止计算折旧。企业应当根据生产性生物资产的性质和使用情况，合理确定生产性生物资产的预计净残值。生产性生物资产的预计净残值一经确定，不得变更。

3. 无形资产

无形资产，是指企业为生产产品、提供劳务、出租或者经营管理而持有的、没有实物形态的非货币性长期资产，包括专利权、商标权、著作权、土地使用权、非专利技术、商誉等。

无形资产按照直线法计算的摊销费用，准予扣除。外购商誉的支出，在企业整体转让或者清算时，准予扣除。

无形资产的摊销年限不得低于 10 年。作为投资或者受让的无形资产，有关法律规定或者合同约定了使用年限的，可以按照规定或者约定的使用年限分期摊销。

4. 长期待摊费用

在计算应纳税所得额时，企业发生的下列支出作为长期待摊费用，按照规定摊销的，准予扣除：

（1）已足额提取折旧的固定资产的改建支出，按照固定资产预计尚可使用年限分期摊销；

（2）租入固定资产的改建支出，按照合同约定的剩余租赁期限分期摊销；

（3）固定资产的大修理支出，按照固定资产尚可使用年限分期摊销；

（4）其他应当作为长期待摊费用的支出，自支出发生月份的次月起，分期摊销，摊销年限不得低于 3 年。

5. 投资资产

投资资产，是指企业对外进行权益性投资和债权性投资形成的资产。

企业对外投资期间，投资资产的成本在计算应纳税所得额时不得扣除。企业在转让或者处置投资资产时，投资资产的成本，准予扣除。

6. 存货

存货，是指企业持有以备出售的产品或者商品、处在生产过程中的在产品、在生产或者提供劳务过程中耗用的材料和物料等。

企业使用或者销售的存货的成本计算方法，可以在先进先出法、加权平均法、个别计价法中选用一种。计价方法一经选用，不得随意变更。企业使用或者销售存货，按照规定计算的存货成本，准予在计算应纳税所得额时扣除。

四、应纳税额

（一）居民企业应纳税额的计算

企业的应纳税所得额乘以适用税率，减除依照企业所得税法关于税收优惠规定减免和抵免的税额后的余额，为应纳税额。计算公式为：

应纳税额=应纳税所得额×适用税率-减免税额-抵免税额

公式中的减免税额和抵免税额，是指依照企业所得税法和国务院的税收优惠规定减征、免征和抵免的应纳税额。

（二）非居民企业应纳税额的计算

对于非居民企业在中国境内未设立机构、场所的，或者虽设立机构、场所但取得的所得与其所设机构、场所没有实际联系的，其来源于中国境内的所得，实行源泉扣缴，由支付人代扣代缴税款。这种源泉扣缴的所得税习惯称作预提所得税。其应纳税所得额按照下列方法确定：

1. 股息、红利等权益性投资收益和利息、租金、特许权使用费所得：以收入全额为应纳税所得额。

2. 转让财产所得：以收入全额减除财产净值后的余额为应纳税所得额。

3. 其他所得：参照前两项规定的方法计算应纳税所得额。

上述规定中的收入全额，是指非居民企业向支付人收取的全部价款和价外费用；财产净值，是指有关财产的计税基础减除已经按照规定扣除的折旧、折耗、摊销、准备金等后的余额。

五、税收优惠

根据《国家税务总局关于发布修订后的〈企业所得税优惠政策事项办理办法〉的公告》（国家税务总局公告2018年第23号）规定，企业享受免税收入、减计收入、加计扣除、加速折旧、所得减免、抵扣应纳税所得额、减低税率、税额抵免等企业所得税优惠事项的，采取“自行判别、申报享受、相关资料留存备查”的办理方式。企业应当根据经营情况以及相关税收规定自行判断是否符合优惠事项规定的条件，符合条件的可以按照《企业所得税优惠事项管理目录（2017年版）》列示的时间自行计算减免税额，并通过填报企业所得税纳税申报表享受税收优惠。企业享受优惠事项的，应当在完成年度汇算清缴后，将留存备查资料归集齐全并整理完成，以备税务机关核查。企业对优惠事项留存备查资料的真实性、合法性承担法律责任。

按照企业所得税税收优惠的方式与特点，分为税基式优惠、税率式优惠和税额式优惠。具体包括免税、减计收入、加计扣除、加速折旧、所得减免、抵扣应纳税所得额、减免所得税、抵免所得税额等多种方式。

（一）免税、减计收入及加计扣除

1. 免税收入

（1）国债利息收入、2012年及以后年度发行的地方政府债券利息收入；

（2）符合条件的居民企业之间的股息、红利等权益性投资收益；

（3）在中国境内设立机构、场所的非居民企业从居民企业取得与该机构、场所有实际联系的股息、红利等权益性投资收益；

（4）符合条件的非营利组织的收入；

（5）中国保险保障基金有限责任公司取得的部分收入。

根据《财政部 税务总局关于保险保障基金有关税收政策的通知》（财税〔2023〕44号）规定，自2024年1月1日至2027年12月31日，对中国保险保障基金有限责任公司根据《保险保障基金管理办法》取得的下列收入，免征企业所得税：①境内保险公司依法缴纳的保险保障基金；②依法从撤销或破产保险公司清算财产中获得的受偿收入和向有关责任方追偿所得，以及依法从保险公司风险处置中获得的财产转让所得；③接受捐赠收入；④银行存款利息收入；⑤购买政府债券、中央银行、中央企业和中央级金融机构发行债券的利息收入；⑥国务院批准的其他资金运用取得的收入。

（6）境外机构投资境内债券市场取得的债券利息收入。

根据《财政部 税务总局关于延续境外机构投资境内债券市场企业所得税、增值税政策的公告》（财政部 税务总局公告 2021 年 34 号）规定，自 2021 年 11 月 7 日至 2025 年 12 月 31 日，对境外机构投资境内债券市场取得的债券利息收入暂免征收企业所得税。暂免征收企业所得税的范围不包括境外机构在境内设立的机构、场所取得的与该机构、场所有实际联系的债券利息。

（7）自 2020 年 1 月 1 日至 2024 年 12 月 31 日，对在海南自由贸易港设立的旅游业、现代服务业、高新技术产业企业新增境外直接投资取得的所得，免征企业所得税。

（8）外国政府向中国政府提供贷款取得的利息所得，免征企业所得税。

（9）国际金融组织向中国政府和居民企业提供优惠贷款取得的利息所得，免征企业所得税。

（10）经国务院批准的其他所得。

2. 减计收入

（1）企业综合利用资源，生产符合国家产业政策规定的产品所取得的收入，可以在计算应纳税所得额时，减按 90%计入收入总额。

（2）对金融机构农户小额贷款的利息收入，对保险公司为种植业、养殖业提供保险业务取得的保费收入，在计算应纳税所得额时，继续减按 90%计入收入总额，至 2027 年 12 月 31 日止。

（3）自 2019 年 6 月 1 日至 2025 年 12 月 31 日，提供社区养老、托育、家政服务取得的收入，在计算应纳税所得额时，减按 90%计入收入总额。

3. 加计扣除

（1）安置残疾人员所支付的工资加计扣除

企业安置残疾人员的，在按照支付给残疾职工工资据实扣除的基础上，可以在计算应纳税所得额时按照支付给残疾职工工资的100%加计扣除。残疾人员的范围适用《中华人民共和国残疾人保障法》的有关规定。

（2）研发费用加计扣除

①研发费用加计扣除主体

会计核算健全、实行查账征收并能够准确归集研发费用的居民企业，开发新技术、新产品、新工艺发生的研究开发费用，可以在计算应纳税所得额时加计扣除。但下列行业不适用税前加计扣除政策：烟草制造业、住宿和餐饮业、批发和零售业、房地产业、租赁和商务服务业、娱乐业以及财政部和国家税务总局规定的其他行业。

②研发费用加计扣除比例

根据《财政部 税务总局关于进一步完善研发费用税前加计扣除政策的公告》（财政部 税务总局公告2023年第7号）规定，企业开展研发活动中实际发生的研发费用，未形成无形资产计入当期损益的，在按规定据实扣除的基础上，自2023年1月1日起，再按照实际发生额的100%在税前加计扣除；形成无形资产的，自2023年1月1日起，按照无形资产成本的200%在税前摊销。

根据《财政部 税务总局 国家发展改革委 工业和信息化部关于提高集成电路和工业母机企业研发费用加计扣除比例的公告》（财政部 税务总局 国家发展改革委 工业和信息化部公告2023年第44号）规定，集成电路企业和工业母机企业开展研发活动中实际发生的研发费用，未形成无形资产计入当期损益的，在按规定据实扣除的基础上，在2023年1月1日至2027年12月31日，再按照实际发生额的120%在税前扣除；形成无形资产的，在上述期间按照无形资产成本的220%在税前摊销。

③研发费用的具体范围

A. 人员人工费用，指直接从事研发活动人员的工资薪金、基本养老保险费、基本医疗保险费、失业保险费、工伤保险费、生育保险费和住房公积金，以及外聘研发人员的劳务费用。

B. 直接投入费用，指研发活动直接消耗的材料、燃料和动力费用；用于中间试验和产品试制的模具、工艺装备开发及制造费，不构成固定资产的样品、样机及一般测试手段购置费，试制产品的检验费；用于研发活动的仪器、设备的运行维护、调整、检验、维修等费用，以及通过经营租赁方式租入的用于研发活动的仪器、设备租赁费。

C. 折旧费用，指用于研发活动的仪器、设备的折旧费。

D. 无形资产摊销费用，指用于研发活动的软件、专利权、非专利技术（包括许可证、专有技术、设计和计算方法等）的摊销费用。

E. 新产品设计费、新工艺规程制定费、新药研制的临床试验费、勘探开发技术的现场试验费，指企业在新产品设计、新工艺规程制定、新药研制的临床试验、勘探开发技术的现场试验过程中发生的与开展该项活动有关的各类费用。

F. 其他相关费用，指与研发活动直接相关的其他费用，如技术图书资料费、资料翻译费、专家咨询费、高新科技研发保险费，研发成果的检索、分析、评议、论证、鉴定、评审、评估、验收费用，知识产权的申请费、注册费、代理费，差旅费、会议费，职工福利费、补充养老保险费、补充医疗保险费。此类费用总额不得超过可加计扣除研发费用总额的10%。

④特别事项处理

企业委托外部机构或个人进行研发活动所发生的费用，按照费用实际发生额的80%计入委托方研发费用并计算加计扣除，受托方不得再进行加计扣除。委托外部研究开发费用实际发生额应按照独立交易原则确定。根据《财政部 税务总局 科技部关于企业委托境外研究开发费用税前加计扣除有关政策问题的通知》（财税〔2018〕64号）规定，自2018年1月1日起，委托境外进行研发活动所发生的费用，按照费用实际发生额的80%计入委托方的委托境外研发费用。委托境外研发费用不超过境内符合条件的研发费用三分之二的部分，可以按规定在企业所得税前加计扣除。

企业共同合作开发的项目，由合作各方就自身实际承担的研发费用分别计算加计扣除。

企业集团根据生产经营和科技开发的实际情况，对技术要求高、投资数额大，需要集中研发的项目，其实际发生的研发费用，可以按照权利和义务相一致、费用支出和收益分享相配比的原则，合理确定研发费用的分摊方法，在受益成员企业间进行分摊，由相关成员企业分别计算加计扣除。

⑤其他事项

企业取得的政府补助，会计处理时采用直接冲减研发费用方法且税务处理时未将其确认为应税收入的，应按冲减后的余额计算加计扣除金额。

企业取得研发过程中形成的下脚料、残次品、中间试制品等特殊收入，在计算确认收入当年的加计扣除研发费用时，应从已归集研发费用中扣减该特殊收入，不足扣减的，加计扣除研发费用按零计算。

企业开展研发活动中实际发生的研发费用形成无形资产的，其资本化的时点与会计处理保持一致。

失败的研发活动所发生的研发费用可享受税前加计扣除政策。

委托方实际支付给受托方的费用。无论委托方是否享受研发费用税前加计扣除政策，受托方均不得加计扣除。委托方委托关联方开展研发活动的，受托方须向委托方提供研发过程中实际发生的研发项目费用支出明细情况。

（3）企业为获得创新性、创意性、突破性的产品进行创意设计活动而发生的相关费用加计扣除

创意设计活动是指多媒体软件、动漫游戏软件开发，数字动漫、游戏设计制作；房屋建筑工程设计（绿色建筑评价标准为三星）、风景园林工程专项设计；工业设计、多媒体设计、动漫及衍生产品设计、模型设计等。

企业为获得创新性、创意性、突破性的产品进行创意设计活动而发生的相关费用，可按照《财政部 国家税务总局 科技部关于完善研究开发费用税前加计扣除政策的通知》（财税〔2015〕119号）的规定进行税前加计扣除。

（二）加速折旧与摊销

1. 法定优惠

企业的固定资产由于技术进步等原因，确需加速折旧的，可以缩短折旧年限或者采取加速折旧的方法。包括：

（1）由于技术进步，产品更新换代较快的固定资产。

（2）常年处于强震动、高腐蚀状态的固定资产。

采取缩短折旧年限方法的，最低折旧年限不得低于《企业所得税法实施条例》规定折旧年限的60%；采取加速折旧方法的，可以采取双倍余额递减法或者年数总和法。

2. 特定优惠

（1）自2014年1月1日起，对所有行业企业持有的单位价值不超过

5000 元的固定资产，允许一次性计入当期成本费用在计算应纳税所得额时扣除，不再分年度计算折旧。

（2）根据《财政部 国家税务总局关于完善固定资产加速折旧企业所得税政策的通知》（财税〔2014〕75 号）规定，对生物药品制造业，专用设备制造业，铁路、船舶、航空航天和其他运输设备制造业，计算机、通信和其他电子设备制造业，仪器仪表制造业，信息传输、软件和信息技术服务业等六个行业的企业 2014 年 1 月 1 日后新购进的固定资产，可缩短折旧年限或采取加速折旧的方法。

对上述 6 个行业的小型微利企业 2014 年 1 月 1 日后新购进的研发和生产经营共用的仪器、设备，单位价值不超过 100 万元的，允许一次性计入当期成本费用在计算应纳税所得额时扣除，不再分年度计算折旧；单位价值超过 100 万元的，可缩短折旧年限或采取加速折旧的方法。

（3）根据《财政部 国家税务总局关于进一步完善固定资产加速折旧企业所得税政策的通知》（财税〔2015〕106 号）规定，对轻工、纺织、机械、汽车等四个领域重点行业的企业 2015 年 1 月 1 日后新购进的固定资产，可由企业选择缩短折旧年限或采取加速折旧的方法。

对上述行业的小型微利企业 2015 年 1 月 1 日后新购进的研发和生产经营共用的仪器、设备，单位价值不超过 100 万元的，允许一次性计入当期成本费用在计算应纳税所得额时扣除，不再分年度计算折旧；单位价值超过 100 万元的，可由企业选择缩短折旧年限或采取加速折旧的方法。

（4）根据《财政部 税务总局关于设备 器具扣除有关企业所得税政策的通知》（财税〔2018〕54 号）以及《财政部 税务总局关于设备、器具扣除有关企业所得税政策的公告》（财政部 税务总局公告 2023 年第 37 号）规定，企业在 2018 年 1 月 1 日至 2027 年 12 月 31 日期间新购进的设备、器具（除房屋、建筑物以外的固定资产），单位价值不超过 500 万元的，允许一次性计入当期成本费用在计算应纳税所得额时扣除，不再分年度计算折旧；单位价值超过 500 万元的，仍按《企业所得税法实施条例》、《财政部 国家税务总局关于完善固定资产加速折旧企业所得税政策的通知》（财税〔2014〕75 号）、《财政部 国家税务总局关于进一步完善固定资产加速折旧企业所得税政策的通知》（财税〔2015〕106 号）等相关规定执行。

（5）根据《财政部 税务总局关于海南自由贸易港企业所得税优惠政策的通知》（财税〔2020〕31号）规定，对在海南自由贸易港设立的企业在2020年1月1日至2024年12月31日期间，新购置（含自建、自行开发）固定资产（除房屋、建筑物以外的固定资产）或无形资产，单位价值不超过500万元（含）的，允许一次性计入当期成本费用在计算应纳税所得额时扣除，不再分年度计算折旧和摊销；新购置（含自建、自行开发）固定资产或无形资产，单位价值超过500万元的，可以缩短折旧、摊销年限或采取加速折旧、摊销的方法。

（三）所得减免

1. 从事农、林、牧、渔业项目的所得，可以免征、减征企业所得税。

2. 从事国家重点扶持的公共基础设施项目投资经营的所得，可以免征、减征企业所得税。

3. 从事符合条件的环境保护、节能节水项目的所得，可以免征、减征企业所得税。

4. 符合条件的技术转让所得等，可以免征、减征企业所得税。

（四）抵扣应纳税所得额

创业投资企业从事国家需要重点扶持和鼓励的创业投资，可以按投资额的一定比例抵扣应纳税所得额。创业投资企业采取股权投资方式投资于未上市的中小高新技术企业2年以上的，可以按照其投资额的70%在股权持有满2年的当年抵扣该创业投资企业的应纳税所得额；当年不足抵扣的，可以在以后纳税年度结转抵扣。

1. 公司制创业投资企业

公司制创业投资企业采取股权投资方式直接投资于种子期、初创期科技型企业（以下简称初创科技型企业）满2年（24个月）的，可以按照投资额的70%在股权持有满2年的当年抵扣该公司制创业投资企业的应纳税所得额；当年不足抵扣的，可以在以后纳税年度结转抵扣。

2. 有限合伙制创业投资企业

合伙企业以每一个合伙人为纳税义务人。合伙人是法人和其他组织的，缴纳企业所得税。

有限合伙制创业投资企业采取股权投资方式投资于未上市的中小高新技术企业满2年的，其法人合伙人可按照对未上市中小高新技术企业投资额的70%抵扣该法人合伙人从该有限合伙制创业投资企业分得的应纳税所得额，当年不足抵扣的，可以在以后纳税年度结转抵扣。

有限合伙制创业投资企业（以下简称合伙创投企业）采取股权投资方式直接投资于初创科技型企业满2年的，该合伙创投企业的合伙人分别按以下方式处理：

①法人合伙人可以按照对初创科技型企业投资额的70%抵扣法人合伙人从合伙创投企业分得的所得；当年不足抵扣的，可以在以后纳税年度结转抵扣。

②个人合伙人可以按照对初创科技型企业投资额的70%抵扣个人合伙人从合伙创投企业分得的经营所得；当年不足抵扣的，可以在以后纳税年度结转抵扣。

（五）减免所得税

1. 小型微利企业

根据《财政部 税务总局关于进一步支持小微企业和个体工商户发展有关税费政策的公告》（财政部 税务总局公告2023年第12号）规定，对小型微利企业减按25%计入应纳税所得额，按20%的税率缴纳企业所得税，该政策执行至2027年12月31日。

2. 集成电路企业

根据《财政部 税务总局 国家发展改革委 工业和信息化部关于集成电路生产企业有关企业所得税政策问题的通知》（财税〔2018〕27号）规定，自2018年1月1日起，给予符合条件的集成电路企业或项目定期免征和减半征企业所得税的优惠。

根据《财政部 税务总局 发展改革委 工业和信息化部关于促进集成电路产业和软件产业高质量发展企业所得税政策的公告》（财政部 税务总局 发展改革委 工业和信息化部公告2020年第45号）的规定，自2020年1月1日起，国家鼓励的集成电路线宽小于28纳米（含），且经营期在15年以上的集成电路生产企业或项目，第一年至第十年免征企业所得税；国家鼓励的集成电路线宽小于65纳米（含），且经营期在15年以上的集成电路生产企业或项目，第一年至第五年免征企业所得税，第六年至第十年按照25%的法定税率减半征收企业所得税；国家鼓励的集成电路线宽小于130纳米（含），且经营期在10年以上的集成电路生产企业或项目，第一年至第二年免征企业所得税，第三年至第五年按照25%的法定税率减半征收企业所得税。

对于按照集成电路生产企业享受税收优惠政策的，优惠期自获利年度起计算；对于按照集成电路生产项目享受税收优惠政策的，优惠期自项目取得第一笔生产经营收入所属纳税年度起计算，集成电路生产项目需单独进行会计核算、计算所得，并合理分摊期间费用。

3. 软件企业

根据《财政部 国家税务总局关于进一步鼓励软件产业和集成电路产业发展企业所得税政策的通知》（财税〔2012〕27号）① 规定，给予软件企业定期免征和减半征企业所得税优惠。

根据《财政部 税务总局关于集成电路设计企业和软件企业2019年度企业所得税汇算清缴适用政策的公告》（财政部 税务总局公告2020年第29号）规定，依法成立且符合条件的集成电路设计企业和软件企业，在2019年12月31日前自获利年度起计算优惠期，第一年至第二年免征企业所得税，第三年至第五年按照25%的法定税率减半征收企业所得税，并享受至期满为止。

根据《财政部 税务总局 发展改革委 工业和信息化部关于促进集成电路产业和软件产业高质量发展企业所得税政策的公告》（财政部 税务总局 发展改革委 工业和信息化部公告2020年第45号）规定，自2020年1月1日起，国家鼓励的集成电路设计、装备、材料、封装、测试企业和软件企业，自获利年度起，第一年至第二年免征企业所得税，第三年至第五年按照25%的法定税率减半征收企业所得税。

① 根据《财政部 税务总局 发展改革委 工业和信息化部关于促进集成电路产业和软件产业高质量发展企业所得税政策的公告》（财政部 税务总局 发展改革委 工业和信息化部公告2020年第45号）规定，自2020年1月1日起，财税〔2012〕27号第二条中“经认定后，减按15%的税率征收企业所得税”的规定和第四条“国家规划布局内的重点软件企业和集成电路设计企业，如当年未享受免税优惠的，可减按10%的税率征收企业所得税”同时停止执行。

国家鼓励的重点集成电路设计企业和软件企业，自获利年度起，第一年至第五年免征企业所得税，接续年度减按10%的税率征收企业所得税。

4. 国家需要重点扶持的高新技术企业减按15%的税率征收企业所得税。

5. 根据《财政部 税务总局 商务部 科技部 国家发展改革委关于将技术先进型服务企业所得税政策推广至全国实施的通知》（财税〔2017〕79号）规定，自2017年1月1日起，在全国范围内对经认定的技术先进型服务企业，减按15%的税率征收企业所得税。

根据《财政部 税务总局 商务部 科技部 国家发展改革委关于将服务贸易创新发展试点地区技术先进型服务企业所得税政策推广至全国实施的通知》（财税〔2018〕44号）规定，自2018年1月1日起，对经认定的技术先进型服务企业（服务贸易类），减按15%的税率征收企业所得税。

6. 对设在西部地区国家鼓励类产业企业，继续减按15%的税率征收企业所得税，至2030年12月31日止。

7. 自2020年1月1日至2024年12月31日，对注册在海南自由贸易港并实质性运营的鼓励类产业企业，减按15%的税率征收企业所得税。

8. 非居民企业在中国境内未设立机构、场所的，或者虽设立机构、场所但取得的所得与其所设机构、场所没有实际联系的，应当就其来源于中国境内的所得缴纳企业所得税，适用税率为20%，减按10%的税率缴纳企业所得税。

9. 对符合条件的从事污染防治的第三方企业减按15%的税率征收企业所得税，该政策执行期限至2027年12月31日。

（六）税额抵免

企业购置并实际使用《环境保护专用设备企业所得税优惠目录》《节能节水专用设备企业所得税优惠目录》和《安全生产专用设备企业所得税优惠目录》规定的环境保护、节能节水、安全生产等专用设备的，该专用设备的投资额的10%可以从企业当年的应纳税额中抵免；当年不足抵免的，可以在以后5个纳税年度结转抵免。

六、征收管理

（一）征收方式

企业所得税的征收方式分为查账征收与核定征收。

（二）纳税申报

企业所得税按纳税年度计算，分月或者分季预缴，年终汇算清缴。纳税年度自公历1月1日至12月31日。企业在一个纳税年度中间开业，或者终止经营活动，使该纳税年度的实际经营期不足12个月的，应当以其实际经营期为一个纳税年度。企业依法清算时，应当以清算期间作为一个纳税年度。

1. 预缴

企业应当自月份或者季度终了之日起15日内，向税务机关报送预缴企业所得税纳税申报表，预缴税款。

2. 汇算清缴

企业应当自年度终了之日起5个月内，向税务机关报送年度企业所得税纳税申报表，并汇算清缴，结清应缴应退税款。

3. 汇总纳税

居民企业在中国境内设立不具有法人资格的营业机构的，应当汇总计算并缴纳企业所得税。

非居民企业在中国境内设立两个或者两个以上机构、场所，符合国务院税务主管部门规定条件的，可以选择由其主要机构、场所汇总缴纳企业所得税。

（三）纳税地点

除税收法律、行政法规另有规定外，居民企业以企业登记注册地为纳税地点；但登记注册地在境外的，以实际管理机构所在地为纳税地点。

第二节　后续管理

一、优惠事项后续管理

为贯彻落实税务系统“放管服”改革，优化税收营商环境，有效落实企业所得税各项优惠政策，国家税务总局修订并重新发布了《企业所得税优惠政策事项办理办法》（国家税务总局公告2018年第23号，以下简称《办理办法》）。《办理办法》适用于2017年度企业所得税汇算清缴及以后年度企业所得税优惠事项办理工作。

（一）业务概述

为加强管理，《办理办法》规定税务机关将对企业享受优惠事项开展后续管理，企业应当予以配合并按照税务机关规定的期限和方式提供留存备查资料。留存备查资料是指与企业享受优惠事项有关的合同、协议、凭证、证书、文件、账册、说明等资料。留存备查资料分为主要留存备查资料和其他留存备查资料两类。主要留存备查资料由企业按照《企业所得税优惠事项管理目录（2017年版）》（以下简称《管理目录》）列示的资料清单准备，其他留存备查资料由企业根据享受优惠事项情况自行补充准备。

《管理目录》中优惠事项共69项，其中预缴享受57项；汇缴享受11项；1项税会处理一致的，预缴享受；税会处理不一致的，汇缴享受。

《管理目录》中后续管理要求由省税务机关（含计划单列市税务机关）规定的有45项、由省税务机关规定的有11项、在汇算清缴期结束前向税务机关提交资料的有13项。

享受《管理目录》第30项至第31项、第45项至第53项、第56项至第57项软件和集成电路产业优惠事项的，企业应当在汇算清缴后按照《管理目录》“后续管理要求”项目中列示的资料清单向税务部门提交资料，提交资料时间不得超过该年度汇算清缴期。

（二）主要优惠事项后续管理

1. 农、林、牧、渔业项目

（1）业务内容（见表4-1）

表 4-1　　农、林、牧、渔业项目企业所得税优惠后续管理业务内容

优惠事项名称	政策概述	主要政策依据	主要留存备查资料	享受优惠时间	后续管理要求
从事农、林、牧、渔业项目的所得减免征收企业所得税	企业从事蔬菜、谷物、薯类、油料、豆类、棉花、麻类、糖料、水果、坚果的种植，农作物新品种选育，中药材种植，林木培育和种植，牲畜、家禽饲养，林产品采集，灌溉、农产品初加工、兽医、农技推广、农机作业和维修等农、林、牧、渔服务业项目，远洋捕捞项目所得免征企业所得税。企业从事花卉、茶以及其他饮料作物和香料作物种植，海水养殖、内陆养殖项目所得减半征收企业所得税。“公司+农户”经营模式从事农、林、牧、渔业项目生产企业，可以按照《企业所得税法实施条例》第八十六条的有关规定，享受减免企业所得税优惠政策	1.《企业所得税法》第二十七条第一项； 2.《企业所得税法实施条例》第八十六条； 3.《财政部 国家税务总局关于发布〈享受企业所得税优惠政策的农产品初加工范围（试行）〉的通知》（财税〔2008〕149 号）； 4.《关于享受企业所得税优惠的农产品初加工有关范围的补充通知》（财税〔2011〕26 号）； 5.《国家税务总局关于黑龙江垦区国有农场土地承包费缴纳企业所得税问题的批复》（国税函〔2009〕779 号）； 6.《国家税务总局关于“公司+农户”经营模式企业所得税优惠问题的公告》（国家税务总局公告 2010 年第 2 号）； 7.《国家税务总局关于实施农 林 牧 渔业项目企业所得税优惠问题的公告》（国家税务总局公告 2011 年第 48 号）	1. 企业从事相关业务取得的资格证书或证明资料，包括有效期内的远洋渔业企业资格证书、从事农作物新品种选育的认定证书、动物防疫条件合格证、林木种子生产经营许可证、兽医的资格证明等； 2. 与农户签订的委托养殖合同（“公司+农户”经营模式的企业）； 3. 与家庭承包户签订的内部承包合同（国有农场实行内部家庭承包经营）； 4. 农产品初加工项目及工艺流程说明（两个或两个以上的分项目说明）； 5. 同时从事适用不同企业所得税待遇项目的，每年度单独计算减免税项目所得的计算过程及其相关账册，期间费用合理分摊的依据和标准； 6. 生产场地证明资料，包括土地使用权证、租用合同等； 7. 企业委托或受托其他企业或个人从事符合规定的农、林、牧、渔业项目的委托合同、受托合同、支出明细等证明材料	预缴享受	由省税务机关（含计划单列市税务机关）规定

（2）后续管理风险点提示

①税务登记类风险。

A. 风险点：

a. 农、林、牧、渔业纳税人（尤其是农民专业合作社）在进行税务登记时，应将营业执照注册类型登记为有限责任公司（自然人独资）、私营独资企业的纳税人，错误登记为个人独资企业、合伙企业而未核定企业所得税税种；

b. 纳税人不设置账簿或虽设置账簿，但账目混乱或者成本资料、收入凭证、费用凭证残缺不全，难以查账的，是否按照规定鉴定为核定征收，应核定征收企业是否违规享受所得减免优惠；

c. 核定征收企业账务健全后是否及时将征收方式调整为查账征收，企业是否实际享受到所得减免优惠。

B. 审核要点：

a. 审核纳税人营业执照上注明的注册类型，严格按照《中华人民共和国公司法》和《中华人民共和国个人独资企业法》的相关规定，准确判定是属于有限责任公司还是个人独资企业，不属于个人独资企业、合伙企业的，及时督促企业到办税服务厅核定企业所得税税种；

b. 查看企业账簿设置情况，核实是否准确鉴定企业所得税征收方式，不能单独核算的，是否享受税收优惠；

c. 核定征收企业所得税的纳税人积极建账建制，改善经营管理，符合查账征收条件后，是否及时调整征收方式，确保符合条件的纳税人都能应享尽享税收优惠。

②账务核算类风险。

A. 风险点：

a. 企业农、林、牧、渔项目是否单独核算，没有单独核算享受税收优惠的是否按规定进行了纳税调整；

b. 企业是否将营业外收入等非减免所得项目并入农、林、牧、渔项目所得，进行减免申报，少缴了税款；

c. 企业享受不同减免幅度的优惠项目，如减半征收的花卉等项目所得，是否按规定分开核算，各自单独计算优惠金额；

d. 农产品初加工企业是否将购买农产品后直接进行销售产生的所得，列入农、林、牧、渔业项目享受减免优惠。

B. 审核要点：

a. 实地查看企业账簿设置情况，核实企业农、林、牧、渔项目是否单独核算，未单独核算的，查看企业年度纳税申报表《所得减免优惠明细表》（A107020）第 1~3 行对应栏次是否有数字，有数字的，及时督促企业进行更正申报，补缴税款；

b. 审核企业会计账簿“主营业务收入”“其他业务收入”“应交税费——应交增值税（销项税额）”等科目，查看相关的记账凭证，核实销售发票开具的商品名称是否与实际经营情况相符、是否属于所得减免范围，核实是否将财政补贴收入入账并按规定计算征收企业所得税，是否将应记入“营业外收入”科目的所得误并入农、林、牧、渔项目进行所得减免申报；

c. 审核商品销售凭证和纳税申报表，核实是否未将花卉等减半优惠项目分开核算，而是并入全免项目申报纳税；

d. 查看农产品初加工企业购销合同及相关资料，查找企业是否有购买农产品后直接进行销售产生的所得，若有，是否误将该项所得列入农、林、牧、渔业项目享受减免优惠。

③发票开具类风险。

A. 风险点：

a. 开具有抵扣功能发票的农、林、牧、渔企业具有发票开具风险，例如，发票开具金额与实际养殖、种植规模不符的风险，甚至虚开发票风险，重点是农民专业合作社、养殖业、种植业类企业；

b. 农、林、牧、渔业免税企业为其他单位代开、虚开发票，致使其他企业虚列收入的风险。

B. 审核要点：

a. 产权情况，纳税人种植、养殖的场地，是自有还是租赁；应提供自有还是租赁的合法性证明；

b. 规模情况，如纳税人经营场地规模的具体数量（多少亩地），养殖设备类型及数量，养殖的品种、数量、单价，主管税务机关巡查巡管时采集纳税人种植的面积、品种、单价等情况；

c. 财务核算情况，财务核算是否规范，是否有专门的财务核算部门，是否有专职会计人员；

d. 资金收付是否通过银行结算，农民专业合作社、养殖业、种植业企业与生产经营有关的资金收入、支出除了个别小额零售外必须通过银行基本账户核算，按时取得并保管银行对账单；

e. 要有专门的存货收发记录，确保真实、完整，做到账实相符，即仓库保管账与实物相符；

f. 产能匹配情况，企业开具的发票金额与企业养殖、种植的产能是否匹配；

g. 根据本级及上级风险分析，开展或配合涉及该企业的发票开具异常纳税人相关事宜调查核实。

2. 小型微利企业

（1）业务内容（见表 4-2）

（2）后续管理风险点提示

①严格控制小型微利企业的认定标准。小型微利企业，是指从事国家非限制和禁止行业，且同时符合年度应纳税所得额不超过 300 万元、从业人数不超过 300 人、资产总额不超过 5000 万元等三个条件的企业。企业的从业人数、资产总额、应纳税所得额三项同时符合条件时，方可享受小型微利企业优惠政策。应防止企业为满足条件弄虚作假，故意压低应纳税所得额，虚报职工人数和资产总额等。

②企业实际经营情况发生变化，不再符合相关认定标准，已享受的减免税额应及时补缴。

③企业所得税月（季）度预缴纳税申报表增加了从业人数、资产总额等数据项，在填报预缴申报表时，以下两个方面应当重点关注：

一是关注“应纳税所得额”和“减免所得税额”两个项目的填报。“应纳税所得额”是判断企业是否符合小型微利企业条件和分档适用“减半再减半”“减半征税”等不同政策的最主要指标，这个行次一定要确保填写无误。“减免所得税额”是指企业享受普惠性所得税减免政策的减免所得税金额，这个行次体现了企业享受税收优惠的直接成效。

表 4-2　小型微利企业企业所得税优惠后续管理业务内容

优惠事项名称	政策概述	主要政策依据	主要留存备查资料	享受优惠时间	后续管理要求
符合条件的小型微利企业减免企业所得税	从事国家非限制和禁止行业的企业，减按 20% 的税率征收企业所得税。对小型微利企业年应纳税所得额不超过 100 万元的部分，自 2023 年 1 月 1 日至 2027 年 12 月 31 日，减按 25% 计入应纳税所得额，按 20% 的税率缴纳企业所得税；对年应纳税所得额超过 100 万元但不超过 300 万元的部分，自 2022 年 1 月 1 日至 2027 年 12 月 31 日，减按 25% 计入应纳税所得额，按 20% 的税率缴纳企业所得税	1.《企业所得税法》第二十八条； 2.《企业所得税法实施条例》第九十二条； 3.《财政部 税务总局关于进一步实施小微企业所得税优惠政策的公告》（财政部 税务总局公告 2022 年第 13 号）； 4.《财政部 税务总局关于小微企业和个体工商户所得税优惠政策的公告》（财政部 税务总局公告 2023 年第 6 号）； 5.《财政部 税务总局关于进一步支持小微企业和个体工商户发展有关税费政策的公告》（财政部 税务总局公告 2023 年第 12 号）	1. 所从事行业不属于限制和禁止行业的说明； 2. 从业人数的计算过程； 3. 资产总额的计算过程	预缴享受	由省税务机关（含计划单列市税务机关）规定

实行核定应纳所得税额征收的企业，如果符合小型微利企业条件的，其税收减免不通过填报纳税申报表的方式实现，而是通过直接调减定额的方式实现。企业应在纳税申报表中根据税务机关核定的情况，正确选择填报“小型微利企业”项目。

二是关注预缴申报表中新增“按季度填报信息”部分有关项目的填报。“按季度填报信息”整合了除应纳税所得额以外的小型微利企业条件指标，其数据填报质量直接关系着小型微利企业判断结果的准确与否。所有企业均需要准确填写该部分内容。对于查账征收企业和核定应税所得率征收的企业，按季度预缴的，应在申报预缴当季度税款时，填报“按季度填报信息”的全部项目；按月度预缴的，仅在申报预缴当季度最后一个月的税款时，填报“按季度填报信息”的全部项目。

④小型微利企业在预缴和汇算清缴时通过填写企业所得税纳税申报表“从业人数、资产总额”等栏次履行备案手续，不再另行专门备案。应重点审核年度申报表中《企业基础信息表》（A000000）填写的从业人数、资产总额、从事国家限制或禁止行业、小型微利企业指标。从业人数，包括与企业建立劳动关系的职工人数和企业接受的劳务派遣用工人数。从业人数和资产总额指标，应按企业全年的季度平均值确定。具体计算公式为：

季度平均值=（季初值+季末值）÷2

全年季度平均值=全年各季度平均值之和÷4

年度中间开业或者终止经营活动的，以其实际经营期作为一个纳税年度确定上述相关指标。

3. 高新技术企业

（1）业务内容（见表4-3）

（2）后续管理风险点提示

①风险点：

A. 留存备查资料与实际情况不相符。

B. 企业发生重大安全、质量事故。

C. 发生偷骗税行为。

D. 享受优惠的条件发生变化，不再符合高新技术企业优惠条件。

E. 产品结构发生重大变化，高新技术产品或服务占收入总额的比例达不到60%。

表 4-3　　高新技术企业企业所得税后续管理业务内容

优惠事项名称	政策概述	主要政策依据	主要留存备查资料	享受优惠时间	后续管理要求
国家需要重点扶持的高新技术企业减按15%的税率征收企业所得税	国家需要重点扶持的高新技术企业，减按15%的税率征收企业所得税。国家需要重点扶持的高新技术企业，是指拥有核心自主知识产权，产品（服务）属于国家重点支持的高新技术领域规定的范围、研究开发费用占销售收入的比例不低于规定比例、高新技术产品（服务）收入占企业总收入的比例不低于规定比例、科技人员占企业职工总数的比例不低于规定比例，以及高新技术企业认定管理办法规定的其他条件的企业。对从事文化产业支撑技术等领域的文化企业，按规定认定为高新技术企业的，减按15%的税率征收企业所得税	1.《企业所得税法》第二十八条； 2.《企业所得税法实施条例》第九十三条； 3.《财政部 国家税务总局关于高新技术企业境外所得适用税率及税收抵免问题的通知》（财税〔2011〕47号）； 4.《科技部 财政部 国家税务总局关于修订印发〈高新技术企业认定管理办法〉的通知》（国科发火〔2016〕32号）； 5.《科技部 财政部 国家税务总局关于修订印发〈高新技术企业认定管理工作指引〉的通知》（国科发火〔2016〕195号）； 6.《国家税务总局关于实施高新技术企业所得税优惠政策有关问题的公告》（国家税务总局公告2017年第24号）	1. 高新技术企业资格证书； 2. 高新技术企业认定资料； 3. 知识产权相关材料； 4. 年度主要产品（服务）发挥核心支持作用的技术属于《国家重点支持的高新技术领域》规定范围的说明，高新技术产品（服务）及对应收入资料； 5. 年度职工和科技人员情况证明材料； 6. 当年和前两个会计年度研发费用总额及占同期销售收入比例、研发费用管理资料以及研发费用辅助账，研发费用结构明细表	预缴享受	由省税务机关（含计划单列市税务机关）规定

F. 企业人员结构发生重大变化，本年具有大学专科以上学历人数，达不到职工总数的30%；研发人员人数达不到10%。

G. 研究开发费用比例达不到规定比例；其他费用超过10%。

H. 研究开发费用归集核算不规范，不能真实、准确核算发生的研究开发费用，具体表现：未单独核算，或建立研发费用核算辅导账册，未按规定分项目、分类别核算研究开发活动支出、生产经营费用与研究开发费用，共用的折旧、人工、材料等未合理准确划分。

I. 研究开发费用发生无真实合法凭据。

J. 企业申报高新技术企业资格时，提供的申报资料与企业真实情况不符，有弄虚作假现象。

K. 企业发生重大重组、并购、改变经营方式等，不再符合高新技术企业条件。

L. 企业高新技术企业资格到期，未申请复审仍享受优惠。

M. 研究开发项目重复，对以前年度已研究成功，商业化批量生产的技术，以其他名义重新研发，多列研发费用。

N. 其他非研发岗位人员，计入研发人员。

O. 研发项目不真实，没有研究开发活动真实发生的相关证据、证明，虚构研发活动；账载研究开发费用发生额与企业实际研发机构、研发场所、研发能力明显不符。

P. 关联方之间发生业务，通过人为抬高或降低销售价格转移利润，达到少缴税款目的。

②审核要点：

A. 根据建立的高新技术企业台账，查看高新技术企业年度申报表附表《高新技术企业优惠情况及明细表》（A107041），核实企业是否享受优惠，如有，查看主要留存备查资料是否齐全、完整、合规。

B. 根据风险管理应对要求，对享受优惠的高新技术企业申报情况与企业实际情况进行实地核查，发现高新技术企业优惠不符合条件的，及时追缴税款，涉及资格的，及时提请取消其资格。

C. 查看企业研发费用发生额与企业研发费用加计扣除优惠中研发费用发生额是否相差较大，是否属于政策范围内的合理差异；高新技术企业优惠核查，应与研发费用加计扣除的核查相结合，共同进行风险应对。

D. 查看企业研发费用年度发生额，是否与企业留存备查资料一致；计算企业研发费用占当年销售收入的比例是否达到规定比例；其中，其他费用比例是否超过10%。

E. 查看企业账簿，是否准确区分研发费用和生产经营费用，特别是未设立专门的研发机构或企业研发机构同时承担生产经营任务的企业，是否对研发费用和生产经营费用分开进行核算，是否准确、合理地计算各项研发费用支出。

F. 查看企业账簿“营业外支出”科目，看其是否列支因环境等违法、违规行为，受到有关部门处罚的罚款支出；同时，根据税收分析监控系统及稽查案源情况，查看该企业是否有稽查记录，且被定性为偷骗税行为，若存在，及时提请取消其高新技术企业资格。

G. 通过外部门信息交换，及时收集企业是否发生重大安全、质量、环境事故，如有，应及时提请取消高新技术企业资格。

H. 通过实地核查及询问，看其是否发生重大重组、并购、改变经营方式等，若存在，应及时对其是否符合高新技术企业资格进行初步判断，可提请高新技术企业认定领导机构对其资格进行审查，不再符合高新技术企业条件的，及时停止优惠，追缴税款。

I. 实地查看企业职工总人数，可通过查看其工资表人数，抽查其考勤表，对科技人员人数、研发人员人数进行核查，看其人数比例是否发生变化，是否达到规定比例。

J. 重点查看研发人员人数是否真实，通过研发人员岗位设置、考勤表等查看是否存在其他岗位人员混为研发人员、任意扩大研发人员范围的情况。

K. 查看高新技术产品或服务的收入，是否在主营业务收入明细账中，设置高新技术产品或服务二级明细账的，高新技术产品或服务收入与其他收入是否混淆不清；高新技术产品或服务收入是否达到规定比例。

L. 对照研发费用明细表，抽查具体的研发项目，是否以前年度已经列支，已成熟研究项目，是否以其他项目名义重复研发、重复列支研究开发费用。

M. 查看研究开发项目是否有相应的立项报告、预算、会议记录、研究开发项目计划进度、取得的科技成果及相应的研究开发记录档案等证据材料，是否存在虚构研发项目、虚列研发费用的情况。

N. 实地查看研发机构、研发设备、研发场所，了解企业研发活动流程、研发产品去向、研发部门人员规模，对照企业发生的研究开发费用，看其研发能力、研发投入与其账载信息是否存在较大的差异，是否存在账载研发费用发生额与实际研发能力相差较大、明显不符的情况。

O. 实地查看研发生产线和研发机构的水、电、气等燃料动力来源，是否有独立的水表、电表等，是否与普通生产经营项目混用，若混用，划分是否合理、固定。

P. 了解企业是否与母子公司、关联公司之间有业务往来，因为对方公司适用税率不同，而存在转移利润少缴税款的情况。

4. 研发费用加计扣除

（1）业务内容（见表4-4）

（2）后续管理风险点提示

①风险点：

A. 企业加计扣除的研发费用是否进行申报，留存备查资料与实际情况是否相符。

B. 企业研发费用的账务处理是否规范，是否设置辅助账，是否准确归集当年度可加计扣除的各项研发费用实际发生金额，相关凭证和辅助账是否一致。

C. 外聘研发人员的劳务费用是否真实合理。

D. 生产经营费用和研发费用是否准确区分。

E. 企业同时用于生产经营和研发活动的仪器设备、无形资产等，是否对发生的折旧摊销费用进行准确分摊。

F. 企业发生的研发费用中是否仅有人员费用而其他投入很少。

G. 企业加计扣除的研发费用的计算是否符合税法规定，范围是否准确。

H. 委托外部研发费用的税前加计扣除金额是否正确。

I. 委托外部研发费用实际发生额是否按照独立交易原则确定。

J. 集团研发费用是否按照权利和义务相一致、费用支出和收益分享相配比的原则进行分摊。

表 4-4　　研发费用加计扣除后续管理业务内容

优惠事项名称	政策概述	主要政策依据	主要留存备查资料	享受优惠时间	后续管理要求
开发新技术、新产品、新工艺发生的研发费用加计扣除	企业开展研发活动中实际发生的研发费用，未形成无形资产计入当期损益的，在按规定据实扣除的基础上，自2023年1月1日起，再按照实际发生额的100%在税前加计扣除；形成无形资产的，自2023年1月1日起，按照无形资产成本的200%在税前摊销	1.《企业所得税法》第三十条； 2.《企业所得税法实施条例》第九十五条； 3.《财政部 国家税务总局 科技部关于完善研究开发费用税前加计扣除政策的通知》（财税〔2015〕119号）； 4.《科技部 财政部 国家税务总局关于进一步做好企业研发费用加计扣除政策落实工作的通知》（国科发政〔2017〕211号）； 5.《国家税务总局关于企业研究开发费用税前加计扣除政策有关问题的公告》（国家税务总局公告2015年第97号）； 6.《国家税务总局关于研发费用税前加计扣除归集范围有关问题的公告》（国家税务总局公告2017年第40号）； 7.《财政部 税务总局关于进一步完善研发费用税前加计扣除政策的公告》（财政部 税务总局公告2023年第7号）	1. 自主、委托、合作研究开发项目计划书和企业有权部门关于自主、委托、合作研究开发项目立项的决议文件； 2. 自主、委托、合作研究开发专门机构或项目组的编制情况和研发人员名单； 3. 经科技行政主管部门登记的委托、合作研究开发项目的合同； 4. 从事研发活动的人员（包括外聘人员）和用于研发活动的仪器、设备、无形资产的费用分配说明（包括工作使用情况记录及费用分配计算证据材料）； 5. 集中研发项目研发费决算表、集中研发项目费用分摊明细情况表和实际分享收益比例等资料； 6. “研发支出”辅助账及汇总表； 7. 企业如果已取得地市级（含）以上科技行政主管部门出具的鉴定意见，应作为资料留存备查	预缴享受	由省税务机关（含计划单列市税务机关）规定

K. 企业加计扣除的研发费用是否准确进行资本化和费用化区分。

L. 企业用不征税收入形成的研发支出是否计入了研发费用。

M. 高新技术企业是否存在长期未发生研发费用的现象。

N. 是否存在企业研发费用突然增多等异常现象。

②审核要点：

A. 查看年度申报表附表《研发费用加计扣除优惠明细表》（A107012）中研发费用加计扣除是否有数字，如有，查看主要留存备查资料是否齐全。

B. 查看企业是否建立专门记录研发费用的账簿，审核“研发支出”“管理费用——研究开发费用”等账户；查看企业是否按研发项目和费用种类设置明细，研发费用是否分项目和费用种类分别核算；查看账簿记录和相关凭证内容是否一致。

C. 查看企业是否与外聘研发人员签有合同或协议，支付劳务费用时是否有相应的付款凭证、发票等。

D. 查看企业账簿，是否准确区分研发费用和生产经营费用，特别是未设立专门的研发机构或企业研发机构同时承担生产经营任务的企业，是否对研发费用和生产经营费用分开进行核算，是否准确、合理地计算各项研发费用支出。

E. 了解企业机器设备、无形资产等实际使用情况，核查企业会计账簿中记入“制造费用”“管理费用”“研发费用”等科目的折旧摊销费用，判断是否按照一定的标准进行分摊，所选用标准是否合理。

F. 查看企业研发费用的构成情况，如果仅有人员费用，有可能不符合研发活动的范围，需了解企业开展研发活动的实际情况；特别是关注大量差旅费、会议费计入研发费用的情况，查看原始凭证、会议记录等，是否为研发领域发生，金额是否正确。

G. 查看企业《研发项目可加计扣除研究开发费用情况归集表》中的费用，和账簿“研发费用”科目进行对照，判断其是否属于规定的加计扣除范围，是否有自行扩大加计扣除范围的情况。

H. 查看企业研发合同、协议，企业在研发过程中，是否需要借助外单位的研发力量。如果存在，是否按照费用实际发生额的80%计入委托方研发费用并计算加计扣除，扣除比例和金额是否正确。

I. 了解企业和受托方之间的关系，是否与受托方存在关联关系，如果存在，是否提供研发项目费用支出明细情况。

J. 查看企业研发合同、协议，是否有企业集团分摊研发费用的情况；对分摊研发费用的，了解企业确定的分摊方法，是否符合权利和义务相一致、费用支出和收益分享相配比的原则，计算金额是否正确。

K. 查看企业账簿“研发费用”“无形资产”科目，判断研发费用是否形成科研成果的转化，是否将应归属于无形资产的支出记入“管理费用”，而未计入无形资产的成本，分期进行摊销。

L. 查看企业账簿“营业外收入”科目，判断企业是否取得政府补助等财政性资金收入，是否符合不征税收入条件；如果将其作为不征税收入使用，其形成的研发费用不可加计扣除。

M. 查看企业《研发费用加计扣除优惠明细表》（A107012），关注高新技术企业是否享受了研发费用加计扣除政策，如果没有，可能存在不符合高新技术企业管理条件的情况，需进一步核查其高新技术企业资格。

N. 查看企业研发项目计划书、立项的决议文件、研发费预算、研发专门机构或项目组的编制情况和专业人员名单、研发项目效用情况说明、研究成果报告等资料，核实企业是否进行了研发活动，是否发生了研发费用。

5. 安置残疾人员所支付的工资加计扣除

（1）业务内容（见表 4-5）

（2）后续管理风险点提示

①风险点：

A. 残疾人员是否符合《中华人民共和国残疾人保障法》的有关规定范围。

B. 是否依法与安置的每位残疾人签订了 1 年以上（含 1 年）的劳动合同或服务协议，并且安置的每位残疾人实际上岗工作。

C. 是否为安置的每位残疾人按月足额缴纳了企业所在区县人民政府根据国家政策规定的基本养老保险、基本医疗保险、失业保险和工伤保险等社会保险。

D. 是否定期通过银行等金融机构向安置的每位残疾人实际支付了不低于企业所在区县适用的经省级人民政府批准的最低工资标准的工资。

表 4-5 安置残疾人员所支付的工资加计扣除后续管理业务内容

优惠事项名称	政策概述	主要政策依据	主要留存备查资料	享受优惠时间	后续管理要求
安置残疾人员所支付的工资加计扣除	企业安置残疾人员的，在按照支付给残疾职工工资据实扣除的基础上，可以在计算应纳税所得额时，按照支付给残疾职工工资的100%加计扣除。残疾人员的范围适用《中华人民共和国残疾人保障法》的有关规定	1. 《企业所得税法》第三十条； 2. 《企业所得税法实施条例》第九十六条； 3. 《财政部 国家税务总局关于安置残疾人员就业有关企业所得税优惠政策问题的通知》（财税〔2009〕70号）	1. 为安置的每位残疾人按月足额缴纳了企业所在区县人民政府根据国家政策规定的基本养老保险、基本医疗保险、失业保险和工伤保险等社会保险证明资料； 2. 通过非现金方式支付工资薪酬的证明； 3. 安置残疾职工名单及其《中华人民共和国残疾人证》或《中华人民共和国残疾军人证（1至8级）》； 4. 与残疾人员签订的劳动合同或服务协议	汇缴享受	由省税务机关（含计划单列市税务机关）规定

E. 加计扣除工资的范围是否符合税法的相关规定。

F. 申报的工资加计扣除基数是否计算正确。

②审核要点：

A. 查看企业残疾职工提供的《中华人民共和国残疾人证》或《中华人民共和国残疾军人证（1 级至 8 级）》是否真实，是否符合《中华人民共和国残疾人保障法》规定范围。

B. 查看企业与所安置残疾人职工所签订的劳动合同或服务协议的原件，期限是否为 1 年或 1 年以上，同时要实地察看所安置残疾人职工的工作场所，核查企业是否具备安置残疾人职工上岗工作的基本设施、残疾人职工是否实际在岗工作。

C. 通过查阅“应付职工薪酬”科目对应的货币资金科目以及原始凭证，核实企业是否为安置的每位残疾人按月足额缴纳了企业所在区县人民政府根据国家政策规定的基本养老保险、基本医疗保险、失业保险和工伤保险等社会保险，如有疑点可通过医保、民政、劳动等部门进一步落实。

D. 通过查阅企业账簿“应付职工薪酬”科目对应的货币资金科目，核实向安置的每位残疾人实际支付的工资情况。重点核实是否不低于企业所在区县适用的经省级人民政府批准的最低工资标准，同时还应询问残疾人职工，确认工资实际发放，必要时可通过银行等金融机构核实。

E. 通过“应付职工薪酬”科目的二级明细科目，核实是否将职工福利费、职工教育经费、工会经费以及养老保险费、医疗保险费、失业保险费、工伤保险费、生育保险费等社会保险费和住房公积金等费用计入工资总额进行税前加计扣除；国有性质的企业，其工资薪金是否超过政府有关部门给予的限定数额，以及是否有其他超范围扣除事项。

F. 通过核实年度申报表《免税、减计收入及加计扣除优惠明细表》（A107010）第 29 行填报的数据，审核加计扣除基数是否计算正确，不符合税法上“合理的工资薪金”的部分不得进行加计扣除。

6. 农户小额贷款利息收入、种植业（养殖业）保费收入

（1）业务内容（见表 4-6）

表 4-6 农户小额贷款利息收入、种植业（养殖业）保费收入企业所得税优惠后续管理业务内容

序号	优惠事项名称	政策概述	主要政策依据	主要留存备查资料	享受优惠时间	后续管理要求
1	金融机构取得的涉农贷款利息收入在计算应纳税所得额时减计收入	对金融机构农户小额贷款的利息收入在计算应纳税所得额时，按 90% 计入收入总额	《财政部 税务总局关于延续实施支持农村金融发展企业所得税政策的公告》（财政部 税务总局公告 2023 年第 55 号）	1. 相关利息收入的核算情况说明； 2. 相关贷款合同	预缴享受	由省税务机关（含计划单列市税务机关）规定
2	保险机构取得的涉农保费收入在计算应纳税所得额时减计收入	对保险公司为种植业、养殖业提供保险业务取得的保费收入，在计算应纳税所得额时，按 90% 比例减计收入	《财政部 税务总局关于延续实施支持农村金融发展企业所得税政策的公告》（财政部 税务总局公告 2023 年第 55 号）	1. 相关保费收入的核算情况说明； 2. 相关保险合同	预缴享受	由省税务机关（含计划单列市税务机关）规定
3	小额贷款公司取得的农户小额贷款利息收入在计算应纳税所得额时减计收入	对经省级金融管理部门（金融办、局等）批准成立的小额贷款公司取得的农户小额贷款利息收入，在计算应纳税所得额时，按 90% 计入收入总额	《财政部 税务总局关于延续实施小额贷款公司有关税收优惠政策的公告》（财政部 税务总局公告 2023 年第 54 号）	1. 相关利息收入的核算情况说明； 2. 相关贷款合同； 3. 省级金融管理部门（金融办、局等）出具的小额贷款公司准入资格文件	预缴享受	由省税务机关（含计划单列市税务机关）规定

（2）后续管理风险点提示

①登记环节风险点及审核要点。

A. 应享未享农户小额贷款利息收入、种植业（养殖业）保费收入税收优惠的风险。

审核要点：根据税务登记证上登记的企业经营范围，对属于《国民经济行业分类》上的“金融业”“保险业”的，检查企业是否具备开展金融保险业务的资质，提醒企业如果符合农户小额贷款利息收入或种植业（养殖业）保费收入优惠条件，应及时享受税收优惠政策。

B. 不应享而享农户小额贷款利息收入、种植业（养殖业）保费收入税收优惠的风险。

审核要点：根据登记的企业经营范围，对不属于《国民经济行业分类》上的“金融业”“保险业”的企业，发现享受农户小额贷款利息收入或种植业（养殖业）保费收入税收优惠的，应及时取消优惠，少缴税款的应及时补缴。

②申报环节风险点及审核要点。

A. 应享未享农户小额贷款利息收入、种植业（养殖业）保费收入税收优惠的风险。

审核要点：对属于《国民经济行业分类》上的“金融业”“保险业”行业的企业，在申报时未享受减计收入优惠，应及时提醒企业查看是否符合条件而未及时享受税收优惠。

B. 申报表填写逻辑关系错误的风险。

审核要点：审查企业的企业所得税年度纳税申报表、《免税、减计收入及加计扣除优惠明细表》（A107010）等申报资料，查看报表逻辑关系是否正确，是否存在逻辑不通的情况。

C. 当年农户小额贷款利息收入笔数较多、金额较大的风险。

审核要点：申报时发现当年农户小额贷款利息收入笔数较多、金额较大的企业，主管税务机关可根据实际情况确定一定的比例随机抽查，逐户核查贷款是否属于虚假农户小额贷款。通过抽查发现虚假农户小额贷款比例占被抽查对象50%以上的，可进行全面审核。

③管理环节风险点及审核要点。

A. 享受税收优惠主要留存备查资料不完整的风险。

审核要点：享受农户小额贷款利息收入、种植业（养殖业）保费收入税收优惠的企业应当按照税务机关要求提供留存备查资料，以证明其符合税收优惠政策条件。企业不能提供留存备查资料，或者留存备查资料与实际生产经营情况、财务核算、相关技术领域、产业、目录、资格证书等不符，不能证明企业符合税收优惠政策条件的，税务机关追缴其已享受的减免税，并按照《税收征管法》规定处理。

B. 未按税法规定确认利息收入和保费收入的风险。

审核要点：一是审核企业有无及时确认利息或保费收入。金融企业贷款取得的利息收入应设置“利息收入”科目核算，金融企业按规定发放的贷款，属于未逾期贷款（含展期，下同），应根据先收利息后收本金的原则，按贷款合同确认的利率和结算利息的期限计算利息，并于债务人应付利息的日期确认收入的实现；属于逾期贷款，其逾期后发生的应收利息，应于实际收到的日期，或者虽未实际收到但会计上确认为利息收入的日期，确认收入的实现。应结合“应收利息”科目，审查企业是否按照合同约定付息日期及时确认利息收入，特别是发债方未在约定付息日期付息的，企业有无及时确认收入实现，审核企业有无将收到的利息挂在“应付账款”等科目而长期挂账的情况。二是核查企业财务报表等相关资料，核实是否将规定期限以内的利息收入转作表外核算。根据中长期贷款、逾期贷款发生额，核对表外应收未收利息贷方发生额，核实收回逾期贷款的利息是否并入收入计税。

C. 农户小额贷款利息收入没有单独核算的风险。

审核要点：审阅农户小额贷款利息收入核算明细账或按月汇总表，确认农户小额贷款利息收入是否真正做到单独核算，没有单独核算的，不得享受企业所得税减计收入优惠。

D. 贷款发放时的承贷主体不属于农户而作为农户小额贷款的风险。

审核要点：对照农户的定义，判断是否符合农户标准。农户，是指长期（一年以上）居住在乡镇（不包括城关镇）行政管理区域内的住户，还包括长期居住在城关镇所辖行政村范围内的住户和户口不在本地而在本地居住一年以上的住户，国有农场的职工和农村个体工商户。位于乡镇（不包括城关镇）行政管理区域内和在城关镇所辖行政村范围内的国有经济的机关、团体、学校、企事业单位的集体户；有本地户口，但举家外出谋生一年以上的住户，无论是否保留承包耕地均不属于农户。农户以户为统计单位，既可以从事农业生产经营，也可以从事非农业生产经营。农户贷款的判定应以贷款发放时的承贷主体是否属于农户为准。

E. 保费收入不属于种植业、养殖业保险业务收入而享受优惠的风险。

审核要点：审查被保险人从事的行业是否属于种植业、养殖业；被保险项目是否属于种植业、养殖业。

F. 单笔且该户贷款余额总额在 10 万元以上的贷款作为农户小额贷款享受优惠的风险。

审核要点：抽查贷款资料确定贷款业务是否属于小额贷款，即单笔贷款金额是否在 10 万元（含）以下，且以户为统计单位的贷款余额总额在 10 万元（含）以下。

G. 原保险保费收入未加上分保费收入减去分出保费后确认为保费收入的风险。

审核要点：结合保险资料，可实地抽查保费收入是否为原保险保费收入加上分保费收入减去分出保费后余额的总额。

H. 保费计算方法不合规的风险。

审核要点：审查保费收入是否按以下方法确认。一是如果最终保费能够合理估计，应按估计保费总额确定，如果估计金额发生变化，应当及时调整；二是如果不能合理估计最终保费，应按照已发生的赔付成本（包括未决赔款准备金）总额确定，直到可以合理估计最终保费。

7. 环境保护、节能节水项目

（1）业务内容（见表 4-7）

（2）后续管理风险点提示

①登记环节风险点及审核要点。

A. 应享未享环境保护、节能节水项目所得优惠政策的风险。

审核要点：根据税务登记证上登记的企业经营范围，对属于《国民经济行业分类》上的“生态保护和环境治理业”“公共设施管理业”的，应提醒企业如果符合环境保护、节能节水项目所得优惠政策条件，应及时享受税收优惠政策。

B. 不应享而享环境保护、节能节水项目所得优惠政策的风险。

审核要点：根据税务登记证上登记的企业经营范围，对不属于《国民经济行业分类》上的“生态保护和环境治理业”“公共设施管理业”的企业，如果享受环境保护、节能节水项目所得优惠，应重点审查是否符合优惠条件，如果不符合应及时取消优惠，少缴税款的及时追缴。

表 4-7 环境保护、节能节水项目的所得企业所得税后续管理业务内容

优惠事项名称	政策概述	主要政策依据	主要留存备查资料	享受优惠时间	后续管理要求
从事符合条件的环境保护、节能节水项目的所得	企业从事《环境保护、节能节水项目企业所得税优惠目录》所列项目的所得，自项目取得第一笔生产经营收入所属纳税年度起，第一年至第三年免征企业所得税，第四年至第六年减半征收企业所得税	1.《企业所得税法》第二十七条第三项； 2.《企业所得税法实施条例》第八十八条、第八十九条； 3.《财政部 国家税务总局关于公共基础设施项目和环境保护 节能节水项目企业所得税优惠政策问题的通知》（财税〔2012〕10号）； 4.《财政部等四部门关于公布〈环境保护、节能节水项目企业所得税优惠目录（2021年版）〉以及〈资源综合利用企业所得税优惠目录（2021年版）〉的公告》（财政部 税务总局 发展改革委 生态环境部公告2021年第36号）	1. 符合《环境保护、节能节水项目企业所得税优惠目录》规定范围、条件和标准的情况说明及证据资料； 2. 环境保护、节能节水项目取得的第一笔生产经营收入凭证（原始凭证及账务处理凭证）； 3. 环境保护、节能节水项目所得分项目核算资料，以及合理分摊期间共同费用的核算资料； 4. 项目权属变动情况及转让方已享受优惠情况的说明及证明资料（优惠期间项目权属发生变动）	预缴享受	由省税务机关（含计划单列市税务机关）规定

②申报环节的风险点及审核要点。

A. 应享未享环境保护、节能节水项目所得优惠政策的风险。

审核要点：对属于《国民经济行业分类》上的“生态保护和环境治理业”“公共设施管理业”行业的企业，在申报时未填写“减、免税项目所得”的，应及时提醒企业查看是否符合条件而未及时享受税收优惠。

B. 申报表填写逻辑关系错误的风险。

审核要点：审查企业的企业所得税年度纳税申报表、《纳税调整项目明细表》（A105000）、《所得减免优惠明细表》（A107020）等申报资料，查看报表逻辑关系是否正确，是否存在逻辑不通的情况。

C. 减免税期限届满后项目转让继续享受优惠的风险。

审核要点：企业享受环境保护、节能节水减免税优惠的项目，在减免税期限内转让的，受让方自受让之日起，可以在剩余期限内享受规定的减免税优惠；减免税期限届满后转让的，受让方不得就该项目重复享受减免税优惠。综合查看转让方企业纳税申报情况、受让方企业纳税申报情况、转让协议文件、企业“固定资产”账目等资料，判断转让项目已享受税收优惠的期间，确认受让方企业是否违规享受税收优惠。

D. 不符合规定标准的节能减排技术改造项目的公司享受优惠的风险。

审核要点：对在纳税申报时申报享受优惠的从事节能减排技术改造项目的公司，查看税务登记信息等资料，核实企业是否具有独立法人资质，且注册资金是否不低于 100 万元。如果不具有独立法人资质或注册资金低于 100 万元的，应及时取消优惠，少缴税款的应及时追缴。

③管理环节的风险点及审核要点。

A. 享受税收优惠主要留存备查资料不完整的风险。

审核要点：享受环境保护、节能节水项目所得优惠政策的企业，应当按照税务机关要求提供留存备查资料，以证明其符合税收优惠政策条件。企业未按《国家税务总局关于发布修订后的〈企业所得税优惠政策事项办理办法〉的公告》（国家税务总局公告 2018 年第 23 号）中《企业所得税优惠事项管理目录（2017 年版）》归集和留存相关资料的，不得享受该优惠政策，对已经享受减免税的企业，由税务机关追缴，并按税收征管法规定处理。

B. 违规延期享受税收优惠的风险。

审核要点：对环境保护、节能节水项目所得“三免三减半”优惠政策计算的起始时间不是自项目取得第一笔生产经营收入所属纳税年度起，从而导致变相延长享受优惠的期间。主要查看企业会计资料中的收入类科目、资金往来科目、成本结转科目，并对照企业的合同、发票等原始凭证和其他涉税信息，认定企业项目取得第一笔生产经营收入所属纳税年度。

C. 自用项目违规享受优惠的风险。

审核要点：作为企业必备配套设施的自用的工业废水污水处理项目和作为企业必备配套设施的自用的工业固体废弃物处理项目，取得收入不得享受“三免三减半”的优惠事项。应结合项目建设的有关资料，重点审查污水和废弃物处理项目是否属于企业自用的设施。

D. 项目没有取得相关资质条件或相关人员没有取得职业资格而享受优惠的风险。

审核要点：一是审查企业是否取得污水、垃圾处理等相关特许经营权和运营资质条件，其中，城镇污水处理项目应获得国家规定的污水处理特许经营权，或符合环境保护行政主管部门规定的生活污水类污染治理设施运营资质条件；工业废水处理项目应获得符合环境保护行政主管部门规定的工业废水类污染治理设施运营资质条件；工业固体废物处理项目应获得符合环境保护行政主管部门规定的工业固体废物类污染治理设施运营资质条件；危险废物处理项目应获得县级以上人民政府环境保护行政主管部门颁发的危险废物经营许可证。二是审查公共污水处理、公共垃圾处理、沼气综合开发项目设计、施工和运行管理人员是否具备国家相应职业资格。

E. 项目不符合规划或未通过国家验收而享受优惠的风险。

审核要点：一是审查公共污水和公共垃圾处理项目是否符合全国城镇污水处理设施建设规划、全国城镇垃圾处理设施建设规划等全国性规划。二是要求企业提供项目竣工验收报告，审查公共污水处理、公共垃圾处理、沼气综合开发项目是否按照国家法律法规要求通过相关验收。

F. 污染物排放标准不符合规定标准而享受优惠的风险。

审核要点：一是审查公共污水处理项目排放水是否符合国家及地方水污染物排放标准和重点水污染物排放总量控制指标，沼气综合开发利用项目废水排放、废渣处理、沼气利用是否符合国家和地方有关标准，产生二次污染。二是审核企业排放水是否符合国家及地方水污染物排放标准和重点水污染物排放总量控制指标。废水排放、废渣处理、沼气利用是否符合国家和地方有关标准。三是审查公共污水、公共垃圾处理项目是否经设区的市或者市级以上环境保护行政主管部门总量核查。

G. 项目的设施、工艺和技术标准不符合标准而享受优惠的风险。

审核要点：一是审查沼气综合开发利用项目设施是否符合规定的标准。二是查看环境保护、节能节水项目的有关工艺流程和技术参数是否符合国家标准。其中：经省级节能节水主管部门验收，工业锅炉、工业窑炉技术改造和电机系统节能、能量系统优化技术改造项目年节能量折算后不小于 1000 吨标准煤，煤炭工业复合式干法选煤技术改造、钢铁行业干式除尘技术改造和有色金属行业干式除尘净化技术改造项目年节水量不小于 200 万立方米。

H. 不符合独立交易原则的节能减排技术改造项目享受优惠的风险。

审核要点：审查节能减排技术改造项目应纳税所得额的计算方式，查看节能减排技术改造项目的有关成本费用、收入账目，测算是否符合独立交易原则。

8. 综合利用资源生产产品

（1）业务内容（见表 4-8）

（2）后续管理风险点提示

①未单独核算导致不能享受优惠的风险。

审核要点：综合利用资源收入未单独设置账册进行准确核算，不能享受综合利用资源生产产品取得收入的减计收入税收优惠。企业同时从事其他项目而取得的非资源综合利用收入，应与资源综合利用收入分开核算，没有分开核算的，不得享受优惠政策。重点核查“主营业务收入”“主营业务成本”“库存商品”“产成品”“原材料”等科目明细账；抽取原始凭证、记账凭证与明细账核对，查看购入材料中发票开具的货物名称是否与《资源综合利用企业所得税优惠目录》（2021 年版）（以下简称《优惠目录》）中完全一致等。

②《企业基础信息表》（A000000）信息填报错误导致不能享受税收优惠的风险。

表 4-8　　综合利用资源生产产品减计收入后续管理业务内容

优惠事项名称	政策概述	主要政策依据	主要留存备查资料	享受优惠时间	后续管理要求
综合利用资源生产产品取得的收入在计算应纳税所得额时减计收入	企业以《资源综合利用企业所得税优惠目录》规定的资源作为主要原材料，生产国家非限制和非禁止并符合国家和行业相关标准的产品取得的收入，减按 90%计入收入总额	1.《企业所得税法》第三十三条； 2.《企业所得税法实施条例》第九十九条； 3.《财政部 国家税务总局关于执行资源综合利用企业所得税优惠目录有关问题的通知》（财税〔2008〕47 号）； 4.《财政部等四部门关于公布〈环境保护、节能节水项目企业所得税优惠目录（2021 年版）〉以及〈资源综合利用企业所得税优惠目录（2021 年版）〉的公告》（财政部 税务总局 发展改革委 生态环境部公告 2021 年第 36 号）	1. 企业实际资源综合利用情况（包括综合利用的资源、技术标准、产品名称等）的说明； 2. 综合利用资源生产产品取得的收入核算情况说明	预缴享受	由省税务机关（含计划单列市税务机关）规定

审核要点：重点核查《企业基础信息表》（A000000）中第 106 栏是否选择正确。《企业所得税法实施条例》第九十九条规定，企业以《优惠目录》规定的资源作为主要原材料，生产国家非限制和非禁止并符合国家及行业相关标准的产品取得的收入，减按 90%计入企业当年收入总额，因此企业只有将第 106 栏“从事国家限制或禁止行业”选择为“否”，才能享受税收优惠。如果企业第 106 栏选择为“是”，则不能享受该项优惠。

③主要留存备查资料不齐全导致的不能享受减计收入税收优惠的风险。

审核要点：凡是《中华人民共和国企业所得税年度纳税申报表（A 类）》（A100000）第 17 行、《免税、减计收入及加计扣除优惠明细表》（A107010）第 18 行有数据的，重点核查主要留存备查资料，若主要留存备查资料不齐全则追缴其已享受的优惠税额，并按《税收征管法》规定处理。

④留存备查资料与《优惠目录》列示优惠事项不符导致追缴优惠税款的风险。

审核要点：重点审核企业与享受综合利用资源生产产品取得的收入有关的合同（协议）、证书、文件、会计账册等留存备查资料；综合利用的资源、生产的产品和技术标准是否与《优惠目录》规定范围、条件和技术标准一致。企业不能提供留存备查资料，或者留存备查资料与实际生产经营情况、财务核算、相关技术领域、产业、目录、资格证书等不符，不能证明企业符合税收优惠政策条件的，税务机关追缴其已享受的减免税，并按照《税收征管法》规定处理。

⑤已签订销售合同或协议，会计上未作收入处理导致少计收入的风险。

审核要点：采用倒查法，从《免税、减计收入及加计扣除优惠明细表》（A107010）的第 18 行入手，与居民企业销售合同比对，核实是否存在有销售合同协议但未作收入的情况。重点核查企业“主营业务收入”科目，与享受综合利用资源生产产品取得的收入有关的合同（协议）、证书、文件、会计账册等留存备查资料。

⑥产品等指标不符合《优惠目录》规定导致少计收入的风险。

审核要点：从《免税、减计收入及加计扣除优惠明细表》（A107010）的第 18 行入手，查看数据与企业账册数据是否一致，重点查看企业“生产成本”“库存商品”“原材料”等科目，核对原始凭证等产品名称与《优惠目录》是否一致，是否存在不符合《优惠目录》范围的非资源综合利用收入享受了税收优惠的情况。

⑦非货币性资产交换导致少计收入的风险。

审核要点：重点查看企业“库存商品”“发出商品”等科目，核对其原始凭证，看符合《优惠目录》的综合利用资源产品是否存在非货币性资产交换未计收入的情况。

9. 技术转让所得

（1）业务内容（见表4-9）

（2）后续管理风险点提示

①风险点：

A. 企业技术转让所得是否进行申报，留存备查资料是否齐全；

B. 企业技术转让所得是否属于财政部、国家税务总局规定的范围；

C. 企业是否为居民企业；

D. 企业境内技术转让是否经省级以上科技部门认定；

E. 企业境外技术转让是否经省级以上商务部门认定；

F. 技术转让所得是否同时享受减半征收企业所得税优惠和高新技术企业低税率；

G. 企业技术转让是否按照税法口径核算相关的收入、成本、费用，并经纳税调整后计算技术转让所得；

H. 企业是否存在居民企业从直接或间接持有股权之和达到100%的关联方取得的技术转让所得情况。

②审核要点：

A. 查看年度申报表附表《所得减免优惠明细表》（A107020）中第12行“符合条件的技术转让项目”是否有数字，第10、第11行是否符合相应逻辑关系，如有数字进一步查看是否有技术转让所得减免税留存备查资料，对照相关规定看资料是否齐全。

B. 查看企业与受让方签订的合同、协议等，核实企业技术转让所得是否属于专利（含国防专利）、计算机软件著作权、集成电路布图设计专有权、植物新品种权、生物医药新品种，以及财政部和国家税务总局确定的其他技术；是否属于居民企业转让5年以上非独占许可使用权。

表 4-9 技术转让所得免征、减征企业所得税后续管理业务内容

优惠事项名称	政策概述	主要政策依据	主要留存备查资料	享受优惠时间	后续管理要求
符合条件的技术转让所得减免征收企业所得税	居民企业的年度技术转让所得不超过500万元的部分，免征企业所得税；超过500万元的部分，减半征收企业所得税； 自2020年1月1日起，在中关村国家自主创新示范区特定区域内注册的居民企业，符合条件的技术转让所得，在一个纳税年度内不超过2000万元的部分，免征企业所得税；超过2000万元部分，减半征收企业所得税	1.《企业所得税法》第二十七条第四项； 2.《企业所得税法实施条例》第九十条； 3.《财政部 国家税务总局关于居民企业技术转让有关企业所得税政策问题的通知》（财税〔2010〕111号）； 4.《财政部 国家税务总局关于将国家自主创新示范区有关税收试点政策推广到全国范围实施的通知》（财税〔2015〕116号）； 5.《国家税务总局关于技术转让所得减免企业所得税有关问题的通知》（国税函〔2009〕212号）； 6.《国家税务总局关于技术转让所得减免企业所得税有关问题的公告》（国家税务总局公告2013年第62号）； 7.《国家税务总局关于许可使用权技术转让所得企业所得税有关问题的公告》（国家税务总局公告2015年第82号）； 8.《财政部 税务总局 科技部 知识产权局关于中关村国家自主创新示范区特定区域技术转让企业所得税试点政策的通知》（财税〔2020〕61号）	1. 所转让的技术产权证明； 2. 有关部门按照商务部、科技部发布的《中国禁止出口限制出口技术目录》出具的审查意见； 3. 转让技术所有权的，其成本费用情况；转让使用权的，其无形资产费用摊销情况； 4. 技术转让年度，转让双方股权关联情况	预缴享受	由省税务机关（含计划单列市税务机关）规定

C. 查看企业是否为依法在中国境内成立，或者依照外国（地区）法律成立但实际管理机构在中国境内的企业。

D. 查看企业境内技术转让经省级以上科技部门认定证明资料。

E. 查看企业境外技术转让经省级以上商务部门认定证明资料。

F. 查看企业是否属于高新技术企业，如属于高新技术企业则进一步查看，技术转让所得是否同时享受技术转让所得减半征收企业所得税优惠和高新技术企业执行低税率优惠。

G. 对照备案事项查看企业账簿“其他业务收入”“其他业务支出”“营业外收入”等科目，查看是否有销售或转让设备、仪器、零部件、原材料等非技术性收入计入了技术转让收入的情况；技术咨询、技术服务、技术培训等收入是否与技术转让项目密不可分；技术转让收入是否单独核算；是否按照税法口径核算技术转让所得；与技术转让相关的成本费用是否单独核算，期间费用是否进行合理分摊。

H. 查看转让方与受让方是否为直接或间接持有股权之和达到100%的关联方。

二、不征税收入的后续管理

（一）不征税收入的范围

1. 企业从县级以上各级人民政府财政部门及其他部门取得的应计入收入总额的财政性资金，凡同时符合以下条件的，可以作为不征税收入，在计算应纳税所得额时从收入总额中减除：企业能够提供规定资金专项用途的资金拨付文件；财政部门或其他拨付资金的政府部门对该资金有专门的资金管理办法或具体管理要求；企业对该资金以及以该资金发生的支出单独进行核算。

2. 符合条件的软件企业按照《财政部 国家税务总局关于软件产品增值税政策的通知》（财税〔2011〕100号）规定取得的即征即退增值税税款，由企业专项用于软件产品研发和扩大再生产并单独进行核算，可以作为不征税收入。

3. 对社保基金理事会、社保基金投资管理人管理的社保基金银行存款利息收入，社保基金从证券市场中取得的收入，包括买卖证券投资基金、股票、债券的差价收入，证券投资基金红利收入，股票的股息、红利收入，债券的利息收入及产业投资基金收益、信托投资收益等其他投资收入，作为企业所得税不征税收入。

（二）不征税收入的管理要求

企业的不征税收入用于支出所形成的费用，不得在计算应纳税所得额时扣除；企业用于支出所形成的资产，其计算的折旧、摊销不得在计算应纳税所得额时扣除。企业将符合《财政部 国家税务总局关于专项用途财政性资金企业所得税处理问题的通知》（财税〔2011〕70号）第一条规定的财政性资金作不征税收入处理后，在5年（60个月）内未发生支出且未缴回财政部门或其他拨付资金的政府部门的部分，应计入取得该资金第六年的应税收入总额；计入应税收入总额的财政性资金发生的支出，允许在计算应纳税所得额时扣除。

（三）后续管理风险点提示

1. 企业取得不征税收入未按规定计入“递延收益”“营业外收入”，而是长期在往来账户或“资本公积”账户反映。

审核要点：实地核查，对企业“其他应收款”“其他应付款”“资本公积”进行审核，比较年初、年末金额和明细科目，核查是否有财政性资金长期在往来账户或“资本公积”账户挂账。

2. 企业取得不征税收入已入账但申报时未按规定计入收入总额。

审核要点：财务报表反映该项收入，但纳税申报表无此数据，说明企业申报时可能未按规定计入收入总额，应转纳税评估部门进行专项评估。

3. 企业取得不征税收入不入账。

审核要点：如果财务报表和纳税申报表均未反映该项收入，则说明企业未入账，应直接转稽查部门查处。

4. 企业不征税收入按免税收入直接减免，而对应的用于支出所形成的费用，形成的资产折旧、摊销直接在计算应纳税所得额时扣除。

审核要点：认真核实纳税人是否将不征税收入填入税收优惠项目，按免税收入直接减免，而对应的用于支出所形成的费用，形成的资产折旧、摊销直接在计算应纳税所得额时扣除。

5. 企业提供虚假资金专项用途的资金拨付文件或者提供虚假的财政部门或其他拨付资金的政府部门对该资金的专门的资金管理办法或具体管理要求。

审核要点：对纳税人提供留存备查的资金拨付文件等进行核实，必要时提请发文机关进行鉴定。

6. 企业未依照法律、法规及国务院有关规定收取的各类收费，作为不征税收入进行纳税调减。

审核要点：核实企业收取的各种基金、收费性质，是否有法律、法规及国务院有关规定等依据，是否属于“乱收费”项目，具体参照《财政部关于公布行政事业性收费和政府性基金目录清单的公告》（财政部公告 2014 年第 80 号）。

7. 企业依照法律、法规及国务院有关规定收取但未上缴财政的政府性基金和行政事业性收费，作为不征税收入进行纳税调减。

审核要点：核实是否属于依照法律、法规及国务院有关规定收取但未上缴财政的政府性基金和行政事业性收费，还应实地核实该项收费上缴财政的相关收据等证据，以核实纳税人是否提供虚假上缴财政的相关收据。

8. 企业取得的各类财政性资金在不能提供规定资金专项用途的资金拨付文件，或者财政部门或其他拨付资金的政府部门对该资金没有专门的资金管理办法或具体管理要求的情况下，作为不征税收入进行纳税调减。

审核要点：实地核查政府机关下发的规定资金专项用途的资金拨付文件，实地核查财政部门或其他拨付资金的政府部门对该资金有无专门的资金管理办法或具体管理要求。

9. 企业取得的各类财政性资金在未对该资金以及以该资金发生的支出单独进行核算的情况下，作为不征税收入进行纳税调减。

审核要点：实地核查纳税人是否对该资金以及以该资金发生的支出单独进行核算。

10. 软件企业按规定取得的即征即退增值税税款，企业未专项用于软件产品研发和扩大再生产，而作为不征税收入。

审核要点：核实该企业是否属于符合条件的软件企业，如果是，则应核查其作为不征税收入的即征即退增值税税款是否专项用于软件产品研发和扩大再生产并单独进行核算。

11. 直接减免的增值税和即征即退、先征后退、先征后返的各种税款（不包括企业按规定取得的出口退税款），作为不征税收入。

审核要点：结合金税三期系统增值税税收优惠项目，判断是否有直接减免的增值税和即征即退、先征后退、先征后返的各种税款（不包括企业按规定取得的出口退税款），是否将其作为不征税收入。

12. 对于部分既有征税收入又有不征税收入所共同形成的资产折旧、摊销，全部在计算应纳税所得额时扣除。

审核要点：重点审核政府补助形成资产，需要注意既有征税收入又有不征税收入所共同形成的资产折旧、摊销是否全部在计算应纳税所得额时扣除。

13. 企业将符合《财政部 国家税务总局关于专项用途财政性资金企业所得税处理问题的通知》（财税〔2011〕70号）第一条规定的财政性资金作不征税收入处理后，在5年（60个月）内未发生支出且未缴回财政部门或其他拨付资金的政府部门的部分，未计入取得该资金第6年的应税收入总额。

审核要点：根据企业年度申报表附表《专项用途财政性资金纳税调整明细表》（A105040），对前几年财政性资金使用情况进行核实，对于5年（60个月）内未发生支出且未缴回财政部门或其他拨付资金的政府部门的部分应计入取得该资金第6年的应税收入总额。

14. 企业将不征税收入进行纳税调减处理的同时，用于支出所形成的费用，折旧、摊销金额，在计算应纳税所得额时未进行调增。

审核要点：实地核查该项费用是属于以后年度调整还是未进行调整。

三、广告费和业务宣传费后续管理

（一）政策概述

广告费和业务宣传费后续管理，是指针对企业发生的广告费和业务宣传费的税前扣除以及跨年度纳税调整情况进行核实、查证、评估而实施的企业所得税后续管理行为。

根据《企业所得税法实施条例》第四十四条规定，企业发生的符合条件的广告费和业务宣传费支出，除国务院财政、税务主管部门另有规定外，不超过当年销售（营业）收入15%的部分，准予扣除；超过部分，准予在以后纳税年度结转扣除。根据《国家税务总局关于企业所得税执行中若干税务处理问题的通知》（国税函〔2009〕202号）规定，企业在计算广告费和业务宣传费扣除限额时，其销售（营业）收入额应包括《企业所得税法实施条例》第二十五条规定的视同销售（营业）收入额。

根据《财政部 税务总局关于广告费和业务宣传费支出税前扣除有关事项的公告》（财政部 税务总局公告2020年第43号）规定，自2021年1月1日至2025年12月31日，对化妆品制造或销售、医药制造和饮料制造（不含酒类制造）企业发生的广告费和业务宣传费支出，不超过当年销售（营业）收入30%的部分，准予扣除；超过部分，准予在以后纳税年度结转扣除。

烟草企业的烟草广告费和业务宣传费支出，一律不得在计算应纳税所得额时扣除。

（二）后续管理风险点提示

1. 扣除范围错误的风险

（1）将赞助支出作为广告费和业务宣传费税前扣除的风险。

审核要点：①合同性质是否为有偿双务合同。如果企业对外支出费用属于单方面赠予，而未约定对方必须履行任何义务，或者双方约定接受资金一方应当履行义务，但是无法确定履行义务的具体范围、时间、方式，则该项对外支出仍然不能认为是具有广告性质的支出。②支付费用方是否使自己提供的产品或服务通过一定媒介和形式表现出来。如果收取费用一方履行合同的具体内容不能使支付费用的企业所提供的产品或服务通过一定媒介和形式表现出来，则该项对外支出不具有广告性质。③支付对象是否为具有合法经营资格的广告经营者或广告发布者。④企业支付费用是否取得内容为广告费或业务宣传费的发票。

（2）将业务招待费作为业务宣传费税前扣除的风险。

审核要点：①查看发票。若发票内容为餐饮、住宿等一般不得作为业务宣传费进行税前扣除。②查看实物。对于礼品赠送行为，一般业务宣传品在礼品上印制有企业标志、企业介绍、产品介绍等，对企业形象或企业产品有宣传作用，同时金额不应太大。赠送礼品具有价值小而赠送对象多且随机的特点。如果赠送对象不是随机的，且赠送礼品金额较大，或者礼品没有企业标志等，一般不得作为业务宣传费进行税前扣除。

（3）关联企业超额分摊或重复扣除广告费和业务宣传费的风险。

审核要点：①关联企业之间是否签订了广告费和业务宣传费分摊协议，若未签订分摊协议，关联企业之间广告费和业务宣传费不得分摊扣除。②关联企业之间若签订了分摊协议，应重点关注分摊协议约定的广告和业务宣传期限、分摊比例、宣传方式、费用支付方式等内容。不属于分摊协议规定内容或超过分摊比例的部分不得分摊扣除。③查看分摊企业分摊前发生的广告费和业务宣传费是否已经超标，是否将超标的广告费和业务宣传费进行转移，查看广告费和业务宣传费的红字发生额。

（4）结转以前年度的广告费和业务宣传费与实际不符的风险。

审核要点：比对纳税申报所属年度的企业所得税年度申报表附表《广告费和业务宣传费跨年度纳税调整明细表》（A105060）第8行“加：以前年度累计结转扣除额”与广告费、业务宣传费税前扣除管理台账相应数据是否一致。

（5）将未实际发生的费用或其他费用作为广告费和业务宣传费在税前列支的风险。

审核要点：①查看申报表相关数据逻辑关系是否正确。《广告费和业务宣传费跨年度纳税调整明细表》（A105060）第1行“本年支出”与《期间费用明细表》（A104000）第5行“广告费和业务宣传费”第1列“销售费用”+第3列“管理费用”原则上应保持一致。若前者大于后者，可能存在虚增广告费和业务宣传费的风险。②查看发票、合同等原始凭证。对于大额广告费和业务宣传费支出，要查看是否开具发票、查验发票真伪、查看开具是否合规、查看是否签订相关劳务合同、查验合同内容是否与实际一致等。③查看广告费和业务宣传费的资金往来，确定支出的真实性和有效性。

2. 扣除基数错误的风险：计算广告费和业务宣传费的扣除基数超范围。

审核要点：①查看申报表相关数据逻辑关系是否正确。《广告费和业务宣传费跨年度纳税调整明细表》（A105060）第4行“本年计算扣除限额的基数”=主表（A100000）第1行“营业收入”+《视同销售和房地产开发企业特定业务纳税调整明细表》（A105010）第1行“视同销售（营业）收入”（税收金额）+第23行“销售未完工产品的收入”（税收金额）–第27行“销售未完工产品转完工产品确认的销售收入”（税收金额）。②查看企业所得税申报表与相关财务报表相应数据是否一致，是否有将营业外收入计入其他业务收入等扩大广告费和业务宣传费扣除基数的情况。

3. 扣除比例错误的风险：企业选择的广告费和业务宣传费税前扣除比例错误。

审核要点：查看《广告费和业务宣传费跨年度纳税调整明细表》（A105060）第5行“税收规定扣除率”是否符合政策规定。

4. 扣除期限错误的风险：将预提或摊销的广告费和业务宣传费在税前扣除。

审核要点：①查看“预提费用”“待摊费用”明细账及原始凭证，看企业是否存在预提或待摊广告费和业务宣传费的情况。②查看广告合同载明的金额与期限，掌握企业的计量情况。有必要时，还要检查以前年度的广告合同和进行的会计处理是否一致。③查看企业所得税申报表，如果存在广告费和业务宣传费的预提或待摊，核实是否进行了相应纳税调整。[注：若企业将预提以后年度或摊销以前年度广告费和业务宣传费列入本年度期间费用，并填入《广告费和业务宣传费跨年度纳税调整明细表》（A105060）第1行“本年支出”，须在第2行“不允许扣除的支出”中调整预提或摊销金额。]

四、业务招待费支出后续管理

（一）政策概述

企业开支的业务招待费必须是正常和必要的，业务招待费支出一般要求与经营活动“直接相关”。《企业所得税法实施条例》第二十七条“合理的支出”也指出了合理性的具体判断标准，主要是看发生支出的计算和分配方法是否符合一般经营常规，如企业发生的业务招待费与所成交的业务额或者业务的利润水平是否相吻合等。

《企业所得税法实施条例》第四十三条规定："企业发生的与生产经营活动有关的业务招待费支出，按照发生额的60%扣除，但最高不得超过当年销售（营业）收入的5‰。"《国家税务总局关于企业所得税应纳税所得额若干税务处理问题的公告》（国家税务总局公告2012年第15号）第五条规定："企业在筹建期间，发生的与筹办活动有关的业务招待费支出，可按实际发生额的60%计入企业筹办费，并按有关规定在税前扣除。"

（二）后续管理风险点提示

1. 扩大业务招待费的扣除范围的风险

（1）风险点

①是否任意扩大业务招待费的扣除范围；

②是否税前列支与本企业生产经营活动无关的业务招待费用；

③与同期"主营业务收入"对比，业务招待费纳税调整是否正确。

（2）审核要点

涉及的会计科目主要有"管理费用""库存现金""银行存款""其他应收款"等科目。

①查看企业财务报表，对比《资产负债表》《利润表》之间的数据逻辑关系，结合本企业经营特点，重点审核"管理费用"与"营业收入"之间是否成比例变化。

②查阅"管理费用——业务招待费"科目，审查相关记账凭证，审核业务招待费同比增减变化是否与本企业近期经营业务相吻合。

③对比年度申报表附表《期间费用明细表》（A104000）、《纳税调整项目明细表》（A105000）中业务招待费数据，查看业务招待费是否进行了纳税调整，并结合同期"主营业务收入"账户查看业务招待费纳税调整是否正确。

④审核业务招待费列支的详细内容，查看相关原始凭证及记账凭证，审核业务招待费是否超范围予以税前扣除，是否存在以业务招待费人为调节利润的现象。

⑤审核业务招待费与本企业生产经营活动的相关性。查看相关原始凭证及记账凭证，对分给客户的回扣、贿赂等非法支出，以及与企业生产经营活

动无关的职工福利、职工奖励、企业销售产品而产生的佣金和支付的个人劳务等费用，应予以剔除，均不能作为业务招待费在企业所得税税前扣除。

2. 混淆业务招待费与其他费用区别的风险

（1）风险点

①是否混淆业务招待费与业务宣传费的区别，将业务招待费计入业务宣传费进行税前扣除；

②是否混淆业务招待费与会议费的区别，将业务招待费计入会议费进行税前扣除；

③是否混淆业务招待费与误餐费的区别，将业务招待费计入误餐费进行税前扣除。

（2）审核要点

涉及的会计科目主要有“销售费用”“管理费用”“库存现金”“银行存款”“其他应收款”等科目。

①审核“销售费用”科目，对比年度申报表附表《期间费用明细表》（A104000）、《纳税调整项目明细表》（A105000）中业务招待费数据，查看相关记账凭证，查阅企业是否将业务招待费计入业务宣传费的范围。纳税人自行生产或经过委托加工的礼品和赠品，对企业的形象、产品有标记及宣传作用的，应该作为业务宣传费处理，超过标准的部分可以结转以后年度扣除。业务招待费按照税法规定在一定的比例范围内可在企业所得税前扣除，超过标准的部分以后年度也不得扣除。

②审核“管理费用——会议费”科目，对比年度申报表附表《期间费用明细表》（A104000）、《纳税调整项目明细表》（A105000）中业务招待费数据，查看相关记账凭证，查阅企业是否将业务招待费计入会议费的范围。审核企业是否混淆业务招待费与无税前扣除比例限制的会议费的范围。对纳税人记入“管理费用——会议费”科目存在疑点的费用，要求企业提供会议证明资料，并能证明提供资料为真实的合法凭证，否则不得作为会议费在税前扣除。

③审核“应付职工薪酬——误餐费”科目，对比年度申报表附表《期间费用明细表》（A104000）、《纳税调整项目明细表》（A105000）中业务招待费数据，查看相关记账凭证，查阅企业是否将业务招待费计入误餐费的范

围。审核企业是否混淆业务招待费与无税前扣除比例限制的误餐费的范围。误餐费是企业职工因工作无法回企业食堂或者家中进餐而得到的补偿；而业务招待费是企业对外拓展业务时发生的费用，它的消费者主体是企业以外的个人，而不是本企业的员工。

3. 业务招待费的扣除基数超范围的风险

（1）风险点

①企业是否任意扩大业务招待费的计算扣除基数；

②企业是否将营业外收入作为计算业务招待费的基数；

③对从事股权投资业务的企业（包括集团公司总部、创业投资企业等），是否把按权益法核算的账面投资收益以及按公允价值计量资产的公允价值变动，作为计算业务招待费扣除限额的基数；

④对房地产企业，是否把未通过正式签订《房地产销售合同》或《房地产预售合同》所取得的收入，作为计算业务招待费扣除限额的基数。

（2）审核要点

涉及的会计科目主要有“营业外收入”“长期股权投资”“应收账款”“管理费用”“库存现金”“银行存款”“其他应收款”和“投资收益”等科目。

①查看年度申报表附表《期间费用明细表》（A104000）、《纳税调整项目明细表》（A105000）中业务招待费数据，核查业务招待费是否进行了纳税调整，并结合同期“主营业务收入”“其他业务收入”，查看企业是否任意扩大业务招待费的扣除基数。

②审核企业“营业外收入”科目，对比年度申报表附表《期间费用明细表》（A104000）、《纳税调整项目明细表》（A105000）中业务招待费数据，核查企业是否将营业外收入作为计算业务招待费的基数。

③对从事股权投资业务的企业（包括集团公司总部、创业投资企业等），审核企业“长期股权投资”和“投资收益”等科目，对比年度申报表附表《期间费用明细表》（A104000）、《纳税调整项目明细表》（A105000）中业务招待费数据，查阅企业将从被投资企业所分配的股息、红利以及股权转让收入作为计算业务招待费扣除限额的基数时，是否把“投资收益”以及按公允价值计量资产的“公允价值变动损益”也计算在内。

④审核房地产企业“应收账款”和“其他应收款”等科目，查阅年度申报表附表《视同销售和房地产开发企业特定业务纳税调整明细表》（A105010）、《期间费用明细表》（A104000）、《纳税调整项目明细表》（A105000）中业务招待费数据，核查企业是否把未通过正式签订《房地产销售合同》或《房地产预售合同》所取得的收入，作为计算业务招待费扣除限额的基数。

五、企业资产损失税前扣除后续管理

（一）政策概述

企业资产损失所得税税前扣除后续管理是指按照相关税收政策，对纳税人在税前扣除的资产损失进行核实、查证、评估而实施的企业所得税后续管理行为。《企业所得税法》第八条所称损失，是指企业在生产经营活动中发生的固定资产和存货的盘亏、毁损、报废损失，转让财产损失，呆账损失，坏账损失，自然灾害等不可抗力因素造成的损失以及其他损失。资产损失可以分为企业在实际处置、转让上述资产过程中发生的合理损失（即实际资产损失），和企业虽未实际处置、转让上述资产，但符合规定条件计算确认的损失（即法定资产损失），包括现金损失，存款损失，坏账损失，存货和固定资产盘亏、报废毁损、被盗损失，无形资产损失，在建工程损失，生产性生物资产损失，股权投资损失，债权性投资损失等11类损失。根据《国家税务总局关于企业所得税资产损失资料留存备查有关事项的公告》（国家税务总局公告2018年第15号）规定，企业向税务机关申报扣除资产损失，仅需填报企业所得税年度纳税申报表《资产损失税前扣除及纳税调整明细表》（A105090），不再报送资产损失相关资料。相关资料由企业留存备查。企业应当完整保存资产损失相关资料，保证资料的真实性、合法性。

（二）后续管理风险点提示

1. 风险点

（1）企业税前扣除资产损失计算是否符合税法规定，会计上是否作相应处理，是否存在未作处理直接申报扣除的资产损失。

（2）资产损失涉及增值税进项税额转出的，是否作转出。

（3）总分支机构申报资产损失是否符合规定；总机构税前扣除分支机构的资产损失的，分支机构是否已向主管税务机关进行申报。

（4）实际资产损失追补确认年度扣除后，因当年应纳税额不足以抵扣而延续以后年度递延抵扣的，后续年度抵扣是否计算正确。

（5）已税前扣除的资产损失在以后年度全部或部分追回，是否确认收入。

2. 审核要点

（1）查看年度申报表附表《纳税调整项目明细表》（A105000）中资产损失是否有数字，如有则查看资产损失相关资料是否真实、齐全。

（2）对照申报损失事项查看会计处理记录是否正确；查看“营业外支出”“投资收益”等科目，对照申报损失事项，查找有无已处理损失未申报情况；查阅“资产减值损失”“信用减值损失”科目，查看申请扣除的资产损失金额是否包括已提取的减值准备，计提资产减值准备时是否已进行过纳税调整；查看年度申报表附表《资产损失税前扣除及纳税调整明细表》（A105090）、《纳税调整项目明细表》（A105000）表内及表间逻辑关系是否正确。

（3）查阅“应交税费”科目，查看非流动资产损失发生后，是否将对应资产的进项税额进行转出处理。

（4）将分支机构上报总机构的分支机构资产损失情况与总机构清单申报进行对照比对，查看总机构清单申报是否完整。

（5）将资产实际发生损失年度与企业申报扣除年度进行对照，查看企业申报损失扣除年度是否正确。计算企业申报的以前年度应扣未扣损失准予追补确认的年限，查看企业申报损失扣除年度是否正确。

（6）通过“银行存款”“应收账款”“应付账款”“其他应收款”“库存商品”等科目，查找是否存在以前年度已核销损失，部分或全部收回未计收入的情况。

第三节　疑难解答

1. 与此前相比，《财政部 税务总局关于小微企业和个体工商户所得税优惠政策的公告》（财政部 税务总局公告 2023 年第 6 号）及《财政部 税务总局关于进一步支持小微企业和个体工商户发展有关税费政策的公告》（财政部 税务总局公告 2023 年第 12 号）出台的小型微利企业所得税优惠政策有何变化？

答： 小型微利企业所得税优惠自 2008 年实施以来，历经了多次变化，使得小型微利企业的覆盖面逐渐扩大，减税优惠力度不断增加。2023 年，财政部、国家税务总局出台了《财政部 税务总局关于小微企业和个体工商户所得税优惠政策的公告》（财政部 税务总局公告 2023 年第 6 号），对小型微利企业年应纳税所得额不超过 100 万元的部分，减按 25%计入应纳税所得额，按 20%的税率缴纳企业所得税。该公告的执行期限为 2023 年 1 月 1 日至 2024 年 12 月 31 日。

随后，财政部、国家税务总局又出台了《财政部 税务总局关于进一步支持小微企业和个体工商户发展有关税费政策的公告》（财政部 税务总局公告 2023 年第 12 号），对小型微利企业减按 25%计算应纳税所得额，按 20%的税率缴纳企业所得税政策，执行期限延续至 2027 年 12 月 31 日。相比之前政策，应纳税所得额不再分段计算。

2018 年后小型微利企业优惠政策变化比较见表 4-10。

2.《国家税务总局 财政部关于优化预缴申报享受研发费用加计扣除政策有关事项的公告》（国家税务总局 财政部公告 2023 年第 11 号）出台的背景和主要变化是什么？

答： 2021 年以前，研发费用加计扣除政策在企业所得税汇算清缴时享受。2021 年，国家税务总局制发了《国家税务总局关于进一步落实研发费用加计扣除政策有关问题的公告》（国家税务总局公告 2021 年第 28 号），允许企业在 2021 年 10 月份预缴申报时，就当年前三季度研发费用享受加计扣除政策。2022 年，为进一步稳定政策预期，国家税务总局制发了《国家税务总局关于企业预缴申报享受研发费用加计扣除优惠政策有关事项的公告》

表 4-10　　小型微利企业优惠政策变化比较（2018—2023 年）

政策		财税〔2018〕77号	财税〔2019〕13号	财政部 税务总局公告2021年第12号	财政部 税务总局公告2022年第13号	财政部 税务总局公告2023年第6号	财政部 税务总局公告2023年第12号
条件	从事国家非限制和禁止行业	是	是	是	是	是	是
	年应纳税所得额	不超过100万元	不超过300万元	不超过300万元	不超过300万元	不超过300万元	不超过300万元
	从业人数	工业企业，不超过100人；其他企业，不超过80人	不超过300人	不超过300人	不超过300人	不超过300人	不超过300人
	资产总额	工业企业，不超过3000万元；其他企业，不超过1000万元	不超过5000万元	不超过5000万元	不超过5000万元	不超过5000万元	不超过5000万元
优惠政策		所得减按50%计入应纳税所得额，按20%的税率缴纳企业所得税	不超过100万元的部分，减按25%计入应纳税所得额，按20%的税率缴纳；超过100万元但不超过300万元的部分，减按50%计入应纳税所得额，按20%的税率缴纳企业所得税	不超过100万元的部分，在财税〔2019〕13号第二条规定的优惠政策基础上，再减半征收企业所得税	超过100万元但不超过300万元的部分，减按25%计入应纳税所得额，按20%的税率缴纳企业所得税	不超过100万元的部分，减按25%计入应纳税所得额，按20%的税率缴纳	对小型微利企业减按25%计算应纳税所得额，按20%的税率缴纳
执行期限		废止	2019年1月1日至2021年12月31日	2021年1月1日至2022年12月31日	2022年1月1日至2024年12月31日	2023年1月1日至2024年12月31日	延续执行至2027年12月31日
以300万元所得为例的应纳税额		不符合小型微利企业条件，300×25%=75（万元）	100×25%×20%+（300−100）×50%×20%=25（万元）	100×12.5%×20%+（300−100）×50%×20%=22.5（万元）	100×12.5%×20%+（300−100）×25%×20%=12.5（万元）	100×25%×20%+（300−100）×25%×20%=15（万元）	100×25%×20%+（300−100）×25%×20%=15（万元）

（国家税务总局公告 2022 年第 10 号），将企业在 10 月份预缴申报时，享受研发费用加计扣除政策的举措予以制度化、长期化。2023 年，为了缓解企业资金压力，使企业尽早享受到政策红利，国家税务总局、财政部发布了《国家税务总局 财政部关于优化预缴申报享受研发费用加计扣除政策有关事项的公告》（国家税务总局 财政部公告 2023 年第 11 号），增加了研发费用加计扣除享受时点，即企业在 7 月份进行预缴申报第二季度（按季预缴）或 6 月份（按月预缴）企业所得税时，能够准确归集核算研发费用的，可以就当年上半年发生的研发费用，享受加计扣除政策优惠。

在管理方面，《国家税务总局 财政部关于优化预缴申报享受研发费用加计扣除政策有关事项的公告》（国家税务总局 财政部公告 2023 年第 11 号）与《国家税务总局关于企业预缴申报享受研发费用加计扣除优惠政策有关事项的公告》（国家税务总局公告 2022 年第 10 号）的要求一致，即按照“真实发生、自行判别、申报享受、相关资料留存备查”的办理方式，企业根据实际发生的研发费用支出，自行计算加计扣除金额，填报《中华人民共和国企业所得税月（季）度预缴纳税申报表（A 类）》及《研发费用加计扣除优惠明细表》（A107012），享受该税收优惠政策。

3. 在预缴企业所得税时，企业如何享受小型微利企业所得税优惠政策？

答：（1）判断是否符合条件。企业在年度中间预缴企业所得税时，应判断是否符合小型微利企业条件，对于从事国家非限制和禁止行业的企业，且同时满足年度应纳税所得额不超过 300 万元、从业人数不超过 300 人、资产总额不超过 5000 万元三个条件的，即符合小型微利企业条件，可以享受该优惠政策。资产总额、从业人数、年度应纳税所得额指标，企业应根据当年截至本期预缴申报所属期末的情况进行判断。

（2）按照政策规定计算应纳税额。

例：A 企业 2022 年成立，从事国家非限制和禁止行业，2023 年第一季度季初、季末的从业人数分别为 120 人、200 人，第一季度季初、季末的资产总额分别为 2000 万元、4000 万元，第一季度的应纳税所得额为 90 万元。

解析：

①判断是否符合条件。

2023 年第一季度，A 企业“从业人数”的季度平均值为 160 人，“资产总额”的季度平均值为 3000 万元，应纳税所得额为 90 万元。符合小型微利企业预缴企业所得税时的判断标准：从事国家非限制和禁止行业，且同时符合截至本期预缴申报所属期末，资产总额季度平均值不超过 5000 万元、从业人数季度平均值不超过 300 人、应纳税所得额不超过 300 万元，因而可以享受小型微利企业优惠政策。

②按照政策规定计算应纳税额。

根据《财政部 税务总局关于进一步支持小微企业和个体工商户发展有关税费政策的公告》（财政部 税务总局公告 2023 年第 12 号）规定，对小型微利企业减按 25%计算应纳税所得额，按 20%的税率缴纳企业所得税。因此，A 企业第一季度的应纳企业所得税额＝90×25%×20%＝4.5（万元）。

第四节　案例解析

一、案例描述

某制造企业为增值税一般纳税人，2023 年度企业职工人数 120 人，资产总额 2800 万元，从事国家非限制和禁止行业，企业当年部分财务数据如下：

1. 当年销售产品实现销售收入 9500 万元，对应的产品销售成本 4800 万元。

2. 收到市级财政部门给予的 700 万元环保专项资金，企业能够提供规定资金专项用途的资金拨付文件，财政部门对该资金有专门的资金管理办法，该企业对该资金以及以该资金发生的支出单独进行核算。

3. 取得投资收益 330 万元，其中国债利息收入 150 万元。

4. 当年 10 月购入生产用设备，取得增值税普通发票，注明金额为 500 万元，当月投入使用。会计上作为固定资产核算，当年计提折旧 10 万元。

5. 当年发生管理费用 800 万元，其中含新产品研究开发费 400 万元（已进行独立核算管理）、业务招待费 80 万元，另有 20 万元管理费用未取得合法有效凭证。

6. 当年发生销售费用 1800 万元，其中广告费 1500 万元。

7. 当年发生财务费用 700 万元。

8. 全年计入成本、费用的合理工资总额 400 万元（含残疾职工工资 50 万元），已全部实际发放，实际发生职工福利费 120 万元，职工教育经费 33 万元，拨缴工会经费 18 万元。

9. 当年发生营业外支出 130 万元，其中合同违约金 5 万元，税收滞纳金 7 万元，替子公司支付的赔款 15 万元。

10. 当年计入“税金及附加”账户的其他各项税费 500 万元，已全部缴纳并取得有效凭证。

假设企业其他扣除项目均已取得有效凭证，选择享受所有的税收优惠并已办理必要手续，当年已经预缴企业所得税 5 万元，企业在进行企业所得税汇算清缴时，补缴企业所得税 4.23 万元，判断企业补缴企业所得税是否正确。(计算结果保留两位小数)

二、案例分析

（一）计算 2023 年度企业利润总额

利润总额=（9500+700+330）－（4800+800+1800+700+130+500）=1800（万元）

（二）计算各项目纳税调整额

1. 销售产品收入 9500 万元、产品成本 4800 万元不需要纳税调整。

解析：

根据《企业所得税法》第八条规定，企业实际发生的与取得收入有关的、合理支出，包括成本、费用、税金、损失和其他支出，准予在计算应纳税所得额时扣除。

2. 700 万元环保配套资金作为不征税收入，应调减应纳税所得额 700 万元。

解析：

企业从县级以上各级人民政府、财政部门及其他部门取得的应计入收入总额的财政性资金，同时满足下列条件的，作为不征税收入，在计算应纳税所得额时，从收入总额中减除。

（1）企业能够提供规定资金专项用途的资金拨付文件；

（2）财政部门或其他拨付资金的政府部门对该资金有专门的资金管理办法或具体管理要求；

（3）企业对该资金以及以该资金发生的支出单独进行核算。

题目中企业取得的700万元环保配套资金，满足不征税收入的条件，属于企业所得税不征税收入，在计算应纳税所得额时，进行纳税调减700万元。

3. 取得的国债利息收入免征企业所得税，应调减应纳税所得额150万元。

解析：

根据《国家税务总局关于企业国债投资业务企业所得税处理问题的公告》（国家税务总局公告2011年第36号）规定，企业取得持有国务院财政部门发行的国债取得的利息收入，免征企业所得税。

4. 企业购入生产用新设备，可以一次性税前扣除500万元，会计在计算利润总额时扣除10万元，调减应纳税所得额=500-10=490（万元）。

解析：

根据《财政部 税务总局关于设备 器具扣除有关企业所得税政策的通知》（财税〔2018〕54号）以及《财政部 税务总局关于设备、器具扣除有关企业所得税政策的公告》（财政部 税务总局公告2023年第37号）规定，企业在2018年1月1日至2027年12月31日期间新购进的设备、器具（除房屋、建筑物以外的固定资产），单位价值不超过500万元的，允许一次性计入当期成本费用在计算应纳税所得额时扣除，不再分年度计算折旧；单位价值超过500万元的，仍按《企业所得税法实施条例》、《财政部 国家税务总局关于完善固定资产加速折旧企业所得税政策的通知》（财税〔2014〕75号）、《财政部 国家税务总局关于进一步完善固定资产加速折旧企业所得税政策的通知》（财税〔2015〕106号）等相关规定执行。

5. 管理费用项目纳税调整：

（1）研究开发费应调减应纳税所得额=400×100%=400（万元）

解析：

根据《财政部 税务总局关于进一步完善研发费用税前加计扣除政策的公告》（财政部 税务总局公告 2023 年第 7 号）规定，企业开展研发活动中实际发生的研发费用，未形成无形资产计入当期损益的，在按规定据实扣除的基础上，自 2023 年 1 月 1 日起，再按照实际发生额的 100%在税前加计扣除；形成无形资产的，自 2023 年 1 月 1 日起，按照无形资产成本的 200%在税前摊销。

（2）业务招待费扣除限额：限额①=发生额的 60%=80×60%=48（万元），限额②=营业收入的 5‰=9500×5‰=47.5（万元）。

应以孰低原则，确定业务招待费税前扣除限额，即业务招待费扣除限额为 47.5 万元。

业务招待费应调增应纳税所得额=80−47.5=32.5（万元）

解析：

根据《企业所得税法实施条例》第四十三条规定，企业发生的与生产经营活动有关的业务招待费支出，按照发生额的 60%扣除，但最高不得超过当年销售（营业）收入的 5‰。

（3）未取得合法有效凭证的管理费用 20 万元，不可以税前扣除，应调增应纳税所得额 20 万元。

解析：

根据《企业所得税税前扣除凭证管理办法》（国家税务总局公告 2018 年第 28 号）第四条规定，税前扣除凭证在管理中遵循真实性、合法性、关联性原则。真实性是指税前扣除凭证反映的经济业务真实，且支出已经实际发生；合法性是指税前扣除凭证的形式、来源符合国家法律、法规等相关规定；关联性是指税前扣除凭证与其反映的支出相关联且有证明力。

根据该管理办法第五条规定，企业发生支出，应取得税前扣除凭证，作为计算企业所得税应纳税所得额时扣除相关支出的依据。

6. 广告费扣除限额=9500×15%=1425（万元）

广告费应调增应纳税所得额=1500−1425=75（万元）

解析：

（1）该企业为制造企业，根据《企业所得税法实施条例》第四十四条规定，企业发生的符合条件的广告费和业务宣传费支出，除国务院财政、税务主管部门另有规定外，不超过当年销售（营业）收入15%的部分，准予扣除；超过部分，准予在以后纳税年度结转扣除。

（2）计算扣除限额的基数，包括主营业务收入、其他业务收入和视同销售收入，不含营业外收入和投资收益。从事股权投资业务的企业从被投资企业所分配的股息、红利以及股权转让收入，可以作为计算扣除的基数。

7. 财务费用不需要调整。

8. 工资、福利费、职工教育经费、工会经费项目纳税调整：

（1）合理的工资、薪金支出，据实扣除，不需纳税调整。支付给残疾人的工资可以加计扣除100%，工资调减应纳税所得额50万元。

解析：

根据《企业所得税法实施条例》第三十四条规定，企业发生的合理的工资薪金支出，准予扣除。根据《企业所得税法实施条例》第九十六条规定，企业安置残疾人员所支付的工资的加计扣除，是指企业安置残疾人员的，在按照支付给残疾职工工资据实扣除的基础上，按照支付给残疾职工工资的100%加计扣除。残疾人员的范围适用《中华人民共和国残疾人保障法》的有关规定。

（2）职工福利费扣除限额=400×14%=56（万元）

应调增应纳税所得额=120−56=64（万元）

解析：

根据《企业所得税法实施条例》第四十条规定，企业发生的职工福利费支出，不超过工资薪金总额14%的部分，准予扣除。

（3）职工教育经费扣除限额=400×8%=32（万元）

应调增应纳税所得额=33−32=1（万元）

解析：

根据《财政部 税务总局关于企业职工教育经费税前扣除政策的通知》（财税〔2018〕51号）规定，自2018年1月1日起，企业发生的职工教育经费支出，不超过工资薪金总额8%的部分，准予在计算企业所得税应纳税所得额时扣除；超过部分，准予在以后纳税年度结转扣除。

（4）工会经费扣除限额 = 400×2% = 8（万元）

应调增应纳税所得额 = 18−8 = 10（万元）

解析：

根据《企业所得税法实施条例》第四十一条规定，企业拨缴的工会经费，不超过工资薪金总额 2%的部分，准予扣除。

9. 合同违约金可以在企业所得税前扣除，税收滞纳金 7 万元和替子公司支付的赔款 15 万元不得在企业所得税前扣除，因此调增应纳税所得额 = 7+15 = 22（万元）。

解析：

根据《企业所得税法》规定，税收滞纳金及与取得收入无关的其他支出，不可在计算应纳税所得额时扣除。

合同违约金不属于罚金、罚款，可以在企业所得税前扣除；替子公司支付的赔款属于与取得收入无关的其他支出，不可在企业所得税前扣除。

10. 税金及附加项目不需要纳税调整。

解析：

根据《企业所得税法》第八条规定，企业实际发生的与取得收入有关的、合理支出，包括成本、费用、税金、损失和其他支出，准予在计算应纳税所得额时扣除。

纳税调增总额 = 32. 5+20+75+64+1+10+22 = 224. 5（万元）

纳税调减总额 = 700+150+490+400+50 = 1790（万元）

（三）计算应纳税所得额

应纳税所得额 = 利润总额+纳税调增总额−纳税调减总额 = 1800+224. 5−1790 = 234. 5（万元）

（四）计算应纳税额

应纳税额 = 234. 5×25%×20% = 11. 73（万元）

解析：

根据《财政部 税务总局关于进一步支持小微企业和个体工商户发展有关税费政策的公告》（财政部 税务总局公告 2023 年第 12 号）规定，对小型微利企业减按25%计算应纳税所得额，按20%的税率缴纳企业所得税。

小型微利企业，是指从事国家非限制和禁止行业，且同时符合年度应纳税所得额不超过300万元、从业人数不超过300人、资产总额不超过5000万元等三个条件的企业。

从业人数，包括与企业建立劳动关系的职工人数和企业接受的劳务派遣用工人数。所称从业人数和资产总额指标，应按企业全年的季度平均值确定。具体计算公式为：

季度平均值=（季初值+季末值）÷2

全年季度平均值=全年各季度平均值之和÷4

该企业职工人数120人，资产总额2800万元，企业所得税应纳税所得额为234.5万元，从事国家非限制和禁止行业，满足小型微利企业条件，属于小型微利企业。

（五）计算补缴企业所得税

应补缴企业所得税=11.73−5=6.73（万元）

需再补缴企业所得税=6.73−4.23=2.5（万元）

企业应补缴企业所得税6.73万元，企业应在规定的期限内再补缴企业所得税2.5万元。

三、案例拓展

企业所得税汇算清缴过程中，税务机关要重点关注企业以下三个方面：①收入方面要核实是否有账外销售行为，是否有视同销售而未入账行为。②核实成本构成是否合理，是否有虚增或虚减成本问题。③核实扣除项目部分，其中：一是工资、薪金问题是否真实合理；二是管理费用是否超标，超标的要剔除出来，还需要核查取得的票据是否符合规定；三是财务费用问题，核查其借款来源，是否有民间借款，如其利率高于同期金融机构贷款利率，其高出部分不得税前扣除；四是销售费用问题，核算广告费扣除是否超出标准；五是其他业务收入与其他业务支出等是否符合规定，注意核查原始凭证，尤其是发票的合理性和真实性。

第五章　个人所得税

第一节　税制概要

一、纳税人和扣缴义务人

（一）纳税人

个人所得税的纳税人是指取得所得的个人，《中华人民共和国个人所得税法》（以下简称《个人所得税法》）将纳税人划分为居民个人和非居民个人，分别承担不同的纳税义务。

1. 居民个人

居民个人负有无限纳税义务。其所取得的应纳税所得，无论是来源于中国境内还是中国境外，都要缴纳个人所得税。根据《个人所得税法》规定，在中国境内有住所，或者无住所而一个纳税年度内在中国境内居住累计满183天的个人，为居民个人。居民个人从中国境内和境外取得的所得，依照《个人所得税法》的规定缴纳个人所得税。

所谓在中国境内有住所，是指因户籍、家庭、经济利益关系而在中国境内习惯性居住；所谓从中国境内和境外取得的所得，分别是指来源于中国境内的所得和来源于中国境外的所得。

所谓一个纳税年度内在中国境内居住累计满183天，是指一个纳税年度（即公历1月1日至12月31日，下同）内，在中国境内累计停留的天数满183天。

现行税法中关于"中国境内"的概念，是指中国大陆地区，不包括中国香港、澳门和台湾地区。

2. 非居民个人

非居民个人负有有限纳税义务。在中国境内无住所又不居住，或者无住所而一个纳税年度内在中国境内居住累计不满183天的个人，为非居民个人。非居民个人从中国境内取得的所得，依照《个人所得税法》的规定缴纳个人所得税。

自2019年1月1日起，对中国境内居住的天数和中国境内实际工作时间的计算以下规定为准：

（1）判定纳税义务及计算在中国境内居住的天数。

无住所个人一个纳税年度内在中国境内累计居住天数，按照个人在中国境内累计停留的天数计算。在中国境内停留的当天满24小时的，计入中国境内居住天数，在中国境内停留的当天不足24小时的，不计入中国境内居住天数。

（2）判定纳税义务及计算在中国境内工作的天数。

对在中国境内、境外机构同时担任职务或仅在境外机构任职的境内无住所个人，根据《财政部 税务总局关于非居民个人和无住所居民个人有关个人所得税政策的公告》（财政部 税务总局公告2019年第35号）第一条规定，境内工作期间按照个人在境内工作天数计算，包括其在境内的实际工作日以及境内工作期间在境内、境外享受的公休假、个人休假、接受培训的天数。在境内、境外单位同时担任职务或者仅在境外单位任职的个人，在境内停留的当天不足24小时的，按照半天计算境内工作天数。无住所个人在境内、境外单位同时担任职务或者仅在境外单位任职，且当期同时在境内、境外工作的，按照工资薪金所属境内、境外工作天数占当期公历天数的比例计算确定来源于境内、境外工资薪金所得的收入额。境外工作天数按照当期公历天数减去当期境内工作天数计算。

3. 所得来源地的确定

根据《中华人民共和国个人所得税法实施条例》（以下简称《个人所得税法实施条例》）第三条规定，除国务院财政、税务主管部门另有规定外，下列所得，不论支付地点是否在中国境内，均为来源于中国境内的所得：

（1）因任职、受雇、履约等在中国境内提供劳务取得的所得；

（2）将财产出租给承租人在中国境内使用而取得的所得；

（3）许可各种特许权在中国境内使用而取得的所得；

（4）转让中国境内的不动产等财产或者在中国境内转让其他财产取得的所得；

（5）从中国境内企业、事业单位、其他组织以及居民个人取得的利息、股息、红利所得。

根据《财政部 税务总局关于非居民个人和无住所居民个人有关个人所得税政策的公告》（财政部 税务总局公告2019年第35号）规定，由境内企业、事业单位、其他组织支付或者负担的稿酬所得，为来源于境内的所得。

（二）扣缴义务人

根据《个人所得税法》第九条规定，个人所得税以所得人为纳税人，以支付所得的单位或者个人为扣缴义务人。

纳税人、扣缴义务人必须依照法律、行政法规的规定缴纳税款、代扣代缴、代收代缴税款。

代扣代缴义务人，是指有义务从持有的纳税人收入中扣除其应纳税额并代为缴纳的企业、单位或个人。对税法规定的扣缴义务人，应当办理扣缴税款登记，明确其代扣代缴义务。代扣代缴义务人必须严格履行扣缴义务，对不履行扣缴义务的，应承担相应的法律责任。

二、征税对象

根据《个人所得税法》第二条规定，下列各项个人所得，应当缴纳个人所得税：

（1）工资、薪金所得；

（2）劳务报酬所得；

（3）稿酬所得；

（4）特许权使用费所得；

（5）经营所得；

（6）利息、股息、红利所得；

（7）财产租赁所得；

（8）财产转让所得；

（9）偶然所得。

居民个人取得上述第（1）项至第（4）项所得（以下称综合所得），按纳税年度合并计算个人所得税；非居民个人取得上述第（1）项至第（4）项所得，按月或者按次分项计算个人所得税。纳税人取得上述第（5）项至第（9）项所得，分别计算个人所得税。

（一）工资、薪金所得

工资、薪金所得，是指个人因任职或者受雇取得的工资、薪金、奖金、年终加薪、劳动分红、津贴、补贴以及与任职或者受雇有关的其他所得。

一般来说，工资、薪金所得属于非独立个人劳动所得。所谓非独立个人劳动，是指个人所从事的是由他人指定、安排并接受管理的劳动，工作或服务于公司、工厂、行政事业单位的人员（私营企业主除外）均为非独立劳动者。

除工资、薪金以外，奖金、年终加薪、劳动分红、津贴、补贴也被确定为工资、薪金范畴。其中，年终加薪、劳动分红不分种类和取得情况，一律按工资、薪金所得课税。津贴、补贴等则有例外。

根据我国目前个人收入的构成情况，《国家税务总局关于印发〈征收个人所得税若干问题的规定〉的通知》（国税发〔1994〕89号）规定对于一些不属于工资、薪金性质的补贴、津贴或者不属于纳税人本人工资、薪金所得项目的收入，不予征税。这些项目包括：

1. 独生子女补贴。

2. 执行公务员工资制度未纳入基本工资总额的补贴、津贴差额和家属成员的副食品补贴。

3. 托儿补助费。

4. 差旅费津贴、误餐补助。其中，误餐补助，是指按照财政部门规定，个人因公在城区、郊区工作，不能在工作单位或返回就餐，确实需要在外就餐的，根据实际误餐顿数，按规定的标准领取的误餐费。单位以误餐补助名义发给职工的补贴、津贴，不能包括在内。

出租汽车经营单位对出租车驾驶员采取单车承包或承租方式运营管理，出租车驾驶员从事客货营运取得的收入，按“工资、薪金所得”征税。

（二）劳务报酬所得

劳务报酬所得，是指个人从事劳务取得的所得，包括从事设计、装潢、安装、制图、化验、测试、医疗、法律、会计、咨询、讲学、翻译、审稿、书画、雕刻、影视、录音、录像、演出、表演、广告、展览、技术服务、介绍服务、经纪服务、代办服务以及其他劳务取得的所得。

1. 设计，指按照客户的要求，代为制定工程、工艺等各类设计业务。

2. 装潢，指接受委托，对物体进行装饰、修饰，使之美观或具有特定用途的作业。

3. 安装，指按照客户要求，对各种机器、设备的装配、安置，以及与机器、设备相连的附属设施的装设和被安装机器设备的绝缘、防腐、保温、油漆等工程作业。

4. 制图，指受托按实物或设想物体的形象，依体积、面积、距离等，用一定比例绘制成平面图、立体图、透视图等的业务。

5. 化验，指受托用物理或化学的方法，检验物质的成分和性质等业务。

6. 测试，指利用仪器仪表或其他手段代客对物品的性能和质量进行检测试验的业务。

7. 医疗，指从事各种病情诊断、治疗等医护业务。

8. 法律，指受托担任辩护律师、法律顾问，撰写辩护词、起诉书等法律文书的业务。

9. 会计，指受托从事会计核算的业务。

10. 咨询，指对客户提出的政治、经济、科技、法律、会计、文化等方面的问题进行解答、说明的业务。

11. 讲学，指应邀（聘）进行讲课、做报告、介绍情况等业务。

12. 翻译，指受托从事中、外语言或文字的翻译（包括笔译和口译）的业务。

13. 审稿，指对文字作品或图形作品进行审查、核对的业务。

14. 书画，指按客户要求，或自行从事书法、绘画、题词等业务。

15. 雕刻，指代客镌刻图章、牌匾、碑、玉器、雕塑等业务。

16. 影视，指应邀或应聘在电影、电视节目中出任演员，或担任导演、音响、化妆、道具、制作、摄影等与拍摄影视节目有关的业务。

17. 录音，指用录音器械代客录制各种音响带的业务，或者应邀演讲、演唱、采访而被录音的服务。

18. 录像，指用录像器械代客录制各种图像、节目的业务，或者应邀表演、采访被录像的业务。

19. 演出，指参加戏剧、音乐、舞蹈、曲艺等文艺演出活动的业务。

20. 表演，指从事杂技、体育、武术、健美、时装、气功以及其他技巧性表演活动的业务。

21. 广告，指利用图书、报纸、杂志、广播、电视、电影、招贴、路牌、橱窗、霓虹灯、灯箱、墙面及其他载体，为介绍商品、经营服务项目、文体节目或通告、声明等事项，所做的宣传和提供相关服务的业务。

22. 展览，指举办或参加书画展、影展、盆景展、邮展、个人收藏品展、花鸟虫鱼展等各种展示活动的业务。

23. 技术服务，指利用一技之长而进行技术指导、提供技术帮助的业务。

24. 介绍服务，指介绍供求双方商谈，或者介绍产品、经营服务项目等服务的业务。

25. 经纪服务，指经纪人通过居间介绍，促成各种交易和提供劳务等服务的业务。

26. 代办服务，指代委托人办理受托范围内的各项事宜的业务。

27. 其他劳务，指上述列举的26项劳务项目之外的各种劳务。

自2004年1月20日起，对商品营销活动中，企业和单位对其营销业绩突出的非雇员以培训班、研讨会、工作考察等名义组织旅游活动，通过免收差旅费、旅游费对个人实行的营销业绩奖励（包括实物、有价证券等），应根据所发生费用的全额作为该营销人员当期的劳务收入，按照“劳务报酬所得”项目征收个人所得税，并由提供上述费用的企业和单位代扣代缴。

个人由于担任董事职务所取得的董事费收入，属于劳务报酬所得性质，按照“劳务报酬所得”项目征收个人所得税；个人在公司（包括关联公司）

任职、受雇，同时兼任董事、监事的，应将董事费、监事费与个人工资收入合并，统一按“工资、薪金所得”项目缴纳个人所得税。

区分一种收入属于劳务报酬所得或属于工资、薪金所得，主要看是否存在雇佣关系，是否属于独立个人劳务活动。

（三）稿酬所得

稿酬所得，是指个人因其作品以图书、报刊等形式出版、发表而取得的所得，包括文学作品、书画作品、摄影作品，以及其他作品。

稿酬所得应当与劳务报酬所得相区别，不以图书、报刊形式出版、发表的翻译、审稿、书画所得应归为劳务报酬所得。

关于报刊、出版等单位的职员在本单位的刊物上发表作品、出版图书取得所得征税的问题，《国家税务总局关于个人所得税若干业务问题的批复》（国税函〔2002〕146号）明确如下：

1. 任职、受雇于报刊等单位的记者、编辑等专业人员，因在本单位的报刊、杂志上发表作品取得的所得，属于因任职、受雇而取得的所得，应与其当月工资收入合并，按“工资、薪金所得”项目征收个人所得税。除上述专业人员以外，其他人员在本单位的报刊上发表作品取得的所得，应按“稿酬所得”项目征收个人所得税。

2. 出版社的专业作者撰写、编写或翻译的作品，由本社以图书形式出版而取得的稿费收入，应按“稿酬所得”项目计算缴纳个人所得税。

3. 作者去世后，对取得遗作稿酬的个人，按“稿酬所得”征收个人所得税。

（四）特许权使用费所得

特许权使用费所得，是指个人提供专利权、商标权、著作权、非专利技术以及其他特许权的使用权取得的所得。提供著作权的使用权取得的所得，不包括稿酬所得。

专利权，是由国家专利主管机关依法授予专利申请人或其权利继承人在一定期间内实施其发明创造的专有权。商标权，即商标注册人享有的商标专用权。著作权，即版权，是作者依法对文学、艺术和科学作品享有的专有权。非专利技术，是指专利技术以外的专有技术。

根据税法规定，提供著作权的使用权取得的所得，不包括稿酬所得。对于作者将自己的文字作品手稿原件或复印件公开拍卖（竞价）取得的所得，属于提供著作权的使用所得，故应按“特许权使用费所得”项目征收个人所得税。

（五）经营所得

经营所得，是指：①个体工商户从事生产、经营活动取得的所得，个人独资企业投资人、合伙企业的个人合伙人来源于境内注册的个人独资企业、合伙企业生产、经营的所得；②个人依法从事办学、医疗、咨询以及其他有偿服务活动取得的所得；③个人对企业、事业单位承包经营、承租经营以及转包、转租取得的所得；④个人从事其他生产、经营活动取得的所得。

1. 个人因从事彩票代销业务而取得的所得，应按照“经营所得”项目计征个人所得税。

2. 从事个体出租车运营的出租车驾驶员取得的收入，按“经营所得”项目缴纳个人所得税。

3. 出租车属个人所有，但挂靠出租汽车经营单位或企事业单位，驾驶员向挂靠单位缴纳管理费的，或出租汽车经营单位将出租车所有权转移给驾驶员的，出租车驾驶员从事客货运营取得的收入，比照“经营所得”项目征税。

4. 个体工商户和从事生产、经营的个人，取得与生产、经营活动无关的其他各项应税所得，应分别按照相关应税项目的有关规定，计算征收个人所得税。如取得银行存款的利息所得、对外投资取得的股息所得，应按“利息、股息、红利所得”项目的规定单独计征个人所得税。

5. 个人独资企业、合伙企业的个人投资者以企业资金为本人、家庭成员及其相关人员支付与企业生产经营无关的消费性支出及购买汽车、住房等财产性支出，视为企业对个人投资者利润分配，并入投资者个人的生产经营所得，依照“经营所得”项目计征个人所得税。

6. 个体工商户和从事生产、经营的个人，取得与生产、经营活动无关的各项应税所得，应按规定分别计征个人所得税。

7. 承包承租后，工商登记改为个体工商户，按个体工商户生产、经营所得缴纳个人所得税；承包承租后，不改变企业的性质，按分配方式分为两种情形：

（1）承包、承租人对企业经营成果不拥有所有权，仅按合同（协议）规定取得一定所得的，应按“工资、薪金所得”项目征收个人所得税。

（2）承包、承租人按合同（协议）规定只向发包方、出租方交纳一定的费用，交纳承包、承租费后的企业的经营成果归承包、承租人所有的，其取得的所得，按“经营所得”项目征税。

（六）利息、股息、红利所得

利息、股息、红利所得，是指个人拥有债权、股权而取得的利息、股息、红利所得。

利息，是指个人拥有债权而取得的利息，包括存款利息、贷款利息和各种债券的利息。个人取得的利息所得，除国债和国家发行的金融债券利息外，应当依法缴纳个人所得税。股息、红利，是指个人拥有股权取得的股息、红利。按照一定的比率对每股金额发给的息金叫股息；公司、企业应分配的利润，按股份分配的叫红利。股息、红利所得，除另有规定外，都应当缴纳个人所得税。

除个人独资企业、合伙企业以外的其他企业的个人投资者，以企业资金为本人、家庭成员及其相关人员支付与企业生产经营无关的消费性支出及购买汽车、住房等财产性支出，视为企业对个人投资者的红利分配，依照“利息、股息、红利所得”项目计征个人所得税。纳税年度内个人投资者从其投资企业（个人独资企业、合伙企业除外）借款，在该纳税年度终了后既不归还，又未用于企业生产经营的，其未归还的借款可视为企业对个人投资者的红利分配，依照“利息、股息、红利所得”项目计征个人所得税。

个体工商户与企业联营而分得的利润，按“利息、股息、红利所得”项目征收个人所得税。

（七）财产租赁所得

财产租赁所得，是指个人出租不动产、机器设备、车船以及其他财产取得的所得。

个人取得的财产转租收入，属于“财产租赁所得”的征税范围。在确定纳税义务人时，应以产权凭证为依据，对无产权凭证的，由主管税务机关根据实际情况确定；产权所有人死亡，在未办理产权继承手续期间，该财产出租而有租金收入的，以领取租金的个人为纳税义务人。

房地产开发企业与商店购买者个人签订协议，以优惠价格出售其开发的商店给购买者个人，购买者个人在一定期限内必须将购买的商店无偿提供给房地产开发企业对外出租使用。其实质是购买者个人以所购商店交由房地产开发企业出租而取得的房屋租赁收入支付了部分购房价款。根据个人所得税法的有关规定，对购买者个人少支出的购房价款，应视同个人财产租赁所得，按照“财产租赁所得”项目征收个人所得税。每次财产租赁所得的收入额，按照少支出的购房价款和协议规定的租赁月份数平均计算确定。

（八）财产转让所得

财产转让所得，是指个人转让有价证券、股权、合伙企业中的财产份额、不动产、机器设备、车船以及其他财产取得的所得。个人财产转让主要是个人财产所有权的转让。对个人取得的各项财产转让所得，除股票转让所得外，都要征收个人所得税。

1. 对职工个人以股份形式取得的仅作为分红依据，不拥有所有权的企业量化资产，不征收个人所得税。对职工个人以股份形式取得的拥有所有权的企业量化资产，暂缓征收个人所得税；待个人将股份转让时，就其转让收入额，减除个人取得该股份时实际支付的费用支出和合理转让费用后的余额，按“财产转让所得”项目计征个人所得税。对职工个人以股份形式取得的企业量化资产参与企业分配而获得的股息、红利，应按“利息、股息、红利”项目计征个人所得税。

2. 个人出售自有住房所取得的所得应按照“财产转让所得”项目征收

个人所得税。对个人转让自用5年以上，并且是家庭唯一生活用房取得的所得，继续免征个人所得税。

（九）偶然所得

偶然所得，是指个人得奖、中奖、中彩以及其他偶然性质的所得。

得奖是指参加各种有奖竞赛活动，取得名次得到的奖金；中奖、中彩是指参加各种有奖活动，如有奖销售、有奖储蓄或者购买彩票，经过规定程序，抽中、摇中号码而取得的奖金。偶然所得应缴纳的个人所得税税款，一律由发奖单位或机构代扣代缴。

对个人购买社会福利有奖募捐奖券、体育彩票一次中奖收入不超过1万元的，暂免征收个人所得税，超过1万元的，按全额征税。

企业对累积消费达到一定额度的顾客，给予额外抽奖机会，个人的获奖所得，按照“偶然所得”项目，全额适用20%的税率缴纳个人所得税。

三、税率

《个人所得税法》采用分类和综合相结合的个人所得税制度，对不同的所得项目分别采用不同的税率形式和税率。

（一）综合所得的适用税率

1. 居民个人综合所得税率表

居民个人综合所得的适用税率见表5-1。

表5-1 个人所得税税率表一

（综合所得适用）

级数	全年应纳税所得额	税率/%	速算扣除
1	不超过36000元的	3	0
2	超过36000元至144000元的部分	10	2520

续表

级数	全年应纳税所得额	税率/%	速算扣除
3	超过144000元至300000元的部分	20	16920
4	超过300000元至420000元的部分	25	31920
5	超过420000元至660000元的部分	30	52920
6	超过660000元至960000元的部分	35	85920
7	超过960000元的部分	45	181920

注：①本表所称全年应纳税所得额是指依照《个人所得税法》第六条的规定，居民个人取得综合所得以每一纳税年度收入额减除费用6万元以及专项扣除、专项附加扣除和依法确定的其他扣除后的余额。

②非居民个人取得工资、薪金所得，劳务报酬所得，稿酬所得和特许权使用费所得，依照本表按月换算后计算应纳税额。

2. 非居民个人税率表

非居民个人当月取得的工资、薪金所得和来源于境内的劳务报酬所得、稿酬所得、特许权使用费所得，依照表5-1按月换算后计算应纳税额适用税率见表5-2。

表5-2　　　　个人所得税税率表二

（非居民个人工资、薪金所得，劳务报酬所得，稿酬所得，特许权使用费所得适用）

级数	全月应纳税所得额	税率/%	速算扣除数
1	不超过3000元的	3	0
2	超过3000元至12000元的部分	10	210
3	超过12000元至25000元的部分	20	1410
4	超过25000元至35000元的部分	25	2660
5	超过35000元至55000元的部分	30	4410
6	超过55000元至80000元的部分	35	7160
7	超过80000元的部分	45	15160

（二）经营所得的适用税率

经营所得的适用税率见表5-3。

表 5-3 个人所得税税率表三

（经营所得适用）

级数	全年应纳税所得额	税率/%
1	不超过 30000 元的	5
2	超过 30000 元至 90000 元的部分	10
3	超过 90000 元至 300000 元的部分	20
4	超过 300000 元至 500000 元的部分	30
5	超过 500000 元的部分	35

注：本表所称全年应纳税所得额是指依照《个人所得税法》第六条的规定，以每一纳税年度的收入总额减除成本、费用以及损失后的余额。

（三）其他分类所得的适用税率

利息、股息、红利所得，财产租赁所得，财产转让所得和偶然所得，适用比例税率 20%。

根据《财政部 国家税务总局关于廉租住房经济适用住房和住房租赁有关税收政策的通知》（财税〔2008〕24 号）规定，自 2008 年 3 月 1 日起，对个人出租住房取得的所得减按 10%的税率征收个人所得税。

四、专项附加扣除

根据《个人所得税法》第六条规定，专项附加扣除，包括子女教育、继续教育、大病医疗、住房贷款利息或者住房租金、赡养老人等支出，具体范围、标准和实施步骤由国务院确定，并报全国人民代表大会常务委员会备案。

为贯彻落实新修改的《个人所得税法》和《国务院关于印发个人所得税专项附加扣除暂行办法的通知》（国发〔2018〕41 号），国家税务总局制定了《个人所得税专项附加扣除操作办法（试行）》（国家税务总局公告 2018 年第 60 号），自 2019 年 1 月 1 日起施行。纳税人享受子女教育、继续教育、大病医疗、住房贷款利息或者住房租金、赡养老人专项附加扣除的，依照《个人所得税专项附加扣除操作办法（试行）》规定办理。

为贯彻落实《中共中央 国务院关于优化生育政策促进人口长期均衡发展的决定》，根据《个人所得税法》有关规定，国务院决定设立 3 岁以下婴幼儿照护个人所得税专项附加扣除，自 2022 年 1 月 1 日起实施。

（一）子女教育专项附加扣除

1. 扣除政策

学历教育包括义务教育（小学、初中教育）、高中阶段教育（普通高中、中等职业、技工教育）、高等教育（大学专科、大学本科、硕士研究生、博士研究生教育）。年满 3 岁至小学入学前处于学前教育阶段的子女，按上述规定执行。

纳税人的子女接受全日制学历教育的相关支出，按照每个子女每月 1000 元（自 2023 年 1 月 1 日起，由每月 1000 元提高到 2000 元）的标准定额扣除。父母可以选择由其中一方按扣除标准的 100%扣除，也可以选择由双方分别按扣除标准的 50%扣除，具体扣除方式在一个纳税年度内不能变更。

父母，是指生父母、继父母、养父母。子女，是指婚生子女、非婚生子女、继子女、养子女。父母之外的其他人担任未成年人的监护人的，比照上述规定执行。

2. 扣除时间

纳税人享受符合规定的子女教育专项附加扣除的计算时间为：学前教育阶段，为子女年满 3 周岁当月至小学入学前 1 个月。学历教育，为子女接受全日制学历教育入学的当月至全日制学历教育结束的当月。

学历教育期间，包含因病或其他非主观原因休学但学籍继续保留的休学期间，以及施教机构按规定组织实施的寒暑假等假期。

3. 扣除信息的报送与留存备查资料

纳税人享受子女教育专项附加扣除，应当填报配偶及子女的姓名、身份证件类型及号码、子女当前受教育阶段及起止时间、子女就读学校以及本人与配偶之间扣除分配比例等信息。

纳税人子女在中国境外接受教育的，纳税人应当留存境外学校录取通知书、留学签证等相关教育的证明资料备查。

（二）继续教育专项附加扣除

1. 扣除政策

纳税人在中国境内接受学历（学位）继续教育的支出，在学历（学位）

教育期间按照每月400元定额扣除。同一学历（学位）继续教育的扣除期限不能超过48个月。纳税人接受技能人员职业资格继续教育、专业技术人员职业资格继续教育的支出，在取得相关证书的当年，按照3600元定额扣除。

个人接受本科及以下学历（学位）继续教育，符合《个人所得税专项附加扣除暂行办法》规定扣除条件的，可以选择由其父母扣除，也可以选择由本人扣除。

2. 扣除时间

纳税人享受符合规定的继续教育专项附加扣除的计算时间，学历（学位）继续教育，为在中国境内接受学历（学位）继续教育入学的当月至学历（学位）继续教育结束的当月，同一学历（学位）继续教育的扣除期限最长不得超过48个月。技能人员职业资格继续教育、专业技术人员职业资格继续教育，为取得相关证书的当年。

学历（学位）继续教育的期间，包含因病或其他非主观原因休学但学籍继续保留的休学期间，以及施教机构按规定组织实施的寒暑假等假期。

3. 扣除信息的报送与留存备查资料

纳税人享受继续教育专项附加扣除，接受学历（学位）继续教育的，应当填报教育起止时间、教育阶段等信息；接受技能人员或者专业技术人员职业资格继续教育的，应当填报证书名称、证书编号、发证机关、发证（批准）时间等信息。

纳税人接受技能人员职业资格继续教育、专业技术人员职业资格继续教育的，应当留存相关证书等资料备查。

（三）大病医疗专项附加扣除

1. 扣除政策

在一个纳税年度内，纳税人发生的与基本医保相关的医药费用支出，扣除医保报销后个人负担（指医保目录范围内的自付部分）累计超过15000元的部分，由纳税人在办理年度汇算清缴时，在80000元限额内据实扣除。

纳税人发生的医药费用支出可以选择由本人或者其配偶扣除；未成年子女发生的医药费用支出可以选择由其父母一方扣除。纳税人及其配偶、未成年子女发生的医药费用支出，按上述规定计算扣除额。

2. 扣除时间

纳税人享受符合规定的大病医疗专项附加扣除的计算时间，为医疗保障信息系统记录的医药费用实际支出的当年。

3. 扣除信息的报送与留存备查资料

纳税人享受大病医疗专项附加扣除，应当填报患者姓名、身份证件类型及号码、与纳税人关系、与基本医保相关的医药费用总金额、医保目录范围内个人负担的自付金额等信息。

纳税人应当留存医药服务收费及医保报销相关票据原件（或者复印件）等资料备查。医疗保障部门应当向患者提供在医疗保障信息系统记录的本人年度医药费用信息查询服务。

（四）住房贷款利息专项附加扣除

1. 扣除政策

纳税人本人或者配偶单独或者共同使用商业银行或者住房公积金个人住房贷款为本人或者其配偶购买中国境内住房，发生的首套住房贷款利息支出，在实际发生贷款利息的年度，按照每月 1000 元的标准定额扣除，扣除期限最长不超过 240 个月。纳税人只能享受一次首套住房贷款的利息扣除。

首套住房贷款是指购买住房享受首套住房贷款利率的住房贷款。

经夫妻双方约定，可以选择由其中一方扣除，具体扣除方式在一个纳税年度内不能变更。夫妻双方婚前分别购买住房发生的首套住房贷款，其贷款利息支出，婚后可以选择其中一套购买的住房，由购买方按扣除标准的100%扣除，也可以由夫妻双方对各自购买的住房分别按扣除标准的 50%扣除，具体扣除方式在一个纳税年度内不能变更。

2. 扣除时间

纳税人享受符合规定的住房贷款利息专项附加扣除的计算时间，为贷款合同约定开始还款的当月至贷款全部归还或贷款合同终止的当月，扣除期限最长不得超过 240 个月。

3. 扣除信息的报送与留存备查资料

纳税人享受住房贷款利息专项附加扣除，应当填报住房权属信息、住房坐落地址、贷款方式、贷款银行、贷款合同编号、贷款期限、首次还款日期等信息；纳税人有配偶的，填写配偶姓名、身份证件类型及号码。

纳税人应当留存住房贷款合同、贷款还款支出凭证备查。

（五）住房租金专项附加扣除

1. 扣除政策

纳税人在主要工作城市没有自有住房而发生的住房租金支出，可以按照以下标准定额扣除：

（1）直辖市、省会（首府）城市、计划单列市以及国务院确定的其他城市，扣除标准为每月 1500 元；

（2）除第（1）条所列城市以外，市辖区户籍人口超过 100 万的城市，扣除标准为每月 1100 元；市辖区户籍人口不超过 100 万的城市，扣除标准为每月 800 元。

纳税人的配偶在纳税人的主要工作城市有自有住房的，视同纳税人在主要工作城市有自有住房。市辖区户籍人口，以国家统计局公布的数据为准。主要工作城市是指纳税人任职受雇的直辖市、计划单列市、副省级城市、地级市（地区、州、盟）全部行政区域范围；纳税人无任职受雇单位的，为受理其综合所得汇算清缴的税务机关所在城市。夫妻双方主要工作城市相同的，只能由一方扣除住房租金支出。

纳税人及其配偶在一个纳税年度内不能同时分别享受住房贷款利息和住房租金专项附加扣除。

2. 扣除时间

纳税人享受符合规定的住房租金专项附加扣除的计算时间，为租赁合同（协议）约定的房屋租赁期开始的当月至租赁期结束的当月。提前终止合同（协议）的，以实际租赁期限为准。

3. 扣除信息的报送与留存备查资料

纳税人享受住房租金专项附加扣除，应当填报主要工作城市、租赁住房坐落地址、出租人姓名及身份证件类型和号码或者出租方单位名称及纳税人识别号（统一社会信用代码）、租赁起止时间等信息；纳税人有配偶的，填写配偶姓名、身份证件类型及号码。

纳税人应当留存住房租赁合同、协议等有关资料备查。

（六）赡养老人专项附加扣除

1. 扣除政策

纳税人赡养一位及以上被赡养人的赡养支出，统一按照以下标准定额扣除：

（1）纳税人为独生子女的，按照每月 2000 元（自 2023 年 1 月 1 日起，由每月 2000 元提高到 3000 元）的标准定额扣除；

（2）纳税人为非独生子女的，由其与兄弟姐妹分摊每月 2000 元（自 2023 年 1 月 1 日起，由每月 2000 元提高到 3000 元）的扣除额度，每人分摊的额度不能超过每月 1000 元（自 2023 年 1 月 1 日起，每月 1000 元提高到 1500 元）。可以由赡养人均摊或者约定分摊，也可以由被赡养人指定分摊。约定或者指定分摊的须签订书面分摊协议，指定分摊优先于约定分摊。具体分摊方式和额度在一个纳税年度内不能变更。

被赡养人是指年满 60 岁的父母，以及子女均已去世的年满 60 岁的祖父母、外祖父母。

2. 扣除时间

纳税人享受符合规定的赡养老人专项附加扣除的计算时间，为被赡养人年满 60 周岁的当月至赡养义务终止的年末。

3. 扣除信息的报送与留存备查资料

纳税人享受赡养老人专项附加扣除，应当填报纳税人是否为独生子女、月扣除金额、被赡养人姓名及身份证件类型和号码、与纳税人关系；有共同赡养人的，需填报分摊方式、共同赡养人姓名及身份证件类型和号码等信息。

纳税人应当留存约定或指定分摊的书面分摊协议等资料备查。

（七）3 岁以下婴幼儿照护专项附加扣除

1. 扣除政策

纳税人照护 3 岁以下婴幼儿子女的相关支出，按照每个婴幼儿每月 1000 元（自 2023 年 1 月 1 日起，由每月 1000 元提高到 2000 元）的标准定额扣除。父母可以选择由其中一方按扣除标准的 100%扣除，也可以选择由双方分别按扣除标准的50%扣除，具体扣除方式在一个纳税年度内不能变更。

2. 扣除时间

纳税人享受符合规定的子女教育专项附加扣除的计算时间为：为婴幼儿出生的当月至年满3周岁的前1个月。

3. 扣除信息的报送与留存备查资料

纳税人享受3岁以下婴幼儿照护专项附加扣除，应当填报配偶及子女的姓名、身份证件类型（如居民身份证、子女出生医学证明等）及号码以及本人与配偶之间扣除分配比例等信息。

纳税人需要留存备查资料包括：子女的出生医学证明等资料。

专项附加扣除标准变动情况见表5-4。

表5-4　　专项附加扣除标准表

项目	扣除标准		
	2019年1月1日—2021年12月31日	2022年1月1日—2022年12月31日	2023年1月1日至今
子女教育	1000元/月	1000元/月	2000元/月
继续教育	400元/月（3600元）	400元/月（3600元）	400元/月（3600元）
大病医疗	15000~80000元/年	15000~80000元/年	15000~80000元/年
住房贷款利息	1000元/月	1000元/月	1000元/月
住房租金	1500/1100/800元/月	1500/1100/800元/月	1500/1100/800元/月
赡养老人	2000元/月	2000元/月	3000元/月
3岁以下婴幼儿照护	—	1000元/月	2000元/月

（八）可以扣除专项附加扣除的所得项目

居民个人的综合所得，以每一纳税年度的收入额减除费用6万元以及专项扣除、专项附加扣除和依法确定的其他扣除后的余额，为应纳税所得额。

取得经营所得的个人，没有综合所得的，计算其每一纳税年度的应纳税所得额时，应当减除费用6万元、专项扣除、专项附加扣除以及依法确定的其他扣除。专项附加扣除在办理汇算清缴时减除。

五、应纳税所得额的确定及应纳税额的计算

个人所得税的计税依据是纳税人取得的应纳税所得额。应纳税所得额是个人取得的各项应税收入减去税法规定的扣除项目或扣除金额后的余额。由于个人所得税的应税项目不同，并且取得某项所得所需费用也不相同，因此，计算个人应纳税所得额时需按不同应税项目单独计算。对于综合所得，居民个人取得工资、薪金所得，劳务报酬所得，稿酬所得，特许权使用费所得纳入综合所得，由扣缴义务人按月或按次预扣预缴税款，按纳税年度合并计算个人所得税，需要办理汇算清缴的，由居民个人于次年 3 月 1 日至 6 月 30 日内向主管税务机关办理综合所得年度汇算清缴，税款多退少补。非居民个人取得工资、薪金所得，劳务报酬所得，稿酬所得，特许权使用费所得分别扣除费用，由扣缴义务人按月或按次分项代扣代缴个人所得税。对于经营所得，利息、股息、红利所得，财产租赁所得，财产转让所得和偶然所得，居民个人和非居民个人均适用相同的计算规则，分项计算个人所得税。

（一）居民个人取得综合所得的计税方法

1. 综合所得预扣预缴方法

（1）居民个人取得工资、薪金所得

扣缴义务人向居民个人支付工资、薪金所得时，应当按照累计预扣法计算预扣税款，并按月办理扣缴申报。

累计预扣法，是指扣缴义务人在一个纳税年度内预扣预缴税款时，以纳税人在本单位截至当前月份工资、薪金所得累计收入减除累计免税收入、累计减除费用、累计专项扣除、累计专项附加扣除和累计依法确定的其他扣除后的余额为累计预扣预缴应纳税所得额，适用个人所得税预扣率表（见表 5-5），计算累计应预扣预缴税额，再减除累计减免税额和累计已预扣预缴税额，其余额为本期应预扣预缴税额。余额为负值时，暂不退税。纳税年度终了后余额仍为负值时，由纳税人通过办理综合所得年度汇算清缴，税款多退少补。

表 5-5　　个人所得税预扣率表一

（居民个人工资、薪金所得预扣预缴适用）

级数	累计预扣预缴应纳税所得额	预扣率/%	速算扣除数
1	不超过 36000 元的	3	0
2	超过 36000 元至 144000 元的部分	10	2520
3	超过 144000 元至 300000 元的部分	20	16920
4	超过 300000 元至 420000 元的部分	25	31920
5	超过 420000 元至 660000 元的部分	30	52920
6	超过 660000 元至 960000 元的部分	35	85920
7	超过 960000 元的部分	45	181920

具体计算公式为：

本期应预扣预缴税额=（累计预扣预缴应纳税所得额×预扣率−速算扣除数）−累计减免税额−累计已预扣预缴税额

累计预扣预缴应纳税所得额=累计收入−累计免税收入−累计减除费用−累计专项扣除−累计专项附加扣除−累计依法确定的其他扣除

其中：累计减除费用，按照 5000 元/月乘以纳税人当年截至本月在本单位的任职受雇月份数计算。对一个纳税年度内首次取得工资、薪金所得的居民个人，扣缴义务人在预扣预缴工资、薪金所得个人所得税时，可扣除从年初开始计算的累计减除费用（5000 元/月）。

【例 5-1】假定中国居民张先生在上市公司任技术总监，2023 年 1—3 月工资为 20000 元/月。每月个人按规定缴纳的“三险一金”2500 元，按规定享受子女教育、赡养老人两项专项附加扣除共 2000 元。计算 2023 年 1—3 月，上市公司每月支付张先生工资时预扣预缴的个人所得税。

解析：①2023 年 1 月：

1 月累计预扣预缴应纳税所得额 = 20000 − 5000 − 2500 − 2000 = 10500（元），适用的预扣率为 3%。

2023 年 1 月，上市公司在支付工资时预扣预缴个人所得税 = 10500×3% = 315（元）。

②2023 年 2 月：

2月累计预扣预缴应纳税所得额＝20000×2－5000×2－2500×2－2000×2＝21000（元），适用的预扣率为3%。

2月应预扣预缴税额＝21000×3%－315＝315（元）

2023年2月，上市公司在支付工资时预扣预缴个人所得税315元。

③2023年3月：

3月累计预扣预缴应纳税所得额＝20000×3－5000×3－2500×3－2000×3＝31500（元），适用的预扣率为3%。

3月应预扣预缴税额＝31500×3%－315－315＝315（元）

2023年3月，上市公司在支付工资时预扣预缴个人所得税315元。

对上一完整纳税年度内每月均在同一单位预扣预缴工资、薪金所得个人所得税且全年工资、薪金收入（包括全年一次性奖金等各类工资、薪金所得，且不扣减任何费用及免税收入）不超过6万元的居民个人，扣缴义务人在预扣预缴本年度工资、薪金所得个人所得税时，累计减除费用自1月起直接按照全年6万元计算扣除。即在纳税人累计收入不超过6万元的月份，暂不预扣预缴个人所得税；在其累计收入超过6万元的当月及年内后续月份，再预扣预缴个人所得税。

（2）居民个人取得劳务报酬所得、稿酬所得和特许权使用费所得

扣缴义务人向居民个人支付劳务报酬所得、稿酬所得、特许权使用费所得时，应当按照以下方法按次或者按月预扣预缴税款：

劳务报酬所得、稿酬所得、特许权使用费所得，属于一次性收入的，以取得该项收入为一次；属于同一项目连续性收入的，以一个月内取得的收入为一次。

劳务报酬所得、稿酬所得、特许权使用费所得以收入减除费用后的余额为收入额；其中，稿酬所得的收入额减按70%计算。

减除费用：预扣预缴税款时，劳务报酬所得、稿酬所得、特许权使用费所得每次收入不超过4000元的，减除费用按800元计算；每次收入4000元以上的，减除费用按收入的20%计算。

应纳税所得额：劳务报酬所得、稿酬所得、特许权使用费所得，以每次收入额为预扣预缴应纳税所得额，计算应预扣预缴税额。

居民个人办理年度综合所得汇算清缴时，应当依法计算劳务报酬所得、

稿酬所得、特许权使用费所得的收入额，并入年度综合所得计算应纳税款，税款多退少补。

具体计算公式为：

①劳务报酬所得。

劳务报酬所得应预扣预缴税额＝预扣预缴应纳税所得额×预扣率－速算扣除数

＝每次收入额×预扣率－速算扣除数

＝（每次收入－费用）×预扣率－速算扣除数

劳务报酬所得适用个人所得税预扣率表二（见表 5-6）。

表 5-6　　个人所得税预扣率表二

（居民个人劳务报酬所得预扣预缴适用）

级数	预扣预缴应纳税所得额	预扣率/%	速算扣除数
1	不超过 20000 元的	20	0
2	超过 20000 元至 50000 元的部分	30	2000
3	超过 50000 元的部分	40	7000

【例 5-2】中国居民赵某于 2023 年 2 月外出参加营业性演出，一次取得劳务报酬 60000 元。计算邀请单位支付劳务报酬时预扣预缴的个人所得税（不考虑其他税费）。

解析：劳务报酬所得预扣预缴应纳税所得额 = 60000 - 60000 × 20% = 48000（元）

劳务报酬所得预扣预缴税额＝48000×30%－2000＝12400（元）

对上一完整纳税年度内每月均在同一单位预扣预缴劳务报酬所得个人所得税且全年劳务报酬收入（不扣减任何费用及免税收入）不超过 6 万元的居民个人，扣缴义务人在预扣预缴本年度劳务报酬所得个人所得税时，累计减除费用自 1 月份起直接按照全年 6 万元计算扣除。即，在纳税人累计收入不超过 6 万元的月份，暂不预扣预缴个人所得税；在其累计收入超过 6 万元的当月及年内后续月份，再预扣预缴个人所得税。

自 2019 年 1 月 1 日起，保险营销员、证券经纪人取得的佣金收入，属于劳务报酬所得，以不含增值税的收入减除 20% 的费用后的余额为收入额，收入额减去展业成本以及附加税费后，并入当年综合所得，计算缴纳个人所得税。保险营销员、证券经纪人展业成本按照收入额的25%计算。

②稿酬所得。

稿酬所得应预扣预缴税额＝预扣预缴应纳税所得额×预扣率
＝每次收入额×预扣率
＝(每次收入－费用)×70%×预扣率

稿酬所得适用的比例预扣率为20%。

【例5-3】中国某作家的一篇小说送交出版社出版，一次取得稿酬20000元。计算出版社支付作家稿酬时预扣预缴的个人所得税。

解析：稿酬所得预扣预缴应纳税所得额＝（20000－20000×20%）×70%＝11200（元）

稿酬所得预扣预缴税额＝11200×20%＝2240（元）

③特许权使用费所得。

特许权使用费所得应预扣预缴税额＝预扣预缴应纳税所得额×预扣率
＝每次收入额×预扣率
＝(每次收入－费用)×预扣率

特许权使用费所得适用预扣率为20%。

【例5-4】2023年中国公民提供一项专利技术使用权给甲公司，一次取得全年特许权使用费收入36000元。计算甲公司支付特许权使用费预扣预缴的个人所得税。

解析：根据《个人所得税法实施条例》第十四条的规定，特许权使用费所得，属于一次性收入的，以取得该项收入为一次；属于同一项目连续性收入的，以一个月内取得的收入为一次。

特许权使用费每月收入＝36000÷12＝3000（元）

特许权使用费所得月预扣预缴应纳税所得额＝3000－800＝2200（元）

特许权使用费所得月预扣预缴税额＝2200×20%＝440（元）

甲公司支付专利权使用费时预扣预缴的个人所得税＝440×12＝5280（元）

2. 综合所得汇算清缴方法

居民个人的综合所得，以每一纳税年度的收入额减除费用6万元以及专项扣除、专项附加扣除和依法确定的其他扣除后的余额，为应纳税所得额。

适用综合所得年税率3%～45%的七级超额累进税率，计算应纳的个人所得税额。

具体计算公式为：

应纳税额＝应纳税所得额×适用税率－速算扣除数

应纳税所得额＝每一纳税年度的收入额－6万元－专项扣除－专项附加扣除－依法确定的其他扣除

（1）每一纳税年度的收入额包括：工资、薪金所得，劳务报酬所得，稿酬所得和特许权使用费所得。其中，劳务报酬所得、稿酬所得、特许权使用费所得以收入减除20%的费用后的余额为收入额。稿酬所得的收入额减按70%计算。

（2）专项扣除包括：居民个人按照国家规定的范围和标准缴纳的基本养老保险、基本医疗保险、失业保险等社会保险费和住房公积金等。

（3）专项附加扣除包括：子女教育、继续教育、大病医疗、住房贷款利息或者住房租金、赡养老人3岁以下婴幼儿照护等支出。

（二）非居民个人取得综合所得的计税方法

扣缴义务人向非居民个人支付工资、薪金所得，劳务报酬所得，稿酬所得和特许权使用费所得时，应当按照以下方法按月或者按次代扣代缴税款：

非居民个人的工资、薪金所得，以每月收入额减除费用5000元后的余额为应纳税所得额；劳务报酬所得、稿酬所得、特许权使用费所得，以每次收入额为应纳税所得额，适用个人所得税税率表（见表5-2）计算应纳税额。劳务报酬所得、稿酬所得、特许权使用费所得以收入减除20%的费用后的余额为收入额；其中，稿酬所得的收入额减按70%计算。

非居民个人在一个纳税年度内税款扣缴方法保持不变，达到居民个人条件时，应当告知扣缴义务人基础信息变化情况，年度终了后按照居民个人有关规定办理汇算清缴。

【例5-5】非居民个人乔治2023年1月来华，2023年3月底回国，2月在某上市公司进行讲学，取得报酬30000元。计算该公司支付报酬时须代扣代缴的个人所得税。

解析：乔治取得劳务报酬所得应纳税所得额 = 30000 - 30000 × 20% = 24000（元）

上市公司支付乔治劳务报酬所得代扣代缴税额 = 24000 × 20% - 1410 = 3390（元）

（三）经营所得

1. 应纳税所得额

经营所得，以每一纳税年度的收入总额减除成本、费用以及损失后的余额，为应纳税所得额。

成本、费用，是指生产、经营活动中发生的各项直接支出和分配计入成本的间接费用以及销售费用、管理费用、财务费用；损失，是指生产、经营活动中发生的固定资产和存货的盘亏、毁损、报废损失，转让财产损失，坏账损失，自然灾害等不可抗力因素造成的损失以及其他损失。

取得经营所得的个人，没有综合所得的，计算其每一纳税年度的应纳税所得额时，应当减除费用 6 万元、专项扣除、专项附加扣除以及依法确定的其他扣除。专项附加扣除在办理汇算清缴时减除。

个人独资企业的投资者以全部生产经营所得为应纳税所得额；合伙企业的投资者按照合伙企业的全部生产经营所得和合伙协议约定的分配比例确定应纳税所得额，合伙协议没有约定分配比例的，以全部生产经营所得和合伙人数量平均计算每个投资者的应纳税所得额。

上述所称生产经营所得，包括企业分配给投资者个人的所得和企业当年留存的所得（利润）。

2. 个体工商户的经营所得的应纳税所得额

对个体工商户业主、个人独资企业和合伙企业自然人投资者的生产经营所得依法计征个人所得税时，个体工商户业主、个人独资企业和合伙企业是自然人投资者，其本人的费用扣除标准统一确定为 60000 元/年（5000 元/月）。

个体工商户的生产、经营所得应纳税所得额的计算方法：

应纳税所得额 = 收入总额 -（成本 + 费用 + 损失 + 准予扣除的税金 - 允许弥补的以前年度亏损）- 规定的费用减除额

（1）收入总额

个体工商户从事生产经营以及与生产经营有关的活动（以下简称生产经营）取得的货币形式和非货币形式的各项收入，为收入总额。包括销售货物收入、提供劳务收入、转让财产收入、利息收入、租金收入、接受捐赠收入、其他收入。

其他收入包括个体工商户资产溢余收入、逾期一年以上的未退包装物押金收入、确实无法偿付的应付款项、已作坏账损失处理后又收回的应收款项、债务重组收入、补贴收入、违约金收入、汇兑收益等。

（2）成本

成本是指个体工商户在生产经营活动中发生的销售成本、销货成本、业务支出以及其他耗费。

（3）费用

费用是指个体工商户在生产经营活动中发生的销售费用、管理费用和财务费用，已经计入成本的有关费用除外。

个体工商户生产经营活动中，应当分别核算生产经营费用和个人、家庭费用。对于生产经营与个人、家庭生活混用难以分清的费用，其40%视为与生产经营有关的费用，准予扣除。

（4）税金

税金是指个体工商户在生产经营活动中发生的除个人所得税和允许抵扣的增值税以外的各项税金及其附加。

（5）损失

损失是指个体工商户在生产经营活动中发生的固定资产和存货的盘亏、毁损、报废损失，转让财产损失，坏账损失，自然灾害等不可抗力因素造成的损失以及其他损失。个体工商户发生的损失，减除责任人赔偿和保险赔款后的余额，参照财政部、国家税务总局有关企业资产损失税前扣除的规定扣除。个体工商户已经作为损失处理的资产，在以后纳税年度又全部收回或者部分收回时，应当计入收回当期的收入。

个体工商户在货币交易中，以及纳税年度终了时将人民币以外的货币性资产、负债按照期末即期人民币汇率中间价折算为人民币时产生的汇兑损失，除已经计入有关资产成本部分外，准予扣除。

（6）工资、薪金，社会保险费和公积金，经费支出

个体工商户实际支付给从业人员的、合理的工资、薪金支出，准予扣除。个体工商户业主的费用扣除标准，依照相关法律、法规和政策规定执行。个体工商户业主的工资、薪金支出不得税前扣除。

个体工商户按照国务院有关主管部门或者省级人民政府规定的范围和标准为其业主和从业人员缴纳的基本养老保险费、基本医疗保险费、失业保险费、生育保险费、工伤保险费和住房公积金，准予扣除。个体工商户为从业人员缴纳的补充养老保险费、补充医疗保险费，分别在不超过从业人员工资总额 5%标准内的部分据实扣除；超过部分，不得扣除。

个体工商户业主本人缴纳的补充养老保险费、补充医疗保险费，以当地（地级市）上一年度社会平均工资的 3 倍为计算基数，分别在不超过该计算基数 5%标准内的部分据实扣除；超过部分，不得扣除。除个体工商户依照国家有关规定为特殊工种从业人员支付的人身安全保险费和财政部、国家税务总局规定可以扣除的其他商业保险费外，个体工商户业主本人或者为从业人员支付的商业保险费，不得扣除。

个体工商户向当地工会组织拨缴的工会经费、实际发生的职工福利费支出、职工教育经费支出分别在工资、薪金总额的 2%、14%、2.5%的标准内据实扣除。工资、薪金总额是指允许在当期税前扣除的工资、薪金支出数额。职工教育经费的实际发生数额超出规定比例当期不能扣除的数额，准予在以后纳税年度结转扣除。

（7）开发费用

个体工商户研究开发新产品、新技术、新工艺所发生的开发费用，以及研究开发新产品、新技术而购置单台价值在 10 万元以下的测试仪器和试验性装置的购置费准予直接扣除；单台价值在 10 万元以上（含 10 万元）的测试仪器和试验性装置，按固定资产管理，不得在当期直接扣除。

（8）不得扣除的支出

个体工商户下列支出不得扣除：①个人所得税税款；②税收滞纳金；③罚金、罚款和被没收财物的损失；④不符合扣除规定的捐赠支出；⑤赞助支出；⑥用于个人和家庭的支出；⑦与取得生产经营收入无关的其他支出；⑧国家税务总局规定不准扣除的支出。

个体工商户代其从业人员或者他人负担的税款，不得税前扣除。

(9) 开办费

个体工商户自申请营业执照之日起至开始生产经营之日止所发生的符合《个体工商户个人所得税计税办法》（国家税务总局令第35号）规定的费用，除为取得固定资产、无形资产的支出，以及应计入资产价值的汇兑损益、利息支出外，作为开办费，个体工商户可以选择在开始生产经营的当年一次性扣除，也可自生产经营月份起在不短于3年期限内摊销扣除，但一经选定，不得改变。开始生产经营之日为个体工商户取得第一笔销售（营业）收入的日期。

(10) 固定资产租赁费

个体工商户根据生产经营活动需要租入固定资产支付的租赁费，按照以下方法扣除：①以经营租赁方式租入固定资产发生的租赁费支出，按照租赁期限均匀扣除；②以融资租赁方式租入固定资产发生的租赁费支出，按照规定构成融资租入固定资产价值的部分应当提取折旧费用，分期扣除。

(11) 利息支出

个体工商户在生产经营活动中发生的合理的不需要资本化的借款费用，准予扣除。个体工商户为购置、建造固定资产、无形资产和经过12个月以上的建造才能达到预定可销售状态的存货发生借款的，在有关资产购置、建造期间发生的合理的借款费用，应当作为资本性支出计入有关资产的成本，并按照有关规定扣除。

个体工商户在生产经营活动中发生的下列利息支出，准予扣除：①向金融企业借款的利息支出；②向非金融企业和个人借款的利息支出，不超过按照金融企业同期同类贷款利率计算的数额的部分。

(12) 业务招待费、广告费、宣传费

个体工商户发生的与生产经营活动有关的业务招待费，按照实际发生额的60%扣除，但最高不得超过当年销售（营业）收入的5‰。业主自申请营业执照之日起至开始生产经营之日止所发生的业务招待费，按照实际发生额的60%计入个体工商户的开办费。

个体工商户每一纳税年度发生的与其生产经营活动直接相关的广告费和业务宣传费不超过当年销售（营业）收入15%的部分，可以据实扣除；超过部分，准予在以后纳税年度结转扣除。

（13）亏损

个体工商户纳税年度发生的亏损，准予向以后年度结转，用以后年度的生产经营所得弥补，但结转年限最长不得超过5年。

3. 应纳税额的计算

应纳税额=应纳税所得额×适用税率-速算扣除数

经营所得适用税率表见表5-3。

【例5-6】某个体工商户从事商品销售，2023年销售收入248000元，销售成本为100000元，各项费用支出为18000元，缴纳增值税12000元，其他税费合计1800元。该个体工商户业主无其他工作，有个上小学的女儿，妻子是全职太太。1—11月累计已预缴个人所得税4700元（各项成本费用支出符合税前扣除标准）。不考虑个体工商户优惠政策，计算该个体工商户当年应纳个人所得税额及汇算清缴时补（退）税额。

解析：该个体工商户当年的应纳税所得额=248000-100000-18000-1800-60000-12000=56200（元）

该个体工商户应纳税额=56200×10%-1500=4120（元）

该个体工商户汇算清缴应补（退）税额=4120-4700=-580（元）

该个体工商户汇算清缴应退税额580元。

4. 个人独资企业和合伙企业的投资者应纳税额的计算

对个人独资企业和合伙企业生产经营所得，其个人所得税应纳税额的计算有以下两种方法：

第一种：查账征税。

（1）自2018年10月1日起，个人独资企业和合伙企业投资者的生产经营所得依法计征个人所得税时，个人独资企业和合伙企业投资者本人的费用扣除标准统一确定为60000元/年（5000元/月）。投资者的工资不得在税前扣除。

（2）投资者及其家庭发生的生活费用不允许在税前扣除。投资者及其家庭发生的生活费用与企业生产经营费用混合在一起，并且难以划分的，全部视为投资者个人及其家庭发生的生活费用，不允许在税前扣除。

（3）企业生产经营和投资者及其家庭生活共用的固定资产，难以划分的，由主管税务机关根据企业的生产经营类型、规模等具体情况，核定准予在税前扣除的折旧费用的数额或比例。

（4）企业向其从业人员实际支付的合理的工资、薪金支出，允许在税前据实扣除。

（5）企业拨缴的工会经费、发生的职工福利费、职工教育经费支出分别在工资、薪金总额2%、14%、2.5%的标准内据实扣除。

（6）每一纳税年度发生的广告费和业务宣传费用不超过当年销售（营业）收入15%的部分，可据实扣除；超过部分，准予在以后纳税年度结转扣除。

（7）每一纳税年度发生的与其生产经营业务直接相关的业务招待费支出，按照发生额的60%扣除，但最高不得超过当年销售（营业）收入的5‰。

（8）企业计提的各种准备金不得扣除。

（9）投资者兴办两个或两个以上企业，并且企业性质全部是独资的，年度终了后，汇算清缴时，应纳税款的计算按以下方法进行：汇总其投资兴办的所有企业的经营所得作为应纳税所得额，以此确定适用税率，计算出全年经营所得的应纳税额，再根据每个企业的经营所得占所有企业经营所得的比例，分别计算出每个企业的应纳税额和应补缴税额。计算公式为：

$$应纳税所得额=\sum 各个企业的经营所得$$

$$应纳税额=应纳税所得额\times 税率-速算扣除数$$

$$本企业应纳税额=应纳税额\times(本企业的经营所得\div\sum 各个企业的经营所得)$$

$$本企业应补缴的税额=本企业应纳税额-本企业预缴的税额$$

第二种：核定征收。

核定征收方式，包括定额征收、核定应税所得率征收以及其他合理的征收方式。实行核定应税所得率征收方式的，应纳所得税额的计算公式为：

$$应纳所得税额=应纳税所得额\times 适用税率$$

$$应纳税所得额=收入总额\times 应税所得率$$

或　　$$=成本费用支出额\div(1-应税所得率)\times 应税所得率$$

应税所得率应按规定的标准执行（见表5-7）。

表 5-7　　个人所得税应税所得率表

行业	应税所得率/%
工业、交通运输业、商业	5~20
建筑业、房地产开发业	7~20
饮食服务业	7~25
娱乐业	20~40
其他行业	10~30

企业经营多业的，无论其经营项目是否单独核算，均应根据其主营项目确定其适用的应税所得率。

实行核定征税的投资者，不能享受个人所得税的优惠政策。

实行查账征税方式的个人独资企业和合伙企业改为核定征税方式后，在查账征税方式下认定的年度经营亏损未弥补完的部分，不得再继续弥补。

个体工商户、个人独资企业和合伙企业因在纳税年度中间开业、合并、注销及其他原因，导致该纳税年度的实际经营期不足1年的，对个体工商户业主、个人独资企业投资者和合伙企业自然人合伙人的生产经营所得计算个人所得税时，以其实际经营期为1个纳税年度。投资者本人的费用扣除标准，应按照其实际经营月份数，以每月5000元的减除标准确定。计算公式为：

$$\text{应纳税所得额}=\text{该年度收入总额}-\text{成本、费用及损失}-\text{当年投资者本人的费用扣除额}$$

$$\text{当年投资者本人的费用扣除额}=\text{月减除费用}(5000\text{元/月})\times\text{当年实际经营月份数}$$

$$\text{应纳税额}=\text{应纳税所得额}\times\text{税率}-\text{速算扣除数}$$

（四）利息、股息、红利所得

利息、股息、红利所得和偶然所得，以每次收入额为应纳税所得额。利息、股息、红利所得以个人每次取得的收入额为应纳税所得额，不得从收入总额中扣除任何费用。其中，每次收入是指支付单位或个人每次支付利息、股息、红利时，个人所得的收入。对于股份制企业在分配股息红利时，以股票形式向股东支付应得的股息、红利（即派发红股），应以派发红股的股票票面金额为收入额，计算征收个人所得税。

应纳税额＝应纳税所得额×适用税率＝每次收入额×适用税率

【例 5-7】中国公民张某 2023 年 5 月取得国债的利息 1200 元，取得某国内上市公司发行的公司债券利息 750 元。计算张某应缴纳的个人所得税。

解析：张某取得的各项利息收入应缴纳的个人所得税＝750×20%＝150（元）

（五）财产租赁所得

财产租赁所得一般以个人每次取得的收入，定额或者定率减除固定费用后的余额为应纳税所得额。每次收入总额不超过 4000 元的，定额减除费用 800 元；每次收入超过 4000 元以上的，定率减除 20%的费用。

具体计算公式为：

（1）每次收入不足 4000 元（财产租赁所得以一个月内取得的收入为一次）

应纳税所得额＝每次收入额－800 元

（2）每次收入 4000 元以上

应纳税所得额＝每次收入额×(1－20%)

（3）每次收入的应纳税额

应纳税所得额＝应纳税所得额×适用税率

个人按市场价格出租住房，税率为 10%，其他租赁所得，个人所得税税率为 20%。

【例 5-8】中国公民王某于 2023 年 1 月 1 日起将其位于市区的一套公寓住房按市价出租，每月收取租金 3800 元。1 月因卫生间漏水发生修缮费用 1200 元，已取得合法有效的支出凭证。计算王某前两个月应缴纳的个人所得额。(不考虑其他的税费)

解析：修缮费用每月以 800 元为限扣除，应纳个人所得税＝（3800－800－800）×10%+（3800－400－800）×10%＝480（元）。

（六）财产转让所得

财产转让所得，以转让财产的收入额减除财产原值和合理费用后的余额，为应纳税所得额。财产转让所得，按照一次转让财产的收入额减除财产原值和合理费用后的余额计算纳税。

财产的原值应根据《个人所得税法实施条例》第十六条的相关规定确定。

合理费用，是指卖出财产时按照规定支付的有关税费。

财产转让所得应纳税所得额的计算公式为：

应纳税所得额=收入总额-财产原值-合理税费

财产转让所得应纳税额的计算公式为：

应纳税所得额=应纳税所得额×适用税率

【例5-9】2023年2月，中国公民赵先生买进某公司债券20000份，每份买价8元，共支付手续费800元；11月卖出10000份，每份卖价8.3元，共支付手续费415元；12月底其余债券到期，取得债券利息2700元。计算赵某2023年以上收入应缴纳的个人所得税。

解析：应缴纳个人所得税 =（10000×8.3－10000×8－800÷2－415）×20%+2700×20%＝977（元）

（七）偶然所得

偶然所得是以个人每次取得的收入额为应纳税所得额，不扣除任何费用。除有特殊规定外，每次收入额就是应纳税所得额，以每次取得该项收入为一次。

偶然所得应纳税额的计算公式为：

应纳税额=应纳税所得额×适用税率=每次收入额×20%

【例5-10】中国公民张某2023年4月购买社会福利彩票中奖20000元；在某服装品牌店长期购买衣服获得一定积分，5月搞活动，张某有三次抽奖机会，抽中800元大奖；6月张某用餐消费时取得三张发票，其中一张发票中奖100元，一张中奖800元，一张中奖1000元。请计算张某在2023年4月、5月、6月应缴纳的个人所得税（不考虑工资、薪金等其他收入）。

解析：（1）根据《国家税务总局关于社会福利有奖募捐发行收入税收问题的通知》（国税发〔1994〕127 号）规定，购买福利彩票，中奖金额超过 10000 元，全额征税。4 月缴纳个人所得税＝20000×20%＝4000（元）。

（2）根据《财政部 国家税务总局关于企业促销展业赠送礼品有关个人所得税问题的通知》（财税〔2011〕50 号）规定，企业对累积消费达到一定额度的顾客，给予额外抽奖机会，个人的获奖所得，按照“偶然所得”项目，全额适用 20%的税率缴纳个人所得税。5 月缴纳个人所得税＝800×20%＝160（元）。

（3）根据《财政部 国家税务总局关于个人取得有奖发票奖金征免个人所得税问题的通知》（财税〔2007〕34 号）规定，个人取得单张有奖发票奖金所得不超过 800 元（含 800 元）的，暂免征收个人所得税；个人取得单张有奖发票奖金所得超过 800 元的，应全额按照个人所得税法规定的“偶然所得”目征收个人所得税。6 月缴纳个人所得税＝1000×20%＝200（元）。

（八）应纳税额计算的特殊规定

1. 个人取得全年一次性奖金、中央企业负责人年度绩效薪金延期兑现收入和任期奖励计税

（1）居民个人取得全年一次性奖金，符合《国家税务总局关于调整个人取得全年一次性奖金等计算征收个人所得税方法问题的通知》（国税发〔2005〕9 号）规定的，在 2021 年 12 月 31 日前，不并入当年综合所得，以全年一次性奖金收入除以 12 个月得到的数额，依照按月换算后的综合所得税率表（见表 5-2），确定适用税率和速算扣除数，单独计算纳税。计算公式为：

应纳税额＝全年一次性奖金收入×适用税率－速算扣除数

居民个人取得全年一次性奖金，也可以选择并入当年综合所得计算纳税。

为进一步减轻纳税人负担，根据《财政部 税务总局关于延续实施全年一次性奖金个人所得税政策的公告》（财政部 税务总局公告 2023 年第 30 号）规定，全年一次性奖金个人所得税政策执行至 2027 年 12 月 31 日。

全年一次性奖金是指行政机关、企事业单位等扣缴义务人根据其全年经

济效益和对雇员全年工作业绩的综合考核情况，向雇员发放的一次性奖金。上述一次性奖金也包括年终加薪、实行年薪制和绩效工资办法的单位根据考核情况兑现的年薪和绩效工资。

（2）中央企业负责人取得年度绩效薪金延期兑现收入和任期奖励，符合《国家税务总局关于中央企业负责人年度绩效薪金延期兑现收入和任期奖励征收个人所得税问题的通知》（国税发〔2007〕118 号）规定的，在 2021 年 12 月 31 日前，参照上述第（1）条执行；2022 年 1 月 1 日之后的政策另行明确。

【例 5-11】中国公民张某 2023 年 12 月取得全年一次性奖金 72000 元，全年工资总额 150000 元，全年缴纳“三险一金”24000 元，张某妻子全职照顾儿女上学，儿子上小学，女儿上初中，父母均已退休，张某为非独生子，无其他专项附加扣除。请分情况计算张某全年一次性奖金所缴纳的个人所得税。

解析：（1）全年一次性奖金不并入当年综合所得

每月奖金 = 72000 ÷ 12 = 6000（元），适用的税率为 10%，速算扣数为 210。

全年一次性奖金缴纳个人所得税 = 72000×10% − 210 = 6990（元）

从 2020 年 1 月开始享受子女教育和赡养老人专项附加扣除共计为 3000 元。

全年工资、薪金所得的应纳税所得额 = 150000 − 60000 − 24000 − 3000×12 = 30000（元）

全年工资、薪金所得应纳税额 = 30000×3% = 900（元）

张某应纳个人所得税 = 6990 + 900 = 7890（元）

（2）全年一次性奖金并入当年综合所得

全年综合所得的应纳税所得额 = 150000 + 72000 − 60000 − 24000 − 3000×12 = 102000（元）

全年综合所得应纳个人所得税额 = 102000×10% − 2520 = 7680（元）

2. 个人取得上市公司股权激励的计税

（1）居民个人取得股票期权、股票增值权、限制性股票、股权奖励等股权激励，符合《财政部 国家税务总局关于个人股票期权所得征收个人所得税问题的通知》（财税〔2005〕35号）、《财政部 国家税务总局关于股票增值权所得和限制性股票所得征收个人所得税有关问题的通知》（财税〔2009〕5号）、《财政部 国家税务总局关于将国家自主创新示范区有关税收试点政策推广到全国范围实施的通知》（财税〔2015〕116号）第四条、《财政部 国家税务总局关于完善股权激励和技术入股有关所得税政策的通知》（财税〔2016〕101号）第四条第（一）项规定的相关条件的，在2021年12月31日前，不并入当年综合所得，全额单独适用综合所得税率表，计算纳税。计算公式为：

应纳税额=股权激励收入×适用税率-速算扣除数

（2）居民个人一个纳税年度内取得两次以上（含两次）股权激励的，应合并按上述规定计算纳税。

（3）为继续支持企业创新发展，上市公司股权激励有关个人所得税政策执行至2027年12月31日。

3. 个人领取企业年金、职业年金的计税

个人达到国家规定的退休年龄，领取的企业年金、职业年金，符合《财政部 人力资源社会保障部 国家税务总局关于企业年金 职业年金个人所得税有关问题的通知》（财税〔2013〕103号）规定的，不并入综合所得，全额单独计算应纳税款。其中按月领取的，适用月度税率表计算纳税；按季领取的，平均分摊计入各月，按每月领取额适用月度税率表计算纳税；按年领取的，适用综合所得税率表计算纳税。

个人因出境定居而一次性领取的年金个人账户资金，或个人死亡后，其指定的受益人或法定继承人一次性领取的年金个人账户余额，适用综合所得税率表计算纳税。对个人除上述特殊原因外一次性领取年金个人账户资金或余额的，适用月度税率表计算纳税。

4. 个人取得解除劳动关系、提前退休、内部退养的一次性补偿收入的计税

（1）个人与用人单位解除劳动关系取得一次性补偿收入（包括用人单位发放的经济补偿金、生活补助费和其他补助费），在当地上年职工平均工资3倍数额以内的部分，免征个人所得税；超过3倍数额的部分，不并入当年综合所得，单独适用综合所得税率表，计算纳税。

（2）个人办理提前退休手续而取得的一次性补贴收入，应按照办理提前退休手续至法定离退休年龄之间的实际年度数平均分摊，确定适用税率和速算扣除数，单独适用综合所得税率表，计算纳税。计算公式为：

$$\text{应纳税额}=\left\{\left[\left(\text{一次性补贴收入}\div\text{办理提前退休手续至法定退休年龄的实际年度数}\right)-\text{费用扣除标准}\right]\times\text{适用税率}-\text{速算扣除数}\right\}\times\text{办理提前退休手续至法定退休年龄的实际年度数}$$

（3）个人办理内部退养手续而取得的一次性补贴收入，按照《国家税务总局关于个人所得税有关政策问题的通知》（国税发〔1999〕58 号）规定计算纳税。

【例 5-12】中国公民杨某 2023 年 12 月 31 日与企业解除劳动合同。其在企业工作年限为 10 年，领取经济补偿金 80000 元，其所在地区上年职工平均工资为 12000 元。计算杨某应缴纳的个人所得税。

应纳税所得额 = 80000 − 3×12000 = 44000（元）

应纳税额 = 44000×10% − 2520 = 1880（元）

【例 5-13】中国公民杨某 2023 年 4 月办理提前退休手续，尚有 20 个月达到退休年龄。领取经济补偿金 80000 元，计算杨某应缴纳的个人所得税。

应纳税额 =（80000÷20×10% − 210）×20 = 3800（元）

5. 个人低价取得单位销售住房的计税

单位按低于购置或建造成本价格出售住房给职工，职工因此而少支出的差价部分，符合《财政部 国家税务总局关于单位低价向职工售房有关个人所得税问题的通知》（财税〔2007〕13 号）第二条规定的，不并入当年综合所得，以差价收入除以 12 个月得到的数额，按照月度税率表确定适用税率和速算扣除数，单独计算纳税。计算公式为：

$$\text{应纳税额}=\text{职工实际支付的购房价款低于该房屋的购置或建造成本价格的差额}\times\text{适用税率}-\text{速算扣除数}$$

6. 个人取得公务交通、通信补贴收入的扣除标准

个人因公务用车和通信制度改革而取得的公务用车、通信补贴收入，扣除一定标准的公务费用后，按照“工资、薪金所得”项目计征个人所得税。按月发放的，并入当月“工资、薪金所得”计征个人所得税；不按月发放

的，分解到所属月份并与该月份“工资、薪金所得”合并征税。

7. 个人兼职和退休人员再任职取得收入个人所得税的征税方法

个人兼职取得的收入应按照“劳务报酬所得”应税项目缴纳个人所得税；退休人员再任职取得的收入，在减除按《个人所得税法》规定的费用扣除标准后，按“工资、薪金所得”项目缴纳个人所得税。

8. 公益性捐赠

个人将其所得对教育、扶贫、济困等公益慈善事业进行捐赠，捐赠额未超过纳税人申报的应纳税所得额30%的部分，可以从其应纳税所得额中扣除；国务院规定对公益慈善事业捐赠实行全额税前扣除的，从其规定。

个人将其所得对教育、扶贫、济困等公益慈善事业进行捐赠，是指个人将其所得通过中国境内的公益性社会组织、国家机关向教育、扶贫、济困等公益慈善事业的捐赠；所称应纳税所得额，是指计算扣除捐赠额之前的应纳税所得额。

9. 捐赠的全额扣除项目

个人通过非营利性的社会团体和政府部门，对下列机构的捐赠准予在个人所得税税前100%（全额）扣除：

（1）对公益性青少年活动场所（其中包括新建）的捐赠。根据《财政部 国家税务总局关于对青少年活动场所、电子游戏厅有关所得税和营业税政策问题的通知》（财税〔2000〕21号）规定，对个人通过非营利性的社会团体和政府部门对公益性青少年活动场所（其中包括新建）的捐赠，在计算个人所得税时准予全额扣除。公益性青少年活动场所是指专门为青少年学生提供科技、文化、德育、爱国主义教育、体育活动的青少年宫、青少年活动中心等校外活动的公益性场所。

（2）对红十字事业的捐赠。根据《财政部 国家税务总局关于企业等社会力量向红十字事业捐赠有关所得税政策问题的通知》（财税〔2000〕30号）规定，个人通过非营利性的社会团体和国家机关（包括中国红十字会）向红十字事业的捐赠，在计算个人所得税时准予全额扣除。

（3）对福利性、非营利性老年服务机构的捐赠。根据《财政部 国家税务总局关于对老年服务机构有关税收政策问题的通知》（财税〔2000〕97号）规定，对个人通过非营利性的社会团体和政府部门向福利性、非营利性的老年服务机构的捐赠，在计算个人所得税时准予全额扣除。老年服务机构是指专门为老年人提供生活照料、文化、护理、健身等多方面服务的福利性、非营利性的机构，主要包括老年社会福利院、敬老院（养老院）、老年服务中心、老年公寓（含老年护理院、康复中心、托老所）等。

（4）对农村义务教育的捐赠。根据《财政部 国家税务总局关于纳税人向农村义务教育捐赠有关所得税政策的通知》（财税〔2001〕103号）规定，对个人通过非营利的社会团体和国家机关向农村义务教育的捐赠，准予在计算个人所得税时全额扣除。农村义务教育的范围是指政府和社会力量举办的农村乡镇（不含县和县级市政府所在地的镇）、村的小学和初中以及属于这一阶段的特殊教育学校。纳税人对农村义务教育与高中在一起的学校的捐赠，也享受所得税前全额扣除政策。

（5）对中华健康快车基金会等5家单位的捐赠。根据《财政部 国家税务总局关于向中华健康快车基金会等5家单位的捐赠所得税税前扣除问题的通知》（财税〔2003〕204号）规定，个人自2003年1月1日起向中华健康快车基金会、孙冶方经济科学基金会、中华慈善总会、中国法律援助基金会和中华见义勇为基金会的捐赠，准予在缴纳个人所得税前全额扣除。

（6）对教育事业的捐赠。根据《财政部 国家税务总局关于教育税收政策的通知》（财税〔2004〕39号）规定，纳税人通过中国境内非营利的社会团体、国家机关向教育事业的捐赠，准予在个人所得税前全额扣除。

（7）对宋庆龄基金会等6家单位的捐赠。根据《财政部 国家税务总局关于向宋庆龄基金会等6家单位捐赠所得税政策问题的通知》（财税〔2004〕172号）规定，对个人通过宋庆龄基金会、中国福利会、中国残疾人福利基金会、中国扶贫基金会、中国煤矿尘肺病治疗基金会、中华环境保护基金会用于公益救助性的捐赠，准予在缴纳个人所得税前全额扣除。

（8）对中国医药卫生事业发展基金会的捐赠。根据《财政部 国家税务总局关于中国医药卫生事业发展基金会捐赠所得税政策问题的通知》（财税〔2006〕67号）规定，个人通过中国医药卫生事业发展基金会用于公益救济性的捐赠，准予在缴纳个人所得税前全额扣除。

（9）对中国教育发展基金会的捐赠。根据《财政部 国家税务总局关于中国教育发展基金会捐赠所得税政策问题的通知》（财税〔2006〕68号）

规定，个人通过中国教育发展基金会用于公益救济性的捐赠，准予在缴纳个人所得税前全额扣除。

（10）对中国老龄事业发展基金会等8家单位的捐赠。根据《财政部 国家税务总局关于中国老龄事业发展基金会等8家单位捐赠所得税政策问题的通知》（财税〔2006〕66号）规定，对个人通过中国老龄事业发展基金会、中国华文教育基金会、中国绿化基金会、中国妇女发展基金会、中国关心下一代健康体育基金会、中国生物多样性保护基金会、中国儿童少年基金会和中国光彩事业基金会用于公益救济性的捐赠，准予在缴纳个人所得税前全额扣除。

六、减免税优惠

（一）免税项目

1. 省级人民政府、国务院部委和中国人民解放军军以上单位，以及外国组织颁发的科学、教育、技术、文化、卫生、体育、环境保护等方面的奖金。

2. 国债和国家发行的金融债券利息。国债利息，是指个人持有中华人民共和国财政部发行的债券而取得的利息所得以及2009年、2010年和2011年发行的地方政府债券利息所得；国家发行的金融债券利息，是指个人持有经国务院批准发行的金融债券而取得的利息所得。

对企业和个人取得的2012年及以后年度发行的地方政府债券利息收入，免征个人所得税。地方政府债券是指经国务院批准同意，以省、自治区、直辖市、计划单列市政府为发行和偿还主体的债券。

3. 按照国家统一规定发给的补贴、津贴。按照国家统一规定发给的补贴、津贴，是指按照国务院规定发给的政府特殊津贴、院士津贴，以及国务院规定免予缴纳个人所得税的其他补贴、津贴。

4. 福利费、抚恤金、救济金。福利费，是指根据国家有关规定，从企业、事业单位、国家机关、社会组织提留的福利费或者工会经费中支付给个人的生活补助费；救济金，是指各级人民政府民政部门支付给个人的生活困难补助费。

5. 保险赔款。

6. 军人的转业费、复员费、退役金。

7. 按照国家统一规定发给干部、职工的安家费、退职费、基本养老金或者退休费、离休费、离休生活补助费。

8. 依照有关法律规定应予免税的各国驻华使馆、领事馆的外交代表、领事官员和其他人员的所得。依照有关法律规定应予免税的各国驻华使馆、领事馆的外交代表、领事官员和其他人员的所得，是指依照《中华人民共和国外交特权与豁免条例》和《中华人民共和国领事特权与豁免条例》规定免税的所得。

9. 中国政府参加的国际公约以及签订的协议中规定免税的所得。

10. 对乡、镇（含乡、镇）以上人民政府或经县（含县）以上人民政府主管部门批准成立的有机构、有章程的见义勇为基金或者类似性质组织，奖励见义勇为者的奖金或奖品，经主管税务机关核准，免征个人所得税。

11. 企业和个人按照省级以上人民政府规定的比例提取并缴付的住房公积金、医疗保险金、基本养老保险金、失业保险金，不计入个人当期的工资、薪金收入，免征个人所得税。超过规定的比例缴付的部分计征个人所得税。

个人领取原提存的住房公积金、医疗保险金、基本养老保险金时，免征个人所得税。

12. 对个人取得的教育储蓄存款利息所得以及国务院财政部门确定的其他专项储蓄存款或者储蓄性专项基金存款的利息所得，免征个人所得税。

13. 储蓄机构内从事代扣代缴工作的办税人员取得的扣缴利息税手续费所得，免征个人所得税。

14. 生育妇女按照县级以上人民政府根据国家有关规定制定的生育保险办法，取得的生育津贴、生育医疗费或其他属于生育保险性质的津贴、补贴，免征个人所得税。

15. 对工伤职工及其近亲属按照《工伤保险条例》规定取得的工伤保险待遇，免征个人所得税。工伤保险待遇，包括工伤职工按照该条例规定取得的一次性伤残补助金、伤残津贴、一次性工伤医疗补助金、一次性伤残就业补助金、工伤医疗待遇、住院伙食补助费、外地就医交通食宿费用、工伤康复费用、辅助器具费用、生活护理费等，以及职工因工死亡，其近亲属按照该条例规定取得的丧葬补助金、供养亲属抚恤金和一次性工亡补助金等。

16. 外籍个人以非现金形式或实报实销形式取得的住房补贴、伙食补贴、搬迁费、洗衣费。外籍个人按合理标准取得的境内、外出差补贴。外籍个人取得的探亲费、语言训练费、子女教育费等，经当地税务机关审核批准为合理的部分。可以享受免征个人所得税优惠的探亲费，仅限于外籍个人在我国的受雇地与其家庭所在地（包括配偶或父母居住地）之间搭乘交通工具，且每年不超过两次的费用。

自 2019 年 1 月 1 日至 2027 年 12 月 31 日，符合居民条件的外籍个人取得探亲费、语言训练费、子女教育费等补贴，可以选择享受个人所得税专项附加扣除，也可以选择按照《财政部 国家税务总局关于个人所得税若干政策问题的通知》（财税字〔1994〕20 号）、《国家税务总局关于外籍个人取得有关补贴征免个人所得税执行问题的通知》（国税发〔1997〕54 号）和《财政部 国家税务总局关于外籍个人取得港澳地区住房等补贴征免个人所得税的通知》（财税〔2004〕29 号）规定，享受住房补贴、语言训练费、子女教育费等津补贴免税优惠政策，但不得同时享受。外籍个人一经选择，在一个纳税年度内不得变更。

17. 个人举报、协查各种违法、犯罪行为而获得的奖金。

18. 个人办理代扣代缴税款手续，按规定取得的扣缴手续费。

19. 个人转让自用达 5 年以上并且是唯一的家庭居住用房取得的所得。

20. 对按照《国务院关于高级专家离休退休若干问题的暂行规定》和《国务院办公厅关于杰出高级专家暂缓离退休审批问题的通知》规定，达到离休、退休年龄，但确因工作需要，适当延长离休、退休年龄的高级专家，其在延长离休、退休期间的工资、薪金所得，视同退休工资、离休工资免征个人所得税。

延长离休退休年龄的高级专家是指：①享受国家发放的政府特殊津贴的专家、学者；②中国科学院、中国工程院院士。

高级专家延长离休、退休期间取得的工资、薪金所得，其免征个人所得税政策口径按下列标准执行：①对高级专家从其劳动人事关系所在单位取得的，单位按国家有关规定向职工统一发放的工资、薪金、奖金、津贴、补贴等收入，视同离休、退休工资，免征个人所得税。②除上述第①项所述收入以外各种名目的津补贴收入等，以及高级专家从其劳动人事关系所在单位之外的其他地方取得的培训费、讲课费、顾问费、稿酬等各种收入，依法计征个人所得税。

高级专家从两处以上取得应税工资、薪金所得以及具有税法规定应当自行纳税申报的其他情形的，应在税法规定的期限内自行向主管税务机关办理纳税申报。

21. 外籍个人从外商投资企业取得的股息、红利所得。

22. 凡符合下列条件之一的外籍专家取得的工资、薪金所得可免征个人所得税：①根据世界银行专项贷款协议由世界银行直接派往我国工作的外国专家。②联合国组织直接派往我国工作的专家。③为联合国援助项目来华工作的专家。④援助国派往我国专为该国无偿援助项目工作的专家。⑤根据两国政府签订文化交流项目来华工作2年以内的文教专家，其工资、薪金所得由该国负担的。⑥根据我国大专院校国际交流项目来华工作2年以内的文教专家，其工资、薪金所得由该国负担的。⑦通过民间科研协定来华工作的专家，其工资、薪金所得由该国政府机构负担的。

23. 对被拆迁人按照国家有关城镇房屋拆迁管理办法规定的标准取得的拆迁补偿款，免征个人所得税。

24. 对个人获得曾宪梓教育基金会教师奖的奖金，可视为国务院部委颁发的教育方面的奖金，免征个人所得税。

对个人取得的“国际青少年消除贫困奖”，视同从国际组织取得的教育、文化方面的奖金，免征个人所得税。

对教育部颁发的“特聘教授奖金”免征个人所得税。

对特聘教授获得“长江学者成就奖”的奖金，可视为国务院部委颁发的教育方面的奖金，免征个人所得税。

对学生个人参与“长江小小科学家”活动并获得的奖金，免征个人所得税。

25. 为缓解随军家属的就业困难，对从事个体经营的随军家属，自领取税务登记证之日起，3年内免征个人所得税。

26. 自2018年3月13日至2027年12月31日，对境外个人投资者投资经国务院批准对外开放的中国境内原油等货物期货品种取得的所得，暂免征收个人所得税。

27. 个人与用人单位解除劳动关系取得一次性补偿收入（包括用人单位发放的经济补偿金、生活补助费和其他补助费），在当地上年职工平均工资3倍数额以内的部分，免征个人所得税；超过3倍数额的部分，不并入当年综合所得，单独适用综合所得税率表，计算纳税。

28. 为促进军队转业干部自主择业，对从事个体经营的军队转业干部，经主管税务机关批准，自领取税务登记证之日起，3年内免征个人所得税。

29. 个人取得的由中国青年乡镇企业家协会组织评选的“母亲河（波司登）奖”获得的奖金收入，免征个人所得税。

30. 对被拆迁人按照国家有关城镇房屋拆迁管理办法规定的标准取得的拆迁补偿款，免征个人所得税。

31. 为促进资本市场发展和股市全流通，推动股权分置改革试点的顺利实施，对股权分置改革中非流通股股东通过对价方式向流通股股东支付的股份、现金等收入，暂免征收流通股股东应缴纳的个人所得税。

32. 个人按照国家或省（自治区、直辖市）人民政府规定的缴费比例或办法实际缴付的基本养老保险费、基本医疗保险费和失业保险费，允许在个人应纳税所得额中扣除。个人实际领（支）取原提存的基本养老保险金、基本医疗保险金、失业保险金和住房公积金时，免征个人所得税。

33. 对受灾地区个人取得的抚恤金、救济金，免征个人所得税。

34. 以下情形的房屋产权无偿赠与，对当事双方不征收个人所得税：①房屋产权所有人将房屋产权无偿赠与配偶、父母、子女、祖父母、外祖父母、孙子女、外孙子女、兄弟姐妹；②房屋产权所有人将房屋产权无偿赠与对其承担直接抚养或者赡养义务的抚养人或者赡养人；③房屋产权所有人死亡，依法取得房屋产权的法定继承人、遗嘱继承人或者受遗赠人。

35. 个人转让离婚析产房屋所取得的收入，符合家庭生活自用5年以上唯一住房的，可以申请免征个人所得税。

36. 自2011年11月1日起，对退役士兵按照《退役士兵安置条例》（中华人民共和国国务院 中华人民共和国中央军事委员会令第608号）规定，取得的一次性退役金以及地方政府发放的一次性经济补助，免征个人所得税。

37. 根据《财政部 税务总局关于粤港澳大湾区个人所得税优惠政策的通知》（财税〔2019〕31 号）有关规定，广东省、深圳市按内地与香港个人所得税税负差额，对在大湾区工作的境外（含港澳台）高端人才和紧缺人才给予补贴，该补贴免征个人所得税。

38. 自 2019 年 12 月 5 日至 2027 年 12 月 31 日，对内地个人投资者通过基金互认买卖香港基金份额取得的转让差价所得，暂免征收个人所得税。

39. 对易地扶贫搬迁贫困人口按规定取得的住房建设补助资金、拆旧复垦奖励资金等与易地扶贫搬迁相关的货币化补偿和易地扶贫搬迁安置住房，免征个人所得税。

40. 自 2018 年 11 月 1 日（含）起，对个人转让新三板挂牌公司非原始股取得的所得，暂免征收个人所得税。非原始股是指个人在新三板挂牌公司挂牌后取得的股票，以及由上述股票孳生的送、转股。

41. 对在大湾区工作的境外高端人才和紧缺人才，其在珠三角九市缴纳的个人所得税已缴税额超过其按应纳税所得额的 15%计算的税额部分，由珠三角九市人民政府给予财政补贴，该补贴免征个人所得税。

42. 自 2020 年 1 月 1 日至 2024 年 12 月 31 日，对在海南自由贸易港工作的高端人才和紧缺人才，其个人所得税实际税负超过 15%的部分，予以免征。纳税人在海南省办理个人所得税年度汇算清缴时享受该优惠政策。

享受该优惠政策的所得包括来源于海南自由贸易港的综合所得（包括工资薪金、劳务报酬、稿酬、特许权使用费四项所得）、经营所得以及经海南省认定的人才补贴性所得。

43. 对个人购买福利彩票、体育彩票，一次中奖收入在 1 万元以下（含 1 万元）的暂免征收个人所得税，超过 1 万元的，全额征收个人所得税。

44. 对符合地方政府规定条件的低收入住房保障家庭从地方政府领取的住房租赁补贴，免征个人所得税。

45. 股权分置改革中非流通股股东通过对价方式向流通股股东支付的股份、现金等收入，暂免征收流通股股东应缴纳的个人所得税。

46. 对个人投资者买卖基金单位获得的差价收入，在对个人买卖股票的差价收入未恢复征收个人所得税以前，暂不征收个人所得税。

47. 对个人投资者申购和赎回基金单位取得的差价收入，在对个人买卖股票的差价收入未恢复征收个人所得税以前，暂不征收个人所得税。

48. 对投资者从基金分配中获得的国债利息、储蓄存款利息以及买卖股票价差收入，在国债利息收入、个人储蓄存款利息收入以及个人买卖股票差价收入未恢复征收所得税以前，暂不征收所得税。

49. 从 1997 年 1 月 1 日起，对个人转让上市公司股票取得的所得继续暂免征收个人所得税。

50. 自 1999 年 7 月 1 日起，科研机构、高等学校转化职务科技成果以股份或出资比例等股权形式给予个人奖励，获奖人在取得股份、出资比例时，暂不缴纳个人所得税。

51. 自 2008 年 10 月 9 日起，对居民储蓄存款利息所得，暂免征收个人所得税。

52. 自 2008 年 10 月 9 日起，对证券市场个人投资者取得的证券交易结算资金利息所得，暂免征收个人所得税，即证券市场个人投资者的证券交易结算资金在 2008 年 10 月 9 日后（含 10 月 9 日）孳生的利息所得，暂免征收个人所得税。

53. 沪港、深港股票市场交易互联互通和内地与香港基金互认的税收优惠。

（1）对内地个人投资者通过沪港通、深港通投资香港联合交易所上市股票取得的转让差价所得和通过基金互认买卖香港基金份额取得的转让差价所得，自 2019 年 12 月 5 日至 2027 年 12 月 31 日，暂免征收个人所得税。

（2）对香港市场投资者个人投资上交所上市 A 股取得的转让差价所得，暂免征收个人所得税。

54. 对个人投资者从投保基金公司取得的行政和解金，暂免征收个人所得税。

55. 自原油期货对外开放之日起，对境外个人投资者投资中国境内原油期货取得的所得，3 年内暂免征收个人所得税。

56. 对试点地区个人通过个人商业养老资金账户购买符合规定的商业养老保险产品的支出，允许在一定标准内税前扣除；计入个人商业养老资金账户的投资收益，暂不征收个人所得税；个人领取商业养老金时再征收个人所得税。计入个人商业养老资金账户的投资收益，在缴费期间暂不征收个人所得税。

57. 自2022年10月1日至2025年12月31日，对出售自有住房并在现住房出售后1年内在市场重新购买住房的纳税人，对其出售现住房已缴纳的个人所得税予以退税优惠。其中，新购住房金额大于或等于现住房转让金额的，全部退还已缴纳的个人所得税；新购住房金额小于现住房转让金额的，按新购住房金额占现住房转让金额的比例退还出售现住房已缴纳的个人所得税。

上述所称现住房转让金额为该房屋转让的市场成交价格。新购住房为新房的，购房金额为纳税人在住房城乡建设部门网签备案的购房合同中注明的成交价格；新购住房为二手房的，购房金额为房屋的成交价格。

58. 自2023年9月21日至2025年12月31日，对个人投资者转让创新企业CDR取得的差价所得，暂免征收个人所得税。对个人投资者持有创新企业CDR取得的股息红利所得，实施股息红利差别化个人所得税政策，具体参照《财政部 国家税务总局 证监会关于实施上市公司股息红利差别化个人所得税政策有关问题的通知》（财税〔2012〕85号）、《财政部 国家税务总局 证监会关于上市公司股息红利差别化个人所得税政策有关问题的通知》（财税〔2015〕101号）的相关规定执行，由创新企业在其境内的存托机构代扣代缴税款，并向存托机构所在地税务机关办理全员全额明细申报。对于个人投资者取得的股息红利在境外已缴纳的税款，可按照个人所得税法以及双边税收协定（安排）的相关规定予以抵免。

59. 自2022年1月1日起，对法律援助人员按照《中华人民共和国法律援助法》规定获得的法律援助补贴，免征增值税和个人所得税；法律援助机构向法律援助人员支付法律援助补贴时，应当为获得补贴的法律援助人员办理个人所得税劳务报酬所得免税申报。

60. 自2019年1月1日至2025年12月31日，对符合地方政府规定条件的城镇住房保障家庭从地方政府领取的住房租赁补贴，免征个人所得税。

61. 自2023年1月1日至2027年12月31日，对个体工商户年应纳税所得额不超过200万元的部分，减半征收个人所得税。个体工商户在享受现行其他个人所得税优惠政策的基础上，可叠加享受该条优惠政策。

62. 自2023年1月1日至2027年12月31日，脱贫人口（含防止返贫监测对象）持《就业创业证》（注明“自主创业税收政策”或“毕业年度内自主创业税收政策”）或《就业失业登记证》（注明“自主创业税收政策”）的人员，从事个体经营的，自办理个体工商户登记当月起，在3年（36个月）内按每户每年20000元为限额依次扣减其当年实际应缴纳的增值税、城市维护建设税、教育费附加、地方教育附加和个人所得税。限额标准最高可上浮20%，各省、自治区、直辖市人民政府可根据本地区实际情况在此幅度内确定具体限额标准。

63. 国务院规定的其他免税所得。

（二）减税项目

1. 有下列情形之一的，可以减征个人所得税，具体幅度和期限，由省、自治区、直辖市人民政府规定，并报同级人民代表大会常务委员会备案：

（1）残疾、孤老人员和烈属的所得。

（2）因自然灾害遭受重大损失的。

2. 为了配合国家住房制度改革，支持住房租赁市场的健康发展，对个人出租房屋取得的所得暂减按10%的税率征收个人所得税。

3. 残疾人员投资兴办或参与投资兴办个人独资企业和合伙企业的，残疾人员取得的生产经营所得，符合各省、自治区、直辖市人民政府规定的减征个人所得税条件的，经本人申请、主管税务机关审核批准，可按各省、自治区、直辖市人民政府规定减征的范围和幅度，减征个人所得税。

4. 自2015年9月8日起，个人从公开发行和转让市场取得的上市公司股票，持股期限在1个月以上至1年（含1年）的，暂减按50%计入应纳税所得额；持股期限超过1年的，暂免征收个人所得税。上述所得统一适用20%的税率计征个人所得税。上市公司是指在上海证券交易所、深圳证券交易所挂牌交易的上市公司；持股期限是指个人从公开发行和转让市场取得上市公司股票之日至转让交割该股票之日前一日的持有时间。

5. 个人持有全国中小企业股份转让系统（以下简称全国股份转让系统）挂牌公司的股票，持股期限在1个月以上至1年（含1年）的，暂减按50%

计入应纳税所得额；持股期限超过 1 年的，暂免征收个人所得税。上述所得统一适用 20%的税率计征个人所得税。挂牌公司是指股票在全国股份转让系统挂牌公开转让的非上市公众公司；持股期限是指个人取得挂牌公司股票之日至转让交割该股票之日前一日的持有时间。

6. 国务院可以规定其他减税情形，报全国人民代表大会常务委员会备案。

七、征收管理

（一）纳税人识别号

1. 纳税人识别号概念

自然人纳税人识别号是自然人纳税人办理各类涉税事项的唯一代码标识，也是税务机关开展征管工作的基础。纳税人识别号，是税务机关根据税法规定的编码规则，编制并且赋予纳税人用来确认其身份的数字代码标识。由于自然人纳税人不办理税务登记，对其赋予全国统一的纳税人识别号，相当于赋予了“税务登记证号”，是自然人税收管理的基础和前提。纳税人有中国公民身份号码的，以中国公民身份号码为纳税人识别号。

2. 纳税人识别号的获取

纳税人没有中国公民身份号码的，由税务机关赋予其纳税人识别号。扣缴义务人扣缴税款时，纳税人应当向扣缴义务人提供纳税人识别号。

纳税人首次办理涉税事项时，应当向税务机关或者扣缴义务人出示有效身份证件，并报送相关基础信息。

这里所称“有效身份证件”，是指：

（1）纳税人为中国公民且持有有效《中华人民共和国居民身份证》（以下简称居民身份证）的，为居民身份证。

（2）纳税人为华侨且没有居民身份证的，为有效的《中华人民共和国护照》和华侨身份证明。

（3）纳税人为港澳居民的，为有效的《港澳居民来往内地通行证》或《中华人民共和国港澳居民居住证》。

（4）纳税人为台湾居民的，为有效的《台湾居民来往大陆通行证》或《中华人民共和国台湾居民居住证》。

（5）纳税人为外籍人员且持有有效《中华人民共和国外国人永久居留身份证》（以下简称永久居留证）的，为永久居留证和外国护照；未持有永久居留证但持有有效《中华人民共和国外国人工作许可证》（以下简称工作许可证）的，为工作许可证和外国护照；其他外籍个人，为有效的外国护照。

税务机关应当在赋予自然人纳税人识别号后告知或者通过扣缴义务人告知纳税人其纳税人识别号，并为自然人纳税人查询本人纳税人识别号提供便利。

3. 纳税人识别号的用途

自然人纳税人办理纳税申报、税款缴纳、申请退税、开具完税凭证、纳税查询等涉税事项时应当向税务机关或扣缴义务人提供纳税人识别号。

扣缴义务人应当按月或按次为纳税人向税务机关预扣预缴或代扣代缴税款，为保证纳税人的所有涉税信息在税务信息系统中准确、有效、统一的归集，纳税人必须将其纳税人识别号提供给扣缴义务人，以便税务机关按照纳税人识别归集纳税人涉税信息。纳税人提供纳税人识别号后，其办理汇算清缴补退税时，能够准确抵扣其预扣预缴的税款，准确享受专项附加扣除等政策。此外，税务机关借助纳税人识别号归集的个人所有涉税信息，精准实施后续管理，为纳税人提供办理便利。

（二）代扣代缴

代扣代缴是个人所得税的主要征收方式之一，是加强源泉控制、堵塞税收漏洞的重要手段。为了规范个人所得税扣缴申报行为，维护纳税人和扣缴义务人合法权益，国家税务总局制定了《个人所得税扣缴申报管理办法（试行）》（国家税务总局公告 2018 年第 61 号），自 2019 年 1 月 1 日起施行。

1. 扣缴义务人

法律、行政法规规定负有代扣代缴、代收代缴税款义务的单位和个人为扣缴义务人。纳税人、扣缴义务人必须依照法律、行政法规的规定缴纳税款、代扣代缴、代收代缴税款。

根据《个人所得税法》第九条规定，个人所得税以所得人为纳税人，以支付所得的单位或者个人为扣缴义务人。

扣缴义务人向个人支付应税款项时，应当依照个人所得税法规定预扣或者代扣税款，按时缴库，并专项记载备查。支付包括现金支付、汇拨支付、转账支付和以有价证券、实物以及其他形式的支付。扣缴义务人依法履行代扣代缴义务，纳税人不得拒绝。纳税人拒绝的，扣缴义务人应当及时报告税务机关。

非居民个人取得工资、薪金所得，劳务报酬所得，稿酬所得和特许权使用费所得，有扣缴义务人的，由扣缴义务人按月或者按次代扣代缴税款，不办理汇算清缴。

2. 全员全额扣缴申报

（1）全员全额扣缴申报的概念

扣缴义务人应当按照国家规定办理全员全额扣缴申报。全员全额扣缴申报，是指扣缴义务人在代扣税款的次月15日内，向主管税务机关报送其支付所得的所有个人的有关信息、支付所得数额、扣除事项和数额、扣缴税款的具体数额和总额以及其他相关涉税信息资料。

扣缴义务人向个人支付应税所得时，无论其是否属于本单位人员、支付的应税所得是否达到纳税标准，扣缴义务人均应当在代扣税款的次月内，向主管税务机关报送其支付应税所得个人的基础信息、支付所得数额、扣除事项及数额、扣缴税款的具体数额和总额以及其他相关涉税信息资料。

（2）全员全额扣缴申报的应税所得项目

实行个人所得税全员全额扣缴申报的应税所得包括：

①工资、薪金所得；

②劳务报酬所得；

③稿酬所得；

④特许权使用费所得；

⑤利息、股息、红利所得；

⑥财产租赁所得；

⑦财产转让所得；

⑧偶然所得。

3. 扣缴申报期限

扣缴义务人每月或者每次预扣、代扣的税款，应当在次月 15 日内缴入国库，并向税务机关报送扣缴个人所得税申报表。纳税人办理汇算清缴退税或者扣缴义务人为纳税人办理汇算清缴退税的，税务机关审核后，按照国库管理的有关规定办理退税。扣缴义务人每月或者每次预扣、代扣的税款，应当在次月 15 日内缴入国库，并向税务机关报送《个人所得税扣缴申报表》。

4. 扣缴手续费

对扣缴义务人按照所扣缴的税款，付给 2%的手续费。不包括税务机关、司法机关等查补或者责令补扣的税款。扣缴义务人领取的扣缴手续费可用于提升办税能力、奖励办税人员。

税务机关按照《个人所得税法》第十七条的规定付给扣缴义务人手续费，应当填开退还书；扣缴义务人凭退还书，按照国库管理有关规定办理退库手续。

5. 专项附加扣除信息报送

纳税人首次享受专项附加扣除，应当将专项附加扣除相关信息提交扣缴义务人或者税务机关，扣缴义务人应当及时将相关信息报送税务机关，纳税人对所提交信息的真实性、准确性、完整性负责。专项附加扣除信息发生变化的，纳税人应当及时向扣缴义务人或者税务机关提供相关信息。专项附加扣除相关信息，包括纳税人本人、配偶、子女、被赡养人等个人身份信息，以及国务院税务主管部门规定的其他与专项附加扣除相关的信息。

（1）信息变化与更换工作单位后的信息报送

纳税人选择在扣缴义务人发放工资、薪金所得时享受专项附加扣除的，首次享受时应当填写并向扣缴义务人报送《个人所得税专项附加扣除信息表》；纳税年度中间相关信息发生变化的，纳税人应当更新《个人所得税专项附加扣除信息表》相应栏次，并及时报送给扣缴义务人。

更换工作单位的纳税人，需要由新任职、受雇扣缴义务人办理专项附加扣除的，应当在入职的当月，填写并向扣缴义务人报送《个人所得税专项附加扣除信息表》。

（2）次年继续扣除的信息确认

纳税人次年需要由扣缴义务人继续办理专项附加扣除的，应当于每年

12月对次年享受专项附加扣除的内容进行确认，并报送至扣缴义务人。纳税人未及时确认的，扣缴义务人于次年1月起暂停扣除，待纳税人确认后再行办理专项附加扣除。扣缴义务人应当将纳税人报送的专项附加扣除信息，在次月办理扣缴申报时一并报送至主管税务机关。

（3）扣除资料保存期限

纳税人需要留存备查的相关资料应当留存5年。

（4）信息报送方式

纳税人可以通过远程办税端、电子或纸质报表等方式，向扣缴义务人或者主管税务机关报送个人专项附加扣除信息。

6. 信息提供及处理

（1）基础信息的提供与报送

扣缴义务人首次向纳税人支付所得时，应当按照纳税人提供的纳税人识别号等基础信息，并于次月扣缴申报时向税务机关报送。扣缴义务人对纳税人向其报告的相关基础信息变化情况，应当于次月扣缴申报时向税务机关报送。

（2）享受税收协定待遇信息、资料的提供

纳税人需要享受税收协定待遇的，应当在取得应税所得时主动向扣缴义务人提出，并提交相关信息、资料，扣缴义务人代扣代缴税款时按照享受税收协定待遇有关办法办理。

（3）涉税信息与实际不符的处理

扣缴义务人应当按照纳税人提供的信息计算税款、办理扣缴申报，不得擅自更改纳税人提供的信息。

扣缴义务人发现纳税人提供的信息与实际情况不符的，可以要求纳税人修改。纳税人拒绝修改的，扣缴义务人应当报告税务机关，税务机关应当及时处理。

纳税人发现扣缴义务人提供或者扣缴申报的个人信息、支付所得、扣缴税款等信息与实际情况不符的，有权要求扣缴义务人修改。扣缴义务人拒绝修改的，纳税人应当报告税务机关，税务机关应当及时处理。

7. 专项附加扣除办理扣除的时间

（1）办理扣除时间的一般规定

①预缴享受扣除的办理

居民个人向扣缴义务人提供专项附加扣除信息的，扣缴义务人按月预扣预缴税款时应当按照规定予以扣除，不得拒绝。

享受子女教育、继续教育、住房贷款利息或者住房租金、赡养老人、3岁以下婴幼儿照护专项附加扣除的纳税人，自符合条件开始，可以向支付工资、薪金所得的扣缴义务人提供上述专项附加扣除有关信息，由扣缴义务人在预扣预缴税款时，按其在本单位本年可享受的累计扣除额办理扣除；也可以在次年3月1日至6月30日，向汇缴地主管税务机关办理汇算清缴申报时扣除。

纳税人同时从两处以上取得工资、薪金所得，并由扣缴义务人办理上述专项附加扣除的，对同一专项附加扣除项目，一个纳税年度内，纳税人只能选择从其中一处扣除。

享受大病医疗专项附加扣除的纳税人，由其在次年3月1日至6月30日，自行向汇缴地主管税务机关办理汇算清缴申报时扣除。

扣缴义务人发现纳税人提供的信息与实际情况不符，可以要求纳税人修改。纳税人拒绝修改的，扣缴义务人应当向主管税务机关报告，税务机关应当及时处理。

除纳税人另有要求外，扣缴义务人应当于年度终了后2个月内，向纳税人提供已办理的专项附加扣除项目及金额等信息。

②汇算享受扣除的办理

纳税人选择在汇算清缴申报时享受专项附加扣除的，应当填写并向汇缴地主管税务机关报送《个人所得税专项附加扣除信息表》。

纳税人将需要享受的专项附加扣除项目信息填报至《个人所得税专项附加扣除信息表》相应栏次。填报要素完整的，扣缴义务人或者主管税务机关应当受理；填报要素不完整的，扣缴义务人或者主管税务机关应当及时告知纳税人补正或重新填报。纳税人未补正或重新填报的，暂不办理相关专项附加扣除，待纳税人补正或重新填报后再行办理。

（2）年度中间更换工作单位的扣除

扣缴义务人办理工资、薪金所得预扣预缴税款时，应当根据纳税人报送的《个人所得税专项附加扣除信息表》为纳税人办理专项附加扣除。

纳税人年度中间更换工作单位的，在原单位任职、受雇期间已享受的专项附加扣除金额，不得在新任职、受雇单位扣除。原扣缴义务人应当自纳税人离职不再发放工资薪金所得的当月起，停止为其办理专项附加扣除。

（3）没有工资、薪金所得的扣除

纳税人未取得工资、薪金所得，仅取得劳务报酬所得、稿酬所得、特许权使用费所得需要享受专项附加扣除的，应当在次年3月1日至6月30日，自行向汇缴地主管税务机关报送《个人所得税专项附加扣除信息表》，并在办理汇算清缴申报时扣除。

（4）年度内未享受或未足额享受的处理

一个纳税年度内，纳税人在扣缴义务人预扣预缴税款环节未享受或未足额享受专项附加扣除的，可以在当年内向支付工资、薪金的扣缴义务人申请在剩余月份发放工资、薪金时补充扣除，也可以在次年3月1日至6月30日，向汇缴地主管税务机关办理汇算清缴时申报扣除。

（5）当年扣不完的不能结转以后年度扣除

根据《个人所得税专项附加扣除暂行办法》第三十条规定，个人所得税专项附加扣除额一个纳税年度扣除不完的，不能结转以后年度扣除。

8. 新入职人员、全日制学历教育的学生个人所得税预扣预缴

自2020年7月1日起，对一个纳税年度内首次取得工资、薪金所得的居民个人，扣缴义务人在预扣预缴个人所得税时，可按照5000元/月乘以纳税人当年截至当月月份数计算累计减除费用。

首次取得工资、薪金所得的居民个人，是指自纳税年度首月起至新入职时，未取得工资、薪金所得或者未按照累计预扣法预扣预缴过连续性劳务报酬所得个人所得税的居民个人。

正在接受全日制学历教育的学生因实习取得劳务报酬所得的，扣缴义务人预扣预缴个人所得税时，可按照《个人所得税扣缴申报管理办法（试行）》（国家税务总局公告2018年第61号）规定的累计预扣法计算并预扣预缴税款。

9. 全年工资、薪金收入不超过6万元的居民个人个人所得税预扣预缴

自2021年1月1日起，对上一完整纳税年度内每月均在同一单位预扣预缴工资、薪金所得个人所得税且全年工资、薪金收入不超过6万元的居民个人，扣缴义务人在预扣预缴本年度工资、薪金所得个人所得税时，累计减

除费用自1月份起直接按照全年6万元计算扣除。即，在纳税人累计收入不超过6万元的月份，暂不预扣预缴个人所得税；在其累计收入超过6万元的当月及年内后续月份，再预扣预缴个人所得税。

扣缴义务人应当按规定办理全员全额扣缴申报，并在《个人所得税扣缴申报表》相应纳税人的备注栏注明“上年各月均有申报且全年收入不超过6万元”字样。

对按照累计预扣法预扣预缴劳务报酬所得个人所得税的居民个人，扣缴义务人比照上述规定执行。

（三）自行申报

1. 自行申报的范围

（1）需办理自行申报的情形

根据《个人所得税法》第十条规定，有下列情形之一的，纳税人应当依法办理纳税申报：

①取得综合所得需要办理汇算清缴；

②取得应税所得没有扣缴义务人；

③取得应税所得，扣缴义务人未扣缴税款；

④取得境外所得；

⑤因移居境外注销中国户籍；

⑥非居民个人在中国境内从两处以上取得工资、薪金所得；

⑦国务院规定的其他情形。

扣缴义务人应当按照国家规定办理全员全额扣缴申报，并向纳税人提供其个人所得和已扣缴税款等信息。

（2）纳税申报方式

根据《国家税务总局关于个人所得税自行纳税申报有关问题的公告》（国家税务总局公告2018年第62号）第七条规定，纳税人可以采用远程办税端、邮寄等方式申报，也可以直接到主管税务机关申报。

（3）基础信息表的报送

纳税人办理自行纳税申报时，应当一并报送税务机关要求报送的其他有关资料。首次申报或者个人基础信息发生变化的，还应报送《个人所得税基础信息表（B表）》。纳税人在办理纳税申报时需要享受税收协定待遇的，按照享受税收协定待遇有关办法办理。

2. 综合所得汇算清缴纳税申报

（1）需要办理综合所得汇算清缴纳税申报的情形

根据《个人所得税法实施条例》第二十五条规定，取得综合所得需要办理汇算清缴的情形包括：

①从两处以上取得综合所得，且综合所得年收入额减除专项扣除的余额超过60000元；

②取得劳务报酬所得、稿酬所得、特许权使用费所得中一项或者多项所得，且综合所得年收入额减除专项扣除的余额超过60000元；

③纳税年度内预缴税额低于应纳税额；

④纳税人申请退税。

（2）纳税申报的时间

居民个人取得综合所得，按年计算个人所得税；有扣缴义务人的，由扣缴义务人按月或者按次预扣预缴税款；需要办理汇算清缴的，应当在取得所得的次年3月1日至6月30日办理汇算清缴。

（3）纳税申报的地点

需要办理汇算清缴的纳税人，向任职、受雇单位所在地主管税务机关办理纳税申报。纳税人有两处以上任职、受雇单位的，选择向其中一处任职、受雇单位所在地主管税务机关办理纳税申报；纳税人没有任职、受雇单位的，向户籍所在地或经常居住地主管税务机关办理纳税申报。

3. 取得经营所得的纳税申报

（1）纳税申报的时间

纳税人取得经营所得，按年计算个人所得税，由纳税人在月度或者季度终了后15日内向税务机关报送纳税申报表，并预缴税款；在取得所得的次年3月31日前办理汇算清缴。

（2）纳税申报的地点

纳税人取得经营所得，按年计算个人所得税，由纳税人在月度或季度终了后15日内，向经营管理所在地主管税务机关办理预缴纳税申报。在取得所得的次年3月31日前，向经营管理所在地主管税务机关办理汇算清缴；

从两处以上取得经营所得的，选择向其中一处经营管理所在地主管税务机关办理年度汇总申报。

4. 无扣缴义务人或扣缴义务人未扣缴税款的纳税申报

（1）纳税申报的时间

纳税人取得应税所得没有扣缴义务人的，应当在取得所得的次月15日内向税务机关报送纳税申报表，并缴纳税款。

纳税人取得应税所得，扣缴义务人未扣缴税款的，纳税人应当在取得所得的次年6月30日前，缴纳税款；税务机关通知限期缴纳的，纳税人应当按照期限缴纳税款。

（2）纳税申报的地点

纳税人取得应税所得，扣缴义务人未扣缴税款的，应当区别以下情形办理纳税申报：

①居民个人取得综合所得的，按照综合所得汇算清缴申报规定办理。

②非居民个人取得工资、薪金所得，劳务报酬所得，稿酬所得，特许权使用费所得的，应当在取得所得的次年6月30日前，向扣缴义务人所在地主管税务机关纳税申报，并报送《个人所得税自行纳税申报表（A表）》。有两个以上扣缴义务人均未扣缴税款的，选择向其中一处扣缴义务人所在地主管税务机关办理纳税申报。

非居民个人在次年6月30日前离境（临时离境除外）的，应当在离境前办理纳税申报。

③纳税人取得利息、股息、红利所得，财产租赁所得，财产转让所得和偶然所得的，应当在取得所得的次年6月30日前，按相关规定向主管税务机关办理纳税申报。

税务机关通知限期缴纳的，纳税人应当按照期限缴纳税款。

5. 取得境外所得的纳税申报

（1）纳税申报的时间

居民个人从中国境外取得所得的，应当在取得所得的次年3月1日至6月30日申报纳税。

（2）纳税申报的地点

居民个人从中国境外取得所得的，应当在取得所得的次年3月1日至6

月30日，向中国境内任职、受雇单位所在地主管税务机关办理纳税申报；在中国境内没有任职、受雇单位的，向户籍所在地或中国境内经常居住地主管税务机关办理纳税申报；户籍所在地与中国境内经常居住地不一致的，选择其中一地主管税务机关办理纳税申报；在中国境内没有户籍的，向中国境内经常居住地主管税务机关办理纳税申报。

6. 因移居境外注销中国户籍的纳税申报

（1）纳税申报的时间

纳税人因移居境外注销中国户籍的，应当在注销中国户籍前办理税款清算。

（2）注销中国户籍的纳税申报内容

纳税人因移居境外注销中国户籍的，应当在申请注销中国户籍前，向户籍所在地主管税务机关办理纳税申报，进行税款清算。

①纳税人在注销户籍年度取得综合所得的，应当在注销户籍前，办理当年综合所得的汇算清缴。尚未办理上一年度综合所得汇算清缴的，应当在办理注销户籍纳税申报时一并办理。

②纳税人在注销户籍年度取得经营所得的，应当在注销户籍前，办理当年经营所得的汇算清缴。尚未办理上一年度经营所得汇算清缴的，应当在办理注销户籍纳税申报时一并办理。

③纳税人在注销户籍当年取得利息、股息、红利所得，财产租赁所得，财产转让所得和偶然所得的，应当在注销户籍前，申报当年上述所得的完税情况。

④纳税人有未缴或者少缴税款的，应当在注销户籍前，结清欠缴或未缴的税款。纳税人存在分期缴税且未缴纳完毕的，应当在注销户籍前，结清尚未缴纳的税款。

⑤纳税人办理注销户籍纳税申报时，需要办理专项附加扣除、依法确定的其他扣除的，应当向税务机关报送《个人所得税专项附加扣除信息表》《商业健康保险税前扣除情况明细表》《个人税收递延型商业养老保险税前扣除情况明细表》等。

7. 非居民个人在中国境内从两处以上取得工资、薪金所得的纳税申报

（1）纳税申报的时间

非居民个人在中国境内从两处以上取得工资、薪金所得的，应当在取得

所得的次月15日内申报纳税。

（2）纳税申报的地点

非居民个人在中国境内从两处以上取得工资、薪金所得的，应当在取得所得的次月15日内，向其中一处任职、受雇单位所在地主管税务机关办理纳税申报。

第二节 疑难解答

1. 个人股东转让其拥有的股权，请问股权原值如何确认？

答：根据《国家税务总局关于发布〈股权转让所得个人所得税管理办法（试行）〉的公告》（国家税务总局公告2014年第67号）规定，对个人转让股权的原值依照以下方法确认：

（1）以现金出资方式取得的股权，按照实际支付的价款与取得股权直接相关的合理税费之和确认股权原值；

（2）以非货币性资产出资方式取得的股权，按照税务机关认可或核定的投资入股时非货币性资产价格与取得股权直接相关的合理税费之和确认股权原值；

（3）通过无偿让渡方式取得股权，具备下列情形的，按取得股权发生的合理税费与原持有人的股权原值之和确认股权原值：继承或将股权转让给其能提供具有法律效力身份关系证明的配偶、父母、子女、祖父母、外祖父母、孙子女、外孙子女、兄弟姐妹以及对转让人承担直接抚养或者赡养义务的抚养人或者赡养人；

（4）被投资企业以资本公积、盈余公积、未分配利润转增股本，个人股东已依法缴纳个人所得税的，以转增额和相关税费之和确认其新转增股本的股权原值；

（5）除以上情形外，由主管税务机关按照避免重复征收个人所得税的原则合理确认股权原值。

2. 个人转让商业用房，计算个人所得税时，可以扣除装修费用吗？

答：（1）根据《个人所得税法》第六条第一款第五项规定，财产转让所得，以转让财产的收入额减除财产原值和合理费用后的余额，为应纳税所得额。

（2）根据《国家税务总局关于个人住房转让所得征收个人所得税有关问题的通知》（国税发〔2006〕108号）第二条规定，对转让住房收入计算个人所得税应纳税所得额时，纳税人可凭原购房合同、发票等有效凭证，经税务机关审核后，允许从其转让定收入中减除房屋原值、转让住房过程中缴纳的税金及有关合理费用。

合理费用，是指纳税人按照规定实际支付的住房装修费用、住房贷款利息、手续费、公证费等费用。其中，支付的住房装修费用。纳税人能提供实际支付装修费用的税务统一发票，并且发票上所列付款人姓名与转让房屋产权人一致的，经税务机关审核，其转让的住房在转让前实际发生的装修费用，可在以下规定比例内扣除：

①已购公有住房、经济适用房：最高扣除限额为房屋原值的15%；

②商品房及其他住房：最高扣除限额为房屋原值的10%。

纳税人原购房为装修房，即合同注明房价款中含有装修费（铺装了地板，装配了洁具、厨具等）的，不得再重复扣除装修费用。

3. 公司一次性补缴数月按国家或地方政府规定的比例或标准的五险一金，能否在当月工资、薪金个人所得税税前扣除？

答：根据《财政部 国家税务总局关于基本养老保险费 基本医疗保险费 失业保险费 住房公积金有关个人所得税政策的通知》（财税〔2006〕10号）规定，企事业单位按照国家或省（自治区、直辖市）人民政府规定的缴费比例或办法实际缴付的基本养老保险费、基本医疗保险费和失业保险费，免征个人所得税；个人按照国家或省（自治区、直辖市）人民政府规定的缴费比例或办法实际缴付的基本养老保险费、基本医疗保险费和失业保险费，允许在个人应纳税所得额中扣除。

企事业单位和个人超过规定的比例和标准缴付的基本养老保险费、基本医疗保险费和失业保险费，应将超过部分并入个人当期的工资、薪金收入，计征个人所得税。

根据《住房公积金管理条例》、《建设部 财政部 中国人民银行关于住房公积金管理若干具体问题的指导意见》（建金管〔2005〕5号）等规定精神，单位和个人分别在不超过职工本人上一年度月平均工资12%的幅度内，其实际缴存的住房公积金，允许在个人应纳税所得额中扣除。单位和职工个人缴存住房公积金的月平均工资不得超过职工工作地所在设区城市上一年度职工月平均工资的 3 倍，具体标准按照各地有关规定执行。

单位和个人超过上述规定比例和标准缴付的住房公积金，应将超过部分并入个人当期的工资、薪金收入，计征个人所得税。

4. 对个人股权转让过程中取得的违约金是否征收个人所得税？

答：《国家税务总局关于个人股权转让过程中取得违约金收入征收个人所得税问题的批复》（国税函〔2006〕866 号）规定："根据《中华人民共和国个人所得税法》的有关规定，股权成功转让后，转让方个人因受让方个人未按规定期限支付价款而取得的违约金收入，属于因财产转让而产生的收入。转让方个人取得的该违约金应并入财产转让收入，按照'财产转让所得'项目计算缴纳个人所得税，税款由取得所得的转让方个人向主管税务机关自行申报缴纳。"

根据《股权转让所得个人所得税管理办法（试行）》（国家税务总局公告 2014 年第 67 号）第八条规定，转让方取得与股权转让相关的各种款项，包括违约金、补偿金以及其他名目的款项、资产、权益等，均应当并入股权转让收入。

因此，个人股权转让过程中取得的违约金应征收个人所得税。

5. 纳税人因新购住房的房屋交易合同解除、撤销或无效等原因导致不再符合个人所得税退税政策享受条件的，应如何处理？

答：根据《国家税务总局关于支持居民换购住房个人所得税政策有关征管事项的公告》（国家税务总局公告 2022 年第 21 号）第七条规定，纳税人因新购住房的房屋交易合同解除、撤销或无效等原因导致不再符合退税政策享受条件的，应当在合同解除、撤销或无效等情形发生的次月 15 日内向主管税务机关主动缴回已退税款。纳税人符合以上规定情形但未按规定缴回已退税款，以及不符合该公告规定条件骗取退税的，税务机关将依照《中华人民共和国税收征收管理法》及其实施细则等有关规定处理。

6. 外籍个人取得的住房补贴、伙食补贴、洗衣费是否免征个人所得税？

答：对外籍个人以非现金形式或实报实销形式取得的合理的住房补贴、伙食补贴和洗衣费免征个人所得税，应由纳税人在初次取得上述补贴或上述补贴数额、支付方式发生变化的月份的次月进行工资薪金所得纳税申报时，向主管税务机关提供上述补贴的有效凭证，由主管税务机关核准确认免税。

2019年1月1日至2027年12月31日期间，外籍个人符合居民个人条件的，可以选择享受个人所得税专项附加扣除，也可以选择按照《财政部 国家税务总局关于个人所得税若干政策问题的通知》（财税字〔1994〕20号）、《国家税务总局关于外籍个人取得有关补贴征免个人所得税执行问题的通知》（国税发〔1997〕54号）和《财政部 国家税务总局关于外籍个人取得港澳地区住房等补贴征免个人所得税的通知》（财税〔2004〕29号）规定，享受住房补贴、语言训练费、子女教育费等津补贴免税优惠政策，但不得同时享受。外籍个人一经选择，在一个纳税年度内不得变更。

7. 支持居民换购住房个人所得税政策是如何规定的？

答：自2022年10月1日至2025年12月31日，对出售自有住房并在现住房出售后1年内在市场重新购买住房的纳税人，对其出售现住房已缴纳的个人所得税予以退税优惠。其中，新购住房金额大于或等于现住房转让金额的，全部退还已缴纳的个人所得税；新购住房金额小于现住房转让金额的，按新购住房金额占现住房转让金额的比例退还出售现住房已缴纳的个人所得税。

纳税人换购住房个人所得税退税额的计算公式为：

新购住房金额大于或等于现住房转让金额：

$$退税金额=现住房转让时缴纳的个人所得税$$

新购住房金额小于现住房转让金额：

$$退税金额=（新购住房金额\div现住房转让金额）\times\begin{array}{c}现住房转让时\\缴纳的个人所得税\end{array}$$

现住房转让金额和新购住房金额与核定计税价格不一致的，以核定计税价格为准。

现住房转让金额和新购住房金额均不含增值税。

对于出售多人共有住房或新购住房为多人共有的，应按照纳税人所占产权份额确定该纳税人现住房转让金额或新购住房金额。

8. 个人从任职受雇企业以低于公平市场价格取得股票（权），不符合递延纳税条件的如何计税？

答：（1）根据《财政部 国家税务总局关于完善股权激励和技术入股有关所得税政策的通知》（财税〔2016〕101号）第四条第一项规定，个人从任职受雇企业以低于公平市场价格取得股票（权）的，凡不符合递延纳税条件，应在获得股票（权）时，对实际出资额低于公平市场价格的差额，按照“工资、薪金所得”项目，参照《财政部 国家税务总局关于个人股票期权所得征收个人所得税问题的通知》（财税〔2005〕35号）有关规定计算缴纳个人所得税。

（2）根据《财政部 税务总局关于延续实施上市公司股权激励有关个人所得税政策的公告》（财政部 税务总局公告2023年第25号）第一条、第三条规定，2027年12月31日前，居民个人取得股票期权、股票增值权、限制性股票、股权奖励等股权激励，符合《财政部 国家税务总局关于个人股票期权所得征收个人所得税问题的通知》（财税〔2005〕35号）、《财政部 国家税务总局关于股票增值权所得和限制性股票所得征收个人所得税有关问题的通知》（财税〔2009〕5号）、《财政部 国家税务总局关于将国家自主创新示范区有关税收试点政策推广到全国范围实施的通知》（财税〔2015〕116号）第四条、《财政部 国家税务总局关于完善股权激励和技术入股有关所得税政策的通知》（财税〔2016〕101号）第四条第（一）项规定的相关条件的，不并入当年综合所得，全额单独适用综合所得税率表，计算纳税。计算公式为：

应纳税额=股权激励收入×适用税率-速算扣除数

（3）员工接受实施股票期权计划企业授予的股票期权时，除另有规定外，一般不作为应税所得征税。

对因特殊情况，员工在行权日之前将股票期权转让的，以股票期权的转让净收入，作为工资薪金所得征收个人所得税。

员工将行权后的股票再转让时获得的高于购买日公平市场价的差额，是因个人在证券二级市场上转让股票等有价证券而获得的所得，应按照“财产转让所得”适用的征免规定计算缴纳个人所得税。

员工因拥有股权而参与企业税后利润分配取得的所得，应按照“利息、股息、红利所得”适用的规定计算缴纳个人所得税。

9. 员工取得的股权激励中，既有符合条件实行递延纳税的，也有不符合递延纳税条件不享受递延纳税的，该如何核算？

答：根据《国家税务总局关于股权激励和技术入股所得税征管问题的公告》（国家税务总局公告 2016 年第 62 号）第一条第三项的规定，员工取得符合条件、实行递延纳税政策的股权激励，与不符合递延纳税条件的股权激励分别计算。

10. 对符合条件的非上市公司股票期权、股权期权、限制性股票和股权奖励可实行何种递延纳税政策？

答：根据《财政部 国家税务总局关于完善股权激励和技术入股有关所得税政策的通知》（财税〔2016〕101 号）第一条、第六条规定，自 2016 年 9 月 1 日起，非上市公司授予本公司员工的股票期权、股权期权、限制性股票和股权奖励，符合规定条件的，经向主管税务机关备案，可实行递延纳税政策，即员工在取得股权激励时可暂不纳税，递延至转让该股权时纳税；股权转让时，按照股权转让收入减除股权取得成本以及合理税费后的差额，适用"财产转让所得"项目，按照 20%的税率计算缴纳个人所得税。

股权转让时，股票（权）期权取得成本按行权价确定，限制性股票取得成本按实际出资额确定，股权奖励取得成本为零。

股票（权）期权是指公司给予激励对象在一定期限内以事先约定的价格购买本公司股票（权）的权利；限制性股票是指公司按照预先确定的条件授予激励对象一定数量的本公司股权，激励对象只有工作年限或业绩目标符合股权激励计划规定条件的才可以处置该股权；股权奖励是指企业无偿授予激励对象一定份额的股权或一定数量的股份。

第三节　案例解析

一、案例描述

中国公民李先生在甲企业任总经理，妻子是全职太太，有一个女儿，上小学，父母年过 60 岁。李先生是独生子，2023 年 1—12 月每月在甲企业取得工资、薪金收入16000元，无免税收入；每月缴纳“三险一金”2500元，无其他扣除。另外，2023年4月取得劳务报酬收入3000元，稿酬收入2000元，7月取得劳务报酬收入30000元，特许权使用费收入2000元。计算李先生2023年预扣预缴的个人所得税额及2023年度汇算清缴应补（退）税额。

二、案例分析

预扣预缴环节：

1. 工资、薪金所得预扣预缴计算

从1月开始享受子女教育和赡养老人专项附加扣除共计为5000元。

（1）2023年1月：

1月累计预扣预缴应纳税所得额＝16000－5000－2500－5000＝3500（元），适用税率为3%。

1月应预扣预缴税额＝3500×3%＝105（元）

2023年1月，甲企业在发放工资环节预扣预缴个人所得税105元。

（2）2023年2月：

2月累计预扣预缴应纳税所得额＝16000×2－5000×2－2500×2－5000×2＝7000（元），适用税率为3%。

2月应预扣预缴税额＝7000×3%－105＝105（元）

2023年2月，甲企业在发放工资环节预扣预缴个人所得税105元。

（3）2023年3月：

3月累计预扣预缴应纳税所得额＝16000×3－5000×3－2500×3－5000×3＝10500（元），适用税率为3%。

3月应预扣预缴税额＝10500×3%－105－105＝105（元）

2023年3月，甲企业在发放工资环节预扣预缴个人所得税105元。

（4）其他月份：

按照上述方法以此类推，计算得出李先生各月个人所得税预扣预缴情况见表5-8。

表 5-8　2023 年 1—12 月工资、薪金个人所得税预扣预缴计算表　单位：元

月份	工资、薪金收入	减除费用	专项扣除	专项附加扣除	应纳税所得额	税率/%	速算扣除数	累计应纳税额	当月应纳税额
1月	16000.00	5000.00	2500.00	5000.00	3500.00				
累计	16000.00	5000.00	2500.00	5000.00	3500.00	3	—	105.00	105.00
2月	16000.00	5000.00	2500.00	5000.00	3500.00				
累计	32000.00	10000.00	5000.00	10000.00	7000.00	3	—	210.00	105.00
3月	16000.00	5000.00	2500.00	5000.00	3500.00				
累计	48000.00	15000.00	7500.00	15000.00	10500.00	3	—	315.00	105.00
4月	16000.00	5000.00	2500.00	5000.00	3500.00				
累计	64000.00	20000.00	10000.00	20000.00	14000.00	3	—	420.00	105.00
5月	16000.00	5000.00	2500.00	5000.00	3500.00				
累计	80000.00	25000.00	12500.00	25000.00	17500.00	3	—	525.00	105.00
6月	16000.00	5000.00	2500.00	5000.00	3500.00				
累计	96000.00	30000.00	15000.00	30000.00	21000.00	3	—	630.00	105.00
7月	16000.00	5000.00	2500.00	5000.00	3500.00				
累计	112000.00	35000.00	17500.00	35000.00	24500.00	3	—	735.00	105.00
8月	16000.00	5000.00	2500.00	5000.00	3500.00				
累计	128000.00	40000.00	20000.00	40000.00	28000.00	3	—	840.00	105.00
9月	16000.00	5000.00	2500.00	5000.00	3500.00				
累计	144000.00	45000.00	22500.00	45000.00	31500.00	3	—	945.00	105.00
10月	16000.00	5000.00	2500.00	5000.00	3500.00				
累计	160000.00	50000.00	25000.00	50000.00	35000.00	3	—	1050.00	105.00
11月	16000.00	5000.00	2500.00	5000.00	3500.00				
累计	176000.00	55000.00	27500.00	55000.00	38500.00	10	2520.00	1330.00	280.00
12月	16000.00	5000.00	2500.00	5000.00	3500.00				
累计	192000.00	60000.00	30000.00	60000.00	42000.00	10	2520.00	1680.00	350.00

2. 其他综合所得（劳务报酬、稿酬、特许权使用费所得）预扣预缴个人所得税计算

（1）2023 年 4 月，取得劳务报酬收入 3000 元，稿酬收入 2000 元。

劳务报酬所得预扣预缴应纳税所得额＝3000－800＝2200（元）

劳务报酬所得预扣预缴税额＝2200×20%－0＝440（元）

稿酬所得预扣预缴应纳税所得额＝（2000－800）×70%＝840（元）

稿酬所得预扣预缴税额＝840×20%＝168（元）

李先生4月劳务报酬所得预扣预缴个人所得税440元；稿酬所得预扣预缴税额个人所得税168元。

（2）2023年7月，取得劳务报酬30000元，特许权使用费所得2000元。

劳务报酬所得预扣预缴应纳税所得额＝30000×（1－20%）＝24000（元）

劳务报酬所得预扣预缴税额＝24000×30%－2000＝5200（元）

特许权使用费所得预扣预缴应纳税所得额＝2000－800＝1200（元）

特许权使用费所得预扣预缴税额＝1200×20%＝240（元）

李先生7月劳务报酬所得预扣预缴个人所得税5200元；特许权使用费所得预扣预缴个人所得税240元。

年度汇算清缴：

（1）年收入额＝16000×12+（3000+30000）×（1－20%）+2000×（1－20%）×70%+2000×（1－20%）＝221120（元）

（2）综合所得应纳税所得额＝221120－60000－（2500×12）－（5000×12）＝71120（元）

（3）应纳税额＝71120×10%－2520＝4592（元）

（4）预扣预缴税额＝1680+（440+5200）+168+240＝7728（元）

（5）年度汇算应补退税额＝4592－7728＝－3136（元），汇算清缴应退税额3136元。

第六章　土地增值税

第一节　税制概要

一、纳税人、征税范围和税率

（一）纳税人

土地增值税的纳税人为转让国有土地使用权、地上的建筑物及其附着物（以下简称转让房地产）并取得收入的单位和个人。单位包括各类企业、事业单位、国家机关和社会团体及其他组织。个人包括个体工商户和自然人个人。

（二）征税范围

1. 征税范围的一般规定

（1）土地增值税是对转让房地产的行为征税，国有土地使用权出让不征土地增值税。

国有土地使用权出让，是指国家以土地所有者的身份将土地使用权在一定年限内让与土地使用者，并由土地使用者向国家支付土地使用权出让金的行为，属于土地买卖的一级市场。国有土地使用权出让的出让方是国家，国家凭借土地的所有权向土地使用者收取土地的租金。出让的目的是实行国有土地的有偿使用制度，合理开发、利用、经营土地，因此，国有土地使用权的出让不属于土地增值税的征税范围。

（2）土地增值税既对转让国有土地使用权的行为征税，也对转让地上建筑物及其他附着物产权的行为征税。

所谓地上的建筑物，是指建于土地上的一切建筑物，包括地上、地下的各种附属设施；附着物，是指附着于土地上的不能移动，一经移动即遭损坏的物品。

（3）土地增值税只对有偿转让的房地产征税，对以继承、赠与等方式无偿转让的房地产，不予征税。

房地产的继承，是指房产的原产权所有人、依照法律规定取得土地使用权的土地使用人死亡以后，由其继承人依法承受死者房产产权和土地使用权的民事法律行为。这种行为虽然发生了房地产的权属变更，但作为房产产权、土地使用权的原所有人（即被继承人）并没有因为权属变更而取得任何收入。因此，这种房地产的继承不属于土地增值税的征税范围。

房地产的赠与，是指房产所有人、土地使用权所有人将自己所拥有的房地产无偿地交给其他人的民事法律行为。但这里的“赠与”仅指以下情况：

①房产所有人、土地使用权所有人将房屋产权、土地使用权赠与直系亲属或承担直接赡养义务人。

②房产所有人、土地使用权所有人通过中国境内非营利的社会团体、国家机关将房屋产权、土地使用权赠与教育、民政和其他社会福利、公益事业。社会团体，是指中国青少年发展基金会、希望工程基金会、宋庆龄基金会、减灾委员会、中国红十字会、中国残疾人联合会、全国老年基金会、老区促进会以及经民政部门批准成立的其他非营利性的公益性组织。

2. 征税范围的若干规定

（1）房地产的出租。房地产的出租，是指房产的产权所有人、依照法律规定取得土地使用权的土地使用人，将房产、土地使用权租赁给承租人使用，由承租人向出租人支付租金的行为。房地产的出租，出租人虽取得了收入，但没有发生房产产权、土地使用权的转让。因此，不属于土地增值税的征税范围。

（2）房地产的抵押。房地产的抵押，是指房地产的产权所有人、依法取得土地使用权的土地使用人作为债务人或第三人向债权人提供不动产作为清偿债务的担保而不转移权属的法律行为。这种情况由于房产的产权、土地使用权在抵押期间产权并没有发生权属的变更，房产的产权所有人、土地使用权人仍能对房地产行使占有、使用、收益等权利，房产的产权所有人、土地使用权人虽然在抵押期间取得了一定的抵押贷款，但实际上这些贷款在抵押期满后要连本带利偿还给债权人。因此，对房地产的抵押，在抵押期间不征收土地增值税。待抵押期满后，视该房地产是否转移占有而确定是否征收土地增值税。对于以房地产抵债而发生房地产权属转让的，应列入土地增值税的征税范围。

（3）房地产的交换。房地产交换，是指一方以房地产与另一方的房地产进行交换的行为。由于这种行为既发生了房产产权、土地使用权的转移，交换双方又取得了实物形态的收入，按《中华人民共和国土地增值税暂行条例》（以下简称《土地增值税暂行条例》）规定，它属于土地增值税的征税范围。但对个人之间互换自有居住用房地产的，经当地税务机关核实，可以免征土地增值税。

（4）合作建房。对于一方出地，一方出资金，双方合作建房，建成后按比例分房自用的，暂免征收土地增值税；建成后转让的，应征收土地增值税。

（5）房地产的代建房行为。这种情况是指房地产开发公司代客户进行房地产的开发，开发完成后向客户收取代建收入的行为。对于房地产开发公司而言，虽然取得了收入，但没有发生房地产权属的转移，其收入属于劳务收入性质，故不属于土地增值税的征税范围。

（6）房地产的重新评估。这主要是指国有企业在清产核资时对房地产进行重新评估而使其升值的情况。这种情况下，房地产虽然有增值，但其既没有发生房地产权属的转移，房产产权、土地使用权人也未取得收入，所以不属于土地增值税的征税范围。

（三）税率

土地增值税实行四级超率累进税率：

1. 增值额未超过扣除项目金额50%的部分，税率为30%。

2. 增值额超过扣除项目金额50%、未超过扣除项目金额100%的部分，税率为40%。

3. 增值额超过扣除项目金额100%、未超过扣除项目金额200%的部分，税率为50%。

4. 增值额超过扣除项目金额200%的部分，税率为60%。

上述所列四级超率累进税率，每级“增值额未超过扣除项目金额”的比例，均包括本比例数。土地增值税超率累进税率见表6-1。

表6-1　　土地增值税四级超率累进税率

级数	增值额与扣除项目金额的比率	税率/%	速算扣除系数/%
1	不超过50%的部分	30	0
2	超过50%~100%的部分	40	5
3	超过100%~200%的部分	50	15
4	超过200%的部分	60	35

二、开发土地和新建房增值额的确定

土地增值税以纳税人转让房地产所取得的增值额为计税依据。土地增值额为纳税人转让房地产所取得的收入减去税法规定的扣除项目金额后的余额。

计算公式为：

土地增值额=转让房地产的总收入-扣除项目金额

（一）应税收入额的确定

纳税人转让房地产取得的收入，包括转让房地产取得的全部价款及有关的经济利益。从形式上看，包括货币收入、实物收入和其他收入。营改增后，纳税人转让房地产的土地增值税应税收入不含增值税。

1. 货币收入。货币收入，是指纳税人转让房地产而取得的现金、银行存款、支票、银行本票、汇票等各种信用票据和国库券、金融债券、企业债券、股票等有价证券。这些类型的收入其实质都是转让方因转让土地使用权、房屋产权而向取得方收取的价款。

2. 实物收入。实物收入，是指纳税人转让房地产而取得的各种实物形态的收入，如钢材、水泥等建材，房屋、土地等不动产等。实物收入的价值不太容易确定，一般要对这些实物形态的财产进行估价。

3. 其他收入。其他收入，是指纳税人转让房地产而取得的无形资产收入或具有财产价值的权利，如专利权、商标权、著作权、专有技术使用权、土地使用权、商誉权等。这种类型的价值需要进行专门的评估。

4. 对于县级及县级以上人民政府要求房地产开发企业在售房时代收的各项费用，如果代收费用是计入房价中向购买方一并收取的，可作为转让房地产所取得的收入计税；如果代收费用未计入房价中，而是在房价之外单独收取的，可以不作为转让房地产的收入。

对于代收费用作为转让收入计税的，在计算扣除项目金额时，可予以扣除，但不允许作为加计20%扣除的基数；对于代收费用未作为转让房地产的收入计税的，在计算增值额时不允许扣除代收费用。

（二）扣除项目及其金额

计算土地增值税应纳税额，并不是直接对转让房地产所取得的收入征税，而是对收入额减除国家规定的各项扣除项目金额后的余额计算征税（这个余额就是纳税人在转让房地产中获取的增值额）。因此，要计算增值额，首先必须确定扣除项目。

1. 取得土地使用权所支付的金额

取得土地使用权所支付的金额，是指纳税人为取得土地使用权所支付的地价款和按国家统一规定缴纳的有关费用之和。按国家统一规定缴纳的有关费用，是指纳税人在取得土地使用权过程中为办理有关手续，按国家统一规定缴纳的有关登记、过户手续费和契税。取得土地使用权所支付的金额，可以有三种形式：①以出让方式取得土地使用权的，为支付的土地出让金；②以行政划拨方式取得土地使用权的，为转让土地使用权时按规定补交的出让金；③以转让方式取得土地使用权的，为实际支付的地价款。

2. 房地产开发成本

房地产开发成本，是开发土地和新建房及配套设施成本的简称，是指纳税人房地产开发项目实际发生的成本，包括以下6项：①土地征用及拆迁补偿费（包含耕地占用税）；②前期工程费；③建筑安装工程费；④基础设施费；⑤公共配套设施费；⑥开发间接费用。

营改增后，土地增值税纳税人接受建筑安装服务取得的增值税发票，应在发票的备注栏注明建筑服务发生地县（市、区）名称及项目名称，否则不得计入土地增值税扣除项目金额。

3. 房地产开发费用

房地产开发费用，是开发土地和新建房及配套设施费用的简称，是指与房地产开发项目有关的销售费用、管理费用和财务费用。根据现行财务会计制度的规定，这三项费用作为期间费用，直接计入当期损益，不按成本核算对象进行分摊。故作为土地增值税扣除项目的房地产开发费用，不按纳税人房地产开发项目实际发生的费用进行扣除，而按《中华人民共和国土地增值税暂行条例实施细则》（以下简称《土地增值税暂行条例实施细则》）的标准进行扣除。

财务费用中的利息支出，凡能够按转让房地产项目计算分摊并提供金融机构证明的，允许据实扣除，但最高不能超过按商业银行同类同期贷款利率计算的金额；其他房地产开发费用，则按取得土地使用权所支付的金额和房地产开发成本的金额之和的5%以内计算扣除。

利息支出，凡不能按转让房地产项目计算分摊利息支出或不能提供金融机构证明的，房地产开发费用按取得土地使用权所支付的金额和房地产开发成本的金额之和的10%以内计算扣除。计算扣除的具体比例，由各省、自治区、直辖市人民政府规定。

上述规定的具体含义是：

①纳税人能够按转让房地产项目计算分摊利息支出，并能提供金融机构的贷款证明的，其允许扣除的房地产开发费用为：利息（最高不能超过按照商业银行同类同期贷款利率计算的金额）+（取得土地使用权所支付的金额+房地产开发成本）×5%以内。

②纳税人不能按转让房地产项目计算分摊利息支出或不能提供金融机构的贷款证明的，其允许扣除的房地产开发费用为：（取得土地使用权所支付的金额+房地产开发成本）×10%以内。

此外，财政部、国家税务总局还对扣除项目金额中利息支出的计算问题作了两点规定：一是利息的上浮幅度按国家的有关规定执行，超过上浮幅度的部分不允许扣除；二是对于超过贷款期限的利息部分和加罚的利息不允许扣除。

4. 与转让房地产有关的税金

与转让房地产有关的税金，是指在转让房地产时缴纳的营业税、城市维护建设税和印花税，因转让房地产缴纳的教育费附加，也可视同税金予以扣除。营改增后的增值税进项税额，允许抵扣销项税额的不能扣除，不允许抵扣销项税额的可以扣除。

房地产开发企业按照《施工、房地产开发企业财务制度》的有关规定，其在转让房地产时缴纳的印花税应列入管理费用中，故在此不允许再单独作为税金扣除。其他纳税人在转让房地产时缴纳的印花税允许在此扣除。

5. 财政部规定的其他扣除项目

对从事房地产开发的纳税人可按取得土地使用权所支付的金额与房地产开发成本之和，加计扣除 20%。

加计扣除费用 =（取得土地使用权所支付的金额 + 房地产开发成本）×20%

取得土地使用权后，未进行开发即转让的，在计算土地增值税时，只允许扣除取得土地使用权时支付的地价款、缴纳的有关费用，以及在转让环节缴纳的税金，不得加计扣除。

（三）转让旧房及建筑物的扣除项目及其金额

1. 转让旧房及建筑物的扣除项目及金额的规定

转让旧房及建筑物的，应按照房屋及建筑物的评估价格、取得土地使用权所支付的地价款和国家规定缴纳的有关费用以及在转让环节缴纳的税金作为扣除项目金额计征土地增值税。

旧房及建筑物的评估价格，是指在转让已使用的房屋及建筑物时，由政府批准设立的房地产评估机构评定的重置成本价乘以成新度折扣率后的价格。评估价格须经当地税务机关确认。

对取得土地使用权时未支付地价款或不能提供已支付的地价款凭据的，在计征土地增值税时不允许扣除。

纳税人转让旧房及建筑物时，因计算纳税的需要而对房地产进行评估，其支付的评估费用允许在计算土地增值税时扣除。但是，对纳税人因隐瞒、虚报房地产成交价格等情形而按房地产评估价格计算征收土地增值税时所发生的评估费用，不允许在计算土地增值税时扣除。

2. 关于旧房转让时的扣除计算问题

营改增后，纳税人转让旧房及建筑物，凡不能取得评估价格，但能提供购房发票的，扣除项目金额按照下列方法计算：

（1）提供的购房凭据为营改增前取得的营业税发票的，按照发票所载金额（不扣减营业税）从购买年度起至转让年度止每年加计5%计算扣除。

（2）提供的购房凭据为营改增后取得的增值税普通发票的，按照发票所载价税合计金额从购买年度起至转让年度止每年加计5%计算扣除。

（3）提供的购房凭据为营改增后取得的增值税专用发票的，按照发票所载不含增值税金额加上不允许抵扣的增值税进项税额之和，从购买年度起至转让年度止每年加计5%计算扣除。

计算扣除项目时“每年”按购房发票所载日期起至售房发票开具之日止，每满12个月计1年；超过1年，未满12个月但超过6个月的，可以视同为1年。

对于转让旧房及建筑物，既没有评估价格，又不能提供购房发票的，地方税务机关可以根据《税收征管法》第三十五条规定，实行核定征收。

三、应纳税额的计算

（一）应纳税额计算一般方法

应纳税额=增值额×适用税率−扣除项目金额×速算扣除系数

计算土地增值税税额，可按增值额乘以适用的税率减去扣除项目金额乘以速算扣除系数的简便方法计算，具体公式为：

1. 增值额未超过扣除项目金额50%

土地增值税税额=增值额×30%

2. 增值额超过扣除项目金额50%，未超过100%

土地增值税税额=增值额×40%−扣除项目金额×5%

3. 增值额超过扣除项目金额100%，未超过200%

土地增值税税额=增值额×50%−扣除项目金额×15%

4. 增值额超过扣除项目金额200%

土地增值税税额=增值额×60%−扣除项目金额×35%

公式中的5%、15%、35%为速算扣除系数。

【例6-1】某房地产开发公司出售一幢写字楼，收入总额为10000万元。开发该写字楼有关支出为：支付地价款及各种费用1000万元；房地产开发成本3000万元；财务费用中的利息支出为500万元（可按转让项目计算分摊并提供金融机构证明），但其中有50万元属于加罚的利息；转让环节缴纳的允许扣除的有关税费共计为555万元；该单位所在地政府规定的其他房地产开发费用计算扣除比例为5%。试计算该房地产开发公司应缴纳的土地增值税。

解析：（1）取得土地使用权支付的地价款及有关费用=1000万元

（2）房地产开发成本=3000万元

（3）房地产开发费用=500-50+（1000+3000）×5%=650（万元）

（4）允许扣除的税费=555万元

（5）从事房地产开发的纳税人加计扣除20%，加计扣除额=（1000+3000）×20%=800（万元）。

（6）允许扣除的项目金额合计=1000+3000+650+555+800=6005（万元）

（7）增值额=10000-6005=3995（万元）

（8）增值率=3995÷6005×100%=66.53%

（9）应纳税额=3995×40%-6005×5%=1297.75（万元）

【例6-2】某工业企业转让一幢20世纪90年代建造的厂房，当时造价100万元，无偿取得土地使用权。如果按现行市场价的材料、人工费计算，建造同样的房子需600万元，该房子为7成新，按500万元出售，支付有关税费共计27.5万元。计算企业转让旧房应缴纳的土地增值税。

解析：（1）评估价格=600×70%=420（万元）

（2）允许扣除的税金=27.5万元

（3）扣除项目金额合计=420+27.5=447.5（万元）

（4）增值额=500-447.5=52.5（万元）

（5）增值率=52.5÷447.5×100%=11.73%

（6）应纳税额=52.5×30%=15.75（万元）

（二）特殊售房方式应纳税额的计算方法

纳税人成片受让土地使用权后，分期分批开发、转让房地产的，对允许扣除项目的金额可按转让土地使用权的面积占总面积的比例计算分摊。若按此办法难以计算或明显不合理，也可按建筑面积或税务机关确认的其他方式计算分摊。

扣除项目金额=扣除项目的总金额×(转让土地使用权的面积或建筑面积÷受让土地使用权的总面积)

四、税收优惠

1. 纳税人建造普通标准住宅出售，其增值额未超过扣除项目金额之和20%的，免征土地增值税；超过20%的，应就其全部增值额按规定计税。

普通标准住宅应同时满足：住宅小区建筑容积率在1.0以上；单套建筑面积在120平方米以下；实际成交价格低于同级别土地上住房平均交易价格1.2倍以下。各省、自治区、直辖市对普通住房的具体标准可以适当上浮，但不超过上述标准的20%。

对于纳税人既建普通标准住宅又从事其他房地产开发的，应分别核算增值额。不分别核算增值额或不能准确核算增值额的，其建造的普通标准住宅不能适用这一免税规定。

2. 因国家建设需要而被政府征收、收回的房地产，免征土地增值税。因城市实施规划、国家建设需要而搬迁，纳税人自行转让房地产的免税。

3. 自2008年11月1日起，对个人销售住房暂免征收土地增值税。

4. 自2018年1月1日至2027年12月31日，对企业改制、资产整合过程中涉及的土地增值税予以免征。

（1）根据《中华人民共和国公司法》规定，非公司制企业整体改制为有限责任公司或者股份有限公司，有限责任公司（股份有限公司）整体改制为股份有限公司（有限责任公司），对改制前的企业将房地产转移、变更到改制后的企业，暂不征土地增值税。

整体改制，是指不改变原企业的投资主体，并承继原企业权利、义务的行为。

（2）根据法律规定或者合同约定，两个或两个以上企业合并为一个企业，且原企业投资主体存续的，对原企业将房地产转移、变更到合并后的企业，暂不征土地增值税。

（3）根据法律规定或者合同约定，企业分设为两个或两个以上与原企业投资主体相同的企业，对原企业将房地产转移、变更到分立后的企业，暂不征土地增值税。

（4）单位、个人在改制重组时以房地产作价入股进行投资，对其将房地产转移、变更到被投资的企业，暂不征土地增值税。

上述改制重组有关土地增值税政策不适用于房地产转移任意一方为房地产开发企业的情形。

5. 自2019年1月1日至2025年12月31日，对企事业单位、社会团体以及其他组织转让旧房作为公租房房源，且增值额未超过扣除项目金额20%的，免征土地增值税。

五、征收管理

（一）申报纳税程序

1. 纳税人为房地产开发公司的，纳税人应当在签订房地产转让合同、发生纳税义务后7日内或在税务机关核定的期限内，按照税法规定，向主管税务机关办理纳税申报，并同时提供下列证件和资料：

（1）房屋产权证、土地使用权证书。

（2）土地使用权转让、房产买卖合同。

（3）与转让房地产有关的资料。主要包括取得土地使用权所支付的金额方面的资料、房地产开发成本方面的财务会计资料、房地产开发费用方面的资料、与房地产转让有关的税金的完税凭证，以及其他与房地产有关的资料。

（4）根据税务机关的要求提供房地产评估报告。当税务机关认定纳税人所提供的转让房地产所取得的收入或扣除项目金额不实，不能作为计税依据，必须进行房地产评估时，由纳税人交由政府批准设立的评估机构对房地产所作的评估报告。

2. 纳税人为房地产开发公司以外的其他纳税人的，应自签订房地产转让合同之日起 7 日内，到房地产所在地的主管税务机关进行纳税申报，并提供下列资料：

（1）房屋及建筑物产权、土地使用权证书。

（2）土地使用权转让、房产买卖合同。

（3）房地产评估报告。如果转让的是旧房，必须出具政府指定的评估机构所作的评估报告。

（4）与转让房地产有关的税金的完税凭证。

（5）其他与转让房地产有关的资料。如房地产的原造价或买价等。

（6）纳税人发生下列转让行为的，还应从签订房地产转让合同之日起 7 日内，到房地产所在地主管税务机关备案：①因国家建设需要依法征用、收回的房地产，纳税人因此而得到经济补偿的；②因城市实施规划、国家建设的需要而搬迁，由纳税人自行转让其房地产的（此种情况应同时提供政府要求其搬迁的批文）；③转让原自用住房的（这种情况应同时提供表明其居住时间的证明，如房屋产权证、住房证、户口簿等）。

（二）纳税地点

土地增值税的纳税人应向房地产所在地主管税务机关办理纳税申报，并在税务机关核定的期限内缴纳土地增值税。房地产所在地，是指房地产的坐落地。纳税人转让的房地产坐落在两个或两个以上地区的，应按房地产所在地分别申报纳税。

在实际工作中，纳税地点的确定又可分为以下两种情况：

1. 纳税人是法人。当转让的房地产坐落地与其机构所在地或经营所在地一致时，则在办理税务登记的原管辖税务机关申报纳税即可；如果转让的房地产坐落地与其机构所在地或经营所在地不一致时，则应在房地产坐落地所管辖的税务机关申报纳税。

2. 纳税人是自然人。当转让的房地产坐落地与其居住所在地一致时，则在住所所在地税务机关申报纳税；当转让的房地产坐落地与其居住所在地不一致时，则在办理过户手续所在地的税务机关申报纳税。

（三）房地产开发项目土地增值税的清算管理

1. 土地增值税的清算受理

（1）符合下列情形之一的，纳税人应当进行土地增值税的清算：

①房地产开发项目全部竣工、完成销售的；②整体转让未竣工决算房地产开发项目的；③直接转让土地使用权的。

（2）符合下列情形之一的，主管税务机关可要求纳税人进行土地增值税清算：

①已竣工验收的房地产开发项目，已转让的房地产建筑面积占整个项目可售建筑面积的比例在85%以上，或未超过85%但剩余可售建筑面积已经出租或自用；②取得销售（预售）许可证满3年仍未销售完毕的；③纳税人申请注销税务登记但未办理土地增值税清算手续的。

2. 清算时相关问题的处理

（1）土地增值税清算收入的确认。

①土地增值税清算时，已全额开具商品房销售发票的，按照发票所载金额确认收入；②未开具发票或未全额开具发票的，以交易双方签订的销售合同所载的售房金额及其他收益确认收入；③营改增后进行房地产开发项目土地增值税清算：

土地增值税应税收入＝营改增前转让房地产取得的收入＋营改增后转让房地产取得的不含增值税收入

与转让房地产有关的税金＝营改增前实际缴纳的营业税、城市维护建设税、教育费附加＋营改增后允许扣除的城市维护建设税、教育费附加

（2）扣留建筑安装施工企业的工程款（质量保金），建筑安装施工企业开具发票的，按发票所载金额予以扣除；未开具发票的，扣留的质量保金不得计算扣除。

（3）房地产开发费用：

①财务费用中的利息支出，凡能够按转让房地产项目计算分摊并提供金

融机构证明的，允许据实扣除，但最高不能超过按商业银行同类同期贷款利率计算的金额。其他房地产开发费用，在按照“取得土地使用权所支付的金额”与“房地产开发成本”金额之和的5%以内计算扣除。

②凡不能按转让房地产项目计算分摊利息支出或不能提供金融机构证明的，房地产开发费用在按“取得土地使用权所支付的金额”与“房地产开发成本”金额之和的10%以内计算扣除。

全部使用自有资金，没有利息支出的，按照以上方法扣除。

上述具体适用的比例按省级人民政府此前规定的比例执行。

③房地产开发企业既向金融机构借款，又有其他借款的，其房地产开发费用计算扣除时不能同时适用上述①②项两种办法。

④土地增值税清算时，已经计入房地产开发成本的利息支出，应调整至财务费用中计算扣除。

（4）房地产企业逾期开发缴纳的土地闲置费不得扣除。

（5）房地产开发企业取得土地使用权时支付的契税应计入“取得土地使用权所支付的金额”中扣除。

（6）拆迁安置费符合规定的计入拆迁补偿费（属于开发成本）。

（7）清算补缴的土地增值税在主管税务机关规定的期限内补缴的，不加收滞纳金。

3. 清算审核方法

（1）非直接销售和自用房地产的收入确定。

房地产开发企业将开发产品用于职工福利、奖励、对外投资、分配给股东或投资人、抵偿债务、换取其他单位和个人的非货币性资产等，发生所有权转移时应视同销售房地产，其收入按下列方法和顺序确认：①按本企业在同一地区、同一年度销售的同类房地产的平均价格确定；②由主管税务机关参照当地当年、同类房地产的市场价格或评估价值确定。

房地产开发企业将开发的部分房地产转为企业自用或用于出租等商业用途时，如果产权未发生转移，不征收土地增值税，在税款清算时不列收入，不扣除相应的成本和费用。

（2）房地产开发企业开发建造的与清算项目配套的居委会和派出所用房、会所、停车场（库）、物业管理场所、变电站、热力站、水厂、文体场馆、学校、幼儿园、托儿所、医院、邮电通信等公共设施，按以下原则处理：①建成后产权属于全体业主所有的，其成本、费用可以扣除；②建成后无偿移交给政府、公用事业单位用于非营利性社会公共事业的，其成本、费用可以扣除；③建成后有偿转让的，应计算收入，并准予扣除成本、费用；④房地产开发企业销售已装修的房屋，其装修费用可以计入房地产开发成本，预提费用，除另有规定外，不得扣除。

4. 核定征收

土地增值税清算中符合以下条件之一的，可核定征收：

（1）依照法律、行政法规的规定应当设置但未设置账簿的；

（2）擅自销毁账簿或者拒不提供纳税资料的；

（3）虽设置账簿，但账目混乱或者成本资料、收入凭证、费用凭证残缺不全，难以确定转让收入或扣除项目金额的；

（4）符合土地增值税清算条件，企业未按照规定的期限办理清算手续，经税务机关责令限期清算，逾期仍不清算的；

（5）申报的计税依据明显偏低，又无正当理由的。

在土地增值税清算过程中，发现纳税人符合核定征收条件的，应按核定征收率不低于5%对房地产项目进行清算。

5. 清算后再转让房地产的处理

在土地增值税清算时未转让的房地产，清算后销售或有偿转让的，纳税人应按规定进行土地增值税的纳税申报，扣除项目金额按清算时的单位建筑面积成本费用乘以销售或转让面积计算。

单位建筑面积成本费用=清算时的扣除项目总金额÷清算的总建筑面积

六、其他

财政部、国家税务总局于2019年7月16日发布《中华人民共和国土地增值税法（征求意见稿）》，公开向社会征求意见，征求意见截止时间为2019年8月15日，《征求意见稿》中将转让土地使用权、地上的建筑物及其附着物，出让集体土地使用权、地上的建筑物及其附着物，或以集体土地使用权、地上的建筑物及其附着物作价出资、入股纳入征税范围。

第二节　疑难解答

1. 个人销售商铺计算缴纳土地增值税时，是否可以扣除个人所得税税款？

答：个人所得税不属于《土地增值税暂行条例》及其实施细则规定的允许扣除的与转让房地产有关的税金。

因此，个人销售商铺计算缴纳土地增值税时，不得扣除个人所得税税款。

2. 转让未开发土地使用权，在计算土地增值税时可以加计扣除吗？

答：根据《国家税务总局关于印发〈土地增值税宣传提纲〉的通知》（国税函发〔1995〕110 号）第六条规定，对取得土地或房地产使用权后，未进行开发即转让的，计算其增值额时，只允许扣除取得土地使用权时支付的地价款，交纳的有关费用，以及在转让环节缴纳的税金。

因此，转让未开发土地使用权，在计算土地增值税时不得享受加计扣除的规定。

3. 房地产开发企业销售的装修房，其装修费是否可以在计算土地增值税时扣除？

答：（1）根据《国家税务总局关于房地产开发企业土地增值税清算管理有关问题的通知》（国税发〔2006〕187 号）第四条第四项规定，房地产开发企业销售已装修的房屋，其装修费用可以计入房地产开发成本。房地产开发企业的预提费用，除另有规定外，不得扣除。

（2）根据《财政部 国家税务总局关于营改增后契税 房产税 土地增值税 个人所得税计税依据问题的通知》（财税〔2016〕43 号）第三条第二款规定，《土地增值税暂行条例》等规定的土地增值税扣除项目涉及的增值税进项税额，允许在销项税额中计算抵扣的，不计入扣除项目，不允许在销项税额中计算抵扣的，可以计入扣除项目。第六条规定，在计征契税、房产税、土地增值税、个人所得税等税种时，税务机关核定的计税价格或收入不含增值税。

因此，房地产开发企业销售的装修房，其装修费可以在计算土地增值税时可以计入房地产开发成本予以扣除。扣除额不包括允许抵扣的增值税进项税额。

4. 房产所有人将房屋产权赠与直系亲属，是否缴纳土地增值税？

答：（1）根据《土地增值税暂行条例》第二条规定，转让国有土地使用权、地上的建筑物及其附着物并取得收入的单位和个人，为土地增值税的纳税义务人，应当依照该条例缴纳土地增值税。

（2）根据《土地增值税暂行条例实施细则》第二条规定，《土地增值税暂行条例》第二条所称的转让国有土地使用权、地上的建筑物及其附着物并取得收入，是指以出售或者其他方式有偿转让房地产的行为。不包括以继承、赠与方式无偿转让房地产的行为。

（3）根据《财政部 国家税务总局关于土地增值税一些具体问题规定的通知》（财税字〔1995〕48号）第四条规定，《土地增值税暂行条例实施细则》所称的赠与是指以下情况：①房产所有人、土地使用权所有人将房屋产权、土地使用权赠与直系亲属或承担直接赡养义务人的。②房产所有人、土地使用权所有人通过中国境内非营利的社会团体、国家机关将房屋产权、土地使用权赠与教育、民政和其他社会福利、公益事业的。

因此，房产所有人将房屋产权赠与直系亲属，不缴纳土地增值税。

5. 拆迁安置土地增值税如何计算？

答：根据《国家税务总局关于土地增值税清算有关问题的通知》（国税函〔2010〕220号）第六条对于拆迁安置土地增值税计算问题规定如下：①房地产企业用建造的本项目房地产安置回迁户的，安置用房视同销售处理，按《国家税务总局关于房地产开发企业土地增值税清算管理有关问题的通知》（国税发〔2006〕187号）第三条第（一）款规定确认收入，同时将此确认为房地产开发项目的拆迁补偿费。房地产开发企业支付给回迁户的补差价款，计入拆迁补偿费；回迁户支付给房地产开发企业的补差价款，应抵减本项目拆迁补偿费。②开发企业采取异地安置，异地安置的房屋属于自行开发建造的，房屋价值按国税发〔2006〕187号第三条第（一）款的规定计算，计入本项目的拆迁补偿费；异地安置的房屋属于购入的，以实际支付的购房支出计入拆迁补偿费。③货币安置拆迁的，房地产开发企业凭合法有效凭据计入拆迁补偿费。

6. 纳税人转让房屋，因既没有评估价格，也不能提供购房发票，故无法确定土地增值税的扣除项目。在计算土地增值税时，是否需要核定征收？核定征收率是多少？

答：（1）根据《财政部 国家税务总局关于土地增值税若干问题的通知》（财税〔2006〕21号）第二条规定，纳税人转让旧房及建筑物，凡不能取得评估价格，但能提供购房发票的，经当地税务部门确认，《土地增值税暂行条例》第六条第一项、第三项规定的扣除项目的金额，可按发票所载金额并从购买年度起至转让年度止每年加计5%计算。对纳税人购房时缴纳的契税，凡能提供契税完税凭证的，准予作为“与转让房地产有关的税金”予以扣除，但不作为加计5%的基数。对于转让旧房及建筑物，既没有评估价格，又不能提供购房发票的，税务机关可以根据《税收征管法》第三十五条规定，实行核定征收。

（2）根据《国家税务总局关于加强土地增值税征管工作的通知》（国税发〔2010〕53号）第四条规定，核定征收必须严格依照税收法律、法规规定的条件进行，任何单位和个人不得擅自扩大核定征收范围……对确需核定征收的，要严格按照税收法律、法规的要求，从严、从高确定核定征收率。为了规范核定工作，核定征收率原则上不得低于5%，各省级税务机关要结合本地实际，区分不同房地产类型制定核定征收率。

7. 企业分立，原企业将房地产转移、变更到分立后的企业，是否征收土地增值税？

答：根据《财政部 税务总局关于继续实施企业改制重组有关土地增值税政策的公告》（财政部 税务总局公告2023年第51号）第三条和第五条规定，按照法律规定或者合同约定，企业分设为两个或两个以上与原企业投资主体相同的企业，对原企业将房地产转移、变更到分立后的企业，暂不征收土地增值税。上述改制重组有关土地增值税政策不适用于房地产转移任意一方为房地产开发企业的情形。

8. 房地产企业购买了土地使用权后，对土地进行了开发，但没有正式建房，现要将土地使用权转让，计算土地增值税时其开发成本是否允许加计扣除？

答：根据《国家税务总局关于印发〈土地增值税宣传提纲〉的通知》（国税函发〔1995〕110号）第六条规定，对取得土地使用权后投入资金，将生地变为熟地转让的，计算其增值额时，允许扣除取得土地使用权时支付的地价款、交纳的有关费用，和开发土地所需成本再加计开发成本的20%以及在转让环节缴纳的税金。

9. 无法完整地提供前期工程费、建筑安装工程费、基础设施费等开发成本的凭证或资料，这部分支出在计算土地增值税时可以扣除吗？

答：根据《国家税务总局关于房地产开发企业土地增值税清算管理有关问题的通知》（国税发〔2006〕187号）第四条第一项、第二项规定，除另有规定外，扣除取得土地使用权所支付的金额、房地产开发成本、费用及与转让房地产有关税金，须提供合法有效凭证；不能提供合法有效凭证的，不予扣除。房地产开发企业办理土地增值税清算所附送的前期工程费、建筑安装工程费、基础设施费、开发间接费用的凭证或资料不符合清算要求或不实的，税务机关可参照当地建设工程造价管理部门公布的建安造价定额资料，结合房屋结构、用途、区位等因素，核定上述四项开发成本的单位面积金额标准，并据以计算扣除。具体核定方法由省税务机关确定。

10. 土地增值税扣除项目中开发费用中所含的财务费用如何扣除？

《国家税务总局关于土地增值税清算有关问题的通知》（国税函〔2010〕220号）第三条将房地产开发费用的扣除问题明确为：

答：（1）财务费用中的利息支出，凡能够按转让房地产项目计算分摊并提供金融机构证明的，允许据实扣除，但最高不能超过按商业银行同类同期贷款利率计算的金额。其他房地产开发费用，在按照取得土地使用权所支付的金额与房地产开发成本金额之和的5%以内计算扣除。

（2）凡不能按转让房地产项目计算分摊利息支出或不能提供金融机构证明的，房地产开发费用在按取得土地使用权所支付的金额与房地产开发成本金额之和的10%以内计算扣除。全部使用自有资金，没有利息支出的，按照以上方法扣除。上述具体适用的比例按省级人民政府此前规定的比例执行。

（3）房地产开发企业既向金融机构借款，又有其他借款的，其房地产开发费用计算扣除时不能同时适用以上（1）（2）所述两种办法。

（4）土地增值税清算时，已经计入房地产开发成本的利息支出，应调整至财务费用中计算扣除。

11. 房地产开发项目无法核算成本费用的，如何计算缴纳土地增值税？

答：根据《国家税务总局关于房地产开发企业土地增值税清算管理有关问题的通知》（国税发〔2006〕187 号）第七条规定，房地产开发企业有下列情形之一的，税务机关可以参照与其开发规模和收入水平相近的当地企业的土地增值税税负情况，按不低于预征率的征收率核定征收土地增值税：①依照法律、行政法规的规定应当设置但未设置账簿的；②擅自销毁账簿或者拒不提供纳税资料的；③虽设置账簿，但账目混乱或者成本资料、收入凭证、费用凭证残缺不全，难以确定转让收入或扣除项目金额的；④符合土地增值税清算条件，未按照规定的期限办理清算手续，经税务机关责令限期清算，逾期仍不清算的；⑤申报的计税依据明显偏低，又无正当理由的。

因此，对房地产开发企业无法核算成本费用的，核定征收土地增值税。

12. 房地产评估价格的确定方式是什么？

答：根据《土地增值税暂行条例实施细则》第七条第四项规定，旧房及建筑物的评估价格，是指在转让已使用的房屋及建筑物时，由政府批准设立的房地产评估机构评定的重置成本价乘以成新度折扣率后的价格。评估价格须经当地税务机关确认。根据《土地增值税暂行条例实施细则》第十四条第五款规定，提供扣除项目金额不实的，应由评估机构按照房屋重置成本价乘以成新度折扣率计算的房屋成本价和取得土地使用权时的基准地价进行评估。税务机关根据评估价格确定扣除项目金额。

第三节　案例解析

案例一

一、案例描述

A 公司为增值税一般纳税人，于 2016 年 2 月 1 日从 B 公司购买房产一处，取得了相关发票；成交价 1000 万元、缴纳契税 50 万元（1000×5%），并办理了过户手续，假设 A 公司销售此房屋的价格为 1500 万元（含税），销售时间分别为 2023 年 5 月和 2023 年 9 月，请分析该企业土地增值税如何处理。

二、案例分析

根据《营业税改征增值税试点有关事项的规定》（财税〔2016〕36 号附件 2）第一条第八款、《国家税务总局关于发布〈纳税人转让不动产增值税征收管理暂行办法〉的公告》（国家税务总局公告 2016 年第 14 号）第三条第（一）项规定，一般纳税人销售其 2016 年 4 月 30 日前取得（不含自建）的不动产，可以选择适用简易计税方法，以取得的全部价款和价外费用减去该项不动产购置原价或者取得不动产时的作价后的余额为销售额，按照 5%的征收率计算应纳税额。

根据《营业税改征增值税试点实施办法》（财税〔2016〕36 号附件 1）第三十五条规定，简易计税方法的销售额不包括其应纳税额，纳税人采用销售额和应纳税额合并定价方法的，按照下列公式计算销售额：

销售额＝含税销售额÷（1+征收率）

1. 假设 A 公司于 2023 年 5 月 10 日以 1500 万元含税价将此处房产销售给 C 公司，选择了按简易征收缴纳增值税并开具了发票。取得房屋时的契税如前文所述，销售房屋时：

应纳增值税＝（1500−1000）÷（1+5%）×5%＝23.81（万元）

城市维护建设税＝23.81×7%＝1.67（万元）

教育费附加＝23.81×3%＝0.71（万元）

印花税＝1500×0.05%＝0.75（万元）

土地增值税的处理：根据《财政部 国家税务总局关于营改增后契税 房产税 土地增值税 个人所得税计税依据问题的通知》（财税〔2016〕43 号）第三条第一款规定，土地增值税纳税人转让房地产取得的收入为不含增值税收入。

《营业税改征增值税试点实施办法》（财税〔2016〕36 号附件 1）第三十五条规定，简易计税方法的销售额不包括其应纳税额。因此，在上述计算中，A 公司按简易征收计算的增值税是 A 公司的应纳增值税税额，应将其从收入中减除后作为土地增值收入额。实际缴纳的城市维护建设税和教育费附加作为扣除额，并入到土地增值税扣除项目中。

收入额＝1500－23.81＝1476.19（万元）

根据《国家税务总局关于土地增值税清算有关问题的通知》（国税函〔2010〕220号）规定，计算扣除项目时“每年”按购房发票所载日期起至售房发票开具之日止，每满12个月计一年；超过一年，未满12个月但超过6个月的，可以视同为一年。

扣除额＝1000×（1+3×5%）+50+1.67+0.71+0.75＝1203.13（万元）

增值率＝（1476.19－1203.13）÷1203.13×100%＝22.70%

应纳土地增值税＝（1476.19－1203.13）×30%＝81.92（万元）

2. 假设A公司于2023年9月销售，根据前文所述规定可知：

收入额＝1500－23.81＝1476.19（万元）

扣除额＝1000×（1+4×5%）+50+1.67+0.71+0.75＝1253.13（万元）

增值率＝（1476.19－1253.13）÷1253.13×100%＝17.80%

应纳土地增值税＝（1476.19－1253.13）×30%＝66.92（万元）

案例二

一、案例描述

某市某房地产开发有限公司投资建设的A项目，坐落于某市×号。2020年10月，向税务局提出办理土地增值税清算申请手续。税务部门通过对该项目提供的有关资料和《土地增值税清算鉴证报告》（以下简称《鉴证报告》）中内容、格式进行了重点验收后，同意办理清税手续。在《鉴证报告》中披露的该项目具体情况如下：

（一）整体项目情况简介

1. 某房地产开发有限公司建设A项目，是经某市发改委于2015年12月批准投资开发的项目的，坐落于某市×号，规划批准总占地面积10000平方米。该单位在2017年1月曾到税务局为该项目办理了土地增值税项目登记手续。

2. 该项目于2016年初开工建设，于2017年5月开始对商品房进行预销售，根据某市房地产勘察测绘所提供实测总建筑面积证明为20000平方米，可售面积证书中批复商品房销售面积15000平方米，全部为住宅，剩余自用办公面积5000平方米。

3. 该项目在2020年6月通过全部工程质量验收，并取得了某市建设工程质量监督总站颁发的“建设工程质量合格证书”。

4. 根据房屋测绘部门对出售商品住宅进行测量后出具的证明为：总商品住宅面积15000平方米、总商品住宅176套，平均每套85.23平方米，属于二级土地，根据2020年该市公布的每平方米普通住房平均交易价格为12710.4元，规划批复的项目容积率为2，因此按照普通标准住宅三个条件的标准，已出售的15000平方米商品住宅，可以享受普通标准住宅的优惠政策。

5. 截至2020年9月30日，批准可售住宅面积15000平方米已全部出售完毕。该项目已销售面积占总建筑面积的比例=15000÷20000×100%=75%。

（二）取得收入情况说明

该单位于2017年5月开始预销售A项目，增值税选择简易计税，截至2020年9月30日，共取得销售款252000000元，折合不含税销售收入=252000000÷（1+5%）=240000000（元），总额全部为货币收入（人民币）。

（三）扣除项目情况说明

1. 取得土地使用权所支付的总金额为22660000元。

单位提供土地出让合同及地价缴款证明，经确认A项目已向某市国有土地资源和房屋管理局，缴纳土地出让金22000000元，缴纳契税660000元。

该项目本次清税应扣除取得土地使用权所支付的金额=22660000×75%=16995000（元）

2. 开发成本

经鉴证该单位提供的工程预算及结算明细资料有关凭证，截至2020年10月该项目工程总成本为118352000元，该项目本次清税应扣除的房地产开发成本金额为88764000元。其中：

①土地拆迁及补偿费为90890000元；②前期工程费为5000700元；

③建筑安装工程费为4000000元；④基础设施费为5861000元；⑤公共配套设施费为0元；⑥开发间接费为12600300元。

分摊扣除金额计算过程＝118352000×75%＝88764000（元）

3. 房地产开发费用

该公司不能提供按清算项目支付的金融机构贷款证明，利息支出无法确定，因此三项费用扣除的金额＝（16995000＋88764000）×10%＝10575900（元）。

4. 缴纳与销售环节的有关城市维护建设税、教育费附加＝12000000×（7%+3%+2%）＝1440000（元）

5. 房地产开发企业加计扣除金额＝（16995000＋88764000）×20%＝21151800（元）

根据以上数据，本次清算允许扣除项目总金额＝16995000＋88764000＋10575900+1440000+21151800＝138926700（元）

（四）纳税情况详细计算过程

该项目属于普通标准住宅，计算纳税情况为：

收入额＝240000000元

扣除项目金额＝138926700（元）

增值额＝240000000－138926700＝101073300（元）

增值率＝101073300÷138926700×100%＝72.75%

应纳土地增值税＝101073300×40%－138926700×5%＝33482985（元）

假定该企业提供资料中，除了支付凭证和相应的拆迁补偿协议书中记载的内容不相符、《鉴证报告》的工作底稿披露的四项开发费用，特别是建筑安装工程费的支出与成本财务报表统计的金额数据相差较大两种情况外，其他都未发现问题。请根据上述情况，编写税务机关清算审核确认结果。

二、案例分析

根据纳税人提供的相关资料及《鉴证报告》中披露的内容情况与相关

数据进行核对审核后，根据土地增值税现行政策规定，税务机关对该项目清算审核确认情况如下：

（一）确定销售收入

根据纳税人提供的销售商品房买卖合同统计表中的销售项目栋号、房号、销售面积、销售收入等，对该项目出售住宅15000平方米，取得销售收入252000000元，进行核对后，未发现问题。

（二）扣除项目金额的审核

土地增值税扣除项目确定时，应按清算面积15000平方米占整体面积20000平方米的比例进行分配后计算。

1. 取得土地使用权时所支付的金额

经审核纳税人提供的土地出让合同及付款凭证，该项目取得土地使用权所支付的金额为22660000元，按清税面积与总建筑面积配比后，本次清税应扣除16995000元，未发现问题。

2. 房地产开发成本

（1）对清算时扣除的土地拆迁及补偿费的金额为90890000元，通过审核后发现，该项目提供支付凭证和相应的拆迁补偿协议书中记载的内容不相符，因此，对土地拆迁及补偿费90890000元的金额无法判断，决定不允许扣除。

（2）《鉴证报告》的工作底稿披露的四项开发费用，前期工程费为5000700元，建筑安装工程费为4000000元，基础设施费为5861000元，开发间接费为12600300元。特别是建筑安装工程费的支出与成本财务报表统计的金额数据相差较大。

经过研究，决定暂停清算，向纳税人开具《土地增值税清算中止核准通知书》送达纳税人，要求纳税人在30日内进一步补充与清算项目相关的财务记账有关凭证资料。如果纳税人没有按主管税务机关规定期限提交补正材料，据此情况，税务机关应对该清算项目移交给纳税评估部门按检查程序进行办理清算工作，向纳税人开具《土地增值税清算终止核准通知书》送达给纳税人，并将全部清算资料移交纳税评估部门按照有关规定程序进行检查工作。

第七章　城市维护建设税

第一节　税制概要

一、纳税人和征税范围

（一）纳税人

城市维护建设税的纳税人，是指在中华人民共和国境内负有缴纳增值税、消费税义务的单位和个人。

城市维护建设税的代扣代缴、代收代缴，一律比照增值税、消费税的有关规定办理。增值税、消费税的代扣代缴、代收代缴义务人同时也是城市维护建设税的代扣代缴、代收代缴义务人。

（二）征税范围

城市维护建设税的征税范围包括城市、县城、建制镇，以及税法规定征税的其他地区。

二、税率、计税依据、应纳税额计算

（一）税率

城市维护建设税按纳税人所在地的不同，设置了三档地区差别比例税率（特殊规定除外）。

1. 纳税人所在地为市区的，税率为7%。

2. 纳税人所在地为县城、镇的，税率为5%。撤县建市后，纳税人所在地在市区的，城市维护建设税适用税率为7%。

3. 纳税人所在地不在市区、县城或者镇的，税率为1%。

上述所称纳税人所在地，是指纳税人住所地或者与纳税人生产经营活动相关的其他地点，具体地点由省、自治区、直辖市确定。

市区、县城、镇按照行政区确定。行政区划变更的，自变更完成当月起适用新行政区划对应的城市维护建设税税率，纳税人在变更完成当月的下一个纳税申报期按新税率申报缴税。

城市维护建设税的适用税率，应当按纳税人所在地的规定税率执行。但是，对下列两种情况，可按缴纳增值税、消费税所在地的规定税率就地缴纳城市维护建设税：

（1）由受托方代扣代缴、代收代缴增值税、消费税的单位和个人，其代扣代缴、代收代缴的城市维护建设税按受托方所在地适用税率执行；

（2）流动经营等无固定纳税地点的单位和个人，在经营地缴纳增值税、消费税的，其城市维护建设税的缴纳按经营地适用税率执行。

另外，纳税人跨地区提供建筑服务、销售和出租不动产的，应在建筑服务发生地、不动产所在地预缴增值税时，以预缴增值税税额为计税依据，并按预缴增值税所在地的城市维护建设税适用税率就地计算缴纳城市维护建设税。

预缴增值税的纳税人在其机构所在地申报缴纳增值税时，以其实际缴纳的增值税税额为计税依据，并按机构所在地的城市维护建设税适用税率就地计算缴纳城市维护建设税。

（二）计税依据

城市维护建设税以纳税人实际缴纳的增值税、消费税为计税依据。纳税人因违反增值税、消费税有关规定而加收的滞纳金和罚款，不作为城市维护建设税的计税依据，但纳税人在被查补增值税、消费税和被处以罚款时，应同时对其偷漏的城市维护建设税进行补税、征收滞纳金和罚款。

海关对进口产品代征增值税、消费税的，不征收城市维护建设税。

对进口货物或者境外单位和个人向境内销售劳务、服务、无形资产缴纳的增值税、消费税税额，不征收城市维护建设税。

对出口产品退还增值税、消费税的，不退还已缴纳的城市维护建设税。

城市维护建设税的计税依据应当按照规定扣除期末留抵退税退还的增值税税额。

（三）应纳税额的计算

应纳税额=(实纳增值税税额+实纳消费税税额)×适用税率

【例 7-1】某外贸公司属于某市增值税一般纳税人，2023 年 10 月，取得增值税出口退税 10 万元，出口退还消费税 30 万元，进口材料缴纳进口环节增值税 40 万元，内销货物缴纳增值税 200 万元，则该外贸公司本月应缴纳城市维护建设税多少万元？

解析：进口征收的增值税不作为城市维护建设税的计税依据，出口退还增值税、消费税的，不退还已缴纳的城市维护建设税。

应缴纳城市维护建设税=200×7%=14（万元）

【例 7-2】某企业属于某市增值税一般纳税人，2023 年 4 月被税务机关查补增值税 30000 元，消费税 50000 元，企业所得税 60000 元，加收滞纳金 3000 元，罚款 5000 元，则该企业应补缴城市维护建设税多少元？

解析：城市维护建设税的计税依据是纳税人实际缴纳的增值税税额，包括税务机关查补的增值税，但违反增值税有关税法规定而加收的滞纳金和罚款，不作为城市维护建设税的计税依据。

应补缴城市维护建设税=（30000+50000）×7%=5600（元）

三、税收优惠

《中华人民共和国城市维护建设税法》（以下简称《城市维护建设税法》）第六条规定，根据国民经济和社会发展的需要，国务院对重大公共基础设施建设、特殊产业和群体以及重大突发事件应对等情形可以规定减征或者免征城市维护建设税，报全国人民代表大会常务委员会备案。

城市维护建设税原则上不单独减免，但因城市维护建设税又具有附加税性质，当主税发生减免时，城市维护建设税相应发生税收减免。城市维护建设税的税收减免有以下几种情况：

1. 对由于减免增值税、消费税而发生的退税，同时退还已缴纳的城市维护建设税。但对出口产品退还增值税、消费税的，不退还已缴纳的城市维护建设税。

2. 对黄金交易所会员单位通过黄金交易所销售标准黄金，且发生实物交割的，免征城市维护建设税。具体操作按照《财政部 国家税务总局关于黄金税收政策问题的通知》（财税〔2002〕142号）有关规定执行。

3. 对上海期货交易所会员和客户通过上海期货交易所销售标准黄金，且发生实物交割并已出库的，免征城市维护建设税。具体操作按照《财政部 国家税务总局关于黄金期货交易有关税收政策的通知》（财税〔2008〕5号）有关规定执行。

4. 为支持国家重大水利工程建设，对国家重大水利工程建设基金自2010年5月25日免征城市维护建设税。具体操作按照《财政部 国家税务总局关于免征国家重大水利工程建设基金的城市维护建设税和教育费附加的通知》（财税〔2010〕44号）有关规定执行。

5. 自2023年1月1日至2027年12月31日，自主就业退役士兵从事个体经营的，自办理个体工商户登记当月起，在3年（36个月）内按每户每年70000元为限额依次扣减其当年实际应缴纳的增值税、城市维护建设税、教育费附加、地方教育附加和个人所得税。限额标准最高可上浮20%。具体操作按照《财政部 税务总局 退役军人事务部关于进一步扶持自主就业退役士兵创业就业有关税收政策的公告》（财政部 税务总局 退役军人事务部公告2023年第14号）有关规定执行。

6. 经中国人民银行依法决定撤销的金融机构及其分设于各地的分支机构（包括被依法撤销的商业银行、信托投资公司、财务公司、金融租赁公司、城市信用社和农村信用社），用其财产清偿债务时，免征被撤销金融机构转让货物、不动产、无形资产、有价证券、票据等应缴纳的城市维护建设税。

7. 自2019年1月1日至2025年12月31日，实施支持和促进重点群体创业就业城市维护建设税减免。具体操作按照《财政部 税务总局 人力资源

社会保障部 国务院扶贫办关于进一步支持和促进重点群体创业就业有关税收政策的通知》（财税〔2019〕22号）、《财政部 税务总局 人力资源社会保障部 国家乡村振兴局关于延长部分扶贫税收优惠政策执行期限的公告》（财政部 税务总局 人力资源社会保障部 国家乡村振兴局公告2021年第18号）有关规定执行。

建档立卡贫困人口、持《就业创业证》（注明“自主创业税收政策”或“毕业年度内自主创业税收政策”）或《就业失业登记证》（注明“自主创业税收政策”）的人员，从事个体经营的，自办理个体工商户登记当月起，在3年（36个月，下同）内按每户每年12000元为限额依次扣减其当年实际应缴纳的增值税、城市维护建设税、教育费附加、地方教育附加和个人所得税。限额标准最高可上浮20%，各省、自治区、直辖市人民政府可根据本地区实际情况在此幅度内确定具体限额标准。纳税人年度应缴纳税款小于上述扣减限额的，减免税额以其实际缴纳的税款为限；大于上述扣减限额的，以上述扣减限额为限。

企业招用建档立卡贫困人口，以及在人力资源和社会保障部门公共就业服务机构登记失业半年以上且持《就业创业证》或《就业失业登记证》（注明“企业吸纳税收政策”）的人员，与其签订1年以上期限劳动合同并依法缴纳社会保险费的，自签订劳动合同并缴纳社会保险当月起，在3年内按实际招用人数予以定额依次扣减增值税、城市维护建设税、教育费附加、地方教育附加和企业所得税优惠。定额标准为每人每年6000元，最高可上浮30%，各省、自治区、直辖市人民政府可根据本地区实际情况在此幅度内确定具体定额标准。城市维护建设税、教育费附加、地方教育附加的计税依据是享受该项税收优惠政策前的增值税应纳税额。按上述标准计算的税收扣减额应在企业当年实际应缴纳的增值税、城市维护建设税、教育费附加、地方教育附加和企业所得税税额中扣减，当年扣减不完的，不得结转下年使用。

8. 自2023年1月1日至2027年12月31日，对增值税小规模纳税人、小型微利企业和个体工商户减半征收城市维护建设税。具体操作按照《财政部 税务总局关于进一步支持小微企业和个体工商户发展有关税费政策的公告》（财政部 税务总局公告2023年第12号）有关规定执行。

9. 自 2023 年 1 月 1 日至 2027 年 12 月 31 日，脱贫人口（含防止返贫监测对象，下同）、持《就业创业证》（注明“自主创业税收政策”或“毕业年度内自主创业税收政策”）或《就业失业登记证》（注明“自主创业税收政策”）的人员，从事个体经营的，自办理个体工商户登记当月起，在 3 年（36 个月，下同）内按每户每年 20000 元为限额依次扣减其当年实际应缴纳的增值税、城市维护建设税、教育费附加、地方教育附加和个人所得税。限额标准最高可上浮 20%，各省、自治区、直辖市人民政府可根据本地区实际情况在此幅度内确定具体限额标准。

10. 自 2023 年 1 月 1 日至 2027 年 12 月 31 日，企业招用脱贫人口，以及在人力资源和社会保障部门公共就业服务机构登记失业半年以上且持《就业创业证》或《就业失业登记证》（注明“企业吸纳税收政策”）的人员，与其签订 1 年以上期限劳动合同并依法缴纳社会保险费的，自签订劳动合同并缴纳社会保险当月起，在 3 年内按实际招用人数予以定额依次扣减增值税、城市维护建设税、教育费附加、地方教育附加和企业所得税优惠。定额标准为每人每年 6000 元，最高可上浮 30%，各省、自治区、直辖市人民政府可根据本地区实际情况在此幅度内确定具体定额标准。城市维护建设税、教育费附加、地方教育附加的计税依据是享受本项税收优惠政策前的增值税应纳税额。

11. 2022 年，各地对符合条件的养老托育服务机构按照 50%税额顶格减征资源税、城市维护建设税、房产税、城镇土地使用税、印花税（不含证券交易印花税）、耕地占用税和教育费附加、地方教育附加等“六税两费”。

此外，对增值税、消费税实行先征后返、先征后退、即征即退办法的，除另有规定外，对随增值税、消费税附征的城市维护建设税，一律不予退（返）还。

四、征收管理

纳税人缴纳增值税、消费税的地点，就是该纳税人缴纳城市维护建设税的地点。需要注意下列情况：

（1）代扣代缴、代收代缴增值税、消费税的单位和个人，同时也是城市维护建设税的代扣代缴、代收代缴义务人，其城市维护建设税的纳税地点在代扣代收地。

（2）跨省开采的油田，下属生产单位与核算单位不在一个省内的，其生产的原油，在油井所在地缴纳增值税，其应纳税款由核算单位按照各油井的产量和规定税率，计算汇拨各油井缴纳。所以，各油井应纳的城市维护建设税，应由核算单位计算，随同增值税一并汇拨油井所在地，由油井在缴纳增值税的同时，一并缴纳城市维护建设税。

第二节　疑难解答

1. 外商投资企业、外国企业及外籍个人是否需要缴纳城市维护建设税？

答：根据《财政部 国家税务总局关于对外资企业征收城市维护建设税和教育费附加有关问题的通知》（财税〔2010〕103号）规定，对外商投资企业、外国企业及外籍个人2010年12月1日（含）之后发生纳税义务的增值税、消费税征收城市维护建设税和教育费附加；对外资企业2010年12月1日之前发生纳税义务的增值税、消费税，不征收城市维护建设税和教育费附加。

2. 被撤销金融机构清理和处置财产时在增值税及城市维护建设税方面有什么税收优惠政策？

答：根据《财政部 国家税务总局关于被撤销金融机构有关税收政策问题的通知》（财税〔2003〕141号）第二条规定，对被撤销金融机构财产用来清偿债务时，免征被撤销金融机构转让货物、不动产、无形资产、有价证券、票据等应缴纳的增值税、城市维护建设税、教育费附加和土地增值税。

3. 房地产企业营改增后，在项目所在地预缴3%的增值税，回机构所在地补缴2%的增值税，附征的城市维护建设税、教育费附加、地方教育附加在哪里申报？项目所在地与机构所在地城市维护建设税税率不同，是否需要在机构所在地补缴差额？

答：根据《财政部 国家税务总局关于纳税人异地预缴增值税有关城市维护建设税和教育费附加政策问题的通知》（财税〔2016〕74号）规定，纳税人跨地区提供建筑服务、销售和出租不动产的，应在建筑服务发生地、不动产所在地预缴增值税时，以预缴增值税税额为依据，并按预缴增值税所在地的城市维护建设税适用税率和教育费附加征收率就地计算缴纳城市维护建设税和教育费附加。

预缴增值税的纳税人在其机构所在地申报缴纳增值税时，以其实际缴纳的增值税税额为计税依据，并按机构所在地的城市维护建设税适用税率和教育费附加征收率就地计算缴纳城市维护建设税和教育费附加。

因此，纳税人所在地与缴纳增值税、消费税所在地城市维护建设税税率不一致的，以城市维护建设税实际纳税地的适用税率为准，无须回纳税人机构所在地办理补税或退税手续。附征的城市维护建设税、教育费附加、地方教育附加随缴纳增值税的地点确定纳税地点。

4. 行政区划变更的，如何确定城市维护建设税的税率？

答：根据《国家税务总局关于城市维护建设税征收管理有关事项的公告》（国家税务总局公告 2021 年第 26 号）第四条第二款和第八条规定，自 2021 年 9 月 1 日起，行政区划变更的，自变更完成当月起适用新行政区划对应的城建税税率，纳税人在变更完成当月的下一个纳税申报期按新税率申报缴纳。

5. 纳税人在补缴增值税、消费税时，是否需要补缴城市维护建设税？

答：根据《国家税务总局关于城市维护建设税征收管理有关事项的公告》（国家税务总局公告 2021 年第 26 号）第五条第二款和第八条规定，自 2021 年 9 月 1 日起，采用委托代征、代扣代缴、代收代缴、预缴、补缴等方式缴纳增值税、消费税的，应当同时缴纳城建税。

6. 增值税、消费税实行先征后返、先征后退、即征即退办法的，其随征的城市维护建设税、教育费附加是否同时予以退（返）还？

答：根据《财政部 税务总局关于城市维护建设税计税依据确定办法等事项的公告》（财政部 税务总局公告 2021 年第 28 号）第一条规定，城市维护建设税以纳税人依法实际缴纳的增值税、消费税税额（即两税税额）为计税依据。依法实际缴纳的两税税额，是指纳税人依照增值税、消费税相关法律法规和税收政策规定计算的应当缴纳的两税税额（不含因进口货物或境外单位和个人向境内销售劳务、服务、无形资产缴纳的两税税额），加上增值税免抵税额，扣除直接减免的两税税额和期末留抵退税退还的增值税税额后的金额。直接减免的两税税额，是指依照增值税、消费税相关法律法规和税收政策规定，直接减征或免征的两税税额，不包括实行先征后返、先征后退、即征即退办法退还的两税税额。

根据《国家税务总局关于城市维护建设税征收管理有关事项的公告》（国家税务总局公告2021年第26号）第六条规定，因纳税人多缴发生的增值税、消费税，同时退还已缴纳的城建税。增值税、消费税实行先征后返、先征后退、即征即退的，除另有规定外，不予退还随增值税、消费税附征的城建税。

7. 享受增值税期末留抵退税政策的集成电路企业，城市维护建设税、教育费附加和地方教育附加的计税（征）依据如何计算？

答：根据《城市维护建设税法》第二条第二款规定，城市维护建设税的计税依据应当按照规定扣除期末留抵退税退还的增值税税额。

根据《财政部 税务总局关于城市维护建设税计税依据确定办法等事项的公告》（财政部 税务总局公告2021年第28号）第一条规定，城市维护建设税以纳税人依法实际缴纳的两税税额为计税依据。依法实际缴纳的两税税额，是指纳税人依照增值税、消费税相关法律法规和税收政策规定计算的应当缴纳的两税税额（不含因进口货物或境外单位和个人向境内销售劳务、服务、无形资产缴纳的两税税额），加上增值税免抵税额，扣除直接减免的两税税额和期末留抵退税退还的增值税税额后的金额。

根据《财政部 税务总局关于集成电路企业增值税期末留抵退税有关城市维护建设税 教育费附加和地方教育附加政策的通知》（财税〔2017〕17号）规定，享受增值税期末留抵退税政策的集成电路企业，其退还的增值税期末留抵税额，应在城市维护建设税、教育费附加和地方教育附加的计税（征）依据中予以扣除。

第三节　案例解析

案例一

一、案例描述

某市汽车商贸中心为集体所有制企业，注册资本为1500万元，经营汽车配件的批发、零售。2023年12月27日，该市稽查分局对该中心进行专项稽查，发现该中心营业地点在城乡接合部，自2021年1月至检查时合计缴纳增值税200万元，而城市维护建设税一直按郊区适用税率5%申报缴纳，已缴纳城市维护建设税10万元。为此，税务稽查人员到有关部门调查了解，确认该中心营业所在地点属市区范围，应按7%的税率申报缴纳城市维护建设税。

二、案例分析

《城市维护建设税法》第四条规定，纳税人所在地在市区的，税率为7%；纳税人所在地在县城、镇的，税率为5%；纳税人所在地不在市区、县城或者镇的，税率为1%。该商贸中心被税务机关确认所在地点在市区范围，应适用7%的税率计算城市维护建设税。因此，以该中心计缴的增值税为计税依据，计算出2021年1月至2023年底共少缴城市维护建设税40000元，应予以补缴。

案例二

一、案例描述

甲市某建筑企业为增值税一般纳税人，2023年8月发生了如下业务：在外省乙县提供建筑物服务，合同注明的开工日期为2023年7月20日，合同总金额为1090000元（含税），给对方开具了增值税专用发票。A将部分业务分包给建筑企业B，支付分包款436000元，取得的增值税专用发票，注明税额36000元。除了分包款以外5月A取得2张13%税率的增值税专用发票，注明税额13000元。除上述外A当月无其他业务，选择一般计税方法，请根据上述情况，分析A在甲市和乙县分别缴纳的城市维护建设税和教育费附加。

二、案例分析

跨区提供建筑服务的，应在建筑服务发生地主管税务机关预缴增值税，向机构所在地主管税务机关申报缴纳增值税。

纳税人跨区提供建筑服务，应在建筑服务发生地乙县税务机关预缴增值税、城市维护建设税及教育费附加。

该项目纳税人选择了一般计税方法，应以取得的全部价款和价外费用扣除支付的分包款后的余额654000（1090000-436000）元，按照2%的预征率计算应预缴税款。

在乙县应预缴增值税=（1090000-436000）÷（1+9%）×2%=12000（元）

在乙县缴纳城市维护建设税=12000×5%=600（元）

在乙县缴纳教育费附加=12000×3%=360（元）

在乙县缴纳地方教育附加=12000×2%=240（元）

在甲市不扣除分包款，按9%税率申报缴纳增值税。

在甲市申报销项税额=1090000÷（1+9%）×9%=90000（元）

应纳税额=销项税额-进项税额=90000-36000-13000=41000（元），由于已预缴12000元，本期在甲市还应缴纳的增值税=41000-12000=29000（元）。

在甲市缴纳城市维护建设税=29000×7%=2030（元）

在甲市缴纳教育费附加=29000×3%=870（元）

在甲市缴纳地方教育附加=29000×2%=590（元）

注：在甲市不需要补缴因乙县与甲市城市维护建设税征收率差的税额，即不需要补缴240元［12000×（7%-5%）］的城市维护建设税。

第八章　耕地占用税

第一节　税制概要

一、纳税人与征税范围

（一）纳税人

在中华人民共和国境内占用耕地建设建筑物、构筑物或者从事非农业建设的单位和个人，为耕地占用税的纳税人，应当依照《中华人民共和国耕地占用税法》（以下简称《耕地占用税法》）规定缴纳耕地占用税。

经批准占用耕地的，纳税人为农用地转用审批文件中标明的建设用地人；农用地转用审批文件中未标明建设用地人的，纳税人为用地申请人，其中用地申请人为各级人民政府的，由同级土地储备中心、自然资源主管部门或政府委托的其他部门、单位履行耕地占用税申报纳税义务。

未经批准占用耕地的，纳税人为实际用地人。

（二）征税范围

《耕地占用税法》所称的耕地，是指用于种植农作物的土地。如种植粮食作物、经济作物的农田，还包括种植蔬菜和果树的菜地、园地。耕地还包括其附属的土地，如田间道路等。

占用园地、林地、草地、农田水利用地、养殖水面、渔业水域滩涂以及其他农用地建设建筑物、构筑物或者从事非农业建设的，依照《耕地占用税法》的规定缴纳耕地占用税。

二、税率、计税依据和应纳税额的计算

（一）税率

由于在我国的不同地区之间人口和耕地资源的分布极不均衡，有些地区人烟稠密，耕地资源相对匮乏；而有些地区则人烟稀少，耕地资源比较丰富。各地区之间的经济发展水平也有很大差异。考虑到不同地区之间客观条件的差别以及与此相关的税收调节力度和纳税人负担能力方面的差别，耕地占用税在税率设计上采用了地区差别定额税率。税率规定如下：

1. 人均耕地不超过 1 亩的地区（以县、自治县、不设区的市、市辖区为单位，下同），每平方米为 10~50 元；

2. 人均耕地超过 1 亩但不超过 2 亩的地区，每平方米为 8~40 元；

3. 人均耕地超过 2 亩但不超过 3 亩的地区，每平方米为 6~30 元；

4. 人均耕地超过 3 亩的地区，每平方米为 5~25 元。

各地区耕地占用税的适用税额，由省、自治区、直辖市人民政府根据人均耕地面积和经济发展等情况，在规定的税额幅度内提出，报同级人民代表大会常务委员会决定，并报全国人民代表大会常务委员会和国务院备案。各省、自治区、直辖市耕地占用税适用税额的平均水平，不得低于《耕地占用税法》所附《各省、自治区、直辖市耕地占用税平均税额表》（见表 8-1）规定的平均税额。

表 8-1　　各省、自治区、直辖市耕地占用税平均税额表

地区	每平方米平均税额/元
上海	45
北京	40
天津	35
江苏、浙江、福建、广东	30
辽宁、湖北、湖南	25
河北、安徽、江西、山东、河南、重庆、四川	22.5
广西、海南、贵州、云南、陕西	20

续表

地区	每平方米平均税额/元
山西、吉林、黑龙江	17.5
内蒙古、西藏、甘肃、青海、宁夏、新疆	12.5

占用基本农田的，应当按照当地适用税额，加按150%征收耕地占用税。在人均耕地低于0.5亩的地区，各省、自治区、直辖市可以根据当地的经济发展情况，适当提高适用税额，但提高的部分最多不得超过当地适用税额的50%。

占用园地、林地、草地、农田水利用地、养殖水面、渔业水域滩涂以及其他农用地建设建筑物、构筑物或者从事非农业建设的，依照《耕地占用税法》的规定缴纳耕地占用税。但占用上述农用地建设直接为农业生产服务的生产设施的，不缴纳耕地占用税。占用上述规定的农用地的，适用税额可以适当低于本地区的适用税额，但降低的部分不得超过50%。

（二）计税依据

耕地占用税以纳税人实际占用的耕地面积为计税依据，以每平方米为计量单位。

（三）应纳税额

耕地占用税应纳税额为纳税人实际占用的耕地面积（平方米）乘以适用税额一次性征收。其计算公式为：

应纳税额＝实际占用耕地面积（平方米）×适用定额税率

三、税收优惠和征收管理

耕地占用税对占用耕地实行一次性征收，对生产经营单位和个人不设立减免税，仅对公益性单位和需照顾群体设立减免税。

（一）免征

1. 军事设施占用耕地，免征耕地占用税。

（1）指挥机关，地面和地下的指挥工程、作战工程；

（2）军事机场、港口、码头；

（3）营区、训练场、试验场；

（4）军用洞库、仓库；

（5）军用通信、侦察、导航、观测台站，测量、导航、助航标志；

（6）军用公路、铁路专用线，军用通信、输电线路，军用输油、输水管道；

（7）边防、海防管控设施；

（8）国务院和中央军事委员会规定的其他军事设施。

2. 学校、幼儿园、社会福利机构、医疗机构占用耕地，免征耕地占用税。

学校内经营性场所和教职工住房占用耕地的，按照当地适用税额缴纳耕地占用税。

医疗机构内职工住房占用耕地的，按照当地适用税额缴纳耕地占用税。

3. 农村烈士遗属、因公牺牲军人遗属、残疾军人以及符合农村最低生活保障条件的农村居民，在规定用地标准以内新建自用住宅，免征耕地占用税。

4. 农村居民经批准搬迁，新建自用住宅占用耕地不超过原宅基地面积的部分，免征耕地占用税。

（二）减征

1. 铁路线路、公路线路、飞机场跑道、停机坪、港口、航道、水利工程占用耕地，减按每平方米 2 元的税额征收耕地占用税。

2. 农村居民在规定用地标准以内占用耕地新建自用住宅，按照当地适用税额减半征收耕地占用税。

3. 自 2023 年 1 月 1 日至 2027 年 12 月 31 日，对增值税小规模纳税人、小型微利企业和个体工商户减半征收耕地占用税。

增值税小规模纳税人小型微利企业和个体工商户已依法享受耕地占用税其他优惠政策的，可叠加享受该条规定的优惠政策。

4. 免征或减征耕地占用税后，纳税人改变原占地用途，不再属于免征或者减征耕地占用税情形的，应当按照当地适用税额补缴耕地占用税。

5. 根据国民经济和社会发展的需要，国务院可以规定免征或者减征耕地占用税的其他情形，报全国人民代表大会常务委员会备案。

（三）征收管理

耕地占用税由税务机关负责征收。耕地占用税的纳税义务发生时间为纳税人收到自然资源主管部门办理占用耕地手续的书面通知的当日。纳税人应当自纳税义务发生之日起30日内申报缴纳耕地占用税。自然资源主管部门凭耕地占用税完税凭证或者免税凭证和其他有关文件发放建设用地批准书。

耕地占用税纳税人依法纳税申报时，需要填报《财产和行为税纳税申报表》和《耕地占用税税源明细表》等资料，依照规定缴纳耕地占用税。享受耕地占用税优惠的纳税人还需填报《财产和行为税减免税明细申报附表》。

纳税人因建设项目施工或者地质勘查临时占用耕地，应当缴纳耕地占用税。纳税人在批准临时占用耕地期满之日起1年内依法复垦，恢复种植条件的，全额退还已经缴纳的耕地占用税。

因挖损、采矿塌陷、压占、污染等损毁耕地属于税法所称的非农业建设，应依照税法规定缴纳耕地占用税；自自然资源、农业农村等相关部门认定损毁耕地之日起3年内依法复垦或修复，恢复种植条件的，比照以上规定办理退税。

税务机关应当与相关部门建立耕地占用税涉税信息共享机制和工作配合机制。县级以上地方人民政府自然资源、农业农村、水利等相关部门应当定期向税务机关提供农用地转用、临时占地等信息，协助税务机关加强耕地占用税征收管理。

税务机关发现纳税人的纳税申报数据资料异常或者纳税人未按照规定期限申报纳税的，可以提请相关部门进行复核，相关部门应当自收到税务机关复核申请之日起30日内向税务机关出具复核意见。

第二节　疑难解答

1. 公司租赁农村集体土地，在该公司租赁之前，农村集体已经多年多次租赁给多家生产加工企业，该宗土地为种植林地，是否应缴纳耕地占用税？

答：根据《耕地占用税法》第十二条规定，占用园地、林地、草地、农田水利用地、养殖水面、渔业水域滩涂以及其他农用地建设建筑物、构筑物或者从事非农业建设的，依照规定缴纳耕地占用税。占用该条规定的农用地建设直接为农业生产服务的生产设施的，不缴纳耕地占用税。加工企业占用林地建房或从事其他非农业建设应缴纳耕地占用税。耕地占用税为一次性税收，首次占用的单位或者个人为纳税人。

2. 原为学校的划拨用地，经政府收回后出让给房产开发公司，学校原来属于耕地占用税免税范围，现在是否需缴纳耕地占用税？如需缴纳，如何确定耕地占用税的纳税人？

答：根据《耕地占用税法》第二条第一款规定，在中华人民共和国境内占用耕地建设建筑物、构筑物或者从事非农业建设的单位或者个人，为耕地占用税的纳税人，应当依照该法规定缴纳耕地占用税。原学校的划拨用地经政府收回出让给房地产开发公司时已经是建设用地，不属于耕地，因此不缴纳耕地占用税。

3. 临时占用耕地是否需要缴纳耕地占用税？

答：根据《耕地占用税法》第十一条规定，纳税人因建设项目施工或者地质勘查临时占用耕地，应当依法缴纳耕地占用税。纳税人在批准临时占用耕地期满之日起 1 年内依法复垦，恢复种植条件的，全额退还已经缴纳的耕地占用税。

根据《中华人民共和国耕地占用税法实施办法》（以下简称《耕地占用税法实施办法》）第十九条规定，因挖损、采矿塌陷、压占、污染等损毁耕地属于税法所称的非农业建设，应依照税法规定缴纳耕地占用税；自自然资源、农业农村等相关部门认定损毁耕地之日起 3 年内依法复垦或修复，恢复种植条件的，比照《耕地占用税法》第十一条规定办理退税。

根据《国家税务总局关于耕地占用税征收管理有关事项的公告》（国家税务总局公告2019年第30号）第十条规定，纳税人符合《耕地占用税法》第十一条、《耕地占用税法实施办法》第十九条的规定申请退税的，纳税人应提供身份证明查验，并提交以下材料复印件：①税收缴款书、税收完税证明；②复垦验收合格确认书。

4. 早教机构是否可以免征耕地占用税？

答：根据《耕地占用税法》第七条规定，军事设施、学校、幼儿园、社会福利机构、医疗机构占用耕地，免征耕地占用税。

根据《财政部 税务总局 自然资源部 农业农村部 生态环境部关于发布〈中华人民共和国耕地占用税法实施办法〉的公告》（财政部 税务总局 自然资源部 农业农村部 生态环境部公告2019年第81号）第六条、第七条规定，免税的学校，具体范围包括县级以上人民政府教育行政部门批准成立的大学、中学、小学，学历性职业教育学校和特殊教育学校，以及经省级人民政府或其人力资源和社会保障行政部门批准成立的技工院校。学校内经营性场所和教职工住房占用耕地的，按照当地适用税额缴纳耕地占用税。免税的幼儿园，具体范围限于县级以上人民政府教育行政部门批准成立的幼儿园内专门用于幼儿保育、教育的场所。

因此，早教机构如果属于上述免税幼儿园的范围，可以免征耕地占用税；如不属于上述免税范围，不能免征耕地占用税。

第三节　案例解析

一、案例描述

某区M养殖有限公司采取与某镇村民签订租赁协议的方式，租用该村村民耕地500平方米建养猪场。请问，该业务是否应缴纳耕地占用税？若缴纳，税款为多少元？（当地耕地占用税适用税额为24元/平方米）

二、案例分析

占用耕地建养猪场已经改变了耕地的原有用途，不管采用何种方式，是否经过批准都应该缴纳耕地占用税。

应纳税额 = 500×24 = 12000（元）

第九章　契税

第一节　税制概要

一、纳税人

契税的纳税人是指在中华人民共和国境内转移土地、房屋权属，承受的单位和个人。境内是指中华人民共和国实际税收行政管辖范围内。土地、房屋权属是指土地使用权和房屋所有权。单位是指企业单位、事业单位、国家机关、军事单位和社会团体以及其他组织。个人是指个体（经营者）和其他个人，包括中国公民和外籍人员。

二、征税范围

契税是以在中华人民共和国境内转移土地、房屋权属为征税对象，向产权承受人征收的一种财产税。具体征税范围包括以下六项内容。

1. 土地使用权出让

土地使用权出让是指土地使用者向国家交付土地使用权出让费用，国家将国有土地使用权在一定年限内让予土地使用者的行为。

土地使用权出让，受让者应向国家缴纳出让金，以出让金为依据计算缴纳契税。不得因减免土地出让金而减免契税。

2. 土地使用权的转让

土地使用权的转让是指土地使用者以出售、赠与、交换或者其他方式将土地使用权转移给其他单位和个人的行为。土地使用权的转让不包括土地承包经营权和土地经营权的转移。

3. 房屋买卖

房屋买卖，是指房屋所有者将其房屋出售，由承受者交付货币、实物、无形资产或者其他经济利益的行为。以下几种特殊情况，视同买卖房屋：

（1）以房产抵债或实物交换房屋。经当地政府和有关部门批准，以房抵债和实物交换房屋，均视同房屋买卖，应由产权承受人，按房屋现值缴纳契税。

对已缴纳契税的购房单位和个人，在未办理房屋权属变更登记前退房的，退还已纳契税；在办理房屋权属变更登记后退房的，不予退还已纳契税。

（2）以房产作投资、入股。这种交易业务属房屋产权转移，应根据国家房地产管理的有关规定，办理房屋产权交易和产权变更登记手续，视同房屋买卖，由产权承受方按契税税率计算缴纳契税。

以自有房产作股投入本人独资经营的企业，免纳契税。因为以自有的房地产投入本人独资经营的企业，产权所有人和使用人未发生变化，不需办理房产变更手续，也不办理契税手续。

（3）买房拆料或翻建新房，应照章征收契税。例如，甲某购买乙某房产，不论其目的是取得该房产的建筑材料或是翻建新房，实际构成房屋买卖。甲某应首先办理房屋产权变更手续，并按买价缴纳契税。

4. 房屋赠与

房屋的赠与是指房屋产权所有人将房屋无偿转让给他人所有的行为。其中，将自己的房屋转交给他人的法人和自然人，称作房屋赠与人；接受他人房屋的法人和自然人，称为受赠人。房屋赠与的前提必须是产权无纠纷，赠与人和受赠人双方自愿。由于房屋是不动产，价值较大，故法律要求赠与房屋应有书面合同（契约），并到房地产管理机关或农村基层政权机关办理登记过户手续，才能生效。如果房屋赠与行为涉及涉外关系，还需公证处证明和外事部门认证，才能有效。房屋的受赠人要按规定缴纳契税。

5. 房屋互换

房屋互换是指房屋所有者之间互相交换房屋的使用权或所有权的行为。

随着经济形势的发展，有些以特殊方式转移土地、房屋权属的，也将视同土地使用权转让、房屋买卖或者房屋赠与。一是以土地、房屋权属作价投资、入股；二是以土地、房屋权属抵债；三是以获奖方式承受土地、房屋权属；四是以预购方式或者预付集资建房款方式承受土地、房屋权属。

6. 其他情形

下列情形发生土地、房屋权属转移的，承受方应当依法缴纳契税：

（1）因共有不动产份额变化的；

（2）因共有人增加或者减少的；

（3）因人民法院、仲裁委员会的生效法律文书或者监察机关出具的监察文书等因素，发生土地、房屋权属转移的。

三、税率

契税实行3%～5%的幅度税率。契税的具体适用税率，由省、自治区、直辖市人民政府在前款规定的税率幅度内提出，报同级人民代表大会常务委员会决定，并报全国人民代表大会常务委员会和国务院备案。

省、自治区、直辖市可以依照前款规定的程序对不同主体、不同地区、不同类型的住房的权属转移确定差别税率。

四、计税依据和应纳税额的计算

（一）计税依据

契税的计税依据为不动产的价格。由于土地、房屋权属转移方式不同，定价方法不同，因而具体计税依据视不同情况而决定。契税的计税依据不含增值税。

1. 土地使用权出让、出售，房屋买卖，为土地、房屋权属转移合同确定的成交价格，包括应交付的货币以及实物、其他经济利益对应的价款。

2. 土地使用权互换、房屋互换，为所互换的土地使用权、房屋价格的差额。

3. 土地使用权赠与、房屋赠与以及其他没有价格的转移土地、房屋权属行为，为税务机关参照土地使用权出售、房屋买卖的市场价格依法核定的价格。

纳税人申报的成交价格、互换价格差额明显偏低且无正当理由的，由税务机关依照《中华人民共和国税收征收管理法》的规定核定。

4. 以划拨方式取得的土地使用权，经批准改为出让方式重新取得该土地使用权的，应由该土地使用权人以补缴的土地出让价款为计税依据缴纳契税。

5. 先以划拨方式取得土地使用权，后经批准转让房地产，划拨土地性质改为出让的，承受方应分别以补缴的土地出让价款和房地产权属转移合同确定的成交价格为计税依据缴纳契税。

6. 先以划拨方式取得土地使用权，后经批准转让房地产，划拨土地性质未发生改变的，承受方应以房地产权属转移合同确定的成交价格为计税依据缴纳契税。

7. 土地使用权及所附建筑物、构筑物等（包括在建的房屋、其他建筑物、构筑物和其他附着物）转让的，计税依据为承受方应交付的总价款。土地使用权及所附建筑物、构筑物等（包括在建的房屋、其他建筑物、构筑物和其他附着物）转让的，计税依据为承受方应交付的总价款。

8. 土地使用权出让的，计税依据包括土地出让金、土地补偿费、安置补助费、地上附着物和青苗补偿费、征收补偿费、城市基础设施配套费、实物配建房屋等应交付的货币以及实物、其他经济利益对应的价款。

9. 房屋附属设施（包括停车位、机动车库、非机动车库、顶层阁楼、储藏室及其他房屋附属设施）与房屋为同一不动产单元的，计税依据为承受方应交付的总价款，并适用与房屋相同的税率；房屋附属设施与房屋为不同不动产单元的，计税依据为转移合同确定的成交价格，并按当地确定的适用税率计税。

10. 承受已装修房屋的，应将包括装修费用在内的费用计入承受方应交付的总价款。

11. 土地使用权互换、房屋互换，互换价格相等的，互换双方计税依据为零；互换价格不相等的，以其差额为计税依据，由支付差额的一方缴纳契税。

（二）应纳税额的计算

契税采用比例税率。应纳税额的计算公式为：

应纳税额=计税依据×税率

五、税收优惠

（一）法定免征项目

1. 国家机关、事业单位、社会团体、军事单位承受土地、房屋权属用于办公、教学、医疗、科研和军事设施，免征契税。

2. 非营利性的学校、医疗机构、社会福利机构承受土地、房屋权属用于办公、教学、医疗、科研、养老、救助，免征契税。

3. 承受荒山、荒地、荒滩土地使用权用于农、林、牧、渔业生产，免征契税。

4. 婚姻关系存续期间夫妻之间变更土地、房屋权属，免征契税。

5. 法定继承人通过继承承受土地、房屋权属，免征契税。

6. 依照法律规定应当予以免税的外国驻华使馆、领事馆和国际组织驻华代表机构承受土地、房屋权属，免征契税。

（二）其他减征、免征项目

1. 因不可抗力灭失住房，重新承受住房权属的，由省、自治区、直辖市决定免征或者减征契税。免征或者减征契税的具体办法，由省、自治区、直辖市人民政府提出，报同级人民代表大会常务委员会决定，并报全国人民代表大会常务委员会和国务院备案。不可抗力是指自然灾害、战争等不能预见、不可避免并不能克服的客观情况。

2. 因土地、房屋被县级以上人民政府征收、征用，重新承受土地、房屋权属的，由省、自治区、直辖市人民政府决定免征或者减征契税。免征或者减征契税的具体办法，由省、自治区、直辖市人民政府提出，报同级人民代表大会常务委员会决定，并报全国人民代表大会常务委员会和国务院备案。

根据国民经济和社会发展的需要，国务院对居民住房需求保障、企业改制重组、灾后重建等情形可以规定免征或者减征契税，报全国人民代表大会常务委员会备案。

3. 城镇职工按规定第一次购买公有住房，免征契税。

此外，财政部、国家税务总局规定，自 2000 年 11 月 29 日起，对各类公有制单位为解决职工住房而采取集资建房方式建成的普通住房，或由单位购买的普通商品住房，经当地县以上人民政府房改部门批准，按照国家房改政策出售给本单位职工的，如属职工首次购买住房，免征契税。

4. 承受荒山、荒沟、荒丘、荒滩土地使用权，并用于农、林、牧、渔业生产的，免征契税。

5. 经外交部确认，依照我国有关法律规定以及我国缔结或参加的双边和多边条约或协定，应当予以免税的外国驻华使馆、领事馆、联合国驻华机构及其外交代表、领事官员和其他外交人员承受土地、房屋权属，免征契税。

6. 售后回租及相关事项的契税政策。

（1）对金融租赁公司开展售后回租业务，承受承租人房屋、土地权属的，照章征税。对售后回租合同期满，承租人回购房屋、土地权属的，免征契税。

（2）市、县级人民政府根据《国有土地上房屋征收与补偿条例》有关规定征收居民房屋，居民因个人房屋被征收而选择货币补偿用以重新购置房屋，并且购房成交价格不超过货币补偿的，对新购房屋免征契税；购房成交价格超过货币补偿的，对差价部分按规定征收契税。居民因个人房屋被征收而选择房屋产权调换，并且不缴纳房屋产权调换差价的，对新换房屋免征契税；缴纳房屋产权调换差价的，对差价部分按规定征收契税。

（3）单位、个人以房屋、土地以外的资产增资，相应扩大其在被投资公司的股权持有比例，无论被投资公司是否变更工商登记，其房屋、土地权属不发生转移，不征收契税。

（4）个体工商户的经营者将其个人名下的房屋、土地权属转移至个体工商户名下，或个体工商户将其名下的房屋、土地权属转回原经营者个人名下，免征契税。

合伙企业的合伙人将其名下的房屋、土地权属转移至合伙企业名下，或合伙企业将其名下的房屋、土地权属转回原合伙人名下，免征契税。

7. 对国家石油储备基地第一期项目、第二期项目建设过程中涉及的契税予以免征。

8. 自2010年10月1日起，个人购买家庭唯一住房的普通住房，享受契税减半征收的优惠政策。普通住房标准：住宅小区建筑容积率在1.0以上、单套建筑面积在120平方米以下、实际成交价格低于同级别土地上住房平均交易价格1.2倍以下。各省、自治区、直辖市根据本地区享受优惠政策普通住房的具体标准，允许单套建筑面积和价格标准适当浮动，但向上浮动的比例不得超过上述标准的20%。

9. 夫妻因离婚分割共同财产发生土地、房屋权属变更的，免征契税。

10. 自2019年1月1日至2025年12月31日，对公租房经营管理单位购买住房作为公租房，免征契税。

11. 根据《财政部 国家税务总局关于棚户区改造有关税收政策的通知》（财税〔2013〕101号）规定，棚户区改造相关税收政策规定如下：

对经营管理单位回购已分配的改造安置住房继续作为改造安置房源的，免征契税。

个人首次购买90平方米以下改造安置住房，按1%的税率计征契税；购买超过90平方米，但符合普通住房标准的改造安置住房，按法定税率减半计征契税。

个人因房屋被征收而取得货币补偿并用于购买改造安置住房，或因房屋被征收而进行房屋产权调换并取得改造安置住房，按有关规定减免契税。

改造安置住房是指相关部门和单位与棚户区被征收人签订的房屋征收（拆迁）补偿协议或棚户区改造合同（协议）中明确用于安置被征收人的住房或通过改建、扩建、翻建等方式实施改造的住房。

12. 自2019年1月1日至2027年12月31日，对饮水工程运营管理单位为建设饮水工程而承受土地使用权，免征契税。对于既向城镇居民供水，又向农村居民供水的饮水工程运营管理单位，依据向农村居民供水量占总供水量的比例免征契税。

13. 对个人购买家庭唯一住房（家庭成员范围包括购房人、配偶以及未成年子女）面积为 90 平方米及以下的，减按 1%的税率征收契税；面积为 90 平方米以上的，减按 1.5%的税率征收契税。

14. 除北京、上海、广州和深圳 4 个市外，对个人购买家庭第二套改善性住房，面积为 90 平方米及以下的，减按 1%的税率征收契税；面积为 90 平方米以上的，减按 2%的税率征收契税。

家庭第二套改善性住房是指已拥有一套住房的家庭，购买的家庭第二套住房。

15. 自 2019 年 6 月 1 日至 2025 年 12 月 31 日，为社区提供养老、托育、家政等服务的机构，承受房屋、土地用于提供社区养老、托育、家政服务的，免征契税。

16. 对被撤销金融机构在清算过程中催收债权时，接收债务方土地使用权、房屋所有权所发生的权属转移，免征契税。

17. 为支持农村集体产权制度改革，自 2017 年 1 月 1 日起，执行以下优惠政策。

（1）对进行股份合作制改革后的农村集体经济组织承受原集体经济组织的土地、房屋权属，免征契税。

（2）对农村集体经济组织以及代行集体经济组织职能的村民委员会、村民小组进行清产核资收回集体资产而承受土地、房屋权属，免征契税。

（3）对农村集体土地所有权、宅基地和集体建设用地使用权及地上房屋确权登记，不征收契税。

18. 自 2018 年 1 月 1 日至 2025 年 12 月 31 日，易地扶贫搬迁可享受以下优惠政策。

（1）对易地扶贫搬迁项目实施主体（以下简称项目实施主体）取得用于建设安置住房的土地，免征契税。

（2）在商品住房等开发项目中配套建设安置住房的，按安置住房建筑面积占总建筑面积的比例，计算应予免征的安置住房用地相关的契税。

（3）对项目实施主体购买商品住房或者回购保障性住房作为安置住房房源的，免征契税。

（三）特殊规定

自2021年1月1日至2027年12月31日，企业、事业单位改制重组过程中涉及的契税按以下规定执行。该规定出台前，企业、事业单位改制重组过程中涉及的契税尚未处理的，符合以下规定的可按以下规定执行。

1. 企业改制

企业按照《中华人民共和国公司法》有关规定整体改制，包括非公司制企业改制为有限责任公司或股份有限公司，有限责任公司变更为股份有限公司，股份有限公司变更为有限责任公司，原企业投资主体存续并在改制（变更）后的公司中所持股权（股份）比例超过75%，且改制（变更）后公司承继原企业权利、义务的，对改制（变更）后公司承受原企业土地、房屋权属，免征契税。

2. 事业单位改制

事业单位按照国家有关规定改制为企业，原投资主体存续并在改制后企业中出资（股权、股份）比例超过50%的，对改制后企业承受原事业单位土地、房屋权属，免征契税。

3. 公司合并

两个或两个以上的公司，依照法律规定、合同约定，合并为一个公司，且原投资主体存续的，对合并后公司承受原合并各方土地、房屋权属，免征契税。

4. 公司分立

公司依照法律规定、合同约定分立为两个或两个以上与原公司投资主体相同的公司，对分立后公司承受原公司土地、房屋权属，免征契税。

5. 企业破产

企业依照有关法律法规规定实施破产，债权人（包括破产企业职工）承受破产企业抵偿债务的土地、房屋权属，免征契税；对非债权人承受破产企业土地、房屋权属，凡按照《中华人民共和国劳动法》等国家有关法律法规政策妥善安置原企业全部职工，与原企业全部职工签订服务年限不少于3年的劳动用工合同的，对其承受所购企业土地、房屋权属，免征契税；与原企业超过30%的职工签订服务年限不少于3年的劳动用工合同的，减半征收契税。

6. 资产划转

对承受县级以上人民政府或国有资产管理部门按规定进行行政性调整、划转国有土地、房屋权属的单位，免征契税。

同一投资主体内部所属企业之间土地、房屋权属的划转，包括母公司与其全资子公司之间，同一公司所属全资子公司之间，同一自然人与其设立的个人独资企业、一人有限公司之间土地、房屋权属的划转，免征契税。

母公司以土地、房屋权属向其全资子公司增资，视同划转，免征契税。

7. 债权转股权

经国务院批准实施债权转股权的企业，对债权转股权后新设立的公司承受原企业的土地、房屋权属，免征契税。

8. 划拨用地出让或作价出资

以出让方式或国家作价出资（入股）方式承受原改制重组企业、事业单位划拨用地的，不属上述规定的免税范围，对承受方应按规定征收契税。

9. 公司股权（股份）转让

在股权（股份）转让中，单位、个人承受公司股权（股份），公司土地、房屋权属不发生转移，不征收契税。

六、征收管理

（一）纳税义务发生时间

1. 契税的纳税义务发生时间，为纳税人签订土地、房屋权属转移合同的当日，或者纳税人取得其他具有土地、房屋权属转移合同性质凭证的当日。

2. 因人民法院、仲裁委员会的生效法律文书或者监察机关出具的监察文书等发生土地、房屋权属转移的，纳税义务发生时间为法律文书等生效当日。

3. 因改变土地、房屋用途等情形应当缴纳已经减征、免征契税的，纳税义务发生时间为改变有关土地、房屋用途等情形的当日。

4. 因改变土地性质、容积率等土地使用条件需补缴土地出让价款，应当缴纳契税的，纳税义务发生时间为改变土地使用条件当日。

发生上述情形，按规定不再需要办理土地、房屋权属登记的，纳税人应自纳税义务发生之日起90日内申报缴纳契税。

（二）纳税期限

纳税人应当在依法办理土地、房屋权属登记手续前申报缴纳契税。

在依法办理土地、房屋权属登记前，权属转移合同、权属转移合同性质凭证不生效、无效、被撤销或者被解除的，纳税人可以向税务机关申请退还已缴纳的税款，税务机关应当依法办理。

（三）纳税地点

契税由土地、房屋所在地的税务机关征收管理。

（四）纳税申报

1. 契税纳税人依法纳税申报时，应填报《财产和行为税税源明细表》（《契税税源明细表》部分），并根据具体情形提交下列资料：

（1）纳税人身份证件；

（2）土地、房屋权属转移合同或其他具有土地、房屋权属转移合同性质的凭证；

（3）交付经济利益方式转移土地、房屋权属的，提交土地、房屋权属转移相关价款支付凭证，其中，土地使用权出让为财政票据，土地使用权出售、互换和房屋买卖、互换为增值税发票；

（4）因人民法院、仲裁委员会的生效法律文书或者监察机关出具的监察文书等因素发生土地、房屋权属转移的，提交生效法律文书或监察文书等。

符合减免税条件的，应按规定附送有关资料或将资料留存备查。

2. 根据人民法院、仲裁委员会的生效法律文书发生土地、房屋权属转移，纳税人不能取得销售不动产发票的，可持人民法院执行裁定书原件及相关材料办理契税纳税申报，征收机关应予受理。

3. 购买新建商品房的纳税人在办理契税纳税申报时，由于销售新建商品房的房地产开发企业已办理注销税务登记或者被税务机关列为非正常户等原因，纳税人不能取得销售不动产发票的，征收机关在核实有关情况后应予受理。

4. 税务机关在受理契税申报缴税过程中，不再要求纳税人提供（无）婚姻登记记录证明。税务机关在受理纳税人家庭唯一普通住房契税优惠申请时，应当做好纳税人家庭成员状况认定工作。如果纳税人为成年人，可以结合户口簿、结婚（离婚）证等信息判断其婚姻状况。无法做出判断的，可以要求其提供承诺书，就其申报的婚姻状况的真实性做出承诺。如果纳税人为未成年人，可结合户口簿等材料认定家庭成员状况。

第二节 疑难解答

1. 个人购买住房符合享受契税优惠条件的，需要提供什么资料？

答：根据《财政部 国家税务总局 住房城乡建设部关于调整房地产交易环节契税 营业税优惠政策的通知》（财税〔2016〕23 号）规定，纳税人申请享受税收优惠的，根据纳税人的申请或授权，由购房所在地的房地产主管部门出具纳税人家庭住房情况书面查询结果，并将查询结果和相关住房信息及时传递给税务机关。暂不具备查询条件而不能提供家庭住房查询结果的，纳税人应向税务机关提交家庭住房实有套数书面诚信保证，诚信保证不实的，属于虚假纳税申报，按照《税收征管法》有关规定处理，并将不诚信记录纳入个人征信系统。

因此，纳税人符合享受契税优惠条件的，应提供购房所在地的房地产主管部门出具的“纳税人家庭住房情况书面查询结果”或“家庭住房实有套数书面诚信保证”给税务机关。

2. 支付土地出让金后，地方政府又返还给企业一部分，在缴纳契税时，是否可以按减除返还金额后的差额缴纳？

答：《国家税务总局关于免征土地出让金出让国有土地使用权征收契税的批复》（国税函〔2005〕436 号）规定：“根据《中华人民共和国契税暂

行条例》及其细则的有关规定，对承受国有土地使用权所应支付的土地出让金，要计征契税。不得因减免土地出让金，而减免契税。”

3. 棚户区改造项目如何缴纳契税？

答：根据《财政部 国家税务总局关于棚户区改造有关税收政策的通知》（财税〔2013〕101号）规定，对经营管理单位回购已分配的改造安置住房继续作为改造安置房源的，免征契税。

个人首次购买90平方米以下改造安置住房，按1%的税率计征契税；购买超过90平方米，但符合普通住房标准的改造安置住房，按法定税率减半计征契税。

个人因房屋被征收而取得货币补偿并用于购买改造安置住房，或因房屋被征收而进行房屋产权调换并取得改造安置住房，按有关规定减免契税。

所称棚户区是指简易结构房屋较多、建筑密度较大、房屋使用年限较长、使用功能不全、基础设施简陋的区域，具体包括城市棚户区、国有工矿（含煤矿）棚户区、国有林区棚户区和国有林场危旧房、国有垦区危房。棚户区改造是指列入省级人民政府批准的棚户区改造规划或年度改造计划的改造项目；改造安置住房是指相关部门和单位与棚户区被征收人签订的房屋征收（拆迁）补偿协议或棚户区改造合同（协议）中明确用于安置被征收人的住房或通过改建、扩建、翻建等方式实施改造的住房。

4. 公安机关购买的商铺用于办公是否需要缴纳契税？

答：根据《中华人民共和国契税法》（以下简称《契税法》）第六条第一款第一项规定，国家机关、事业单位、社会团体、军事单位承受土地、房屋权属用于办公、教学、医疗、科研、军事设施，免征契税。

因此，公安机关购买的房屋，不论其房屋类型，用于办公的，免征契税。

5. 自然人将房屋划转到其设立的个人独资企业名下，是否需要缴纳契税？

答：根据《财政部 税务总局关于继续支持企业 事业单位改制重组有关契税政策的通知》（财税〔2018〕17号）规定，同一投资主体内部所属企业之间土地、房屋权属的划转，包括母公司与其全资子公司之间，同一公司所属全资子公司之间，同一自然人与其设立的个人独资企业、一人有限公司之间土地、房屋权属的划转，免征契税。

6. 夫妻因离婚分割共同财产发生土地、房屋权属变更的如何征收契税？

答：根据《财政部 税务总局关于契税法实施后有关优惠政策衔接问题的公告》（财政部 税务总局公告 2021 年第 29 号）第一条规定，夫妻因离婚分割共同财产发生土地、房屋权属变更的，免征契税。

7. 拆迁补偿款购置房屋是否缴纳契税？

答：根据《财政部 国家税务总局关于企业以售后回租方式进行融资等有关契税政策的通知》（财税〔2012〕82 号）第三条规定，市、县级人民政府根据《国有土地上房屋征收与补偿条例》有关规定征收居民房屋，居民因个人房屋被征收而选择货币补偿用以重新购置房屋，并且购房成交价格不超过货币补偿的，对新购房屋免征契税；购房成交价格超过货币补偿的，对差价部分按规定征收契税。居民因个人房屋被征收而选择房屋产权调换，并且不缴纳房屋产权调换差价的，对新换房屋免征契税；缴纳房屋产权调换差价的，对差价部分按规定征收契税。

8. 政府无偿划转国有土地是否缴纳契税？

答：根据《财政部 税务总局关于继续支持企业 事业单位改制重组有关契税政策的通知》（财税〔2018〕17 号）规定，资产划转对承受县级以上人民政府或国有资产管理部门按规定进行行政性调整、划转国有土地、房屋权属的单位，免征契税。

同一投资主体内部所属企业之间土地、房屋权属的划转，包括母公司与其全资子公司之间，同一公司所属全资子公司之间，同一自然人与其设立的个人独资企业、一人有限公司之间土地、房屋权属的划转，免征契税。

9. 回迁房的面积比拆迁前的大，是否需要缴纳契税？

答：根据《财政部 国家税务总局关于企业以售后回租方式进行融资等有关契税政策的通知》（财税〔2012〕82 号）规定，市、县级人民政府根据《国有土地上房屋征收与补偿条例》有关规定征收居民房屋，居民因个人房屋被征收而选择货币补偿用以重新购置房屋，并且购房成交价格不超过货币补偿的，对新购房屋免征契税；购房成交价格超过货币补偿的，对差价部分按规定征收契税。居民因个人房屋被征收而选择房屋产权调换，并且不缴纳房屋产权调换差价的，对新换房屋免征契税；缴纳房屋产权调换差价的，对差价部分按规定征收契税。

10. 购买车库是否征收契税？

答：根据《财政部 税务总局关于贯彻实施契税法若干事项执行口径的公告》（财政部 税务总局公告 2021 年第 23 号）第二条规定，房屋附属设施（包括停车位、机动车库、非机动车库、顶层阁楼、储藏室及其他房屋附属设施）与房屋为同一不动产单元的，计税依据为承受方应交付的总价款，并适用与房屋相同的税率；房屋附属设施与房屋为不同不动产单元的，计税依据为转移合同确定的成交价格，并按当地确定的适用税率计税。

11. 购买经济适用住房是否缴纳契税？

答：根据《财政部 国家税务总局关于廉租住房 经济适用住房和住房租赁有关税收政策的通知》（财税〔2008〕24 号）第一条第六项规定，对个人购买经济适用住房，在法定税率基础上减半征收契税。

12. 装修房屋契税的计税价格是不是包括装修费？

答：根据《财政部 税务总局关于贯彻实施契税法若干事项执行口径的公告》（财政部 税务总局公告 2021 年第 23 号）第二条规定，承受已装修房屋的，应将包括装修费用在内的费用计入承受方应交付的总价款。

13. 公司分立，分立后公司承受原公司土地、房屋权属是否缴纳契税？

答：根据《财政部 税务总局关于继续实施企业、事业单位改制重组有关契税政策的公告》（财政部 税务总局公告 2023 年第 49 号）第四条规定，公司依照法律规定、合同约定分立为两个或两个以上与原公司投资主体相同的公司，对分立后公司承受原公司土地、房屋权属，免征契税。

第三节　案例解析

一、案例描述

某集团有限责任公司成立于 1995 年 4 月 20 日，位于×市×路西段，主要经营复混肥料、煤化工、双氧水、编织袋等生产、销售。该企业有两个生产厂区，老厂区属于政府划拨地，新厂区土地属于政府转让取得。

2023年10月，根据税务工作安排，某税务机关对该企业进行日常检查。通过税务人员实地调查，查阅资料，发现企业在“其他应付款”账户中有一笔金额5748.9846万元的记录，摘要为“土地出让金及利息”，“无形资产——土地使用权——××生活区一期住宅土地”账户有对应记录，同时在“在建工程——建筑工程——工程”账户也有记录，并发现了开具相同金额的土地出让金及利息专用收据凭证。

经核实，该企业原职工家属院位于老厂区内，用地性质属于政府划拨地。2019年，经当地相关部门批准，职工家属院列入城区改造项目，企业于当年委托本地某房地产公司开发建设，并向相关部门缴纳了土地出让金，金额为5748.9846万元，但并未办理土地相关手续。住宅楼开发后，2022年起已开始投入使用。

据此，该纳税人先以划拨方式取得土地使用权，后缴纳了土地出让金，并且土地现已开发，实质已改变了土地性质，达到了申报契税的要件，但纳税人一直未进行申报缴纳。

二、案例分析

1. 根据《财政部 税务总局关于贯彻实施契税法若干事项执行口径的公告》（财政部 税务总局公告2021年第23号）规定，以划拨方式取得的土地使用权，经批准改为出让方式重新取得该土地使用权的，应由该土地使用权人以补缴的土地出让价款为计税依据缴纳契税。

2. 根据《契税法》第一条规定，在中华人民共和国境内转移土地、房屋权属，承受的单位和个人为契税的纳税人，应当依照规定缴纳契税。第三条规定，契税的具体适用税率，由省、自治区、直辖市人民政府在前款规定的税率幅度内提出，报同级人民代表大会常务委员会决定，并报全国人民代表大会常务委员会和国务院备案。省、自治区、直辖市可以依照前款规定的程序对不同主体、不同地区、不同类型的住房的权属转移确定差别税率。

3. 企业所在地契税相关政策为：税率4%，纳税申报期限为纳税人依法向土地管理部门、房产管理部门办理有关土地、房屋的权属变更登记手续之日前。

由此认为该纳税人应向税务机关申报契税，契税缴纳金额=57489846×4%=2299593.84（元）。

第十章　城镇土地使用税

第一节　税制概要

一、纳税人

在城市、县城、建制镇、工矿区范围内使用土地的单位和个人，为城镇土地使用税的纳税人。

上述所称单位，包括国有企业、集体企业、私营企业、股份制企业、外商投资企业、外国企业以及其他企业和事业单位、社会团体、国家机关、军队以及其他单位；所称个人，包括个体工商户以及其他个人。

城镇土地使用税的纳税人通常包括以下几类：

1. 拥有土地使用权的单位和个人。

2. 拥有土地使用权的单位和个人不在土地所在地的，其土地的实际使用人和代管人为纳税人。

3. 土地使用权未确定或权属纠纷未解决的，其实际使用人为纳税人。

4. 土地使用权共有的，共有各方都是纳税人，由共有各方分别纳税。

5. 在城镇土地使用税征税范围内，承租集体所有建设用地的，由直接从集体经济组织承租土地的单位和个人，缴纳城镇土地使用税。

几个人或几个单位共同拥有一块土地的使用权，这块土地的城镇土地使用税的纳税人是对这块土地拥有使用权的每一个人或每一个单位。他们应以其实际使用的土地面积占总面积的比例，分别计算缴纳城镇土地使用税。例如，某城市的甲与乙共同拥有一块土地的使用权，这块土地面积为1500平方米，甲实际使用1/3，乙实际使用2/3，则甲应是其所占的500平方米

（1500×1/3）土地的城镇土地使用税的纳税人，乙是其所占的 1000 平方米（1500×2/3）土地的城镇土地使用税的纳税人。

二、征税范围

城镇土地使用税的征税范围，包括在城市、县城、建制镇和工矿区内的国家所有和集体所有的土地。

上述城市、县城、建制镇和工矿区分别按以下标准确认：

1. 城市是指经国务院批准设立的市。
2. 县城是指县人民政府所在地。
3. 建制镇是指经省、自治区、直辖市人民政府批准设立的建制镇。
4. 工矿区是指工商业比较发达，人口比较集中，符合国务院规定的建制镇标准，但尚未设立建制镇的大中型工矿企业所在地，工矿区须经省、自治区、直辖市人民政府批准。

上述城镇土地使用税的征税范围中，城市的土地包括市区和郊区的土地，县城的土地是指县人民政府所在地的城镇的土地，建制镇的土地是指镇人民政府所在地的土地。

三、税额

城镇土地使用税采用定额税率，即采用差别幅度税额，按大、中、小城市和县城、建制镇、工矿区分别规定每平方米城镇土地使用税年应纳税额。具体标准如下：

1. 大城市 1.5~30 元；
2. 中等城市 1.2~24 元；
3. 小城市 0.9~18 元；
4. 县城、建制镇、工矿区 0.6~12 元。

大、中、小城市以公安部门登记在册的非农业正式户口人数为依据，按照国务院颁布的《城市规划条例》中规定的标准划分。市区及郊区非农业人口在 50 万人以上者为大城市，市区及郊区非农业人口在 20 万~50 万人间的为中等城市，市区及郊区非农业人口在20万人以下者为小城市。城镇土地使用税税率见表10-1。

表10-1　城镇土地使用税税率表

级别	市区及郊区非农业人口/人	每平方米税额/元
大城市	50万以上	1.5~30
中等城市	20万~50万	1.2~24
小城市	20万以下	0.9~18
县城、建制镇、工矿区	—	0.6~12

各省、自治区、直辖市人民政府可根据市政建设情况和经济繁荣程度在规定税额幅度内，确定所辖地区的适用税额幅度。经济落后地区，城镇土地使用税的适用税额标准可适当降低，但降低额不得超过上述规定最低税额的30%。经济发达地区的适用税额标准可以适当提高，但须经报财政部批准。

城镇土地使用税规定幅度税额主要考虑到我国各地区存在着悬殊的土地级差收益，同一地区内不同地段的市政建设情况和经济繁荣程度也有较大的差别。把城镇土地使用税税额定为幅度税额，拉开档次，而且每个幅度税额的差距规定为20倍。这样，各地政府在划分本辖区不同地段的等级，确定适用税额时，有选择余地，便于具体操作。幅度税额还可以调节不同地区、不同地段之间的土地级差收益，尽可能地平衡税负。

四、计税依据和应纳税额的计算

（一）计税依据

城镇土地使用税以纳税人实际占用的土地面积为计税依据，土地面积计量标准为每平方米，即税务机关根据纳税人实际占用的土地面积，按照规定的税额计算应纳税额，向纳税人征收城镇土地使用税。

纳税人实际占用的土地面积按下列办法确定：

1. 由省、自治区、直辖市人民政府确定的单位组织测定土地面积的，以测定的面积为准。

2. 尚未组织测量，但纳税人持有政府部门核发的土地使用证书的，以证书确认的土地面积为准。

3. 尚未核发土地使用证书的，应由纳税人申报土地面积，据以纳税，待核发土地使用证以后再作调整。

4. 对在城镇土地使用税征税范围内单独建造的地下建筑用地，按规定征收城镇土地使用税。其中，已取得地下土地使用权证的，按土地使用权证确认的土地面积计算应征税款；未取得地下土地使用权证或地下土地使用权证上未标明土地面积的，按地下建筑垂直投影面积计算应征税款。

对上述地下建筑用地暂按应征税款的50%征收城镇土地使用税。

（二）应纳税额的计算方法

城镇土地使用税的应纳税额可以通过纳税人实际占用的土地面积乘以该土地所在地段的适用税额求得。其计算公式为：

全年应纳税额＝实际占用应税土地面积（平方米）×适用税额

【例10-1】设在某城市的一家企业使用土地面积为10000平方米，经税务机关核定；该土地为应税土地，每平方米年税额为4元。请计算其全年应纳的城镇土地使用税税额。

全年应纳城镇土地使用税税额＝10000×4＝40000（元）

五、税收优惠

（一）法定免征城镇土地使用税的优惠

1. 国家机关、人民团体、军队自用的土地。这部分土地是指这些单位本身的办公用地和公务用地。如国家机关、人民团体的办公楼用地，军队的训练场用地等。

2. 由国家财政部门拨付事业经费的单位自用的土地。这部分土地是指这些单位本身的业务用地。如学校的教学楼、操场、食堂等占用的土地。

由国家财政部门拨付事业经费的单位，是指由国家财政部门拨付经费、实行全额预算管理或差额预算管理的事业单位。不包括实行自收自支、自负盈亏的事业单位。

3. 宗教寺庙、公园、名胜古迹自用的土地。宗教寺庙自用的土地，是指举行宗教仪式等的用地和寺庙内的宗教人员生活用地。公园、名胜古迹自用的土地，是指供公共参观游览的用地及其管理单位的办公用地。公园、名胜古迹中附设的营业单位如影剧院、饮食部、茶社、照相馆等使用的土地应征收城镇土地使用税。

以上3条中所指单位的生产、经营用地和其他用地，不属于免税范围，应按规定缴纳城镇土地使用税。

4. 市政街道、广场、绿化地带等公共用地。非社会性的公共用地不能免税，如企业内的广场、道路、绿化等占用的土地。

5. 直接用于农、林、牧、渔业的生产用地。这部分土地是指直接从事于种植、养殖、饲养的专业用地，不包括农副产品加工场地和生活、办公用地。

6. 经批准开山填海整治的土地和改造的废弃土地，以土地管理机关出具的证明文件为依据确定，从使用的月份起免缴城镇土地使用税5~10年。具体免税期限由各省、自治区、直辖市税务局在《中华人民共和国城镇土地使用税暂城镇行条例》（以下简称《城镇土地使用税暂行条例》）规定的期限内自行确定。

7. 对非营利性医疗机构、疾病控制机构和妇幼保健机构等卫生机构自用的土地，免征城镇土地使用税。

8. 企业办的学校、托儿所、幼儿园自用的土地，免征城镇土地使用税。

9. 免税单位无偿使用纳税单位的土地（如公安、海关等单位使用铁路、民航等单位的土地），免征城镇土地使用税。纳税单位无偿使用免税单位的土地，纳税单位应照章缴纳城镇土地使用税。纳税单位与免税单位共同使用、共有使用权土地上的多层建筑，对纳税单位可按其占用的建筑面积占建筑总面积的比例计征城镇土地使用税。

10. 为了体现国家的产业政策，支持重点产业的发展，对石油、电力、煤炭等能源用地，民用港口、民航机场用地、铁路等交通用地和水利设施用地，三线调整企业、盐业、采石场、邮电等一些特殊用地划分了征免税界限和给予政策性减免税照顾。具体规定如下：

（1）对石油天然气生产建设中用于地质勘探、钻井、井下作业、油气田地面工程等施工临时用地暂免征收城镇土地使用税。

（2）对企业的铁路专用线、公路等用地，除另有规定者外，在厂区（包括生产、办公及生活区）以外、与社会公用地段未加隔离的，暂免征收城镇土地使用税。

（3）对企业厂区（包括生产、办公及生活区）以外的公共绿化用地和向社会开放的公园用地，暂免征收城镇土地使用税。

（4）对盐场的盐滩、盐矿的矿井用地，暂免征收城镇土地使用税。

（5）矿山的采矿场、排土场、尾矿库、炸药库的安全区，以及运矿运岩公路、尾矿输送管道及回水系统用地，免征城镇土地使用税。

（6）火电厂厂区围墙外的灰场、输灰管、输油（气）管道、铁路专用线用地，免征城镇土地使用税；对供电部门的输电线路用地、变电站用地，免征城镇土地使用税。

（7）水利设施及其管护用地（如水库库区、大坝、堤防、灌渠、泵站等用地），免征城镇土地使用税。

（8）对中国海洋石油总公司及其所属公司，下列用地暂免征收城镇土地使用税：导管架、平台组块等海上结构物建造用地，码头用地，输油气管线用地，通信天线用地，办公、生活区以外的公路、铁路专用线、机场用地。

（9）对核工业总公司所属企业用地，对生产核系列产品的厂矿，为照顾其特殊情况，除生活区、办公区用地应依照规定征收外，其他用地暂免征收城镇土地使用税。

（10）对交通部门港口的码头（即泊位，包括岸边码头、伸入水中的浮码头、堤岸、堤坝、栈桥等）用地，免征城镇土地使用税。

（11）对民航机场用地，机场飞行区（包括跑道、滑行道、停机坪、安全带、夜航灯光区）用地、场内外通信导航设施用地和飞行区四周排水防洪设施用地，免征城镇土地使用税；在机场道路中，场外道路用地免征城镇土地使用税。

11. 对国家石油储备基地第一期项目、第二期项目建设过程中涉及的城镇土地使用税予以免征。

12. 对被撤销金融机构清算期间自有的或从债务方接收的房地产，免征城镇土地使用税。

13. 对政府部门和企事业单位、社会团体以及个人等社会力量投资兴办的福利性、非营利性的老年服务机构自用土地，暂免城镇土地使用税。

14. 自2019年1月1日至2027年12月31日对饮水工程运营管理单位自用的生产、办公用土地，免征城镇土地使用税。对于既向城镇居民供水，又向农村居民供水的饮水工程运营管理单位，依据向农村居民供水量占总供水量的比例免征城镇土地使用税。

15. 对核电站的核岛、常规岛、辅助厂房和通信设施用地（不包括地下线路用地），生活、办公用地按规定征收城镇土地使用税，其他用地免征城镇土地使用税。对核电站应税土地在基建期内减半征收城镇土地使用税。

16. 自2019年1月1日至2027年12月31日对农产品批发市场、农贸市场使用（包括自有和承租）专门用于经营农产品的土地，继续暂免征收城镇土地使用税。对同时经营其他产品的农产品批发市场和农贸市场使用的土地，按其他产品与农产品交易场地面积的比例确定征免城镇土地使用税。

17. 自2023年1月1日至2027年12月31日，对物流企业自有（包括自用和出租）或承租的大宗商品仓储设施用地，减按所属土地等级适用税额标准的50%计征城镇土地使用税。物流企业的办公、生活区用地及其他非直接从事大宗商品仓储的用地，不属于优惠范围，应按规定征收城镇土地使用税。

18. 自2019年1月1日至2027年12月31日，对商品储备管理公司及其直属库自用的承担商品储备业务的土地，免征城镇土地使用税。

19. 自2019年6月1日至2025年12月31日，为社区提供养老、托育、家政等服务的机构自有或其通过承租、无偿使用等方式取得并用于提供社区养老、托育、家政服务的土地，免征城镇土地使用税。

20. 自2019年1月1日至2027年12月31日，对纳税人及其全资子公司从事大型客机研制项目自用的科研、生产、办公土地，免征城镇土地使用税。

21. 自2018年1月1日至2027年12月31日，对纳税人及其全资子公司从事大型民用客机发动机、中大功率民用涡轴涡桨发动机研制项目自用的科研、生产、办公土地，免征城镇土地使用税。

22. 自2019年1月1日至2027年12月31日，对城市公交站场、道路客运站场、城市轨道交通系统运营用地，免征城镇土地使用税。

23. 自2019年1月1日至2027年12月31日，对国家级、省级科技企业孵化器、大学科技园和国家备案众创空间自用以及无偿或通过出租等方式提供给在孵对象使用的土地，免征城镇土地使用税。

24. 自2019年1月1日至2025年12月31日，对公租房建设期间用地及公租房建成后占地，免征城镇土地使用税。在其他住房项目中配套建设公租房，按公租房建筑面积占总建筑面积的比例免征建设、管理公租房涉及的城镇土地使用税。

25. 自2019年1月1日至2027年供暖期结束，对供热企业向居民个人（以下称居民）供热取得的采暖费的“三北”地区供热企业，为居民供热所使用的厂房及土地免征城镇土地使用税；对供热企业其他厂房及土地，应当按照规定征收城镇土地使用税。

对专业供热企业，按其向居民供热取得的采暖费收入占全部采暖费收入的比例，计算免征的城镇土地使用税。

对兼营供热企业，视其供热所使用的厂房及土地与其他生产经营活动所使用的厂房及土地是否可以区分，按照不同方法计算免征的城镇土地使用税。可以区分的，对其供热所使用厂房及土地，按向居民供热取得的采暖费收入占全部采暖费收入的比例，计算免征的城镇土地使用税。难以区分的，对其全部厂房及土地，按向居民供热取得的采暖费收入占其营业收入的比例，计算免征的城镇土地使用税。

对自供热单位，按向居民供热建筑面积占总供热建筑面积的比例，计算免征供热所使用的厂房及土地的城镇土地使用税。

26. 自2018年1月1日至2025年12月31日，易地扶贫搬迁可享受以下优惠政策。

（1）对安置住房用地，免征城镇土地使用税。

（2）在商品住房等开发项目中配套建设安置住房的，按安置住房建筑面积占总建筑面积的比例，计算应予免征的安置住房用地相关的城镇土地使用税。

（二）省、自治区、直辖市税务局根据实际情况自行确定的城镇土地使用税减免优惠

省、自治区、直辖市税务局根据实际情况自行确定的城镇土地使用税减免优惠有：

1. 个人所有的居住房屋及院落用地。

2. 房产管理部门在房租调整改革前经租的居民住房用地。

3. 免税单位职工家属的宿舍用地。

4. 集体和个人办的各类学校、医院、托儿所、幼儿园用地。

5. 自 2023 年 1 月 1 日至 2027 年 12 月 31 日，对增值税小规模纳税人、小型微利企业和个体工商户减半征收城镇土地使用税等“六税两费”。增值税小规模纳税人、小型微利企业和个体工商户已依法享受城镇土地使用税等“六税两费”其他优惠政策的，可叠加享受上述优惠政策。

六、征收管理

（一）纳税期限

城镇土地使用税实行按年计算、分期缴纳的征收方法，具体纳税期限由省、自治区、直辖市人民政府确定。

（二）纳税义务发生时间

1. 纳税人购置新建商品房，自房屋交付使用之次月起，缴纳城镇土地使用税。

2. 纳税人购置存量房，自办理房屋权属转移、变更登记手续，房地产权属登记机关签发房屋权属证书之次月起，缴纳城镇土地使用税。

3. 纳税人出租、出借房产，自交付出租、出借房产之次月起，缴纳城镇土地使用税。

4. 以出让或转让方式有偿取得土地使用权的，应由受让方从合同约定交付土地时间的次月起缴纳城镇土地使用税；合同未约定交付时间的，由受

让方从合同签订的次月起缴纳城镇土地使用税。

5. 纳税人新征用的耕地，自批准征用之日起满 1 年时开始缴纳城镇土地使用税。

6. 纳税人新征用的非耕地，自批准征用次月起缴纳城镇土地使用税。

7. 自 2009 年 1 月 1 日起，纳税人因土地的权利发生变化而依法终止城镇土地使用税纳税义务的，其应纳税款的计算应截止到土地权利发生变化的当月月末。

（三）纳税地点

城镇土地使用税在土地所在地缴纳。

纳税人使用的土地不属于同一省、自治区、直辖市管辖的，由纳税人分别向土地所在地的税务机关缴纳城镇土地使用税；在同一省、自治区、直辖市管辖范围内，纳税人跨地区使用的土地，其纳税地点由各省、自治区、直辖市税务机关确定。

（四）纳税申报

自 2021 年 6 月 1 日起，纳税人申报缴纳城镇土地使用税时，使用《财产和行为税纳税申报表》。该申报表由一张主表和一张减免税附表组成，主表为纳税情况，附表为申报享受的各类减免税情况。纳税申报前，需先维护税源信息。税源信息没有变化的，确认无变化后直接进行纳税申报；税源信息有变化的，通过填报《财产和行为税税源明细表》进行数据更新维护后再进行纳税申报。

第二节　疑难解答

1. 通过招拍挂方式取得土地，城镇土地使用税纳税义务发生时间如何确定？

答：根据《国家税务总局关于通过招拍挂方式取得土地缴纳城镇土地使用税问题的公告》（国家税务总局公告 2014 年第 74 号）规定，通过招标、拍卖、挂牌方式取得的建设用地，不属于新征用的耕地，纳税人应按照《财

政部 国家税务总局关于房产税、城镇土地使用税有关政策的通知》（财税〔2006〕186号）第二条规定，从合同约定交付土地时间的次月起缴纳城镇土地使用税；合同未约定交付土地时间的，从合同签订的次月起缴纳城镇土地使用税。

2. 房地产开发企业城镇土地使用税纳税义务发生时间和土地面积如何确定？

答：根据《财政部 国家税务总局关于房产税、城镇土地使用税有关政策的通知》（财税〔2006〕186号）第二条规定，以出让或转让方式有偿取得土地使用权的，应由受让方从合同约定交付土地时间的次月起缴纳城镇土地使用税；合同未约定交付土地时间的，由受让方从合同签订的次月起缴纳城镇土地使用税。

根据《城镇土地使用税暂行条例》第三条规定，城镇土地使用税以纳税人实际占用的土地面积为计税依据，依照规定税额计算征收。土地占用面积的组织测量工作，由省、自治区、直辖市人民政府根据实际情况确定。

3. 房地产开发企业已取得土地但尚未开发，是否缴纳城镇土地使用税？

答：根据《国家税务总局关于进一步加强城镇土地使用税和土地增值税征收管理工作的通知》（国税发〔2004〕100号）第二条规定，除经批准开发建设经济适用房的用地外，对各类房地产开发用地一律不得减免城镇土地使用税。

4. 安置残疾人就业的单位城镇土地使用税方面是否有优惠？

答：根据《财政部 国家税务总局关于安置残疾人就业单位城镇土地使用税等政策的通知》（财税〔2010〕121号）规定，对在一个纳税年度内月平均实际安置残疾人就业人数占单位在职职工总数的比例高于25%（含25%）且实际安置残疾人人数高于10人（含10人）的单位，可减征或免征该年度城镇土地使用税。具体减免税比例及管理办法由省、自治区、直辖市财税主管部门确定。

5. 是否所有的事业单位的土地都可以免征城镇土地使用税？

答：根据《城镇土地使用税暂行条例》第六条规定，由国家财政部门拨付事业经费的单位自用的土地免缴城镇土地使用税。根据《国家税务局关于印发〈关于土地使用税若干具体问题的解释和暂行规定〉的通知》（国税地字〔1988〕15号）第九条规定，关于由国家财政部门拨付事业经费的单位的解释，是指由国家财政部门拨付经费、实行全额预算管理或差额预算管理的事业单位。不包括实行自收自支、自负盈亏的事业单位。

因此，并不是所有的事业单位都免征城镇土地使用税。只有财政拨付经费的事业单位，且用于自用的土地才能享受免征政策。

6. 林场中度假村等休闲娱乐场所是否缴纳城镇土使用税？

答：根据《财政部 国家税务总局关于房产税、城镇土地使用税有关政策的通知》（财税〔2006〕186号）规定，在城镇土地使用税征收范围内，利用林场土地兴建度假村等休闲娱乐场所的，其经营、办公和生活用地，应按规定征收城镇土地使用税。

7. 哪些体育场馆用地减半征收城镇土地使用税？

答：根据《财政部 国家税务总局关于体育场馆房产税和城镇土地使用税政策的通知》（财税〔2015〕130号）规定，企业拥有并运营管理的大型体育场馆，其用于体育活动的房产、土地，减半征收房产税和城镇土地使用税。

所称体育场馆，是指用于运动训练、运动竞赛及身体锻炼的专业性场所。大型体育场馆，是指由各级人民政府或社会力量投资建设、向公众开放、达到《体育建筑设计规范》（JGJ 31—2003）有关规模规定的体育场（观众座位数20000座及以上），体育馆（观众座位数3000座及以上），游泳馆、跳水馆（观众座位数1500座及以上）等体育建筑。用于体育活动的房产、土地，是指运动场地，看台、辅助用房（包括观众用房、运动员用房、竞赛管理用房、新闻媒介用房、广播电视用房、技术设备用房和场馆运营用房等）及占地，以及场馆配套设施（包括通道、道路、广场、绿化等）。

享受上述税收优惠体育场馆的运动场地用于体育活动的天数不得低于全年自然天数的70%。

8. 免税单位无偿使用纳税单位土地是否缴纳城镇土地使用税？

答：对免税单位无偿使用纳税单位的土地（如公安、海关等单位使用铁路、民航等单位的土地），免征城镇土地使用税；对纳税单位无偿使用免税单位的土地，纳税单位应照章缴纳城镇土地使用税。

9. 易地扶贫搬迁安置住房用地免征城镇土地使用税的具体规定是什么？

答：根据《财政部 国家税务总局关于易地扶贫搬迁税收优惠政策的通知》（财税〔2018〕135号）规定，易地扶贫搬迁安置住房税收政策如下：①易地扶贫搬迁安置住房用地，免征城镇土地使用税。②在商品住房等开发项目中配套建设安置住房的，按安置住房建筑面积占总建筑面积的比例，计算应予免征的安置住房用地相关的契税、城镇土地使用税。③易地扶贫搬迁项目、项目实施主体、易地扶贫搬迁贫困人口、相关安置住房等信息由易地扶贫搬迁工作主管部门确定。

10. 纳税人享受房产税、城镇土地使用税优惠，需要备案吗？

答：根据《国家税务总局关于城镇土地使用税等"六税一费"优惠事项资料留存备查的公告》（国家税务总局公告2019年第21号）第一条规定，纳税人享受"六税一费"优惠实行"自行判别、申报享受、有关资料留存备查"办理方式，申报时无须再向税务机关提供有关资料。纳税人根据具体政策规定自行判断是否符合优惠条件，符合条件的，纳税人申报享受税收优惠，并将有关资料留存备查。

第三节　案例解析

一、案例描述

隆盛有限公司是某市一家有限责任公司，成立于2010年4月27日，主要经营机械加工。

根据工作安排，该市税务机关对隆盛有限公司2018年1月1日至2022年12月31日的纳税情况进行检查。

税务人员根据资料信息，进行实地查证，企业处于该市新区，地理位置偏僻，厂区周围仍种植有农作物。经询问获得以下情况：在税款申报缴纳上，企业负责人认为，土地性质为耕地，不应缴纳城镇土地使用税，并表示没有办理手续，对具体政策不了解，不清楚如何缴纳，缴纳多少。

税务人员根据以上情况，到当地国土部门、财政部门进行外调，获取了一份登记为该企业名字的集体土地使用证和用地批文，依据文件内容核实了实际土地面积，并确定了纳税义务发生时间，据此，落实该企业少缴2018—2022年城镇土地使用税759428.48元的税收违法事实。

二、案例分析

企业获取土地用途发生变化，依据《财政部 税务总局关于承租集体土地城镇土地使用税有关政策的通知》（财税〔2017〕29号）规定，在城镇土地使用税征税范围内，承租集体所有建设用地的，由直接从集体经济组织承租土地的单位和个人，缴纳城镇土地使用税。

因此，根据《城镇土地使用税暂行条例》《国家税务局关于印发〈关于土地使用税若干具体问题的解释和暂行规定〉的通知》（国税地字〔1988〕15号）规定，该企业应根据土地使用证的面积，依照当地每平方米年税额，计算申报缴纳城镇土地使用税。

第十一章　房产税

第一节　税制概要

一、纳税人

房产税是以房屋为征税对象，以房屋的计税余值或租金收入为计税依据，向房屋产权所有人征收的一种财产税。房产税以在征税范围内的房屋产权所有人为纳税人。其中：

1. 产权属国家所有的，由经营管理单位纳税；产权属集体和个人所有的，由集体单位和个人纳税。

2. 产权出典的，由承典人纳税。产权出典，是指产权所有人将房屋、生产资料等的产权，在一定期限内典当给他人使用，而取得资金的一种融资业务。

3. 产权所有人、承典人不在房屋所在地的，或者产权未确定及租典纠纷未解决的，由房产代管人或者使用人纳税。

4. 无租使用其他单位房产的应税单位和个人，代为缴纳房产税。

二、征税范围

房产是以房屋形态表现的财产。房屋是指有屋面和围护结构（有墙或两边有柱），能够遮风避雨，可供人们在其中生产、学习、工作、娱乐、居住或储藏物资的场所。

房产税的征税范围为城市、县城、建制镇和工矿区。具体规定如下：

1. 城市是指国务院批准设立的市，其征税范围为市区、郊区和市辖县县城，不包括农村。

2. 县城是指未设立建制镇的县人民政府所在地。

3. 建制镇是指经省、自治区、直辖市人民政府批准设立的建制镇。建制镇的征税范围为镇人民政府所在地，不包括所辖的行政村。

4. 工矿区是指工商业比较发达、人口比较集中，符合国务院规定的建制镇标准，但尚未设立建制镇的大中型工矿企业所在地。开征房产税的工矿区须经省、自治区、直辖市人民政府批准。

三、税率

我国现行房产税采用的是比例税率。由于房产税的计税依据分为从价计征和从租计征两种形式，所以房产税的税率也分为两种：一种是按房产原值一次减除10%~30%后的余值计征的，税率为1.2%；另一种是按房产出租的租金收入计征的，税率为12%。

自2001年1月1日起，对个人按市场价格出租的居民住房，用于居住的，可暂减按4%的税率征收房产税。自2008年3月1日起，对个人出租住房，不区分用途，按4%的税率征收房产税。对企事业单位、社会团体以及其他组织按市场价格向个人出租用于居住的住房，减按4%的税率征收房产税。

四、计税依据和应纳税额的计算

（一）计税依据

房产税的计税依据是房产的余值或房产的租金收入（不含增值税）。按照房产余值征税的，称为从价计征；按照房产租金收入计征的，称为从租计征。

1. 对经营自用的房屋，以房产的计税余值作为计税依据

根据《中华人民共和国房产税暂行条例》（以下简称《房产税暂行条

例》）规定，房产税依照房产原值一次减除10%～30%后的余值计算缴纳。具体减除幅度由省、自治区、直辖市人民政府规定。

（1）对依照房产原值计税的房产，不论是否记载在会计账簿固定资产科目中，均应按照房屋原价计算缴纳房产税。房屋原价应根据国家有关会计制度规定进行核算。对纳税人未按国家会计制度规定核算并记载的，应按规定予以调整或重新评估。因此，凡按会计制度规定在账簿中记载有房屋原价的，应以房屋原价按规定减除一定比例后作为房产余值计征房产税；没有记载房屋原价的，按照上述原则，并参照同类房屋，确定房产原值，按规定计征房产税。

值得注意的是，自2009年1月1日起，对依照房产原值计税的房产，不论是否记载在会计账簿固定资产科目中，均应按照房屋原价计算缴纳房产税。房屋原价应根据国家有关会计制度规定进行核算。对纳税人未按国家会计制度规定核算并记载的，应按规定予以调整或重新评估。

自2010年12月21日起，对按照房产原值计税的房产，无论会计上如何核算，房产原值均应包含地价，包括为取得土地使用权支付的价款、开发土地发生的成本费用等。宗地容积率低于0.5的，按房产建筑面积的2倍计算土地面积并据此确定计入房产原值的地价。

（2）房产原值应包括与房屋不可分割的各种附属设备或一般不单独计算价值的配套设施。主要有：暖气、卫生、通风、照明、煤气等设备；各种管线，如蒸气、压缩空气、石油、给水排水等管道及电力、电讯、电缆导线；电梯、升降机、过道、晒台等。属于房屋附属设备的水管、下水道、暖气管、煤气管等应从最近的探视井或三通管算起；电灯网、照明线从进线盒联接管算起。

自2006年1月1日起，为了维持和增加房屋的使用功能或使房屋满足设计要求，凡以房屋为载体，不可随意移动的附属设备和配套设施，如给排水、采暖、消防、中央空调、电气及智能化楼宇设备等，无论在会计核算中是否单独记账与核算，都应计入房产原值，计征房产税。对于更换房屋附属设备和配套设施的，在将其价值计入房产原值时，可扣减原来相应设备和设施的价值；对附属设备和配套设施中易损坏、需要经常更换的零配件，更新后不再计入房产原值。

（3）纳税人对原有房屋进行改建、扩建的，要相应增加房屋的原值。

（4）自2006年1月1日起，凡在房产税征收范围内的具备房屋功能的地下建筑，包括与地上房屋相连的地下建筑以及完全建在地面以下的建筑、地下人防设施等，均应当依照有关规定征收房产税。对于与地上房屋相连的地下建筑，如房屋的地下室、地下停车场、商场的地下部分等，应将地下部分与地上房屋视为一个整体，按照地上房屋建筑的有关规定计算征收房产税。上述具备房屋功能的地下建筑是指有屋面和维护结构，能够遮风避雨，可供人们在其中生产、经营、工作、学习、娱乐、居住或储藏物资的场所。

（5）对出租房产，租赁双方签订的租赁合同约定有免收租金期限的，免收租金期间由产权所有人按照房产原值缴纳房产税。

（6）产权出典的房产，由承典人依照房产余值缴纳房产税。

2. 投资联营及融资租赁房产的计税依据

（1）对投资联营的房产，在计征房产税时应予以区别对待。对于以房产投资联营，投资者参与投资利润分红，共担风险的，按房产原值作为计税依据计征房产税；对以房产投资，收取固定收入，不承担联营风险的，实际是以联营名义取得房产租金，应根据《房产税暂行条例》的有关规定由出租方按租金收入计缴房产税。

（2）根据《财政部 国家税务总局关于房产税城镇土地使用税有关问题的通知》（财税〔2009〕128号）规定，融资租赁的房产，由承租人自融资租赁合同约定开始日的次月起依照房产余值缴纳房产税。合同未约定开始日的，由承租人自合同签订的次月起依照房产余值缴纳房产税。

3. 居民住宅区内业主共有的经营性房产缴纳房产税

自2007年1月1日起，对居民住宅区内业主共有的经营性房产，由实际经营（包括自营和出租）的代管人或使用人缴纳房产税。其中自营的，依照房产原值减除10%~30%后的余值计征，没有房产原值或不能将业主共有房产与其他房产的原值准确划分开的，由房产所在地税务机关参照同类房产核定房产原值；出租的，依照租金收入计征。

4. 房产出租的，以房产租金收入为房产税的计税依据

所谓房产的租金收入，是房屋产权所有人出租房屋使用权所得的报酬，包括货币收入和实物收入。

如果是以劳务或者其他形式为报酬抵付房租收入的，应根据当地同类房屋的租金水平，确定租金标准，依率计征。

出租的地下建筑，按照出租地上房屋建筑的有关规定计算征收房产税。

（二）应纳税额的计算方法

1. 地上建筑物房产税应纳税额的计算公式为：

应纳税额=房产计税余值（或租金收入）×适用税率

房产计税余值=房产原值×（1-原值减除比例）

2. 独立地下建筑物房产税应纳税额的计算公式为：

（1）工业用途房产，以房屋原价的50%~60%作为应税房产原值。

应纳税额=应税房产原值×（1-原值减除比例）×12%

（2）商业和其他用途房产，以房屋原价的70%~80%作为应税房产原值。

应纳税额=应税房产原值×（1-原值减除比例）×12%

房屋原价折算为应税房产原值的具体比例，由各省、自治区、直辖市和计划单列市财政和税务部门在上述幅度内自行确定。

【例11-1】某企业的经营用房原值为5000万元，按照当地规定允许减除30%后按余值计税，适用税率为1.2%。请计算其应纳房产税税额。

应纳税额=5000×（1-30%）×1.2%=42（万元）

【例11-2】某公司出租房屋10间用于办公，年租金收入为300000元，适用税率为12%。请计算其应纳房产税税额。

应纳税额=300000×12%=36000（元）

五、税收优惠

1. 国家机关、人民团体、军队自用的房产免征房产税。

人民团体，是指经国务院授权的政府部门批准设立或登记备案并由国家拨付行政事业费的各种社会团体。自用的房产，是指这些单位本身的办公用房和公务用房。

2. 由国家财政部门拨付事业经费的单位自用的房产免征房产税。

事业单位自用的房产，是指这些单位本身的业务用房。

3. 宗教寺庙、公园、名胜古迹自用的房产免征房产税。

宗教寺庙自用的房产，是指举行宗教仪式等的房屋和宗教人员使用的生活用房。公园、名胜古迹自用的房产，是指供公共参观游览的房屋及其管理单位的办公用房。

宗教寺庙、公园、名胜古迹中附设的营业单位，如影剧院、饮食部、茶社、照相馆等所使用的房产及出租的房产，不属于免税范围，应照章纳税。

上述免税单位的出租房产以及非业务使用的生产、营业用房，不属于免税范围。

4. 个人所有非营业用的房产免征房产税，国务院批准的征税试点城市除外。

对个人拥有的营业用房或者出租的房产，不属于免税房产，应照章纳税。

5. 经财政部和国家税务总局批准免税的其他房产，主要有：

（1）自2001年1月1日起，对按政府规定价格出租的公有住房和廉租住房，包括企业和自收自支事业单位向职工出租的单位自有住房，房管部门向居民出租的公有住房，落实私房政策中带户发还产权并以政府规定租金标准向居民出租的私有住房等，暂免征收房产税。暂免征收房产税的企业和自收自支事业单位自有住房，是指按照公有住房管理或纳入县级以上政府廉租住房管理的单位自有住房。

（2）对高校学生公寓免征房产税。

（3）经营公租房的租金收入，免征房产税。公共租赁住房经营管理单位应单独核算公共租赁住房租金收入，未单独核算的，不得享受免征房产税优惠政策。

（4）企业办的各类学校、医院、托儿所、幼儿园自用的房产，免征房产税。

（5）经有关部门鉴定，对损毁不堪居住的房屋和危险房屋，在停止使用后，可免征房产税。

（6）自2004年8月1日起，对军队空余房产租赁收入暂免征收房产税；此前已征税款不予退还，未征税款不再补征。暂免征收房产税的军队空余房产，在出租时必须悬挂《军队房地产租赁许可证》，以备查验。

（7）凡是在基建工地为基建工地服务的各种工棚、材料棚、休息棚和办公室、食堂、茶炉房、汽车房等临时性房屋，不论是施工企业自行建造还是由基建单位出资建造，交施工企业使用的，在施工期间，一律免征房产税。但是，如果在基建工程结束以后，施工企业将这种临时性房屋交还或者估价转让给基建单位的，应当从基建单位接收的次月起依照规定征收房产税。

（8）自2004年7月1日起，纳税人因房屋大修导致连续停用半年以上的，在房屋大修期间免征房产税，免征税额由纳税人在申报缴纳房产税时自行计算扣除，并在申报表附表或备注栏作相应说明。

（9）非营利性老年服务机构自用的房产暂免征收房产税。老年服务机构是指专门为老年人提供生活照料、文化、护理、健身等多方面服务的福利性、非营利性的机构，主要包括：老年社会福利院、敬老院（养老院）、老年服务中心、老年公寓（含老年护理院、康复中心、托老所）等。

（10）对房地产开发企业建造的商品房，在出售前不征收房产税。但对出售前房地产开发企业已使用或出租、出借的商品房应按规定征收房产税。

（11）铁道部（现为中国铁路总公司）所属铁路运输企业自用的房产，继续免征房产税。

地方铁路运输企业自用的房产，应缴纳的房产税比照铁道部（现为中国铁路总公司）所属铁路运输企业的政策执行。

（12）对被撤销金融机构清算期间自有的或从债务方接收的房地产、车辆，免征房产税。

（13）自2019年1月1日至2027年12月31日，对饮水工程运营管理单位自用的生产、办公用房产，免征房产税。对于既向城镇居民供水，又向农村居民供水的饮水工程运营管理单位，依据向农村居民供水量占总供水量的比例免征房产税。

（14）自2019年1月1日至2027年12月31日，对农产品批发市场、农贸市场使用（包括自有和承租）专门用于经营农产品的房产，暂免征收房产税。

（15）为推进国有经营性文化事业单位转企改制，对经营性文化事业单位由财政部门拨付事业经费的文化单位转制为企业，自转制注册之日起 5 年内对其自用房产免征房产税。2018 年 12 月 31 日之前已完成转制的企业，自 2019 年 1 月 1 日起对其自用房产可继续免征 5 年房产税。

（16）自 2023 年 1 月 1 日至 2027 年 12 月 31 日，对增值税小规模纳税人、小型微利企业和个体工商户减半征收房产税等“六税两费”。增值税小规模纳税人、小型微利企业和个体工商户已依法房产税等“六税两费”其他优惠政策的，可叠加享受上述优惠政策。

（17）自 2019 年 1 月 1 日至 2027 年 12 月 31 日，对商品储备管理公司及其直属库自用的承担商品储备业务的房产，免征房产税。

（18）自 2019 年 6 月 1 日至 2025 年 12 月 31 日，为社区提供养老、托育、家政等服务的机构自有或其通过承租、无偿使用等方式取得并用于提供社区养老、托育、家政服务的房产，免征房产税。

（19）自 2018 年 1 月 1 日至 2027 年 12 月 31 日，对纳税人及其全资子公司从事大型民用客机发动机、中大功率民用涡轴涡桨发动机研制项目自用的科研、生产、办公房产，免征房产税。

（20）自 2019 年 1 月 1 日至 2027 年 12 月 31 日，对国家级、省级科技企业孵化器、大学科技园和国家备案众创空间自用以及无偿或通过出租等方式提供给在孵对象使用的房产，免征房产税。

（21）自 2019 年 1 月 1 日至 2025 年 12 月 31 日，对公租房免征房产税。公租房经营管理单位应单独核算公租房租金收入，未单独核算的，不得享受免征房产税优惠政策。

（22）自 2019 年 1 月 1 日至 2027 年供暖期结束，对供热企业向居民个人（以下称居民）供热取得的采暖费的“三北”地区供热企业，为居民供热所使用的厂房及土地免征房产税；对供热企业其他厂房及土地，应当按照规定征收房产税。

对专业供热企业，按其向居民供热取得的采暖费收入占全部采暖费收入的比例，计算免征的房产税。

对兼营供热企业，视其供热所使用的厂房及土地与其他生产经营活动所使用的厂房及土地是否可以区分，按照不同方法计算免征的房产税、城镇土地使用税。可以区分的，对其供热所使用厂房及土地，按向居民供热取得的采暖费收入占全部采暖费收入的比例，计算免征的房产税。难以区分的，对其全部厂房及土地，按向居民供热取得的采暖费收入占其营业收入的比例，计算免征的房产税。

对自供热单位，按向居民供热建筑面积占总供热建筑面积的比例，计算免征供热所使用的厂房及土地的房产税。

六、征收管理

（一）纳税义务发生时间

1. 纳税人将原有房产用于生产经营，从生产经营之月起，计征房产税。

2. 纳税人自行新建房屋用于生产经营，从建成之次月起，计征房产税。

3. 纳税人委托施工企业建设的房屋，从办理验收手续之次月起，计征房产税。对于在办理验收手续前已使用或出租、出借的新建房屋，应从使用或出租、出借的当月起按规定计征房产税。

4. 纳税人购置新建商品房，自房屋交付使用之次月起，计征房产税。

5. 纳税人购置存量房，自办理房屋权属转移、变更登记手续，房地产权属登记机关签发房屋权属证书之次月起，计征房产税。

6. 纳税人出租、出借房产，自交付出租、出借房产之次月起，计征房产税。

7. 纳税人因房产的实物或权利状态发生变化而依法终止房产税纳税义务的，其应纳税款的计算应截止到房产的实物或权利状态发生变化的当月月末。

（二）纳税期限

房产税实行按年计算、分期缴纳的征收方法，具体纳税期限由省、自治区、直辖市人民政府确定。

（三）纳税地点

房产税在房产所在地缴纳。房产不在同一地方的纳税人，应按房产的坐落地点分别向房产所在地的税务机关纳税。

（四）纳税申报

房产税的纳税申报，是房屋产权所有人或纳税人缴纳房产税必须履行的法定手续。房产税的纳税人应按照《房产税暂行条例》的有关规定，将现有房屋的坐落地点、结构、面积、原值、出租收入等情况，据实向当地税务机关办理纳税申报，并如实填写《财产和行为税纳税申报表》。如果纳税人住址发生变更、产权发生转移，以及出现新建、改建、扩建、拆除房屋等情况，而引起房产原值发生变化或者租金收入变化的，都要按规定及时向税务机关办理变更登记。

第二节　疑难解答

1. 公司租用镇政府院内的土地，约定租期十年，租赁期间公司在该地块上出资建造房产，租期届满后该房产所有权归镇政府所有。租期内该房产的房产税由谁缴纳?

答：根据《房产税暂行条例》第二条规定，房产税由产权所有人缴纳。产权属于全民所有的，由经营管理的单位缴纳。产权出典的，由承典人缴纳。产权所有人、承典人不在房产所在地的，或者产权未确定及租典纠纷未解决的，由房产代管人或者使用人缴纳。

根据《房产税暂行条例》第三条第三款规定，房产出租的，以房产租金收入为房产税的计税依据。该房产的租金收入等于建房方的建房资金总额。

因此，双方对租赁期间房产所有权的约定来确定纳税人，如果公司为产权所有人，则由其缴纳房产税；如果镇政府为产权所有人，实质是镇政府以出租土地使用权的形式换取了该房产的所有权，相当于企业以建房资金抵顶房租，则由其缴纳。

2. 纳税单位在约定期限内无租使用免税单位房产，是否缴纳房产税?

答：根据《财政部 国家税务总局关于安置残疾人就业单位城镇土地使用税等政策的通知》（财税〔2010〕121 号）第二条规定，对出租房产，租赁双方签订的租赁合同约定有免收租金期限的，免收租金期间由产权所有人按照房产原值缴纳房产税。

根据《财政部 国家税务总局关于房产税城镇土地使用税有关问题的通知》（财税〔2009〕128号）第一条规定，无租使用其他单位房产的应税单位和个人，依照房产余值代缴纳房产税。

根据以上规定，租赁双方签订租赁合同且收取租金，但约定有免收租金期限的，根据财税〔2010〕121号文件规定，免收租金期间由产权所有人按照房产原值缴纳房产税，产权所有人享受税收优惠的，向主管税务机关履行备案手续后可免征房产税。若约定全部租赁期不收取租金的，根据财税〔2009〕128号文件规定，由使用单位按照房产余值代缴纳房产税。

3. 计征房产税的房产原值包括哪些？

答：根据《财政部 国家税务总局关于房产税城镇土地使用税有关问题的通知》（财税〔2008〕152号）第一条规定，对依照房产原值计税的房产，不论是否记载在会计账簿固定资产科目中，均应按照房屋原价计算缴纳房产税。房屋原价应根据国家有关会计制度规定进行核算。对纳税人未按国家会计制度规定核算并记载的，应按规定予以调整或重新评估。

根据《财政部税务总局关于房产税和车船使用税几个业务问题的解释与规定》（财税地字〔1987〕3号）第二条规定，房产原值应包括与房屋不可分割的各种附属设备或一般不单独计算价值的配套设施。主要有：暖气、卫生、通风、照明、煤气等设备；各种管线，如蒸气、压缩空气、石油、给水排水等管道及电力、电讯、电缆导线；电梯、升降机、过道、晒台等。

根据《国家税务总局关于进一步明确房屋附属设备和配套设施计征房产税有关问题的通知》（国税发〔2005〕173号）规定，为了维持和增加房屋的使用功能或使房屋满足设计要求，凡以房屋为载体，不可随意移动的附属设备和配套设施，如给排水、采暖、消防、中央空调、电气及智能化楼宇设备等，无论在会计核算中是否单独记账与核算，都应计入房产原值，计征房产税。对于更换房屋附属设备和配套设施的，在将其价值计入房产原值时，可扣减原来相应设备和设施的价值；对附属设备和配套设施中易损坏、需要经常更换的零配件，更新后不再计入房产原值。

根据《财政部 国家税务总局关于安置残疾人就业单位城镇土地使用税

等政策的通知》（财税〔2010〕121号）第三条规定，对按照房产原值计税的房产，无论会计上如何核算，房产原值均应包含地价，包括为取得土地使用权支付的价款、开发土地发生的成本费用等。

4. 未取得房产证的房产是否应缴纳房产税？

答：根据《房产税暂行条例》第二条规定，房产税由产权所有人缴纳。产权属于全民所有的，由经营管理的单位缴纳。产权出典的，由承典人缴纳。产权所有人、承典人不在房产所在地的，或者产权未确定及租典纠纷未解决的，由房产代管人或者使用人缴纳。

因此，不论是否取得房产证，若属于房产税的纳税义务人，则应按规定缴纳房产税。

5. 公司无租使用上级公司的房屋，同时又将部分无租使用的房屋对外出租，请问房产税应当如何缴纳？

答：根据《财政部 国家税务总局关于房产税城镇土地使用税有关问题的通知》（财税〔2009〕128号）第一条规定，无租使用其他单位房产的应税单位和个人，依照房产余值代缴纳房产税。

对自用房产部分，无租使用人按照房产余值代为缴纳房产税。对出租部分，按房产租金收入计算缴纳房产税。

6. 房产中配置的消防设施是否应计入房产原值计征房产税？

答：根据《国家税务总局关于进一步明确房屋附属设备和配套设施计征房产税有关问题的通知》（国税发〔2005〕173号）第一条规定，为了维持和增加房屋的使用功能或使房屋满足设计要求，凡以房屋为载体，不可随意移动的附属设备和配套设施，如给排水、采暖、消防、中央空调、电气及智能化楼宇设备等，无论在会计核算中是否单独记账与核算，都应计入房产原值，计征房产税。

因此，企业配置的凡是以房屋为载体、不可以随意移动的消防设施性质上属于应缴纳房产税的配套设施，无论是否计入固定资产原值，均应纳入房产原值缴纳房产税。如果是可以随意移动的灭火器材，则不需要缴纳房产税。

7. 融资租入的房产如何确定房产税纳税义务发生时间？

答：根据《财政部 国家税务总局关于房产税城镇土地使用税有关问题

的通知》（财税〔2009〕128号）第三条规定，融资租赁的房产，由承租人自融资租赁合同约定开始日的次月起依照房产余值缴纳房产税。合同未约定开始日的，由承租人自合同签订的次月起依照房产余值缴纳房产税。

8. 企业用彩钢网搭建用于存放物资的货棚是否需要缴纳房产税？

答： 根据《财政部税务总局关于房产税和车船使用税几个业务问题的解释与规定》（财税地字〔1987〕3号）规定，房产是以房屋形态表现的财产。房屋是指有屋面和围护结构（有墙或两边有柱），能够遮风避雨，可供人们在其中生产、工作、学习、娱乐、居住或储藏物资的场所。

因此，若企业用彩钢网搭建的货棚符合上述文件规定的房产定义，则需要缴纳房产税。

9. 小微企业如果免征增值税，房产税的租金收入如何确定？

答： 根据《财政部 国家税务总局关于营改增后契税 房产税 土地增值税 个人所得税计税依据问题的通知》（财税〔2016〕43号）第二条规定，房产出租的，计征房产税的租金收入不含增值税。第五条规定，免征增值税的，确定计税依据时，成交价格、租金收入、转让房地产取得的收入不扣减增值税额。

10. 房地产开发企业将地下车库无偿给物业公司使用，用于存放保洁工具等，是否需要缴纳房产税？

答： 根据《财政部 国家税务总局关于具备房屋功能的地下建筑征收房产税的通知》（财税〔2005〕181号）规定，对于与地上房屋相连的地下建筑，如房屋的地下室、地下停车场、商场的地下部分等，应将地下部分与地上房屋视为一个整体按照地上房屋建筑的有关规定计算征收房产税。根据《财政部 国家税务总局关于房产税城镇土地使用税有关问题的通知》（财税〔2009〕128号）规定，无租使用其他单位房产的应税单位和个人，依照房产余值代缴纳房产税。

因此，该地下车库的房产税应由物业公司按照房屋的余值缴纳房产税。

11. 企业将房屋出租给社区养老机构是否缴纳房产税？

答： 根据《财政部 税务总局 发展改革委 民政部 商务部 卫生健康委关于养老、托育、家政等社区家庭服务业税费优惠政策的公告》（财政部 税务总局 发展改革委 民政部 商务部 卫生健康委公告2019年第76号）第二条规定，为社区提供养老、托育、家政等服务的机构自有或其通过承租、无偿使用等方式取得并用于提供社区养老、托育、家政服务的房产、土地，免征房产税、城镇土地使用税。所称社区是指聚居在一定地域范围内的人们所组成的社会生活共同体，包括城市社区和农村社区。为社区提供养老服务的机构，是指在社区依托固定场所设施，采取全托、日托、上门等方式，为社区居民提供养老服务的企业、事业单位和社会组织。社区养老服务是指为老年人提供的生活照料、康复护理、助餐助行、紧急救援、精神慰藉等服务。因此，企业将房屋出租给社区养老机构用于养老服务免征房产税、城镇土地使用税。

12. 道路、绿化景观及其所占的土地是否需要征收房产税？

答：根据《财政部税务总局关于房产税和车船使用税几个业务问题的解释与规定》（财税地字〔1987〕3号）第一条、第二条规定，房产是以房屋形态表现的财产。房屋是指有屋面和围护结构（有墙或两边有柱），能够遮风避雨，可供人们在其中生产、工作、学习、娱乐、居住或储藏物资的场所。独立于房屋之外的建筑物，如围墙、烟囱、水塔、变电塔、油池油柜、酒窖菜窖、酒精池、糖蜜池、室外游泳池、玻璃暖房、砖瓦石灰窑以及各种油气罐等，不属于房产。房产原值应包括与房屋不可分割的各种附属设备或一般不单独计算价值的配套设施。主要有：暖气、卫生、通风、照明、煤气等设备；各种管线，如蒸气、压缩空气、石油、给水排水等管道及电力、电讯、电缆导线；电梯、升降机、过道、晒台等。

根据《财政部 国家税务总局关于具备房屋功能的地下建筑征收房产税的通知》（财税〔2005〕181号）第一条规定，凡在房产税征收范围内的具备房屋功能的地下建筑，包括与地上房屋相连的地下建筑以及完全建在地面以下的建筑、地下人防设施等，均应当依照有关规定征收房产税。上述具备房屋功能的地下建筑是指有屋面和维护结构，能够遮风避雨，可供人们在其中生产、经营、工作、学习、娱乐、居住或储藏物资的场所。

道路、绿化景观及其所占的土地不属于以上“房产”的范畴，不应征收房产税。

13. 房屋大修期间是否缴纳房产税？

答：根据《国家税务总局关于房产税部分行政审批项目取消后加强后续

管理工作的通知》（国税函〔2004〕839号）规定，对《财政部税务总局关于房产税若干具体问题的解释和暂行规定》［（1986）财税地字第8号］第二十四条关于“房屋大修停用在半年以上的，经纳税人申请，税务机关审核，在大修期间可免征房产税”的规定作适当修改，取消经税务机关审核的内容。纳税人因房屋大修导致连续停用半年以上的，在房屋大修期间免征房产税，免征税额由纳税人在申报缴纳房产税时自行计算扣除，并在申报表附表或备注栏中作相应说明。纳税人房屋大修停用半年以上需要免征房产税的，应在房屋大修前向主管税务机关报送相关的证明材料，包括大修房屋的名称、坐落地点、产权证编号、房产原值、用途、房屋大修的原因、大修合同及大修的起止时间等信息和资料，以备税务机关查验。

根据《国家税务总局关于城镇土地使用税等“六税一费”优惠事项资料留存备查的公告》（国家税务总局公告2019年第21号）第一条规定，纳税人享受“六税一费”优惠实行“自行判别、申报享受、有关资料留存备查”办理方式，申报时无须再向税务机关提供有关资料。纳税人根据具体政策规定自行判断是否符合优惠条件，符合条件的，纳税人申报享受税收优惠，并将有关资料留存备查。

第三节　案例解析

案例一

一、案例描述

某城市公共交通有限公司是一家有限责任公司，经营范围为城市公交客运。

根据工作要求，市税务机关依法对该企业2020年1月1日至2022年12月31日涉税情况进行检查。

税务人员进行实地调查，结合账务材料，发现以下情况：

1. 该城市公共交通有限公司位于×路联运汽车站站房楼工程于2016年10月13日签订建筑施工合同后开始开工建设，合同约定工期300天，该建设工程于2018年10月30日完工，为了缓解公司资金紧张，早日获取银行贷款，该公司于2019年1月办理了该建设工程的竣工手续，并于2020年9月办理了房产证，于2021年5月将该房产出租给王某，租赁期限从2021年8月5日开始，该建设工程于2021年11月9日办理了工程决算。

2. 公司财务人员未及时进行账务处理，直到2023年2月才将该工程项目由“在建工程”科目转入“固定资产”科目，该房产最终决算价7951441.81元。期间，未申报缴纳房产税。

二、案例分析

1. 根据《房产税暂行条例》第二条规定，房产税由产权所有人缴纳。产权出典的，由承典人缴纳。产权所有人、承典人不在房产所在地的，或者产权未确定及租典纠纷未解决的，由房产代管人或者使用人缴纳。

2. 根据《房产税暂行条例》第三条规定，房产税依照房产原值一次减除10%~30%后的余值计算缴纳。具体减除幅度，由省、自治区、直辖市人民政府规定。房产出租的，以房产租金收入为房产税的计税依据。第四条规定，房产税的税率，依照房产余值计算缴纳的，税率为1.2%；依照房产租金收入计算缴纳的，税率为12%。

3. 根据《财政部 国家税务总局关于房产税城镇土地使用税有关问题的通知》（财税〔2008〕152号）第一条规定，关于房产原值如何确定的问题，对依照房产原值计税的房产，不论是否记载在会计账簿固定资产科目中，均应按照房屋原价计算缴纳房产税。房屋原价应根据国家有关会计制度规定进行核算。对纳税人未按国家会计制度规定核算并记载的，应按规定予以调整或重新评估。

4. 根据《财政部税务总局关于房产税若干具体问题的解释和暂行规定》[（1986）财税地字第8号]规定，纳税人委托施工企业建设的房屋，从办理验收手续之次月起征收房产税。根据《国家税务总局关于房产税城镇土地使用税有关政策规定的通知》（国税发〔2003〕89号）规定，出租、出借房产，自交付出租、出借房产之次月起计征房产税。

据此，该城市公共交通有限公司自2019年2月至2021年8月应按照该房产余值计算缴纳房产税，自 2021 年 9 月起，在租赁期限内按照房产租金收入缴纳房产税。

案例二

一、案例描述

某税务机关在评估某企业时，系统推送如下疑点：企业涉及土地出让，应核查相关房产税、城镇土地使用税是否缴纳。

经税务人员实地核查，该企业房产面积为 8532 平方米，土地出让合同中土地面积 10352 平方米，宗地容积率大于 0.5，实际缴纳土地出让金 81 万元，土地出让合同中出让金额 203 万元。

纳税人认为虽然土地出让合同中出让金额 203 万元，但企业实际缴纳土地出让金 81 万元，土地出让金未缴足，且未取得土地使用证，与相关部门约定实际要支付的出让金与企业实现的销售额不同，在取得土地使用证时，企业和相关部门再行结账，企业只负担自己应负担的出让金，不足部分由相关部门负担。所以，纳税人认为应先行按企业实际支付的出让金 81 万元计入房产原值。

税务人员认为，计入房产原值计税的土地价款应为 203 万元，纳税义务发生的时间应以签有土地出让合同为准，行为实质和相关证据材料足以支撑事实认定。

二、案例分析

1. 根据《财政部 国家税务总局关于安置残疾人就业单位城镇土地使用税等政策的通知》（财税〔2010〕121 号）规定，无论会计上如何核算，都要将土地价款并入房产原值缴纳房产税，土地价款包括实际支付的土地价款和土地开发费用。因此，无论该纳税人财务会计上如何记账，均应认定 203 万元为土地价款，应并入房产原值。

2. 根据《国家税务总局关于通过招拍挂方式取得土地缴纳城镇土地使

用税问题的公告》（国家税务总局公告 2014 年第 74 号）规定，通过招标、拍卖、挂牌方式取得的建设用地，不属于新征用的耕地，纳税人应按照《财政部 国家税务总局关于房产税、城镇土地使用税有关政策的通知》（财税〔2006〕186 号）第二条规定，从合同约定交付土地时间的次月起缴纳城镇土地使用税；合同未约定交付土地时间的，从合同签订的次月起缴纳城镇土地使用税。

因此，纳税人提出的取得土地使用证后再按照实际支付价款缴纳，不符合相关纳税义务发生时间的规定。

税务机关通过调取相关部门该企业土地出让合同的信息予以佐证，核实：该企业 2022 年 6 月前房产在基建当中，从 2022 年 7 月起房产投入使用。核查后，税务机关将土地价值按照 203 万元并入房产原值，企业需补申报缴纳房产税。

第十二章　烟叶税

第一节　税制概要

一、纳税人和征税范围

（一）纳税人

在中华人民共和国境内，依照《中华人民共和国烟草专卖法》的规定收购烟叶的单位为烟叶税的纳税人。纳税人应当依照《中华人民共和国烟叶税法》（以下简称《烟叶税法》）规定缴纳烟叶税。

（二）征税范围

按照《烟叶税法》的规定，烟叶税的征税范围是指烤烟叶、晾晒烟叶。

二、税率和应纳税额的计算

（一）税率

烟叶税实行比例税率，税率为20%。

（二）计税依据

烟叶税的计税依据为纳税人收购烟叶实际支付的价款总额，包括纳税人支付给烟叶生产销售单位和个人的烟叶收购价款和价外补贴。其中，价外补贴统一按烟叶收购价款的10%计算。

实际支付的价款总额＝收购价款×（1+10%）

（三）应纳税额的计算

根据《烟叶税法》规定，烟叶税的应纳税额按照纳税人收购烟叶实际支付的价款总额乘以税率计算。应纳税额的计算公式为：

应纳税额＝实际支付的价款总额×税率

＝收购价款×（1+10%）×20%

三、征收管理

烟叶税的征收管理，依照《税收征管法》及《烟叶税法》的有关规定执行。

（一）纳税义务发生时间

烟叶税的纳税义务发生时间为纳税人收购烟叶的当日。收购烟叶的当日是指纳税人向烟叶销售者付讫收购烟叶款项或者开具收购烟叶凭据的当日。

（二）纳税地点

纳税人收购烟叶，应当向烟叶收购地的主管税务机关申报纳税。按照税法的有关规定，烟叶收购地的主管税务机关是指烟叶收购地的县级税务局或者其所指定的税务分局、所。

（三）纳税期限

纳税人应当于纳税义务发生月末终了之日起 15 日内申报并缴纳税款。

第二节　疑难解答

某公司在收购烟叶时，将支付的价外补贴与烟叶收购价格在同一张销售发票上分别注明。请问，价外补贴能否计算抵扣增值税进项税额？

根据《财政部 国家税务总局关于收购烟叶支付的价外补贴进项税额抵

扣问题的通知》（财税〔2011〕21号）规定，自2009年1月1日起，烟叶收购单位收购烟叶时按照国家有关规定以现金形式直接补贴烟农的生产投入补贴（以下简称价外补贴），属于农产品买价，为《增值税暂行条例实施细则》第十七条中“价款”的一部分。烟叶收购单位，应将价外补贴与烟叶收购价格在同一张农产品收购发票或者销售发票上分别注明，否则，价外补贴不得计算增值税进项税额进行抵扣。

因此，上述公司可以将支付的价外补贴在计算增值税进项税额时进行抵扣。但价外补贴必须直接补贴给烟农，以非现金形式支付或是直接支付给非烟农，不得进行抵扣。

第三节　案例解析

一、案例描述

2023年5月，某烟草公司向烟农收购一批烟叶，收购价款为400万元（不含价外补贴），另外支付的价外补贴为烟叶收购价款的10%，烟叶税税率为20%，请计算该烟草公司应缴纳的烟叶税。

二、案例分析

根据烟叶税应纳税额的计算公式可知，应纳税额=400×（1+10%）×20%=88（万元）。

第十三章 车船税

第一节 税制概要

一、纳税人

车船税的纳税人，是指在中华人民共和国境内属于《中华人民共和国车船税法》（以下简称《车船税法》）所附《车船税税目税额表》规定的车辆、船舶的所有人或者管理人。

二、征税范围

车船税的征税范围是指在中华人民共和国境内属于《车船税法》所附《车船税税目税额表》规定的车辆、船舶。车辆、船舶是指：

1. 依法应当在车船管理部门登记的机动车辆和船舶；

2. 依法不需要在车船管理部门登记、在单位内部场所行驶或者作业的机动车辆和船舶。

所称车船管理部门，是指公安、交通运输、农业、渔业、军队、武装警察部队等依法具有车船登记管理职能的部门；单位，是指依照中国法律、行政法规规定，在中国境内成立的行政机关、企业、事业单位、社会团体以及其他组织。

三、税目与税额

车船税的适用税额，依照《车船税法》所附《车船税税目税额表》（见表 13-1）执行。

车辆的具体适用税额由省、自治区、直辖市人民政府依照《车船税法》所附《车船税税目税额表》规定的税额幅度和国务院的规定确定。

船舶的具体适用税额由国务院在《车船税法》所附《车船税税目税额表》规定的税额幅度内确定。

车船税采用定额幅度税率，即对征税的车船规定单位上下限税额标准。车船税确定税额总的原则是：排气量低的车辆的税负轻于排气量高的车辆；小吨位船舶的税负轻于大船舶。由于车辆与船舶的行驶情况不同，车船税的税额也有所不同。

表 13-1　　车船税税目税额表

<table>
<tr><th colspan="2">税目</th><th>计税单位</th><th>年基准税额/元</th><th>备注</th></tr>
<tr><td rowspan="7">乘用车［按发动机汽缸容量（排气量）分档］</td><td>1.0 升（含）以下的</td><td rowspan="7">每辆</td><td>60~360</td><td rowspan="7">核定载客人数 9 人（含）以下</td></tr>
<tr><td>1.0 升以上至 1.6 升（含）的</td><td>300~540</td></tr>
<tr><td>1.6 升以上至 2.0 升（含）的</td><td>360~660</td></tr>
<tr><td>2.0 升以上至 2.5 升（含）的</td><td>660~1200</td></tr>
<tr><td>2.5 升以上至 3.0 升（含）的</td><td>1200~2400</td></tr>
<tr><td>3.0 升以上至 4.0 升（含）的</td><td>2400~3600</td></tr>
<tr><td>4.0 升以上的</td><td>3600~5400</td></tr>
<tr><td rowspan="2">商用车</td><td>客车</td><td>每辆</td><td>480~1440</td><td>核定载客人数 9 人以上，包括电车</td></tr>
<tr><td>货车</td><td>整备质量每吨</td><td>16~120</td><td>包括半挂牵引车、三轮汽车和低速载货汽车等</td></tr>
</table>

续表

税目		计税单位	年基准税额/元	备注
挂车		整备质量每吨	按照货车税额的50%计算	
其他车辆	专用作业车	整备质量每吨	16~120	不包括拖拉机
	轮式专用机械车		16~120	
摩托车		每辆	36~180	
船舶	机动船舶	净吨位每吨	3~6	拖船、非机动驳船分别按照机动船舶税额的50%计算
	游艇	艇身长度每米	600~2000	

1. 机动船舶，具体适用税额为：

（1）净吨位不超过 200 吨的，每吨 3 元；

（2）净吨位超过 200 吨但不超过 2000 吨以内的，每吨 4 元；

（3）净吨位超过 2000 吨但不超过 10000 吨的，每吨 5 元；

（4）净吨位超过 10000 吨及以上的，每吨 6 元。

拖船按照发动机功率每 1 千瓦折合净吨位 0. 67 吨计算征收车船税。

2. 游艇，具体适用税额为：

（1）艇身长度不超过 10 米的游艇，每米 600 元；

（2）艇身长度超过 10 米但不超过 18 米的游艇，每米 900 元；

（3）艇身长度超过 18 米但不超过 30 米的游艇，每米 1300 元；

（4）艇身长度超过 30 米的游艇，每米 2000 元；

（5）辅助动力帆艇，每米 600 元。

游艇艇身长度是指游艇的总长。

3.《车船税法》及其实施条例涉及的整备质量、净吨位、艇身长度等计税单位，有尾数的一律按照含尾数的计税单位据实计算车船税应纳税额。计算得出的应纳税额小数点后超过两位的可四舍五入保留两位小数。

4. 乘用车以车辆登记管理部门核发的机动车登记证书或者行驶证书所

载的排气量毫升数确定税额区间。

5.《车船税法》及其实施条例所涉及的排气量、整备质量、核定载客人数、净吨位、功率（千瓦或马力）、艇身长度，以车船登记管理部门核发的车船登记证书或者行驶证相应项目所载数据为准。

依法不需要办理登记、依法应当登记而未办理登记或者不能提供车船登记证书、行驶证的，以车船出厂合格证明或者进口凭证相应项目标注的技术参数、所载数据为准；不能提供车船出厂合格证明或者进口凭证的，由主管税务机关参照国家相关标准核定，没有国家相关标准的参照同类车船核定。

6. 对于在设计和技术特性上用于特殊工作，并装置有专用设备或器具的汽车，应认定为专用作业车，如汽车起重机、消防车、混凝土泵车、清障车、高空作业车、洒水车、扫路车等。以载运人员或货物为主要目的的专用汽车，如救护车，不属于专用作业车。

7. 客货两用车，又称多用途货车，是指在设计和结构上主要用于载运货物，但在驾驶员座椅后带有固定或折叠式座椅，可运载 3 人以上乘客的货车。客货两用车依照货车的计税单位和年基准税额计征车船税。

8. 境内单位和个人租入外国籍船舶的，不征收车船税。境内单位和个人将船舶出租到境外的，应依法征收车船税。

四、应纳税额的计算与代缴纳

纳税人按照纳税地点所在的省、自治区、直辖市人民政府确定的具体适用税额缴纳车船税。

1. 购置的新车船，购置当年的应纳税额自纳税义务发生的当月起按月计算。计算公式为：

$$应纳税额=（年应纳税额\div 12）\times 应纳税月份数$$

$$应纳税月份数=12-纳税义务发生时间（取月份）+1$$

2. 在一个纳税年度内，已完税的车船被盗抢、报废、灭失的，纳税人可以凭有关管理机关出具的证明和完税证明，向纳税所在地的主管税务机关申请退还自被盗抢、报废、灭失月份起至该纳税年度终了期间的税款。

3. 已办理退税的被盗抢车船，失而复得的，纳税人应当从公安机关出具相关证明的当月起计算缴纳车船税。

4. 依法应当在车船登记部门登记的车船，纳税人自行申报缴纳的，应在车船的登记地缴纳车船税；保险机构代收代缴车船税的，应在保险机构所在地缴纳车船税。已由保险机构代收代缴车船税的，纳税人不再向税务机关申报缴纳车船税。

5. 已缴纳车船税的车船在同一纳税年度内办理转让过户的，不另纳税，也不退税。

【例13-1】某运输公司拥有载货汽车30辆（货车整备质量全部为10吨）、大客车20辆、小客车10辆。计算该公司应纳车船税。（注：载货汽车每吨年税额80元，大客车每辆年税额800元，小客车每辆年税额700元）

载货汽车应纳税额 = 30×10×80 = 24000（元）

客车应纳税额 = 20×800+10×700 = 23000（元）

全年应纳车船税额 = 24000+23000 = 47000（元）

五、税收优惠

（一）法定减免

1. 捕捞、养殖渔船免征车船税。捕捞、养殖渔船，是指在渔业船舶登记管理部门登记为捕捞船或者养殖船的船舶。

2. 军队、武装警察部队专用的车船免征车船税。军队、武装警察部队专用的车船，是指按照规定在军队、武装警察部队车船管理部门登记，并领取军队、武警牌照的车船。

3. 警用车船免征车船税。警用车船，是指公安机关、国家安全机关、监狱、劳动教养管理机关和人民法院、人民检察院领取警用牌照的车辆和执行警务的专用船舶。

4. 依照法律规定应当予以免税的外国驻华使领馆、国际组织驻华代表机构及其有关人员的车船。

5. 省、自治区、直辖市人民政府根据当地实际情况，可以对公共交通车船、农村居民拥有并主要在农村地区使用的摩托车、三轮汽车和低速载货汽车定期减征或者免征车船税。

6. 悬挂应急救援专用号牌的国家综合性消防救援车辆和国家综合性消防救援专用船舶免征车船税。

7. 对受地震、洪涝等严重自然灾害影响纳税困难以及其他特殊原因确需减免税的车船，可以在一定期限内减征或者免征车船税。具体减免期限和数额由省、自治区、直辖市人民政府确定，报国务院备案。

（二）特定减免

1. 经批准临时入境的外国车船和中国香港特别行政区、中国澳门特别行政区、中国台湾地区的车船，不征收车船税。

2. 按照规定缴纳船舶吨税的机动船舶，自《车船税法》实施之日起 5 年内免征车船税。

3. 依法不需要在车船登记管理部门登记的机场、港口、铁路站场内部行驶或作业的车船，自《车船税法》实施之日起 5 年内免征车船税。

4. 国家综合性消防救援车辆由部队号牌改挂应急救援专用号牌的，一次性免征改挂当年车船税。

（三）节能、新能源车船减免

1. 对节能汽车，减半征收车船税

（1）减半征收车船税的节能乘用车应同时符合以下标准：

①获得许可在中国境内销售的排量为 1.6 升以下（含 1.6 升）的燃用汽油、柴油的乘用车（含非插电式混合动力、双燃料和两用燃料乘用车）。

②综合工况燃料消耗量应符合标准。

（2）减半征收车船税的节能商用车应同时符合以下标准：

①获得许可在中国境内销售的燃用天然气、汽油、柴油的轻型和重型商用车（含非插电式混合动力、双燃料和两用燃料轻型和重型商用车）。

②燃用汽油、柴油的轻型和重型商用车综合工况燃料消耗量应符合标准。

2. 对新能源车船，免征车船税

（1）免征车船税的新能源汽车是指纯电动商用车、插电式（含增程式）混合动力汽车，燃料电池商用车。纯电动乘用车和燃料电池乘用车不属于车船税征税范围，对其不征车船税。

（2）免征车船税的新能源汽车应同时符合以下标准：

①获得许可在中国境内销售的纯电动商用车、插电式（含增程式）混合动力汽车、燃料电池商用车。

②符合新能源汽车产品技术标准。

③通过新能源汽车专项检测，符合新能源汽车标准。

④新能源汽车生产企业或进口新能源汽车经销商在产品质量保证、产品一致性、售后服务、安全监测、动力电池回收利用等方面符合相关要求。

（3）免征车船税的新能源船舶应符合以下标准：

船舶的主推进动力装置为纯天然气发动机。发动机采用微量柴油引燃方式且引燃油热值占全部燃料总热值的比例不超过 5%的，视同纯天然气发动机。

3. 符合上述第 1 条、第 2 条标准的节能、新能源汽车，由工业和信息化部、国家税务总局不定期联合发布《享受车船税减免优惠的节约能源使用新能源汽车车型目录》予以公告。

六、征收管理

（一）纳税期限

车船税纳税义务发生时间为取得车船所有权或者管理权的当月。以购买车船的发票或其他证明文件所载日期的当月为准。对于在国内购买的机动车，购买日期以《机动车销售统一发票》所载日期为准；对于进口机动车，购买日期以《海关关税专用缴款书》所载日期为准；对于购买的船舶，以购买船舶的发票或者其他证明文件所载日期的当月为准。

（二）纳税地点

车船税的纳税地点为车船的登记地或者车船税扣缴义务人所在地。依法不需要办理登记的车船，车船税的纳税地点为车船的所有人或者管理人所在地。

扣缴义务人代收代缴车船税的，纳税地点为扣缴义务人所在地。

纳税人自行申报缴纳车船税的，纳税地点为车船登记地。

（三）税源管理

1. 税务机关应当按照车船税统一申报表数据指标建立车船税税源数据库。

2. 税务机关、保险机构和代征单位应当在受理纳税人申报或者代收代征车船税时，根据相关法律法规及委托代征协议要求，整理《车船税纳税申报表》《车船税代收代缴报告表》的涉税信息，并及时共享。

税务机关应当将自行征收车船税信息和获取的车船税第三方信息充实到车船税税源数据库中。同时要定期进行税源数据库数据的更新、校验、清洗等工作，保障车船税税源数据库的完整性和准确性。

3. 税务机关应当积极同相关部门建立联席会议、合作框架等制度，采集以下第三方信息：①保险机构代收车船税车辆的涉税信息；②公安交通管理部门车辆登记信息；③海事部门船舶登记信息；④公共交通管理部门车辆登记信息；⑤渔业船舶登记管理部门船舶登记信息；⑥其他相关部门车船涉税信息。

（四）纳税申报

车船税按年申报，分月计算，一次性缴纳。纳税年度为公历 1 月 1 日至 12 月 31 日。具体申报纳税期限由省、自治区、直辖市人民政府规定。

1. 税务机关可以在车船管理部门、车船检验机构的办公场所集中办理车船税征收事宜。

2. 公安机关交通管理部门在办理车辆相关登记和定期检验手续时，经核查，对没有提供依法纳税或者免税证明的，不予办理相关手续。

3. 海事部门、船舶检验机构在办理船舶登记和定期检验手续时，对未提交依法纳税或者免税证明，且拒绝扣缴义务人代收代缴车船税的纳税人，不予登记，不予发放检验合格标志。

税务机关委托交通运输部门海事管理机构代征船舶车船税，税务机关按不超过代征税款的5%支付手续费。

4. 对于依法不需要购买机动车交通事故责任强制保险的车辆，纳税人应当向主管税务机关申报缴纳车船税。

纳税人在购买交通事故责任强制保险时，由扣缴义务人代收代缴车船税的，凭注明已收税款信息的交通事故责任强制保险保险单，车辆登记地的主管税务机关不再征收该纳税年度的车船税。再次征收的，车辆登记地主管税务机关应予退还。

5. 纳税人在首次购买机动车交通事故责任强制保险时缴纳车船税或者自行申报缴纳车船税的，应当提供购车发票及反映排气量、整备质量、核定载客人数等与纳税相关的信息及其相应凭证。

6. 从事机动车第三者责任强制保险业务的保险机构为机动车车船税的扣缴义务人，应当在收取保险费时依法代收车船税，并出具代收税款凭证。

扣缴义务人在代收车船税时，应当在机动车交通事故责任强制保险的保险单上注明已收税款的信息，作为纳税人完税的证明。

保险机构作为车船税扣缴义务人，在代收车船税并开具增值税发票时，应在增值税发票备注栏中注明代收车船税税款信息。具体包括：保险单号、税款所属期（详细至月）、代收车船税金额、滞纳金金额、金额合计等。该增值税发票可作为纳税人缴纳车船税及滞纳金的会计核算原始凭证。

法律、行政法规规定的代收代缴车辆车船税，税务机关按不超过代收税款的1%支付手续费。

七、风险管理

1. 将申报已缴纳车船税车船的排量、整备质量、载客人数、吨位、艇身长度等信息与税源数据库中对应的信息进行比对，防范少征、错征税款风险。

2. 将保险机构、代征单位申报解缴税款与实际入库税款进行比对，防范少征、漏征风险。

3. 将车船税联网征收系统车辆完税信息与本地区车辆完税信息进行比对，防范少征、漏征、重复征税风险等。

第二节　疑难解答

1. 插电式混合动力乘用车是否属于新能源车辆？

答：根据《财政部 国家税务总局 工业和信息化部关于节约能源 使用新能源车船车船税优惠政策的通知》（财税〔2015〕51 号）第二条规定，免征车船税的使用新能源汽车是指纯电动商用车、插电式（含增程式）混合动力汽车、燃料电池商用车。纯电动乘用车和燃料电池乘用车不属于车船税征税范围，对其不征车船税。插电式混合动力乘用车属于新能源车辆，免征车船税。

2. 个人于 2023 年 10 月在 4S 店购买新车，应从何时开始计算缴纳车船税？

答：根据《中华人民共和国车船税法实施条例》（以下简称《车船税法实施条例》）第十九条规定，购置的新车船，购置当年的应纳税额自纳税义务发生的当月起按月计算。应纳税额为年应纳税额除以 12 再乘以应纳税月份数。

因此，根据购买实际情况，应从 10 月起计算缴纳车船税。

3. 因工作原因家中车辆一年半时间闲置，已去车管所办理停驶手续，是否可以免缴停驶期间车船税？如何办理？

答：根据《车船税法》规定，在我国境内车辆、船舶的所有人或者管理人为车船税的纳税义务人。车船税作为财产税，无论车辆是否上路行驶，纳税人均负有缴纳车船税的义务。所以，在车辆停驶期间不能免缴车船税。

4. 个人购买的二手车，原车主已缴纳当年车船税，新车主还用缴纳车船税吗？

答：根据《车船税法实施条例》第二十条规定，已缴纳车船税的车船在同一纳税年度内办理转让过户的，不另纳税，也不退税。

5. 节约能源车、新能源车有何车船税优惠政策？

答：根据《财政部 税务总局 工业和信息化部 交通运输部关于节能 新能源车船享受车船税优惠政策的通知》（财税〔2018〕74号）规定，纯电动乘用车和燃料电池乘用车不属于车船税征税范围，对其不征车船税。对节能汽车，减半征收车船税。对新能源车船，免征车船税。符合上述标准的节能、新能源汽车，由工业和信息化部、税务总局不定期联合发布《享受车船税减免优惠的节约能源使用新能源汽车车型目录》予以公告。

6. 企业每年缴纳车船税的征期是什么时候？

答：车船税按年申报，分月计算，一次性缴纳。申报纳税期限为每年度1月1日至12月31日。单位纳税人可在办理交通事故责任强制保险的同时由保险机构代收代缴车船税，或到税务机关申报缴纳车船税。

7. 个人新买的车，在4S店上的保险并代收了车船税，但是因为车辆质量问题退车退保险后，车船税能不能退？

答：根据《国家税务总局关于发布〈车船税管理规程（试行）〉的公告》（国家税务总局公告2015年第83号）第十九条规定，已经缴纳车船税的车船，因质量原因，车船被退回生产企业或者经销商的，纳税人可以向纳税所在地的主管税务机关申请退还自退货月份起至该纳税年度终了期间的税款，退货月份以退货发票所载日期的当月为准。

8. 个人牌照车泡水后报废了，车船税是否可以退还？

答：根据《车船税法实施条例》第十九条规定，在一个纳税年度内，已完税的车船被盗抢、报废、灭失的，纳税人可以凭有关管理机关出具的证明和完税凭证，向纳税所在地的主管税务机关申请退还自被盗抢、报废、灭失月份起至该纳税年度终了期间的税款。

9. 单位内部使用车辆，不登记也不上路，是否缴纳车船税？

答：根据《车船税法实施条例》第二条、第二十五条规定，《车船税法》第一条所称车辆、船舶，是指依法不需要在车船登记管理部门登记的在单位内部场所行驶或者作业的机动车辆和船舶。依法不需要在车船登记管理部门登记的机场、港口、铁路站场内部行驶或者作业的车船，自车船税法实施之日起5年内免征车船税。

车船税法已实施满5年，目前没有针对内部行驶的车船免征车船税的规定，所有内部行驶的车船均应按规定缴纳车船税。

10. 纳税人在保险机构缴纳车船税取得保单后，是否还可以申请开具完税凭证？

答：根据《国家税务总局 中国保险监督管理委员会关于机动车车船税代收代缴有关事项的公告》（国家税务总局 中国保险监督管理委员会公告2011年第75号）规定，保险机构在代收代缴机动车车船税时，应向投保人开具注明已收税款信息的交通事故责任强制保险单和保费发票，作为代收税款凭证。纳税人需要另外开具完税凭证的，保险机构应告知纳税人凭交通事故责任强制保险单到保险机构所在地的税务机关开具。

11. 缴纳车船税时，如何区分机动船舶和游艇？

答：根据《车船税法实施条例》第二十六条规定，船舶是指各类机动、非机动船舶以及其他水上移动装置，但是船舶上装备的救生艇筏和长度小于5米的艇筏除外。其中，机动船舶是指用机器推进的船舶；拖船是指专门用于拖（推）动运输船舶的专业作业船舶；非机动驳船，是指在船舶登记管理部门登记为驳船的非机动船舶。游艇是指具备内置机械推进动力装置，长度在90米以下，主要用于游览观光、休闲娱乐、水上体育运动等活动，并应当具有船舶检验证书和适航证书的船舶。

12. 农村的低速载货汽车是否需要缴纳车船税？

答：根据《车船税法》第五条规定，省、自治区、直辖市人民政府根据当地实际情况，可以对公共交通车船，农村居民拥有并主要在农村地区使用的摩托车、三轮汽车和低速载货汽车定期减征或者免征车船税。

13. 根据新的《机动车交通事故责任强制保险条例》规定，自2013年3月1日起，挂车不再投保机动车交通事故责任强制保险，公司应如何缴纳挂车的车船税？

答：根据《车船税法实施条例》第十五条规定，扣缴义务人已代收代缴车船税的，纳税人不再向车辆登记地的主管税务机关申报缴纳车船税。没有扣缴义务人的，纳税人应当向主管税务机关自行申报缴纳车船税。

第三节　案例解析

案例一

一、案例描述

税务机关依法对某企业开展日常检查，税务人员审阅了企业财务人员审核确认过的《应纳车船税计算表》和《实缴车船税统计表》相关信息，显示该年度，该公司依法应缴纳车船税20856元。

但是，经过税务人员比对，发现该企业实际缴纳车船税16448元，对不缴纳强制保险、在矿区行驶、作业的专用车辆，未进行纳税申报，少缴车船税4408元。

二、案例分析

根据《车船税法》第一条规定，在中华人民共和国境内属于该法所附《车船税税目税额表》规定的车辆、船舶的所有人或者管理人，为车船税的纳税人，应当依照该法缴纳车船税。

根据《车船税法实施条例》第二条规定，《车船税法》所称车辆、船舶，是指依法应当在车船登记管理部门登记的机动车辆和船舶以及依法不需要在车船登记管理部门登记的在单位内部场所行驶或者作业的机动车辆和船舶。

同时，《车船税法实施条例》第二十五条规定，依法不需要在车船登记管理部门登记的机场、港口、铁路站场内部行驶或者作业的车船，自车船税法实施之日起5年内免征车船税。除此之外，其他单位内部行驶或者作业的依法不需要在车船登记管理部门登记的车船，均需要按规定缴纳车船税。

因此，该公司所有车辆处于车船税的征税范围且不符合减免税优惠政策，该公司作为纳税人，应在申报期限内，如实办理纳税申报。

案例二

一、案例描述

2023 年 3 月，吴女士购买了一辆普通家用小汽车，支付了购车款，并缴纳了相关税费。新车使用 1 个月后，频繁出现问题。吴女士到汽车 4S 店一修再修，也未能彻底解决问题，最终，吴女士与经销商经过多次沟通协商，终于在 2023 年 7 月底同意吴女士退回所购汽车。

事后，吴女士向朋友抱怨此次办理登记上牌、购买保险、缴纳车辆购置税和车船税等，以及经历多次送修，最终仍是退回经销商的购车经过。朋友听到了吴女士的遭遇后，提醒到，听说因质量问题退回经销商的车辆，可以申请退还车船税。吴女士得知此消息后，向税务机关求证，得到可以退回车船税的答复。

二、案例分析

根据《国家税务总局关于车船税征管若干问题的公告》（国家税务总局公告 2013 年第 42 号）第四条规定，已经缴纳车船税的车船，因质量原因，车船被退回生产企业或者经销商的，纳税人可以向纳税所在地的主管税务机关申请退还自退货月份起至该纳税年度终了期间的税款，退货月份以退货发票所载日期的当月为准。

据此，如果经销商提供给吴小姐的退货发票上的日期是当年 7 月，那么吴女士可向缴纳车船税所在地的主管税务机关申请退还 7 月至当年 12 月，共 6 个月的车船税税款。

案例三

一、案例描述

某船运公司，2023 年初拥有机动船舶 10 艘，净吨位均为 150 吨，其中

1 艘主推进动力装置为纯天然气发动机；拥有驳船 2 艘，净吨位 287 吨；2023 年 7 月新购进一艘游艇，艇身长度 15 米。

其中，机动船舶适用年税额标准为每吨 3 元，驳船适用年税额标准为每吨 4 元，新购进游艇适用年税额标准为每米 900 元。该公司 2023 年共应缴纳多少车船税？

二、案例分析

主推进动力装置为纯天然气发动机的船舶可以享受车船税免税优惠；驳船按照机动船舶税额的 50%计算缴纳车船税，2023 年 7 月新购进一艘游艇只需从购进当月起计算 6 个月税款。

该船运公司 2023 年共应缴纳车船税 $=3\times150\times9+4\times50\%\times287\times2+15\times900\div12\times6=4050+1148+6750=11948$（元）

第十四章　印花税

第一节　税制概要

一、纳税人

印花税的纳税人，是在中华人民共和国境内书立应税凭证、进行证券交易，以及在中华人民共和国境外书立在境内使用的应税凭证的单位和个人。其中，书立应税凭证的纳税人，为对应税凭证负有直接权利义务关系的单位和个人。

所称应税凭证，是指《中华人民共和国印花税法》（以下简称《印花税法》）所附《印花税税目税率表》列明的合同、产权转移书据和营业账簿。所称证券交易，是指转让在依法设立的证券交易所、国务院批准的其他全国性证券交易场所交易的股票和以股票为基础的存托凭证。所称单位和个人，是指国内各类企业、事业、机关、团体、部队以及中外合资企业、合作企业、外资企业、外国公司企业和其他经济组织及其在华机构等单位和个人。上述单位和个人，按照书立、领受应税凭证的不同，可以分别确定为立合同人、立据人、立账簿人、证券交易人、使用人。

1. 立合同人

书立各类经济合同的，以立合同人为纳税人。立合同人是签订应税合同的当事人，是指对应税合同负有直接权利义务关系的单位和个人。但不包括合同的担保人、证人、鉴定人。当事人的代理人有代理纳税的义务，他与纳税人负有同等的税收法律义务和责任。采取委托贷款方式书立的借款合同纳税人，为受托方和借款人，不包括委托人；按买卖合同缴纳印花税的拍卖成交确定纳税人，为拍卖标的的产权人和买受人，不包括拍卖人。

2. 立据人

订立产权转移书据的纳税人是立据人。立据人是产权转移书据的当事人，是指土地、房屋等权属转移过程中买卖双方的单位和个人。按产权转移书据税目缴纳印花税的拍卖成交价格确定纳税人，为拍卖标的的产权人和买受人，不包括拍卖人。

3. 立账簿人

营业账簿的纳税人是立账簿人。立账簿人是指设立并使用营业账簿的单位和个人。例如，企业单位因生产、经营需要，设立了营业账簿，该企业即为纳税人。

4. 证券交易人

进行证券交易的纳税人是证券交易人。证券交易人是出让证券的当事人，是指在中华人民共和国境内进行证券交易的单位和个人。需要注意，证券交易印花税对证券交易的出让方征收，不对受让方征收。

5. 使用人

在国外书立、领受，但在国内使用的应税凭证，其纳税人是使用人。

值得注意的是，对应税凭证，凡由两方或两方以上当事人共同书立的，其当事人各方都是印花税的纳税人，应各就其所持凭证的计税金额履行纳税义务。

二、税目

印花税的税目，指《中华人民共和国印花税法》（以下简称《印花税法》）明确规定的应当纳税的项目，它具体划定了印花税的征税范围。一般来说，列入税目的就要征税，未列入税目的就不征税。对纳税人以电子形式签订的各类应税凭证按规定征收印花税。印花税税目包括 4 大类，即合同类、产权转移书据类、营业账簿类和证券交易类。

（一）书面合同

书面合同是平等主体的自然人、法人、其他组织之间，经协商一致，以文字表达形式，设立、变更、终止各方民事权利、义务关系的协议。书面合同以经济业务活动作为内容的合同，通常称为经济合同。经济合同应依照《中华人民共和国民法典》（以下简称《民法典》）和其他有关法规订立。经济合同的依法订立，是在经济交往中为了确定、变更或终止当事人之间的权利和义务关系的合同法律行为，其书面形式即经济合同书。我国印花税只对依法订立的书面合同征收。印花税税目中的合同比照我国《民法典》的部分合同，在税目税率表中列举了11大类合同。

1. 借款合同，是指银行金融机构、经国务院银行业监督管理机构批准设立的其他金融组织与借款人（不包括银行同业拆借）所签订的合同，以及只填开借据并作为合同使用、取得银行借款的借据。

2. 融资租赁合同，是指出租人根据承租人对出卖方、租赁物的选择，向出卖人购买租赁物，提供给承租人使用，承租人支付租金的合同。

3. 买卖合同，是指动产买卖合同（不包括个人书立的动产买卖合同）。包括供应、预购、采购、购销结合及协作、调剂、补偿、易货等合同。此外，还包括出版单位与发行单位之间订立的图书、报纸、期刊和音像制品的征订凭证，如订购单、订数单等。还包括发电厂与电网之间、电网与电网之间（国家电网公司系统、南方电网公司系统内部各级电网互供电量除外）签订的购售电合同。但是，电网与用户之间签订的供用电合同不属于印花税列举征税的凭证，不征收印花税。

4. 承揽合同，是指承揽人按照定做人的要求完成工作，交付工作成果，定做人给付报酬的合同。包括加工、定做、修缮、修理、印刷、广告、测绘、测试等合同。

5. 建设工程合同，是指承包人进行工程建设，发包人支付价款的合同。通常包括建设工程勘察、设计、施工合同。

6. 运输合同，是指货运合同和多式联运合同。包括民用航空、铁路运输、海上运输、内河运输、公路运输和联运合同，以及作为合同使用的单据，不包括管道运输合同。

7. 技术合同，不包括专利权、专有技术使用权转让书据。包括技术开发、转让、咨询、服务等合同，以及作为合同使用的单据。

技术转让合同，包括专利申请权转让和非专利技术转让合同，但不包括专利权转让、专利实施许可所书立的合同。后者适用于“产权转移书据”合同。

技术咨询合同，是当事人就有关项目的分析、论证、评价、预测和调查订立的技术合同。而一般的法律、会计、审计等方面的咨询不属于技术咨询，其所立合同不贴印花。

技术服务合同，是当事人一方委托另一方就解决有关特定技术问题，如为改进产品结构、改良工艺流程、提高产品质量、降低产品成本、保护资源环境、实现安全操作、提高经济效益等提出实施方案，实施所订立的技术合同，包括技术服务合同、技术培训合同和技术中介合同。但不包括以常规手段或者为生产经营目的进行一般加工、修理、修缮、广告、印刷、测绘、标准化测试，以及勘察、设计等所书立的合同。

8. 租赁合同，是指出租人将租赁物交给承租人使用，承租人定期向出租人支付约定的租金的合同。包括租赁房屋、船舶、飞机、机动车辆、机械、器具、设备等合同，还包括企业、个人出租门店、柜台等签订的合同，但不包括企业与主管部门签订的租赁承包合同。

9. 保管合同，又称寄托合同、寄存合同，是指双方当事人约定一方将物交付地方保管的合同。保管合同是保管人有偿地或无偿地为寄存人保管物品，并在约定钱内或寄存人的请求，返还保管物品的合同。

10. 仓储合同，又称仓储保管合同，是保管人储存存货人交付的仓储物，存货人支付仓储费的合同。

11. 财产保险合同，是指投保人与保险人约定的以财产及其有关利息为保险标的的协议。包括财产、责任、保证、信用保险合同，以及作为合同使用的单据，但不包括再保险合同。

（二）产权转移书据

产权转移即财产权利关系的变更行为，表现为产权主体发生变更。产权转移书据，是指单位和个人产权的买卖、继承、赠与、交换、分割等所立的书据。“财产所有权”转移书据的征税范围，是指经政府管理机关登记注册的动产、不动产的所有权转移所立的书据，以及企业股权转让所立的书据，并包括个人无偿赠送不动产所签订的“个人无偿赠与不动产登记表”。当纳税人完税后，税务机关（或其他征收机关）应在纳税人印花税完税凭证上加盖“个人无偿赠与”印章。包括财产所有权、版权、商标专用权、专利权、专有技术使用权等转移书据和专利实施许可合同、土地使用权出让合同、土地使用权转让合同、商品房销售合同等权利转移合同。

我国印花税税目中的产权转移书据包括：

1. 土地使用权出让书据，是指国家将土地使用权在一定年限内出让给土地使用者，由土地使用者向国家支付土地使用权出让金签订的协议或合同。

2. 土地使用权、房屋等建筑物和构筑物所有权转让书据（不包括土地承包经营权和土地经营权转移）。

3. 股权转让书据（不包括应缴纳证券交易印花税的）。

4. 商标专用权、著作权、专利权、专有技术使用权转让书据。

（三）营业账簿

营业账簿，指单位或者个人记载生产经营活动的财务会计核算账簿。营业账簿按其反映内容的不同，可分为记载资金的账簿和其他账簿。

记载资金的账簿，是指载有固定资产原值和自有流动资金的总分类账簿，或者专门设置的记载固定资产原值和自有流动资金的账簿。其他账簿，是指除上述账簿以外的有关其他生产经营活动内容的账簿，包括日记账簿和各明细分类账簿。

但是，对金融系统营业账簿，要结合金融系统财务会计核算的实际情况进行具体分析。凡银行用以反映资金存贷经营活动、记载经营资金增减变化、核算经营成果的账簿，如各种日记账、明细账和总账都属于营业账簿，应按照规定缴纳印花税；银行根据业务管理需要设置的各种登记簿，如空白重要凭证登记簿、有价单证登记簿、现金收付登记簿等，其记载的内容与资金活动无关，仅用于内部备查，属于非营业账簿，均不征收印花税。

（四）证券交易

证券交易，是指证券持有人依照交易规则，将证券转让给其他投资者的行为。证券交易一般分为两种形式：一种是上市交易，是指证券在证券交易所集中交易挂牌买卖；另一种是上柜交易，是指公开发行但未达上市标准的证券在证券柜台交易。

三、税率

现行印花税采用比例税率。比例税率分为 5 个档次，分别是万分之零点五、万分之三、万分之五、千分之一和万分之二点五。

（1）适用万分之零点五税率的为“借款合同”“融资租赁合同”。

（2）适用万分之三税率的为“买卖合同”“承揽合同”“建筑工程合同”“运输合同”“技术合同”“商标专用权、著作权、专利权、专有技术使用权转让书据”。

（3）适用万分之五税率的为“土地使用权出让书据”“土地使用权、房屋等建筑物和构筑物所有权转让书据（不包括土地承包经营权和土地经营权转移）”“股权转让书据”。

（4）适用千分之一税率的为“租赁合同”“保管合同”“仓储合同”“财产保险合同”“证券交易”。

（5）使用万分之二点五税率的为“营业账簿”。

印花税税目税率如表 14-1 所示。

表 14-1　　　　　印花税税目税率表

税目		税率	备注
合同（指书面合同）	借款合同	借款金额的万分之零点五	指银行业金融机构、经国务院银行业监督管理机构批准设立的其他金融机构与借款人（不包括同业拆借）的借款合同
	融资租赁合同	租金的万分之零点五	
	买卖合同	价款的万分之三	指动产买卖合同（不包括个人书立的动产买卖合同）
	承揽合同	报酬的万分之三	
	建设工程合同	价款的万分之三	

续表

税目		税率	备注
合同（指书面合同）	运输合同	运输费用的万分之三	指货运合同和多式联运合同（不包括管道运输合同）
	技术合同	价款、报酬或者使用费的万分之三	不包括专利权、专有技术使用权转让书据
	租赁合同	租金的千分之一	
	保管合同	保管费的千分之一	
	仓储合同	仓储费的千分之一	
	财产保险合同	保险费的千分之一	不包括再保险合同
产权转移书据	土地使用权出让书据	价款的万分之五	转让包括买卖（出售）、继承、赠与、互换、分割
	土地使用权、房屋等建筑物和构筑物所有权转让书据（不包括土地承包经营权和土地经营权转移）	价款的万分之五	
	股权转让书据（不包括应缴证券交易印花税的）	价款的万分之五	
	商标专用权、著作权、专利权、专有技术使用权转让书据	价款的万分之三	
营业账簿		实收资本（股本）、资本公积合计金额的万分之二点五	
证券交易		成交金额的千分之一	

四、计税依据和应纳税额的计算

（一）计税依据一般规定

印花税实行从价计征，印花税的计税依据为各种应税凭证上所记载的计税金额。其中，应税合同的计税依据，为合同所列的金额，不包括列明的增值税税款，具体规定为：

1. 借款合同的计税依据为借款金额。针对实际借贷活动中不同的借款形式，税法规定了不同的计税方法：

（1）凡是一项信贷业务既签订借款合同，又一次或分次填开借据的，只以借款合同所载金额为计税依据计税贴花；凡是只填开借据并作为合同使用的，应以借据所载金额为计税依据计税贴花。

（2）借贷双方签订的流动资金周转性借款合同，一般按年（期）签订，规定最高限额，借款人在规定的期限和最高限额内随借随还。为避免加重借贷双方的负担，对这类合同只以其规定的最高限额为计税依据，在签订时贴花一次，在限额内随借随还不签订新合同的，不再另贴印花。

（3）对借款方以财产作抵押，从贷款方取得一定数量抵押贷款的合同，应按借款合同贴花；在借款方因无力偿还借款而将抵押财产转移给贷款方时，应再就双方书立的产权书据，按产权转移书据的有关规定计税贴花。

（4）对银行及其他金融组织的融资租赁业务签订的融资租赁合同，应按合同所载租金总额，暂按借款合同计税。

（5）在贷款业务中，如果贷方系由若干银行组成的银团，银团各方均承担一定的贷款数额。借款合同由借款方与银团各方共同书立，各执一份合同正本。对这类合同借款方与贷款银团各方应分别在所执的合同正本上，按各自的借款金额计税贴花。

（6）在基本建设贷款中，如果按年度用款计划分年签订借款合同，在最后一年按总概算签订借款总合同，且总合同的借款金额包括各个分合同的借款金额的，对这类基建借款合同，应按分合同分别贴花，最后签订的总合同，只就借款总额扣除分合同借款金额后的余额计税贴花。

2. 融资租赁合同的计税依据为收取或支付的租金。

3. 买卖合同的计税依据为合同记载的价款，不得做如何扣除。如以物易物的易货合同是反映既购又销双重经济行为的合同，因此，对这类合同的计税依据为合同所载的购、销合计金额。

4. 承揽合同的计税依据是加工或承揽收入的金额。具体规定为：

（1）对于由受托方提供原材料的加工、定做合同，凡在合同中分别记载加工费金额和原材料金额的，应分别按“承揽合同”“买卖合同”计税，两项税额相加数，即为合同应贴印花；若合同中未分别记载，则应就全部金额依照承揽合同计税贴花。

（2）对于由委托方提供主要材料或原料，受托方只提供辅助材料的加工合同，无论加工费和辅助材料金额是否分别记载，均以辅助材料与加工费的合计数，依照承揽合同计税贴花。对委托方提供的主要材料或原料金额不计税贴花。

5. 建设工程合同的计税依据为合同约定的价款。

6. 运输合同的计税依据为取得的运输费金额（即运费收入），不包括所运货物的金额、装卸费和保险费等。

7. 技术合同的计税依据为合同所载的价款、报酬或使用费。为了鼓励技术研究开发，对技术开发合同，只就合同所载的报酬金额计税，研究开发经费不作为计税依据。单对合同约定按研究开发经费一定比例作为报酬的，应按一定比例的报酬金额贴花。

8. 租赁合同的计税依据为租金收入。

9. 保管合同的计税依据为收取（支付）的保管费。

10. 仓储合同的计税依据为收取的仓储费。

11. 财产保险合同的计税依据为支付（收取）的保险费，不包括所保财产的金额。

12. 产权转移书据的计税依据为产权转移书据所列的金额，不包括列明的增值税税款。

13. 营业账簿的计税依据为“实收资本”与“资本公积”两项的合计金额。实收资本，包括现金、实物、无形资产和材料物资。现金按实际收到或存入纳税人开户银行的金额确定。实物，指房屋、机器等，按评估确认的价值或者合同、协议约定的价格确定。无形资产和材料物资，按评估确认的价值确定。资本公积，包括接受捐赠、法定财产重估增值、资本折算差额、资本溢价等。如果是实物捐赠，则按同类资产的市场价格或有关凭据确定。已缴纳印花税的营业账簿，以后年度记载的实收资本（股本）、资本公积合计金额比已缴纳印花税的实收资本（股本）、资本公积合计金额增加的，按照增加部分计算应纳税额。

14. 证券交易的计税依据为成交金额。证券交易无转让价格的，按照办理过户登记手续时该证券前一个交易日收盘价计算确定计税依据；无收盘价的，按照证券面值计算确定计税依据。

（二）计税依据的特殊规定

1. 同一应税合同应税产权转移书据中涉及两方以上纳税人，且未列明纳税人各自涉及金额的，以纳税人平均分摊的应税凭证所列金额（不包括列明的增值税税款）确定计税依据。

2. 应税合同、应税产权转移书据所列的金额与实际结算金额不一致，不变更应税凭证所列金额的，以所列金额为计税依据；变更应税凭证所列金额的，以变更后的所列金额为计税依据。已缴纳印花税的应税凭证，变更后所列金额增加的，纳税人应当就增加部分的金额补缴印花税；变更后所列金额减少的，纳税人可以就减少部分的金额向税务机关申请退还或者抵缴印花税。

3. 纳税人因应税凭证列明的增值税税款计算错误导致应税证的计税依据减少或者增加的，纳税人应当按规定调整应税凭证列明的增值税税款，重新确定应税凭证计税依据。已缴纳印花税的应税凭证，调整后计税依据增加的，纳税人应当就增加部分的金额补缴印花税；调整后计税依据减少的，纳税人可以就减少部分的金额向税务机关申请退还或者抵缴印花税。

4. 纳税人转让股权的印花税计税依据按照产权转移书据所列的金额（不包括列的认缴后尚未实际出资权益部分）确定。

5. 应税凭证所载金额为外国货币的，应按照凭证书立当日国家外汇管理局公布的外汇牌价折合成人民币，然后计算应纳税额。

（三）应纳税额的计算方法

纳税人的应纳税额，根据应纳税凭证的性质，分别按比例税率或者定额税率计算，其计算公式为：

应纳税额=应税凭证计税金额（或应税凭证件数）×适用税率

【例14-1】某企业2023年2月开业，当年发生以下有关业务事项：领受房屋产权证、工商营业执照、土地使用证各1件；与其他企业订立转移专用技术使用权书据1份，所载金额100万元；订立产品买卖合同1份，所载金额为200万元；订立借款合同1份，所载金额为400万元；企业记载资金的账簿，“实收资本”“资本公积”为800万元；其他营业账簿10本。试计算该企业当年应缴纳的印花税税额。

（1）企业订立产权转移书据应纳税额：

应纳税额＝1000000×0.5‰＝500（元）

（2）企业订立买卖合同应纳税额：

应纳税额＝2000000×0.3‰＝600（元）

（3）企业订立借款合同应纳税额：

应纳税额＝4000000×0.05‰＝200（元）

（4）企业营业账簿应纳税额：

应纳税额＝8000000×0.25‰＝2000（元）

（5）当年企业应纳印花税税额：

应纳印花税税额＝500+600+200+2000＝3300（元）

五、税收优惠

（一）一般减免规定

根据《印花税法》规定，下列凭证免征印花税：

1. 应税凭证的副本或者抄本免税。

2. 依照法律规定应当予以免税的外国驻华使馆、领事馆和国际组织驻华代表机构为获得馆舍书立的应税凭证。

3. 中国人民解放军、中国人民武装警察部队书立的应税凭证。

4. 农民、家庭农场、农民专业合作社、农村集体经济组织、村民委员会购买农业生产资料或者销售农产品书立的买卖合同和农业保险合同。

5. 无息或者贴息借款合同、国际金融组织向中国提供优惠贷款书立的借款合同。

无息、贴息贷款合同，是指我国的各专业银行按照国家金融政策发放的无息贷款，以及由各专业银行发放并按有关规定由财政部门或中国人民银行给予贴息的贷款项目所签订的贷款合同。

6. 财产所有权人将财产赠与政府、学校、社会福利机构、慈善组织书立的产权转移书据。

7. 非营利性医疗卫生机构采购药品或者卫生材料书立的买卖合同。

8. 个人与电子商务经营者订立的电子订单。

根据国民经济和社会发展的需要，国务院对居民住房需求保障、企业改制重组、破产、支持小型微型企业发展等情形可以规定减征或者免征印花税，报全国人民代表大会常务委员会备案。

（二）其他减免规定

1. 个人销售或购买住房签订的产权转移书据暂免征收印花税；对个人出租、承租住房签订的租赁合同，免征印花税。

2. 对农牧业保险合同免征印花税。对该类合同免税，是为了支持农村保险事业的发展，减轻农牧业生产的负担。

3. 凡附有军事运输命令或使用专用的军事物资运输结算凭证货物运输和附有县级以上（含县级）人民政府抢险救灾物资运输证明文件的运费结算凭证，免征印花税。

4. 对经国务院和省级人民政府决定或批准进行的国有（含国有控股）企业改组改制而发生的上市公司国有股权无偿转让行为，暂不征收证券（股票）交易印花税。

5. 对经县级以上人民政府及企业主管部门批准改制的企业因改制签订的产权转移书据，免征印花税。

6. 自 2019 年 1 月 1 日至 2027 年 12 月 31 日，对与高校学生签订的高校学生公寓租赁合同，免征印花税。

7. 为支持国家商品储备业务发展，对商品储备管理公司及其直属库资金账簿免征印花税；对其承担商品储备业务过程中书立的购销合同免征印花税，对合同其他各方当事人应缴纳的印花税照章缴纳。

8. 在棚户区改造过程中，对改造安置住房经营管理单位。开发商与改造安置住房有关的印花税以及购买安置住房的个人涉及的印花税予以免征。

在商品住房等开发项目中配套建造安置住房的，依据政府部门出具的相关材料、房屋征收（拆迁）补偿协议或棚户区改造合同（协议），按改造安置住房建筑面积占总建筑面积的比例免征印花税。

9. 自2018年1月1日至2027年12月31日，对金融机构与小型、微型企业签订的销款合同免征印花税。

10. 各类发行单位之间，以及发行单位与订阅单位或个人之间书立的征订凭证，暂免征收印花税。

11. 全国社会保障基金理事会（以下简称社保理事会）管理的全国社会保障基金（以下简称社保基金）的有关证券（股票）交易印花税优惠政策。

（1）对社保理事会委托社保基金投资管理人运用社保基金买卖证券应缴纳的印花税实行先征后返。

（2）对社保基金持有的证券，在社保基金证券账户之间的划拨过户，不属于印花税的征税范围，不征收印花税。

12. 对被撤销金融机构接收债权、清偿债务过程中签订的产权转移书据，免征印花税。

13. 为促进资本市场发展和股市全流通，推动股权分置改革试点的顺利实施，经国务院批准，股权分置改革过程中因非流通股股东向流通股股东支付对价而发生的股权转让、暂免征收印花税。

14. 证券投资者保护基金有限责任公司（以下简称保护基金公司）及其管理的证券投资者保护基金（以下简称保护基金）可享受如下印花税优惠政策。

（1）对保护基金公司新设立的资金账簿，免征印花税。

（2）对保护基金公司与中国人民银行签订的再贷款合同、与证券公司行政清算机构签订的借款合同，免征印花税。

（3）对保护基金公司接收被处置证券公司财产签订的产权转移书据，免征印花税。

（4）对保护基金公司以保护基金自有财产和接收的受偿资产与保险公司签订的财产保险合同，免征印花税。

（5）对与保护基金公司签订上述应税合同或产权转移书据的其他当事人照章征收印花税。

15. 自2018年1月1日至2025年12月31日，易地扶贫搬迁可享受以下优惠政策。

（1）对易地扶贫搬迁项目实施主体（以下简称项目实施主体）取得用于建设安置住房的土地，免征印花税。

（2）对安置住房建设和分配过程中应由项目实施主体、项目单位缴纳的印花税，予以免征。

（3）在商品住房等开发项目中配套建设安置住房的，按安置住房建筑面积占总建筑面积的比例，计算应予免征的安置住房用地相关的契税、城镇土地使用税，以及项目实施主体、项目单位相关的印花税。

（4）对项目实施主体购买商品住房或者回购保障性住房作为安置住房房源的，免征印花税。

16. 自2019年1月1日至2027年12月31日，对饮水工程运营管理单位为建设饮水工程取得土地使用权而签订的产权转移书据，以及与施工单位签订的建设工程合同，免征印花税。对于既向城镇居民供水，又向农村居民供水的饮水工程运营管理单位，依据向农村居民供水量占总供水量的比例免征印花税。

17. 自2023年1月1日至2027年12月31日，对增值税小规模纳税人、小型微利企业和个体工商户减半征收印花税（不含证券交易印花税）等"六税两费"。增值税小规模纳税人、小型微利企业和个体工商户已依法享受印花税等"六税两费"其他优惠政策的，可叠加享受上述优惠政策。

18. 自2019年1月1日至2025年12月31日，支持公共租赁住房建设和运营的税收优惠

（1）对公租房经营管理单位免征建设、管理公租房涉及的印花税。在其他住房项目中配套建设公租房，按公租房建筑面积占总建筑面积的比例免征建设、管理公租房涉及的印花税。

（2）对公租房经营管理单位购买住房作为公租房，免征印花税；对公租房租赁双方免征签订租赁协议涉及的印花税。

六、征收管理

（一）纳税义务发生时间

印花税的纳税义务发生时间为纳税人书立应税凭证或者完成证券交易的

当日。

证券交易印花税扣缴义务发生时间为证券交易完成的当日。

（二）纳税期限

1. 应税合同、产权转移书据未列明金额，在后续实际结算时确定金额的，纳税人应当于书立应税合同、产权转移书据的首个申报期申报应税合同、产权转移书据书立情况，在实际结算后下一个纳税申报期，以实际结算金额申报缴纳印花税。

2. 印花税按季、按年或者按次计征。实行按季、按年计征的，纳税人应当自季度、年度终了之日起15日内申报缴纳税款；实行按次计征的，纳税人应当自纳税义务发生之日起15日内申报缴纳税款。应税合同、产权转移书据印花税可以按季或者按次申报缴纳，应税营业账簿印花税可以按年或者按次申报缴纳，具体纳税期限由各省、自治区、直辖市、计划单列市税务局结合征管实际确定。

境外单位或者个人的应税凭证印花税可以按季、按年或者按次申报缴纳，具体纳税期限由各省、自治区、直辖市、计划单列市税务局结合征管实际确定。

3. 证券交易印花税按周解缴。证券交易印花税扣缴义务人应当自每周终了之日起5日内申报解缴税款以及银行结算的利息。

（三）申报地点

1. 纳税人为单位的，应当向其机构所在地的主管税务机关申报缴纳印花税；纳税人为个人的，应当向应税凭证书立地或者纳税人居住地的主管税务机关申报缴纳印花税。

不动产产权发生转移的，纳税人应当向不动产所在地的主管税务机关申报缴纳印花税。

2. 纳税人为境外单位或者个人，在境内有代理人的，以其境内代理人为扣缴义务人，向境内代理人机构所在地（居住地）主管税务机关申报解缴税款。在境内没有代理人的，由纳税人自行申报缴纳印花税，境外单位或者个人可以向资产交付地、境内服务提供方或者接受方所在地（居住地）、书立应税凭证境内书立人所在地（居住地）主管税务机关申报缴纳；涉及不动产产权转移的，应当向不动产所在地主管税务机关申报缴纳。

3. 证券登记结算机构为证券交易印花税的扣缴义务人，应当向其机构所在地的主管税务机关申报解缴税款以及银行结算的利息。

（四）纳税申报

1. 税人应当根据书立印花税应税合同、产权转移书据和营业账簿情况，如实填写《财产和行为税纳税申报表》及相应的税源明细表进行申报。

2. 印花税可以采用粘贴印花税票或者由税务机关依法开具其他完税凭证的方式缴纳。

印花税票粘贴在应税凭证上的，由纳税人在每枚税票的骑缝处盖戳注销或者画销。

印花税票由国务院税务主管部门监制。

第二节　疑难解答

1. 印花税对技术咨询合同的征税范围如何规定的？

答：根据《国家税务局关于对技术合同征收印花税问题的通知》［（89）国税地字第34号］第二条规定，技术咨询合同是当事人就有关项目的分析、论证、评价、预测和调查订立的技术合同。有关项目包括：①有关科学技术与经济、社会协调发展的软科学研究项目；②促进科技进步和管理现代化，提高经济效益和社会效益的技术项目；③其他专业项目。对属于这些内容的合同，均应按照技术合同税目的规定计税贴花。至于一般的法律、法规、会计、审计等方面的咨询不属于技术咨询，其所立合同不贴印花。

2. 同一凭证上记载不同的税目事项应如何缴纳印花税？

答：根据《印花税法》第九条规定，同一应税凭证载有两个以上税目事项并分别列明金额的，按照各自适用的税目税率分别计算应纳税额；未分别列明金额的，从高适用税率。

3. 土地使用权转让合同是否缴纳印花税？

答：根据《财政部 国家税务总局关于印花税若干政策的通知》（财税

〔2006〕162号）第三条规定，对土地使用权出让合同、土地使用权转让合同按产权转移书据征收印花税。

4. 纳税人以电子形式签订的各类应税凭证是否贴花？

答：根据《财政部 国家税务总局关于印花税若干政策的通知》（财税〔2006〕162号）第一条规定，对纳税人以电子形式签订的各类应税凭证按规定征收印花税。

5. 未履行的合同能否退印花税？

答：根据《财政部 税务总局关于印花税若干事项政策执行口径的公告》（财政部 税务总局公告2022年第22号）第三条第七款规定，未履行的应税合同、产权转移书据，已缴纳的印花税不予退还及抵缴税款。

6. 企业之间的订单、要货单需要交印花税吗？

答：根据《财政部 税务总局关于印花税若干事项政策执行口径的公告》（财政部 税务总局公告2022年第22号）第二条第二款规定，企业之间书立的确定买卖关系、明确买卖双方权利义务的订单、要货单等单据，且未另外书立买卖合同的，应当按规定缴纳印花税。

7. 纳税人多贴的印花税票可以退吗？

答：根据《财政部 税务总局关于印花税若干事项政策执行口径的公告》（财政部 税务总局公告2022年第22号）第三条第八款规定，纳税人多贴的印花税票，不予退税及抵缴税款。

8. 纳税人转让其未全额实缴出资的股权份额，如何确定印花税的计税依据？

答：根据《财政部 税务总局关于印花税若干事项政策执行口径的公告》（财政部 税务总局公告2022年第22号）第三条第四款的规定，纳税人转让股权的印花税计税依据，按照产权转移书据所列的金额（不包括列明的认缴后尚未实际出资权益部分）确定。

9. 未列明金额的合同如何缴纳印花税？

答：根据《印花税法》第六条规定，应税合同、产权转移书据未列明金额的，印花税的计税依据按照实际结算的金额确定。计税依据按照前款规定仍不能确定的，按照书立合同、产权转移书据时的市场价格确定；依法应当执行政府定价或者政府指导价的，按照国家有关规定确定。

根据《国家税务总局关于实施〈中华人民共和国印花税法〉等有关事项的公告》（国家税务总局公告2022年第14号）第一条第二款规定，应税合同、产权转移书据未列明金额，在后续实际结算时确定金额的，纳税人应当于书立应税合同、产权转移书据的首个纳税申报期申报应税合同、产权转移书据书立情况，在实际结算后下一个纳税申报期，以实际结算金额计算申报缴纳印花税。

10. 各类技术合同的印花税计税依据如何确定？

答：对各类技术合同，应当按合同所载价款、报酬、使用费的金额依率计税。为鼓励技术研究开发，对技术开发合同，只就合同所载的报酬金额计税，研究开发经费不作为计税依据。但对合同约定按研究开发经费一定比例作为报酬的，应按一定比例的报酬金额计税贴花。

11. 企业之间发生的商品买卖行为未签订合同，是否需要申报缴纳印花税？

答：根据《财政部 税务总局关于印花税若干事项政策执行口径的公告》（财政部 税务总局公告2022年第22号）第二条第二款规定，企业之间书立的确定买卖关系、明确买卖双方权利义务的订单、要货单等单据，且未另外书立买卖合同的，应当按规定缴纳印花税。

12. 若未发生印花税应税行为，是否需要申报印花税？

答：自2022年7月1日起，已认定按季、按年申报印花税的企业，若当季/年未发生应税行为，需要进行印花税零申报。若未认定按期申报印花税且未发生印花税应税行为，无须申报印花税。

13. 个体工商户书立的动产买卖合同是否需要缴纳印花税？

答：根据《印花税法》所附《印花税税目税率表》规定，买卖合同指动产买卖合同（不包括个人书立的动产买卖合同）。印花税法有关规定所称个人包括个体工商户。因此，个体工商户书立的动产买卖合同无须缴纳印花税。

14. 企业销售自己使用过的固定资产签订的合同，应按照买卖合同还是产权转移书据计征印花税？

答：根据《印花税法》所附《印花税税目税率表》规定，买卖合同指动产买卖合同（不包括个人书立的动产买卖合同），税率为价款的万分之三。

产权转移书据，包括土地使用权出让书据，税率为价款的万分之五；土地使用权、房屋等建筑物和构筑物所有权转让书据（不包括土地承包经营权和土地经营权转移），税率为价款的万分之五；股权转让书据（不包括应缴纳证券交易印花税的），税率为价款的万分之五；商标专用权、著作权、专利权、专有技术使用权转让书据，税率为价款的万分之三。转让包括买卖（出售）、继承、赠与、互换、分割。

因此，企业销售自己使用过的固定资产签订的合同，如该固定资产属于动产且买方不属于个人的，应按照买卖合同计征印花税；如该固定资产属于不动产，应按照产权转移书据缴纳印花税。

15. 签订工程勘察设计合同，是否需要缴纳印花税？

答：根据《印花税法》所附《印花税税目税率表》规定，建设工程合同，税率为价款的万分之三。

根据《民法典》第七百八十八条规定，建设工程合同是承包人进行工程建设，发包人支付价款的合同。建设工程合同包括工程勘察、设计、施工合同。

因此，签订工程勘察设计合同，应按照建设工程合同缴纳印花税。

第三节 案例解析

一、案例描述

某房地产开发有限公司成立于2012年，注册资本5000万元，经营范围为房地产开发经营，物业管理，房地产信息咨询，五金、水暖器材、建材的销售，室内外装饰（涉及许可经营的凭许可证经营）。2023年与其他单位或组织签订相关合同，如下：

1. 与光明银行签订周转性借款合同。合同规定，年度内借款最高限额为1000万元，由该房地产开发有限公司随借随还。该公司当年1月借款500万元，4月归还400万元；8月借款600万元，11月借款100万元，12月归还800万元。房产公司分别按照500万元、600万元、100万元按“借款合同”税目计算缴纳印花税。

2. 分别与四家中介机构签订了《工程造价咨询合同》《审计业务约定

书》《税务咨询合同》《资产评估合同》。签订合同的当月，房产公司按“技术合同”计算缴纳了印花税。

3. 与新科工程检测技术有限公司签订《A 地产项目一标段桩基检测技术服务合同》。房产公司按照“技术合同”税目计算缴纳了印花税。

4. 与希望工程公司签订《变配电工程施工合同》，合同金额 2200 万元。房产公司按建筑安装工程承包合同税目和合同金额计算缴纳了印花税。工程完工后，该工程实际结算工程款项 2400 万元。房产公司就 200 万元补缴印花税 1000 元。

5. 与锦新工程技术咨询中心签订了《人防工程施工图审查合同》，合同金额 20 万元。房产公司按照“承揽合同”税目计算缴纳了印花税。

二、案例分析

根据有关政策文件，该房地产开发有限公司对以上业务合同，进行的印花税处理存在错误，具体分析如下：

1. 根据《国家税务局关于对借款合同贴花问题的具体规定》［（1988）国税地字第 30 号］第二条规定，借贷双方签订的流动资金周转性借款合同，一般按年（期）签订，规定最高限额，借款人在规定的期限和最高限额内随借随还。为此，在签订流动资金周转借款合同时，应按合同规定的最高借款限额计税贴花。以后，只要在限额内随借随还，不再签新合同的，就不另贴印花。

因此，房产公司应按借款合同税目和 1000 万元的最高限额计税贴花。

2. 根据《国家税务局关于对技术合同征收印花税问题的通知》［（89）国税地字第 34 号］第二条规定，技术咨询合同是当事人就有关项目的分析、论证、评价、预测和调查订立的技术合同。有关项目包括：有关科学技术与经济、社会协调发展的软科学研究项目；促进科技进步和管理现代化，提高经济效益和社会效益的技术项目；其他专业项目。对属于这些内容的合同，均应按照“技术合同”税目的规定计税贴花。一般的法律、法规、会计、审计等方面的咨询不属于技术咨询，其所立的合同不贴印花。

因此，房产公司签订的上述合同不需要计算缴纳印花税。

3. 根据《国家税务局关于对技术合同征收印花税问题的通知》［（89）国税地字第34号］第三条规定，技术服务合同是当事人一方委托另一方就解决有关特定技术问题，如为改进产品结构、改良工艺流程、提高产品质量、降低产品成本、保护资源环境、实现安全操作、提高经济效益等，提出实施方案，进行实施指导所订立的技术合同。以常规手段或者为生产经营目的进行一般加工、修理、修缮、广告、印刷、测绘、标准化测试以及勘察、设计等所书立的合同，不属于技术服务合同。

桩基检测服务作为一般性的技术检测服务，属于印花税税目税率表中所列举的“承揽合同”，因此，应按“承揽合同”计征印花税。

4. 根据《国家税务局关于印花税若干具体问题的规定》（国税地字〔1988〕25号）第九条规定，纳税人应在合同签订时按合同所载金额计税贴花，对已履行并贴花的合同，发现实际结算金额与合同所载金额不一致的，一般不再补贴印花。

因此，房地产公司无须补缴印花税。

根据《印花税法》第一条规定，在中华人民共和国境外书立在境内使用的应税凭证的单位和个人，应当依法缴纳印花税。根据该法第二条规定，应税凭证是指《印花税法》所附《印花税税目税率表》列明的合同、产权转移书据、营业账簿和证券交易，包括借款合同，融资租赁合同，买卖合同，承揽合同，建设工程合同，运输合同，技术合同，租赁合同，保管合同，仓储合同，财产保险合同，土地使用权出让书据，土地使用权、房屋等建筑物和构筑物所有权转让书据（不包括土地承包经营权和土地经营权转移），股权转让书据（不包括应缴证券交易印花税的），商标专用权、著作权、专利权、专有技术使用权转让书据，营业账簿和证券交易。

施工图审查合同不属于税目税率表中列举的凭证和经财政部确定征税的其他凭证，因此，施工图审查合同不需要计算缴纳印花税。

第十五章　资源税

第一节　税制概要

一、纳税人

在中华人民共和国领域和中华人民共和国管辖的其他海域开发应税资源的单位和个人，为资源税的纳税人。

国务院根据国民经济和社会发展需要，依照《中华人民共和国资源税法》（以下简称《资源税法》）的原则，对取用地表水或者地下水的单位和个人试点征收水资源税。征收水资源税的，停止征收水资源费。

中外合作开采陆上、海上石油资源的企业依法缴纳资源税。

2011 年 11 月 1 日前已依法订立中外合作开采陆上、海上石油资源合同的，在该合同有效期内，继续依照国家有关规定缴纳矿区使用费，不缴纳资源税；合同期满后，依法缴纳资源税。

二、税目与税率

（一）税目

资源税的税目反映征收资源税的具体范围，是资源税课征对象的具体表现形式。

《资源税法》以正列举的方式规范了税目，中央层面列举了 30 多种主要资源的品目，没有列举的由省级人民政府具体确定。《资源税法》对税目进行了统一的规范，将应税资源产品都在税法中列明。

《资源税法》共设置5个一级税目17个二级子税目。《资源税法》在总结了《中华人民共和国资源税暂行条例》及有关规定中资源税应税品目的基础上，将目前所有的应税资源产品都在税法中以正列举方式逐一列明，所列的具体税目有164个，各税目的征税对象包括原矿或选矿，涵盖了所有已经发现的矿种和盐。根据《资源税法》的规定，对取用地表水或者地下水的单位和个人试点征收水资源税。

1. 能源矿产

能源矿产具体包括以下7个子税目：

（1）原油。其征税对象是原矿。

（2）天然气、页岩气、天然气水合物。其征税对象是原矿。

（3）煤。其征税对象是原矿或者选矿。

（4）煤成（层）气。其征税对象是原矿。

（5）铀、钍。其征税对象是原矿。

（6）油页岩、油砂、天然沥青、石煤。其征税对象是原矿或者选矿。

（7）地热。其征税对象是原矿。

2. 金属矿产

金属矿产包括黑色金属和有色金属。

（1）黑色金属。包括铁、锰、铬、钒和钛。其征税对象是原矿或者选矿。

（2）有色金属。包括铜、铅、锌、锡、镍、锑、镁、钴、铋、汞，铝土矿，钨，钼，金、银，铂、钯、钌、锇、铱、铑，轻稀土，中重稀土，铍、锂、锆、锶、铷、铯、铌、钽、锗、镓、铟、铊、铪、铼、镉、硒、碲。其中，钨、钼、轻稀土、中重稀土的征税对象是选矿，其他有色金属矿产的征税对象是原矿或者选矿。

3. 非金属矿产

非金属矿产包括矿物类、岩石类和宝玉石类三类。

（1）矿物类包括高岭土，石灰岩，磷，石墨，萤石、硫铁矿、自然硫，天然石英砂、脉石英、粉石英、水晶、工业用金刚石、冰洲石、蓝晶石、硅线石（矽线石）、长石、滑石、刚玉、菱镁矿、颜料矿物、天然碱、芒硝、钠硝石、明矾石、砷、硼、碘、溴、膨润土、硅藻土、陶瓷土、耐火粘土、铁矾土、凹凸棒石粘土、海泡石粘土、伊利石粘土、累托石粘土，叶蜡石、硅灰石、透辉石、珍珠岩、云母、沸石、重晶石、毒重石、方解石、蛭石、透闪石、工业用电气石、白垩、石棉、蓝石棉、红柱石、石榴子石、石膏，其他粘土（铸型用粘土、砖瓦用粘土、陶粒用粘土、水泥配料用粘土、水泥配料用红土、水泥配料用黄土、水泥配料用泥岩、保温材料用粘土）。

（2）岩石类包括大理岩、花岗岩、白云岩、石英岩、砂岩、辉绿岩、安山岩、闪长岩、板岩、玄武岩、片麻岩、角闪岩、页岩、浮石、凝灰岩、黑曜岩、霞石正长岩、蛇纹岩、麦饭石、泥灰岩、含钾岩石、含钾砂页岩、天然油石、橄榄岩、松脂岩、粗面岩、辉长岩、辉石岩、正长岩、火山灰、火山渣、泥炭，砂石。

（3）宝玉石类包括宝石、玉石、宝石级金刚石、玛瑙、黄玉、碧玺。

非金属矿产的征税对象是原矿或者选矿。

4. 水气矿产

水气矿产具体包括以下 2 个子税目：

（1）二氧化碳气、硫化氢气、氦气、氡气。

（2）矿泉水。

水气矿产的征税对象是原矿。

5. 盐

盐具体包括以下 3 个子税目：

（1）钠盐、钾盐、镁盐和锂盐。其征税对象是选矿。

（2）天然卤水。其征税对象是原矿。

（3）海盐。

应税资源的具体范围，由《资源税法》所附《资源税税目税率表》（见表 15-1）确定。

（二）税率

1. 税率（额）的具体规定

根据《资源税法》规定，对大部分应税资源实行从价计征或者从量计征，因此，税率形式有比例税率和定额税率两种。

资源税的税率（额）标准，依照《资源税税目税率表》执行。

表 15-1　　　　**资源税税目税率表**

<table>
<tr><th colspan="3">税目</th><th>征税对象</th><th>税率</th></tr>
<tr><td rowspan="7">能源矿产</td><td colspan="2">原油</td><td>原矿</td><td>6%</td></tr>
<tr><td colspan="2">天然气、页岩气、天然气水合物</td><td>原矿</td><td>6%</td></tr>
<tr><td colspan="2">煤</td><td>原矿或者选矿</td><td>2%~10%</td></tr>
<tr><td colspan="2">煤成（层）气</td><td>原矿</td><td>1%~2%</td></tr>
<tr><td colspan="2">铀、钍</td><td>原矿</td><td>4%</td></tr>
<tr><td colspan="2">油页岩、油砂、天然沥青、石煤</td><td>原矿或者选矿</td><td>1%~4%</td></tr>
<tr><td colspan="2">地热</td><td>原矿</td><td>1%~2%或者每立方米1~30元</td></tr>
<tr><td rowspan="11">金属矿产</td><td>黑色金属</td><td>铁、锰、铬、钒、钛</td><td>原矿或者选矿</td><td>1%~9%</td></tr>
<tr><td rowspan="10">有色金属</td><td>铜、铅、锌、锡、镍、锑、镁、钴、铋、汞</td><td>原矿或者选矿</td><td>2%~10%</td></tr>
<tr><td>铝土矿</td><td>原矿或者选矿</td><td>2%~9%</td></tr>
<tr><td>钨</td><td>选矿</td><td>6.5%</td></tr>
<tr><td>钼</td><td>选矿</td><td>8%</td></tr>
<tr><td>金、银</td><td>原矿或者选矿</td><td>2%~6%</td></tr>
<tr><td>铂、钯、钌、锇、铱、铑</td><td>原矿或者选矿</td><td>5%~10%</td></tr>
<tr><td>轻稀土</td><td>选矿</td><td>7%~12%</td></tr>
<tr><td>中重稀土</td><td>选矿</td><td>20%</td></tr>
<tr><td>铍、锂、锆、锶、铷、铯、铌、钽、锗、镓、铟、铊、铪、铼、镉、硒、碲</td><td>原矿或者选矿</td><td>2%~10%</td></tr>
<tr><td rowspan="5">非金属矿产</td><td rowspan="5">矿物类</td><td>高岭土</td><td>原矿或者选矿</td><td>1%~6%</td></tr>
<tr><td>石灰岩</td><td>原矿或者选矿</td><td>1%~6%或者每吨（或者每立方米）1~10元</td></tr>
<tr><td>磷</td><td>原矿或者选矿</td><td>3%~8%</td></tr>
<tr><td>石墨</td><td>原矿或者选矿</td><td>3%~12%</td></tr>
<tr><td>萤石、硫铁矿、自然硫</td><td>原矿或者选矿</td><td>1%~8%</td></tr>
</table>

续表

税目			征税对象	税率
非金属矿产	矿物类	天然石英砂、脉石英、粉石英、水晶、工业用金刚石、冰洲石、蓝晶石、硅线石（矽线石）、长石、滑石、刚玉、菱镁矿、颜料矿物、天然碱、芒硝、钠硝石、明矾石、砷、硼、碘、溴、膨润土、硅藻土、陶瓷土、耐火粘土、铁矾土、凹凸棒石粘土、海泡石粘土、伊利石粘土、累托石粘土	原矿或者选矿	1%~12%
		叶蜡石、硅灰石、透辉石、珍珠岩、云母、沸石、重晶石、毒重石、方解石、蛭石、透闪石、工业用电气石、白垩、石棉、蓝石棉、红柱石、石榴子石、石膏	原矿或者选矿	2%~12%
		其他粘土（铸型用粘土、砖专用粘土、陶粒用粘土、水泥配料用粘土、水泥配料用红土、水泥配料用黄土、水泥配料用泥岩、保温材料用粘土）	原矿或者选矿	1%~5%或者每吨（或者每立方米）0.1~5元
	岩石类	大理岩、花岗岩、白云岩、石英岩、砂岩、辉绿岩、安山岩、闪长岩、板岩、玄武岩、片麻岩、角闪岩、页岩、浮石、凝灰岩、黑曜岩、霞石正长岩、蛇纹岩、麦饭石、泥灰岩、含钾岩石、含钾砂页岩、天然油石、橄榄岩、松脂岩、粗面岩、辉长岩、辉石岩、正长岩、火山灰、火山渣、泥炭	原矿或者选矿	1%~10%
		砂石	原矿或者选矿	1%~5%或者每吨（或者每立方米）0.1~5元
	宝玉石类	宝石、玉石、宝石级金刚石、玛瑙、黄玉、碧玺	原矿或者选矿	4%~20%

续表

税目		征税对象	税率
水气矿产	二氧化碳气、硫化氢气、氦气、氡气	原矿	2%~5%
	矿泉水	原矿	1%~20%或者每立方米1~30元
盐	钠盐、钾盐、镁盐、锂盐	选矿	3%~15%
	天然卤水	原矿	3%~5%或者每吨（或者每立方米）1~10元
	海盐		2%~5%

2. 税率（额）确定的依据

（1）《资源税税目税率表》中规定实行幅度税率的，其具体适用税率由省、自治区、直辖市人民政府统筹考虑该应税资源的品位、开采条件以及对生态环境的影响等情况，在《资源税税目税率表》规定的税率幅度内提出，报同级人民代表大会常务委员会决定，并报全国人民代表大会常务委员会和国务院备案。

（2）《资源税税目税率表》中规定征税对象为原矿或者选矿的，应当分别确定具体适用税率。

（3）水资源税根据当地水资源状况、取用水类型和经济发展等情况实行差别税率。

（4）纳税人开采或者生产不同税目应税产品的，应当分别核算不同税目应税产品的销售额或者销售数量；未分别核算或者不能准确提供不同税目应税产品的销售额或者销售数量的，从高适用税率。

三、计税依据

根据《资源税法》规定，资源税实行从价计征或者从量计征。《资源税税目税率表》中规定可以选择实行从价计征或者从量计征的，具体计征方式由省、自治区、直辖市人民政府提出，报同级人民代表大会常务委员会决定，并报全国人民代表大会常务委员会和国务院备案。

从价定率征收的计税依据为应税产品的销售额。从量定额征收的资源税的计税依据是应税产品的销售数量。

应税产品为矿产品的，包括原矿和选矿产品。

根据《财政部 税务总局关于资源税有关问题执行口径的公告》（财政部 税务总局公告 2020 年第 34 号）规定，资源税有关问题按以下口径执行。

1. 资源税应税产品的销售额，按照纳税人销售应税产品向购买方收取的全部价款确定，不包括增值税税款。

计入销售额中的相关运杂费用，凡取得增值税发票或者其他合法有效凭据的，准予从销售额中扣除。相关运杂费用，是指应税产品从坑口或者洗选（加工）地到车站、码头或者购买方指定地点的运输费用、建设基金以及随运销产生的装卸、仓储、港杂费用。

2. 纳税人开采或者生产应税产品自用的，应当依照《资源税法》的规定缴纳资源税；但是，自用于连续生产应税产品的，不缴纳资源税。

纳税人自用应税产品应当缴纳资源税的情形，包括纳税人以应税产品用于非货币性资产交换、捐赠、偿债、赞助、集资、投资、广告、样品、职工福利、利润分配或者连续生产非应税产品等。

3. 纳税人申报的应税产品销售额明显偏低且无正当理由的，或者有自用应税产品行为而无销售额的，主管税务机关可以按下列方法和顺序确定其应税产品销售额：

（1）按纳税人最近时期同类产品的平均销售价格确定。

（2）按其他纳税人最近时期同类产品的平均销售价格确定。

（3）按后续加工非应税产品销售价格，减去后续加工环节的成本利润后确定。

（4）按应税产品组成计税价格确定。

组成计税价格＝成本×（1+成本利润率）÷（1−资源税税率）

公式中的成本利润率由省、自治区、直辖市税务机关确定。

（5）按其他合理方法确定。

4. 应税产品的销售数量，包括纳税人开采或者生产应税产品的实际销售数量和自用于应当缴纳资源税情形的应税产品数量。

5. 纳税人外购应税产品与自采应税产品混合销售或者混合加工为应税产品销售的，在计算应税产品销售额或者销售数量时，准予扣减外购应税产品的购进金额或者购进数量；当期不足扣减的，可结转下期扣减。纳税人应当准确核算外购应税产品的购进金额或者购进数量，未准确核算的，一并计算缴纳资源税。

纳税人核算并扣减当期外购应税产品购进金额、购进数量，应当依据外购应税产品的增值税发票、海关进口增值税专用缴款书或者其他合法有效凭据。

6. 纳税人开采或者生产同一税目下适用不同税率应税产品的，应当分别核算不同税率应税产品的销售额或者销售数量；未分别核算或者不能准确提供不同税率应税产品的销售额或者销售数量的，从高适用税率。

7. 纳税人以自采原矿（经过采矿过程采出后未进行选矿或者加工的矿石）直接销售，或者自用于应当缴纳资源税情形的，按照原矿计征资源税。

纳税人以自采原矿洗选加工为选矿产品（通过破碎、切割、洗选、筛分、磨矿、分级、提纯、脱水、干燥等过程形成的产品，包括富集的精矿和研磨成粉、粒级成型、切割成型的原矿加工品）销售，或者将选矿产品自用于应当缴纳资源税情形的，按照选矿产品计征资源税，在原矿移送环节不缴纳资源税。对于无法区分原生岩石矿种的粒级成型砂石颗粒，按照砂石税目征收资源税。

8. 纳税人开采或者生产同一应税产品，其中既有享受减免税政策的，又有不享受减免税政策的，按照免税、减税项目的产量占比等方法分别核算确定免税、减税项目的销售额或者销售数量。

四、应纳税额的计算

（一）从价定率征收资源税的应纳税额计算

实行从价定率征收资源税的，应纳税额按照应税产品的销售额乘以具体适用税率计算。具体计算公式为：

应纳税额＝销售额×适用税率

（二）从量定额征收资源税的应纳税额计算

实行从量定额征收资源税的，应纳税额按照应税产品的销售数量乘以单位税额计算。具体计算公式为：

应纳税额=销售数量×单位税额

（三）准予扣减外购应税产品的购进金额或者购进数量的计算

1. 纳税人以外购原矿与自采原矿混合为原矿销售，或者以外购选矿产品与自产选矿产品混合为选矿产品销售的，在计算应税产品销售额或者销售数量时，直接扣减外购原矿或者外购选矿产品的购进金额或者购进数量。

2. 纳税人以外购原矿与自采原矿混合洗选加工为选矿产品销售的，在计算应税产品销售额或者销售数量时，按照下列方法进行扣减：

准予扣减的外购应税产品购进金额（数量）＝外购原矿购进金额（数量）×（本地区原矿适用税率÷本地区选矿产品适用税率）

不能按照上述方法计算扣减的，按照主管税务机关确定的其他合理方法进行扣减。

五、税收优惠

（一）法定减免

1. 开采原油以及在油田范围内运输原油过程中用于加热的原油、天然气，免征资源税。

2. 煤炭开采企业因安全生产需要抽采的煤成（层）气，免征资源税。

3. 从低丰度油气田开采的原油、天然气，减征20%资源税。

4. 高含硫天然气、三次采油和从深水油气田开采的原油、天然气，减征30%资源税。

5. 稠油、高凝油减征40%资源税。

6. 从衰竭期矿山开采的矿产品，减征30%资源税。

根据国民经济和社会发展需要，国务院对有利于促进资源节约集约利用、保护环境等情形可以规定免征或者减征资源税，报全国人民代表大会常务委员会备案。

（二）省、自治区、直辖市可以决定免征或者减征资源税

1. 纳税人开采或者生产应税产品过程中，因意外事故或者自然灾害等原因遭受重大损失。

2. 纳税人开采共伴生矿、低品位矿、尾矿。

（三）其他免征或者减征规定

1. 根据《财政部 税务总局关于继续执行的资源税优惠政策的公告》（财政部 税务总局公告 2020 年第 32 号）规定，对青藏铁路公司及其所属单位运营期间自采自用的砂、石等材料免征资源税。

2. 自 2018 年 4 月 1 日至 2027 年 12 月 31 日，对页岩气资源税减征 30%。

3. 自 2014 年 12 月 1 日至 2027 年 8 月 31 日，对填充开采置换出来的煤炭，资源税减征 50%。

4. 自 2023 年 1 月 1 日至 2027 年 12 月 31 日，对增值税小规模纳税人、小型微利企业和个体工商户减半征收资源税（不含水资源税）。

增值税小规模纳税人、小型微利企业和个体工商户已依法享受资源税其他优惠政策的，可叠加享受“六税两费”的优惠政策。

（四）其他规定

纳税人开采或者生产同一应税产品同时符合两项或者两项以上减征资源税优惠政策的，除另有规定外，只能选择其中一项执行。

纳税人的免税、减税项目，应当单独核算销售额或者销售数量；未单独核算或者不能准确提供销售额或者销售数量的，不予免税或者减税。

六、征收管理

（一）纳税义务发生时间

纳税人销售应税产品，纳税义务发生时间为收讫销售款或者取得索取销售

款凭据的当日；自用应税产品的，纳税义务发生时间为移送应税产品的当日。

（二）纳税期限

资源税按月或者按季申报缴纳；不能按固定期限计算缴纳的，可以按次申报缴纳。

纳税人按月或者按季申报缴纳的，应当自月度或者季度终了之日起 15 日内，向税务机关办理纳税申报并缴纳税款；按次申报缴纳的，应当自纳税义务发生之日起 15 日内，向税务机关办理纳税申报并缴纳税款。

（三）纳税地点

纳税人应当向应税产品开采地或者生产地的税务机关申报缴纳资源税。

（四）征收管理

资源税由税务机关依照《资源税法》和《税收征管法》的规定征收管理。税务机关与自然资源等相关部门应当建立工作配合机制，加强资源税征收管理。

海上开采的原油和天然气资源税由海洋石油税务管理机构征收管理。

第二节　疑难解答

1. 开采销售建筑用砂石，运费可以从销售额中扣减吗？

答：资源税的计税依据是应税产品的销售额。销售额，是指纳税人销售应税产品向购买方收取的全部价款和价外费用，不包括增值税销项税额和运杂费用。运杂费用应与销售额分别核算，凡未取得相应凭据或不能与销售额分别核算的，应当一并计征资源税。因此，如果包括在企业应税产品销售额中的运杂费与销售额能够分别核算，且可提供相应合法凭据的，可以从销售额中扣减。

2. 外购与自采应税产品混合销售或者混合加工为应税产品的如何计征资源税？

答：根据《财政部 税务总局关于资源税有关问题执行口径的公告》（财

政部 税务总局公告2020年第34号）第五条规定，纳税人外购应税产品与自采应税产品混合销售或者混合加工为应税产品销售的，在计算应税产品销售额或者销售数量时，准予扣减外购应税产品的购进金额或者购进数量；当期不足扣减的，可结转下期扣减。纳税人应当准确核算外购应税产品的购进金额或者购进数量，未准确核算的，一并计算缴纳资源税。

纳税人核算并扣减当期外购应税产品购进金额、购进数量，应当依据外购应税产品的增值税发票、海关进口增值税专用缴款书或者其他合法有效凭据。

根据《国家税务总局关于资源税征收管理若干问题的公告》（国家税务总局公告2020年第14号）第一条规定，纳税人以外购原矿与自采原矿混合为原矿销售，或者以外购选矿产品与自产选矿产品混合为选矿产品销售的，在计算应税产品销售额或者销售数量时，直接扣减外购原矿或者外购选矿产品的购进金额或者购进数量。

纳税人以外购原矿与自采原矿混合洗选加工为选矿产品销售的，在计算应税产品销售额或者销售数量时，按照下列方法进行扣减：

准予扣减的外购应税产品购进金额（数量）＝外购原矿购进金额（数量）×（本地区原矿适用税率÷本地区选矿产品适用税率）

不能按照上述方法计算扣减的，按照主管税务机关确定的其他合理方法进行扣减。

3. 纳税人自产自用应税产品如何缴纳资源税？

答：根据《资源税法》第五条规定，纳税人开采或者生产应税产品自用的，应当依照该法规定缴纳资源税；但是，自用于连续生产应税产品的，不缴纳资源税。

根据《财政部 税务总局关于资源税有关问题执行口径的公告》（财政部 税务总局公告2020年第34号）第二条、第三条规定，纳税人自用应税产品应当缴纳资源税的情形，包括纳税人以应税产品用于非货币性资产交换、捐赠、偿债、赞助、集资、投资、广告、样品、职工福利、利润分配或者连续生产非应税产品等。

纳税人申报的应税产品销售额明显偏低且无正当理由的，或者有自用应税产品行为而无销售额的，主管税务机关可以按下列方法和顺序确定其应税产品销售额：

（1）按纳税人最近时期同类产品的平均销售价格确定。

（2）按其他纳税人最近时期同类产品的平均销售价格确定。

（3）按后续加工非应税产品销售价格，减去后续加工环节的成本利润后确定。

（4）按应税产品组成计税价格确定。

组成计税价格=成本×（1+成本利润率）÷（1−资源税税率）

上述公式中的成本利润率由省、自治区、直辖市税务机关确定。

（5）按其他合理方法确定。

4. 资源税的纳税地点是如何规定的？

答：根据《资源税法》第十一条规定，纳税人应当向应税产品开采地或者生产地的税务机关申报缴纳资源税。

根据《财政部 税务总局关于资源税有关问题执行口径的公告》（财政部 税务总局公告2020年第34号）第十条、第十一条规定，纳税人应当在矿产品的开采地或者海盐的生产地缴纳资源税。海上开采的原油和天然气资源税由海洋石油税务管理机构征收管理。

5. 对外合作开采陆上、海洋石油资源是否需要征收资源税？

答：根据《中华人民共和国对外合作开采陆上石油资源条例》第十一条规定，合作开采陆上石油资源，应当依法纳税。

根据《中华人民共和国对外合作开采海洋石油资源条例》第十条规定，参与合作开采海洋石油资源的中国企业、外国企业，都应当依法纳税。

根据《资源税法》第十五条规定，中外合作开采陆上、海上石油资源的企业依法缴纳资源税。2011年11月1日前已依法订立中外合作开采陆上、海上石油资源合同的，在该合同有效期内，继续依照国家有关规定缴纳矿区使用费，不缴纳资源税；合同期满后，依法缴纳资源税。

6. 纳税人享受资源税优惠政策，实行什么样的办理方式？

答：根据《国家税务总局关于资源税征收管理若干问题的公告》（国家税务总局公告2020年第14号）规定，纳税人享受资源税优惠政策，实行“自行判别、申报享受、有关资料留存备查”的办理方式，另有规定的除外。纳税人对资源税优惠事项留存材料的真实性和合法性承担法律责任。

第三节　案例解析

案例一

一、案例描述

某油田 2023 年 3 月销售原油 100000 吨，开具增值税专用发票取得销售额 50000 万元、增值税额 8500 万元，根据《资源税税目税率表》规定，其适用的税率为 6%，请计算该油田 2023 年 3 月应缴纳的资源税。

二、案例分析

销售原油应缴纳的资源税 = 50000×6% = 3000（万元）

案例二

一、案例描述

某砂石开采企业 2023 年 4 月销售砂石 3000 立方米，资源税税率为 3 元/立方米。请计算该企业 2023 年 4 月应缴纳的资源税。

二、案例分析

销售砂石应缴纳的资源税 = 3000×3 = 9000（元）

案例三

一、案例描述

某煤炭企业 2023 年 7 月将外购原煤 100 万元与自采原煤 200 万元混合

加工为选煤销售，选煤销售额为 500 万元。当地原煤税率为 3%，选煤税率为 2%。请计算 2023 年 7 月应缴纳的资源税。

二、案例分析

在计算应税产品销售额时，准予扣减的外购应税产品购进金额 = 外购原煤购进金额×（本地区原煤适用税率÷本地区选煤适用税率）= 100×（3%÷2%）= 150（万元）。

销售选煤应缴纳的资源税 =（500−150）×2% = 7（万元）

第十六章　水资源税

第一节　税制概要

一、纳税人

水资源税的纳税人，是指利用取水工程或设施直接从江河、湖泊（含水库）和地下取用地表水、地下水的单位或个人。《资源税法》第十四条规定："国务院根据国民经济和社会发展需要，依照该法的原则，对取用地表水或者地下水的单位和个人试点征收水资源税。征收水资源税的，停止征收水资源费。"

二、征税对象

水资源税的征收对象为地表水和地下水。

地表水是陆地表面上动态水和静态水的总称，包括江、河、湖泊（含水库）、雪山融水等水资源。地下水是埋藏在地表以下各种形式的水资源。

根据《扩大水资源税改革试点实施办法》（财税〔2017〕80号）第四条规定，下列情形不缴纳水资源税：

（1）农村集体经济组织及其成员从本集体经济组织的水塘、水库中取用水的；

（2）家庭生活和零星散养、圈养畜禽饮用等少量取用水的；

（3）水利工程管理单位为配置或者调度水资源取水的；

（4）为保障矿井等地下工程施工安全和生产安全必须进行临时应急取

用（排）水的；

（5）为消除对公共安全或者公共利益的危害临时应急取水的；

（6）为农业抗旱和维护生态与环境必须临时应急取水的。

三、税额

（一）税额的具体规定

试点省份的中央直属和跨省（区、市）水力发电取用水税额为每千瓦时0.005元。跨省（区、市）界河水电站水力发电取用水，水资源税税额与涉及的非试点省份水资源费征收标准不一致的，按较高一方标准执行。

（二）税额确定的依据

除中央直属和跨省（区、市）水力发电取用水外，由试点省份省级人民政府统筹考虑本地区水资源状况、经济社会发展水平和水资源节约保护要求，在《扩大水资源税改革试点实施办法》（财税〔2017〕80号）所附《试点省份水资源税最低平均税额表》（见表16-1）规定的最低平均税额基础上，分类确定具体适用税额。

表16-1　　试点省份水资源税最低平均税额表

省（区、市）	地表水最低平均税额/（元/立方米）	地下水最低平均税额/（元/立方米）
北京	1.6	4
天津	0.8	4
山西	0.5	2
内蒙古	0.5	2
山东	0.4	1.5
河南	0.4	1.5
四川	0.1	0.2
陕西	0.3	0.7
宁夏	0.3	0.7

1. 对取用地下水从高制定税额标准。对同一类型取用水，地下水税额标准要高于地表水，水资源紧缺地区地下水税额标准要大幅高于地表水。

2. 超采地区的地下水税额标准要高于非超采地区，严重超采地区的地下水税额标准要大幅高于非超采地区。在超采地区和严重超采地区取用地下水的具体适用税额标准，由试点省份省级人民政府按照非超采地区税额的2~5倍幅度确定。

3. 城镇公共供水管网覆盖范围内取用地下水的，税额标准要高于公共供水管网未覆盖地区，原则上要高于当地同类用途的城市供水价格。

4. 对特种行业取用水，从高制定税额标准。特种行业取用水，是指洗车、洗浴、高尔夫球场、滑雪场等取用水。

5. 对超计划（定额）取用水，从高确定税额。纳税人超过水行政主管部门规定的计划（定额）取用水量，在原税额基础上加征1~3倍，具体办法由试点省份省级人民政府确定。

6. 对超过规定限额的农业生产取用水，以及主要供农村人口生活用水的集中式饮水工程取用水，从低制定税额标准。

农业生产取用水包括种植业、畜牧业、水产养殖业、林业取用水。供农村人口生活用水的集中式饮水工程，是指供水规模在1000立方米/天或者供水对象1万人以上，并由企业事业单位运营的农村人口生活用水供水工程。

7. 对回收利用的疏干排水和地源热泵取用水，从低确定税额。

四、计征方法和计税依据

（一）计征方法

除水力发电和火力发电贯流式（不含循环式）冷却取用水水资源税应按照实际发电量计征外，水资源税实行从量计征。

（二）计税依据

1. 水资源税实行从量计征的，其计税依据为纳税人的实际取用水量。

水资源税应纳税额的计算公式为：

应纳税额=实际取用水量×适用税额

城镇公共供水企业实际取用水量应当考虑合理损耗因素。

疏干排水的实际取用水量按照排水量确定。疏干排水，是指在采矿和工程建设过程中破坏地下水层、发生地下涌水的活动。

疏干排水应纳税额的计算公式为：

应纳税额=排水量×适用税额

2. 水力发电和火力发电贯流式（不含循环式）冷却取用水应按照实际发电量计征。

水力发电和火力发电贯流式（不含循环式）冷却取用水应纳税额的计算公式为：

应纳税额=实际发电量×适用税额

火力发电贯流式冷却取用水，是指火力发电企业从江河、湖泊（含水库）等水源取水，并对机组冷却后将水直接排入水源的取用水方式。火力发电循环式冷却取用水，是指火力发电企业从江河、湖泊（含水库）、地下等水源取水并引入自建冷却水塔，对机组冷却后返回冷却水塔循环利用的取用水方式。

适用税额，是指取水口所在地的适用税额。

五、税收优惠

根据《扩大水资源税改革试点实施办法》（财税〔2017〕80号）第十五条规定，下列情形予以免征或者减征水资源税：

1. 规定限额内的农业生产取用水，免征水资源税；

2. 取用污水处理再生水，免征水资源税；

3. 除接入城镇公共供水管网以外，军队、武警部队通过其他方式取用水的，免征水资源税；

4. 抽水蓄能发电取用水，免征水资源税；

5. 采油排水经分离净化后在封闭管道回注的，免征水资源税；

6. 财政部、税务总局规定的其他免征或者减征水资源税情形。

六、征收管理

（一）纳税义务发生时间

水资源税的纳税义务发生时间为纳税人取用水资源的当日。

（二）纳税地点

1. 除跨省（区、市）水力发电取用水外，纳税人应当向生产经营所在地的税务机关申报缴纳水资源税。

在试点省份内取用水，其纳税地点需要调整的，由省级财政、税务部门决定。

跨省（区、市）调度的水资源，由调入区域所在地的税务机关征收水资源税。

2. 跨省（区、市）水力发电取用水的水资源税在相关省份之间的分配比例，比照《财政部关于跨省区水电项目税收分配的指导意见》（财预〔2008〕84 号）明确的增值税、企业所得税等税收分配办法确定。

试点省份主管税务机关应当按照上述规定比例分配的水力发电量和税额，分别向跨省（区、市）水电站征收水资源税。

跨省（区、市）水力发电取用水涉及非试点省份水资源费征收和分配的，比照试点省份水资源税管理办法执行。

建立税务机关与水行政主管部门协作征税机制。

水行政主管部门应当将取用水单位和个人的取水许可、实际取用水量、超计划（定额）取用水量、违法取水处罚等水资源管理相关信息，定期送交税务机关。

纳税人根据水行政主管部门核定的实际取用水量向税务机关申报纳税。税务机关应当按照核定的实际取用水量征收水资源税，并将纳税人的申报纳税等信息定期送交水行政主管部门。

税务机关定期将纳税人申报信息与水行政主管部门送交的信息进行分析比对。征管过程中发现问题的，由税务机关与水行政主管部门联合进行核查。

纳税人和税务机关、水行政主管部门及其工作人员违反《扩大水资源税改革试点实施办法》（财税〔2017〕80号）规定的，依照《税收征管法》《中华人民共和国水法》等有关法律法规规定追究法律责任。

（三）纳税期限

除农业生产用水外，水资源税按季或者按月征收，由主管税务机关根据实际情况确定。对超过规定限额的农业生产取用水可按年征收。不能按固定期限计算纳税的，可以按次申报纳税。

纳税人应当自纳税期满或者纳税义务发生之日起15日内申报纳税。

七、风险管理

（一）信息比对核查

税务机关定期将纳税人申报信息与水行政主管部门送交的信息进行分析比对。征管过程中发现问题的，由税务机关与水行政主管部门联合进行核查。

（二）计量设施规定

纳税人应当安装取用水计量设施。纳税人未按规定安装取用水计量设施或者计量设施不能准确计量取用水量的，按照最大取水（排水）能力或者省级财政、税务、水行政主管部门确定的其他方法核定取用水量。

第二节　疑难解答

1. 水资源税协作机制是如何要求的？

答：根据《扩大水资源税改革试点实施办法》（财税〔2017〕80号）第二十二条规定，建立税务机关与水行政主管部门协作征税机制。水行政主管部门应当将取用水单位和个人的取水许可、实际取用水量、超计划（定额）取用水量、违法取水处罚等水资源管理相关信息，定期送交税务机关。纳税人根据水行政主管部门核定的实际取用水量向税务机关申报纳税。税务机关应当按照核定的实际取用水量征收水资源税，并将纳税人的申报纳税等信息定期送交水行政主管部门。税务机关定期将纳税人申报信息与水行政主管部门送交的信息进行分析比对。征管过程中发现问题的，由税务机关与水行政主管部门联合进行核查。

2. 征收水资源税，取用水量如何确定？

答：根据《扩大水资源税改革试点实施办法》（财税〔2017〕80号）规定，纳税人应当安装取用水计量设施。纳税人未按规定安装取用水计量设施或者计量设施不能准确计量取用水量的，按照最大取水（排水）能力或者省级财政、税务、水行政主管部门确定的其他方法核定取用水量。

3. 水资源税如何征收管理？逾期申报纳税有哪些法律责任？

答：水资源税由税务机关依照《税收征管法》和《扩大水资源税改革试点实施办法》（财税〔2017〕80号）等有关文件的规定进行征收管理。

纳税人未按期申报的，根据《税收征管法》第六十二条规定，由税务机关责令限期改正，可以处2000元以下的罚款；情节严重的，可以处2000元以上1万元以下的罚款。

第三节　案例解析

一、案例描述

某假日酒店隶属于工商业，位于A省B市C区公共供水管网覆盖范围内，水资源税税额为2.1元/立方米。该酒店未安装取水计量设施利用自备井取水。2022年，刘某某担任C区水务局水资源管理办公室主任、马某某担任副主任科员分管水资源管理办公室工作、侯某某任水资源管理办公室科员，三人在负责取水户信息的审核和报送工作中，未调查核实该假日酒店使用未安装计量设施利用自备井取水的情况，也未核定该酒店取水量和向税务部门移交取水信息。2022年12月，刘某某未经核查便安排侯某某以该酒店自备井停用为由在系统中注销了该假日酒店的取水信息，后向马某某进行了汇报。马某某、侯某某对自备井的停用亦未监管和核查，致该假日酒店自 2022 年 12 月后不再缴纳水资源税。据查实，该假日酒店自 2022 年 7 月 1 日至 2023 年 4 月 30 日仅向税务部门缴纳了 999.9 元的水资源税。公诉机关指控刘某某、马某某、侯某某三人犯玩忽职守罪，从 2022 年 7 月 1 日至 2023 年 4 月 30 日以日最大取水能力 1512 立方米计算共计 964260.9 元（1512×2.1×304-999.9）。

二、争议焦点

1. 对刘某某等三人给国家造成的经济损失数额，应按假日酒店的实际取水量计算水资源税额还是应以最大取水能力计算水资源税额存在分歧。

2. 对公诉机关指控三人的行为给国家造成经济损失所认定的最大取水量 1512 立方米/日及国家税收损失 964260.9 元有异议。

三、案例分析

1. 经查，《A 省水资源税改革试点实施办法》第十四条、《A 省水资源税征收管理办法（试行）》第二十二条、《A 省工业生活取用水量核定工作办法》第九条均有“未安装取水计量设施的，由水行政主管部门按日最大取水能力核定取水量，主管税务机关依此计征水资源税”的明确规定，故应按该假日酒店最大取水能力核定该酒店取水量，并以此为据计算侯某某等三人给国家造成的经济损失数额。

2. 经查，B 市水务局以 200QJ63-96/8 型水泵的额定流量 63 立方米/时计算该假日酒店日最大取水能力为 1512 立方米，公诉机关仅以此为据计算出三人给国家造成经济损失 964260.9 元。但取水系统的日最大取水能力不仅受水泵型号的影响，还受水泵接装水管管径与抽水系统的封闭性等各项因素的制约，《A 省水文工程地质勘察院关于 B 市某假日酒店管理有限公司用水量计算说明》在计算该假日酒店的最大取水能力时综合考虑了该酒店在取水时使用的水泵、水管管径、系统的封闭性等因素，计算方式与结果更为客观，故对该说明中计算出该假日酒店日最大取水能力为 696 立方米的结果予以采信，对公诉机关所依据的 B 水务局关于 200QJ63-96/8 型潜水泵日最大取水能力及水资源费（税）标准说明中日最大取水能力为 1512 立方米的意见不予采信，对公诉机关指控的造成经济损失的数额变更为 443326.5 元（696×2.1×304-999.9）。

第十七章　环境保护税

第一节　税制概要

一、纳税人、征税对象

（一）纳税人

根据《中华人民共和国环境保护税法》（以下简称《环境保护税法》）和《中华人民共和国环境保护税法实施条例》（以下简称《环境保护税法实施条例》）规定，环境保护税的纳税人，是指在中华人民共和国领域和中华人民共和国管辖的其他海域，直接向环境排放应税污染物的企业事业单位和其他生产经营者。

依法设立的城乡污水集中处理、生活垃圾集中处理场所超过国家和地方规定的排放标准向环境排放应税污染物的，应当缴纳环境保护税。城乡污水集中处理场所，是指为社会公众提供生活污水处理服务的场所，不包括为工业园区、开发区等工业聚集区域内的企业事业单位和其他生产经营者提供污水处理服务的场所，以及企业事业单位和其他生产经营者自建自用的污水处理场所。

企业事业单位和其他生产经营者贮存或者处置固体废物不符合国家和地方环境保护标准的，应当缴纳环境保护税。

达到省级人民政府确定的规模标准并且有污染物排放口的畜禽养殖场，应当依法缴纳环境保护税；依法对畜禽养殖废弃物进行综合利用和无害化处理的，不属于直接向环境排放污染物，不缴纳环境保护税。

（二）征税对象

环境保护税的征税对象是应税污染物，是指《环境保护税法》所附《环境保护税税目税额表》（见表 17-1）、《应税污染物和当量值表》（见表 17-2）规定的大气污染物、水污染物、固体废物和噪声。

（三）不征税项目

有下列情形之一的，不属于直接向环境排放污染物，不缴纳相应污染物的环境保护税：

1. 企业事业单位和其他生产经营者向依法设立的污水集中处理、生活垃圾集中处理场所排放应税污染物的。

2. 企业事业单位和其他生产经营者在符合国家和地方环境保护标准的设施、场所贮存或者处置固体废物的。

3. 禽畜养殖场依法对禽畜养殖场废弃物进行综合利用和无害化处理的。

二、税目与税率

根据《环境保护税法》规定，环境保护税的征收对象是应税污染物，主要是四类重点污染源，即大气污染物、水污染物、固体废物和噪声。

（一）税目

1. 大气污染

大气污染物，指由于人类活动或自然过程排入大气的并对人和环境产生有害影响的那些物质。应税大气污染物包括二氧化硫、氮氧化物、一氧化碳、氯气、氯化氢、氟化物、氰化氢、硫酸雾、铬酸雾、汞及其化合物、一般性粉尘、石棉尘、玻璃棉尘、碳黑尘、铅及其化合物、镉及其化合物、铍及其化合物、镍及其化合物、锡及其化合物、烟尘、苯、甲苯、二甲苯、苯并（a）芘、甲醛、乙醛、丙烯醛、甲醇、酚类、沥青烟、苯胺类、氯苯类、硝基苯、丙烯腈、氯乙烯、光气、硫化氢、氨、三甲胺、甲硫醇、甲硫醚、二甲二硫、苯乙烯、二硫化碳，共计 44 种。

按照《财政部 税务总局 生态环境部关于明确环境保护税应税污染物适用等有关问题的通知》（财税〔2018〕117号）规定，燃烧产生废气中的颗粒物，按照烟尘征收环境保护税。排放的扬尘、工业粉尘等颗粒物，除可以确定为烟尘、石棉尘、玻璃棉尘、炭黑尘的外，按照一般性粉尘征收环境保护税。

2. 水污染

水污染物，是指造成水体水质、水中生物群落以及水体底泥质量恶化的各种有害物质（或能量）。系水中的盐分、微量元素或放射性物质浓度超出临界值，使水体的物理、化学性质或生物群落组成发生变化。应税水污染物包括总汞、总镉、总铬、六价铬、总砷、总铅、总镍、苯并（a）芘、总铍、总银等10种第一类水污染物，以及悬浮物（SS）、生化需氧量（BOD_5）、化学需氧量（CODcr）、总有机碳（TOC）、石油类、动植物油、挥发酚、总氰化物、硫化物、氨氮、氟化物、甲醛、苯胺类、硝基苯类、阴离子表面活性剂（LAS）、总铜、总锌、总锰、彩色显影剂（CD-2）、总磷、单质磷（以P计）、有机磷农药（以P计）、乐果、甲基对硫磷、马拉硫磷、对硫磷、五氯酚及五氯酚钠（以五氯酚计）、三氯甲烷、可吸附有机卤化物（AOX）（以Cl计）、四氯化碳、三氯乙烯、四氯乙烯、苯、甲苯、乙苯、邻-二甲苯、对-二甲苯、间-二甲苯、氯苯、邻二氯苯、对二氯苯、对硝基氯苯、2,4-二硝基氯苯、苯酚、间-甲酚、2,4-二氯酚、2,4,6-三氯酚、邻苯二甲酸二丁酯、邻苯二甲酸二辛酯、丙烯腈、总硒等51种第二类水污染物。除此之外，应税水污染物还包括水质恶化的，如pH值酸碱度失衡、色度变化、大肠菌群超标或余氯量造成的污染，以及禽畜养殖业、小型企业、饮食娱乐服务业、医院等因素造成的各种污染。第一类水污染物之外的污染统称为其他类水污染物。

3. 固体废物

固体废物，是指在生产、生活和其他活动中产生的丧失原有利用价值，或者虽未丧失利用价值但被抛弃或者放弃的固态、半固态、液态和置于容器中的气态的物品、物质以及法律、行政法规规定纳入固体废物管理的物品、物质。固体废物包括煤矸石、尾矿、危险废物、冶炼渣、粉煤灰、炉渣、其他固体废物（含半固态、液态废物）。

4. 噪声

噪声，是指在工业生产、建筑施工、交通运输和社会生活中所产生的干扰周围生活环境的声音，当所产生的环境噪声超过国家规定的环境噪声排放标准，并干扰他人正常生活、工作和学习时，就形成噪声污染。目前只对工业企业厂界噪声超标的情况下征收环境保护税。

（二）税率

应税污染物的适用税率有两种，一是全国统一定额税，二是浮动定额税。对于固体废物和噪声污染实行的是全国统一的定额税制，对于大气和水污染物实行各省浮动定额税制，既有上限也有下限，税额上限则设定为下限的10倍。各省可以在此幅度范围内自行选择定额税的金额。具体内容见表17-1。

表17-1　　环境保护税税目税额表

<table>
<tr><th colspan="2">税目</th><th>计税单位</th><th>税额</th><th>备注</th></tr>
<tr><td colspan="2">大气污染物</td><td>每污染当量</td><td>1.2~12元</td><td></td></tr>
<tr><td colspan="2">水污染物</td><td>每污染当量</td><td>1.4~14元</td><td></td></tr>
<tr><td rowspan="4">固体废物</td><td>煤矸石</td><td>每吨</td><td>5元</td><td></td></tr>
<tr><td>尾矿</td><td>每吨</td><td>15元</td><td></td></tr>
<tr><td>危险废物</td><td>每吨</td><td>1000元</td><td></td></tr>
<tr><td>冶炼渣、粉煤灰、炉渣、其他固体废物（含半固态、液态废物）</td><td>每吨</td><td>25元</td><td></td></tr>
<tr><td rowspan="3">噪声</td><td rowspan="3">工业噪声</td><td>超标1~3分贝</td><td>每月350元</td><td rowspan="3">1. 一个单位边界上有多处噪声超标，根据最高一处超标声级计算应纳税额；当沿边界长度超过100米有两处以上噪声超标，按照两个单位计算应纳税额。
2. 一个单位有不同地点作业场所的，应当分别计算应纳税额，合并计征。</td></tr>
<tr><td>超标4~6分贝</td><td>每月700元</td></tr>
<tr><td>超标7~9分贝</td><td>每月1400元</td></tr>
</table>

续表

税目		计税单位	税额	备注
噪声	工业噪声	超标10~12分贝	每月2800元	3. 昼、夜均超标的环境噪声，昼、夜分别计算应纳税额，累计计征。 4. 声源一个月内累计昼间超标不足15昼或者累计夜间超标不足15夜的，分别减半计算应纳税额。 5. 夜间频繁突发和夜间偶然突发厂界超标噪声，按等效声级和峰值噪声两种指标中超标分贝值高的一项计算应纳税额
		超标13~15分贝	每月5600元	
		超标16分贝以上	每月11200元	

对应税大气污染物和水污染物规定了幅度定额税率，具体适用税额的确定和调整由省、自治区、直辖市人民政府统筹考虑本地区环境承载能力、污染物排放现状和经济社会生态发展目标要求，在《环境保护税税目税额表》规定的税额幅度内提出，报同级人民代表大会常务委员会决定，并报全国人民代表大会常务委员会和国务院备案。

三、计税依据

（一）计税依据的确定

应税污染物的计税依据根据污染物来确定，应税大气污染物和水污染物的计税依据按照污染物排放量折合的污染当量数确定，应税固体废物按照固体废物的排放量确定，应税噪声按照超过国家规定标准的分贝数确定。其中，污染当量，是指根据污染物或者污染排放活动对环境的有害程度以及处理的技术经济性，衡量不同污染物对环境污染的综合性指标或者计量单位。同一介质相同污染当量的不同污染物，其污染程度基本相当。

1. 应税大气污染物按照污染物排放量折合的污染当量数确定

应税大气污染物的污染当量数，以该污染物的排放量除以该污染物的污染当量值计算。每种应税大气污染物的具体污染当量值，依照《环境保护税法》所附《应税污染物和当量值表》（见表17-2）执行。

表 17-2　　**应税污染物和当量值表**

一、第一类水污染物污染当量值

污染物	污染当量值/千克
1. 总汞	0.0005
2. 总镉	0.005
3. 总铬	0.04
4. 六价铬	0.02
5. 总砷	0.02
6. 总铅	0.025
7. 总镍	0.025
8. 苯并（a）芘	0.0000003
9. 总铍	0.01
10. 总银	0.02

二、第二类水污染物污染当量值

污染物	污染当量值/千克	备注
11. 悬浮物（SS）	4	
12. 生化需氧量（BOD_5）	0.5	同一排放口中的化学需氧量、生化需氧量和总有机碳，只征收一项
13. 化学需氧量（CODcr）	1	
14. 总有机碳（TOC）	0.49	
15. 石油类	0.1	
16. 动植物油	0.16	
17. 挥发酚	0.08	
18. 总氰化物	0.05	
19. 硫化物	0.125	
20. 氨氮	0.8	
21. 氟化物	0.5	
22. 甲醛	0.125	
23. 苯胺类	0.2	
24. 硝基苯类	0.2	
25. 阴离子表面活性剂（LAS）	0.2	
26. 总铜	0.1	

续表

污染物	污染当量值/千克	备注
27. 总锌	0. 2	
28. 总锰	0. 2	
29. 彩色显影剂（CD-2）	0. 2	
30. 总磷	0. 25	
31. 单质磷（以 P 计）	0. 05	
32. 有机磷农药（以 P 计）	0. 05	
33. 乐果	0. 05	
34. 甲基对硫磷	0. 05	
35. 马拉硫磷	0. 05	
36. 对硫磷	0. 05	
37. 五氯酚及五氯酚钠（以五氯酚计）	0. 25	
38. 三氯甲烷	0. 04	
39. 可吸附有机卤化物（AOX）（以 Cl 计）	0. 25	
40. 四氯化碳	0. 04	
41. 三氯乙烯	0. 04	
42. 四氯乙烯	0. 04	
43. 苯	0. 02	
44. 甲苯	0. 02	
45. 乙苯	0. 02	
46. 邻-二甲苯	0. 02	
47. 对-二甲苯	0. 02	
48. 间-二甲苯	0. 02	
49. 氯苯	0. 02	
50. 邻二氯苯	0. 02	
51. 对二氯苯	0. 02	
52. 对硝基氯苯	0. 02	
53. 2,4-二硝基氯苯	0. 02	
54. 苯酚	0. 02	
55. 间-甲酚	0. 02	

续表

污染物	污染当量值/千克	备注
56. 2,4-二氯酚	0.02	
57. 2,4,6-三氯酚	0.02	
58. 邻苯二甲酸二丁酯	0.02	
59. 邻苯二甲酸二辛酯	0.02	
60. 丙烯腈	0.125	
61. 总硒	0.02	

三、pH值、色度、大肠菌群数、余氯量水污染物污染当量值

污染物		污染当量值	备注
1. pH值	(1) 0~1，13~14	0.06吨污水	pH值5~6指大于等于5，小于6；pH值9~10指大于9，小于等于10，其余类推
	(2) 1~2，12~13	0.125吨污水	
	(3) 2~3，11~12	0.25吨污水	
	(4) 3~4，10~11	0.5吨污水	
	(5) 4~5，9~10	1吨污水	
	(6) 5~6	5吨污水	
2. 色度		5吨水·倍	
3. 大肠菌群数（超标）		3.3吨污水	大肠菌群数和余氯量只征收一项
4. 余氯量（用氯消毒的医院废水）		3.3吨污水	

四、禽畜养殖业、小型企业和第三产业水污染物污染当量值

（本表仅适用于计算无法进行实际监测或者物料衡算的禽畜养殖业、小型企业和第三产业等小型排污者的水污染物污染当量数）

类型		污染当量值	备注
禽畜养殖场	1. 牛	0.1头	仅对存栏规模大于50头牛、500头猪、5000羽鸡鸭等的禽畜养殖场征收
	2. 猪	1头	
	3. 鸡、鸭等家禽	30羽	
4. 小型企业		1.8吨污水	
5. 饮食娱乐服务业		0.5吨污水	
6. 医院	消毒	0.14床	医院病床数大于20张的按照本表计算污染当量数
		2.8吨污水	
	不消毒	0.07床	
		1.4吨污水	

五、大气污染物污染当量值

污染物	污染当量值/千克
1. 二氧化硫	0. 95
2. 氮氧化物	0. 95
3. 一氧化碳	16. 7
4. 氯气	0. 34
5. 氯化氢	10. 75
6. 氟化物	0. 87
7. 氰化氢	0. 005
8. 硫酸雾	0. 6
9. 铬酸雾	0. 0007
10. 汞及其化合物	0. 0001
11. 一般性粉尘	4
12. 石棉尘	0. 53
13. 玻璃棉尘	2. 13
14. 碳黑尘	0. 59
15. 铅及其化合物	0. 02
16. 镉及其化合物	0. 03
17. 铍及其化合物	0. 0004
18. 镍及其化合物	0. 13
19. 锡及其化合物	0. 27
20. 烟尘	2. 18
21. 苯	0. 05
22. 甲苯	0. 18
23. 二甲苯	0. 27
24. 苯并（a）芘	0. 000002
25. 甲醛	0. 09
26. 乙醛	0. 45
27. 丙烯醛	0. 06
28. 甲醇	0. 67
29. 酚类	0. 35
30. 沥青烟	0. 19

续表

污染物	污染当量值/千克
31. 苯胺类	0.21
32. 氯苯类	0.72
33. 硝基苯	0.17
34. 丙烯腈	0.22
35. 氯乙烯	0.55
36. 光气	0.04
37. 硫化氢	0.29
38. 氨	9.09
39. 三甲胺	0.32
40. 甲硫醇	0.04
41. 甲硫醚	0.28
42. 二甲二硫	0.28
43. 苯乙烯	25
44. 二硫化碳	20

每一排放口或者没有排放口的应税大气污染物，按照污染当量数从大到小排序，对前三项污染物征收环境保护税。

2. 应税水污染物按照污染物排放量折合的污染当量数确定

应税水污染物的污染当量数，以该污染物的排放量除以该污染物的污染当量值计算。其中，色度的污染当量数，以污水排放量乘以色度超标倍数再除以适用的污染当量值计算。畜禽养殖业水污染物的污染当量数，以该畜禽养殖场的月均存栏量除以适用的污染当量值计算。畜禽养殖场的月均存栏量按照月初存栏量和月末存栏量的平均数计算。

每一排放口的应税水污染物，按照《应税污染物和当量值表》，区分第一类水污染物和其他类水污染物，按照污染当量数从大到小排序，对第一类水污染物按照前五项征收环境保护税，对其他类水污染物按照前三项征收环境保护税。

另外，省、自治区、直辖市人民政府根据本地区污染物减排的特殊需要，可以增加同一排放口征收环境保护税的应税污染物项目数，报同级人民代表大会常务委员会决定，并报全国人民代表大会常务委员会和国务院备案。

根据《财政部 税务总局 生态环境部关于环境保护税有关问题的通知》（财税〔2018〕23号）规定，纳税人委托监测机构对应税大气污染物和水污染物排放量进行监测时，其当月同一个排放口排放的同一种污染物有多个监测数据的，应税大气污染物按照监测数据的平均值计算应税污染物的排放量；应税水污染物按照监测数据以流量为权的加权平均值计算应税污染物的排放量。在环境保护主管部门（现为生态环境主管部门，下同）规定的监测时限内当月无监测数据的，可以跨月沿用最近一次的监测数据计算应税污染物排放量。纳入排污许可管理行业的纳税人，其应税污染物排放量的监测计算方法按照排污许可管理要求执行。

根据《环境保护税法实施条例》第七条规定，纳税人有下列情形之一的，以其当期应税大气污染物、水污染物的产生量作为污染物的排放量：

（1）未依法安装使用污染物自动监测设备或者未将污染物自动监测设备与环境保护主管部门的监控设备联网；

（2）损毁或者擅自移动、改变污染物自动监测设备；

（3）篡改、伪造污染物监测数据；

（4）通过暗管、渗井、渗坑、灌注或者稀释排放以及不正常运行防治污染设施等方式违法排放应税污染物；

（5）进行虚假纳税申报。

3. 应税固体废物按照固体废物的排放量确定

应税固体废物的排放量为当期应税固体废物的产生量减去当期应税固体废物贮存量、处置量、综合利用量的余额。固体废物的贮存量、处置量，是指在符合国家和地方环境保护标准的设施、场所贮存或者处置的固体废物数量；固体废物的综合利用量，是指按照国务院发展改革、工业和信息化主管部门关于资源综合利用要求以及国家和地方环境保护标准进行综合利用的固体废物数量。纳税人应当准确计量应税固体废物的贮存量、处置量和综合利用量，未准确计量的，不得从其应税固体废物的产生量中减去。

纳税人依法将应税固体废物转移至其他单位和个人进行贮存、处置或者综合利用的，固体废物的转移量相应计入其当期应税固体废物的贮存量、处置量或者综合利用量；纳税人接收的应税固体废物转移量，不计入其当期应税固体废物的产生量。纳税人对应税固体废物进行综合利用的，应当符合工业和信息化部制定的工业固体废物综合利用评价管理规范。

纳税人有下列情形之一的，以其当期应税固体废物的产生量作为固体废物的排放量：

（1）非法倾倒应税固体废物；

（2）进行虚假纳税申报。

纳税人申报纳税时，应当向税务机关报送应税固体废物的产生量、贮存量、处置量和综合利用量，同时报送能够证明固体废物流向和数量的纳税资料，包括固体废物处置利用委托合同、受委托方资质证明、固体废物转移联单、危险废物管理台账复印件等。有关纳税资料已在环境保护税基础信息采集表中采集且未发生变化的，纳税人不再报送。纳税人应当参照危险废物台账管理要求，建立其他应税固体废物管理台账，如实记录产生固体废物的种类、数量、流向以及贮存、处置、综合利用、接收转入等信息，并将应税固体废物管理台账和相关资料留存备查。

4. 应税噪声按照超过国家规定标准的分贝数确定

应税噪声的应纳税额为超过国家规定标准分贝数对应的具体适用税额。噪声超标分贝数不是整数值的，按四舍五入取整。一个单位的同一监测点当月有多个监测数据超标的，以最高一次超标声级计算应纳税额。另外根据《财政部 税务总局 生态环境部关于环境保护税有关问题的通知》（财税〔2018〕23号）规定，声源一个月内累计昼间超标不足15昼或者累计夜间超标不足15夜的，分别减半计算应纳税额。

（二）计税依据确定时遵循的方法和顺序

根据《环境保护税法》规定，应税大气污染物、水污染物、固体废物的排放量和噪声的分贝数，按照下列方法和顺序计算。

1. 纳税人安装使用符合国家规定和监测规范的污染物自动监测设备的，按照污染物自动监测数据计算。

（1）纳税人按照规定须安装污染物自动监测设备并与生态环境主管部门联网的，当自动监测设备发生故障、设备维护、启停炉、停运等状态时，应当按照相关法律法规和《固定污染源烟气（SO_2、NO_x、颗粒物）排放连续监测技术规范》（HJ 75-2017）、《水污染源在线监测系统数据有效性判别技术规范》（HJ/T 356-2007）等规定，对数据状态进行标记，以及对数据缺失、无效时段的污染物排放量进行修约和替代处理，并按标记、处理后的自动监测数据计算应税污染物排放量。相关纳税人当月不能提供符合国家规定和监测规范的自动监测数据的，应当按照排污系数、物料衡算方法计算应税污染物排放量。纳入排污许可管理行业的纳税人，其应税污染物排放量的监测计算方法按照排污许可管理要求执行。

（2）纳税人主动安装使用符合国家规定和监测规范的污染物自动监测设备，但未与生态环境主管部门联网的，可以按照自动监测数据计算应税污染物排放量；不能提供符合国家规定和监测规范的自动监测数据的，应当按照监测机构出具的符合监测规范的监测数据或者排污系数、物料衡算方法计算应税污染物排放量。

2. 纳税人未安装使用污染物自动监测设备的，按照监测机构出具的符合国家有关规定和监测规范的监测数据计算。

（1）纳税人委托监测机构监测应税污染物排放量的，应当按照国家有关规定制定监测方案，并将监测数据资料及时报送生态环境主管部门。监测机构实施的监测项目、方法、时限和频次应当符合国家有关规定和监测规范要求。监测机构出具的监测报告应当包括应税水污染物种类、浓度值和污水流量；应税大气污染物种类、浓度值、排放速率和烟气量；执行的污染物排放标准和排放浓度限值等信息。监测机构对监测数据的真实性、合法性负责，凡发现监测数据弄虚作假的，依照相关法律法规的规定追究法律责任。

（2）纳税人采用委托监测方式，在规定监测时限内当月无监测数据的，可以沿用最近一次的监测数据计算应税污染物排放量，但不得跨季度沿用监测数据。纳税人采用监测机构出具的监测数据申报减免环境保护税的，应当取得申报当月的监测数据；当月无监测数据的，不予减免环境保护税。有关污染物监测浓度值低于生态环境主管部门规定的污染物检出限的，除有特殊管理要求外，视同该污染物排放量为零。生态环境主管部门、计量主管部门发现委托监测数据失真或者弄虚作假的，税务机关应当按照同一纳税期内的监督性监测数据或者排污系数、物料衡算方法计算应税污染物排放量。

（3）对于纳税人未安装使用污染物自动监测设备的，自行对污染物进行监测所获取的监测数据，符合国家有关规定和监测规范的，视同监测机构出具的监测数据。

3. 因排放污染物种类多等原因不具备监测条件的排污单位，其应税污染物排放量计算方法按如下规定。

（1）属于排污许可管理的排污单位，适用生态环境部发布的排污许可证申请与核发技术规范中规定的排（产）污系数、物料衡算方法计算应税污染物排放量；排污许可证申请与核发技术规范未规定相关排（产）污系数的，适用生态环境部发布的排放源统计调查制度规定的排（产）污系数方法计算应税污染物排放量。

（2）不属于排污许可管理的排污单位，适用生态环境部发布的排放源统计调查制度规定的排（产）污系数方法计算应税污染物排放量。

（3）上述情形中仍无相关计算方法的，由各省、自治区、直辖市生态环境主管部门结合本地实际情况，科学合理制定抽样测算方法。

4. 不能按照上述第 1 项至第 3 项规定的方法计算的，按照省、自治区、直辖市人民政府生态环境主管部门规定的抽样测算的方法核定计算。

对于纳税人从两个以上排放口排放应税污染物的，对每一排放口排放的应税污染物分别计算征收环境保护税；纳税人持有排污许可证的，其污染物排放口按照排污许可证载明的污染物排放口确定。

纳税人因环境违法行为受到行政处罚的，应当依据相关法律法规和处罚信息计算违法行为所属期的应税污染物排放量。生态环境主管部门发现纳税人申报信息有误的，应当通知税务机关处理。

四、应纳税额的计算

（一）应税水污染物、大气污染物应纳税额的计算

应税水污染物、大气污染物的应纳税额为污染当量数乘以具体适用税额。计算公式为：

应税水污染物、大气污染物的应纳税额=污染当量数×适用税额

污染当量数=污染物排放量÷污染当量值

【例 17-1】乙火力发电厂是环境保护税纳税人，该厂仅有 1 个废气排放口，已安装使用符合国家规定和监测规范的污染物自动监测设备。检测数据显示，2023 年 4 月，该排放口共排放大气污染物 1000 万立方米，其中含应税污染物浓度分别为：二氧化硫 350 毫克/立方米，汞及其化合物 0.1 毫克/立方米，一般性粉尘 20 毫克/立方米，氮氧化物 140 毫克/立方米。请计算该火力发电厂 4 月应当缴纳的环境保护税。（该厂所在省的大气污染物税率为 4 元/污染当量）

解析：（1）对应税污染物排放量及污染当量数进行列表计算

乙火力发电厂 4 月污染物排放量及污染当量数计算排序

4 月排放总量（立方米）	名称	浓度值/（毫克/立方米）	排放量/千克	污染当量值/千克	污染当量数	污染当量数排序
10000000	二氧化硫	350	3500	0.95	3684.21	2
	汞及其化合物	0.1	1	0.0001	10000	1
	一般性粉尘	20	200	4	50	4
	氮氧化物	140	1400	0.95	1473.68	3
	污染当量数前三项合计				15157.89	

污染物排放量计算公式为：

污染物排放量=4 月排放总量×浓度值

污染当量数计算公式为：

污染当量数=4 月排放总量×浓度值÷当量值

排污总当量数=∑由大到小前三项应税污染物污染当量数

=汞及其化合物污染当量+二氧化硫污染当量+氮氧化物污染当量

=10000+3684.21+1473.68

=15157.89

（2）计算应纳税额

应税大气污染物应纳税额＝应税污染物污染当量总和（前三项应税污染物污染总当量数）×适用税额
＝15157.89×4
＝60631.56（元）

【例 17-2】某省一家工业企业有一个污水排放口，2023 年第一季度排放其他类水污染物中含化学需氧量 10 千克、生化需氧量 15 千克、氨氮 32 千克、硫化物 25 千克（当量值分别为 1、0.5、0.8、0.125），在不考虑减免税优惠情形下，请计算该企业第一季度应纳环境保护税。（该省水污染物每污染当量 2.8 元）

解析：每一排放口的应税水污染物，按照《应税污染物和当量值表》，区分第一类水污染物和其他类水污染物，按照污染当量数从大到小排序，对第一类水污染物按照前五项征收环境保护税，对其他类水污染物按照前三项征收环境保护税。

化学需氧量、生化需氧量、氨氮、硫化物属于第二类应税污染物，同一排放口中的化学需氧量、生化需氧量和总有机碳，只征收一项。

应税水污染物应纳税额＝污染当量数×具体适用税额

应税水污染当量数＝该污染物的排放量÷该污染物的污染当量值

因此，计算得出化学需氧量、生化需氧量、氨氮、硫化物当量数分别是 10、30、40、200，取生化需氧量、氨氮、硫化物计征。

该企业第一季度应缴纳环境保护税＝（30+40+200）×2.8＝756（元）

（二）应税固体废物应纳税额的计算

应税固体废物的应纳税额为固体废物排放量乘以具体适用税额。计算公式为：

应纳税额＝固体废物排放量×适用税额

【例 17-3】某生物制药企业在生产过程中产生医药废物 100 吨，当期储存了 50 吨，处置了 20 吨，综合利用了 20 吨，医药废物属于固体废物中的危险废物，税额标准 1000 元/吨，请计算该企业当期应缴纳的环境保护税。

解析：应税固体废物的应纳税额为固体废物排放量乘以具体适用税额；

固体废物的排放量为当期应税固体废物的产生量减去当期应税固体废物的贮存量、处置量、综合利用量的余额。

该企业应缴纳环境保护税＝（100－50－20－20）×1000＝10000（元）

（三）应税噪声应纳税额的计算

应税噪声的应纳税额为超过国家规定标准的分贝数对应的具体适用税额。

噪声超标分贝数不是整数值的，按四舍五入取整。一个单位的同一监测点当月有多个监测数据超标的，以最高一次超标声级计算应纳税额。声源一个月内累计昼间超标不足 15 昼或者累计夜间超标不足 15 夜的，分别减半计算应纳税额。

【例 17－4】某工业企业位于工业开发区内，其厂界长度超过 100 米有两处以上噪声源，昼间噪声标准限值为 65 分贝，夜间标准限值为 55 分贝。经监测，1 月噪声超标天数为 10 天，昼间最高分贝为 77.6，夜间最高分贝为 60，请计算该企业 1 月噪声污染应缴纳的环境保护税。

解析：应税噪声的应纳税额为超过国家规定标准的分贝数对应的具体适用税额。应税噪声超标的分贝数不是整数的，按四舍五入取整。

当沿边界长度超过 100 米有两处以上噪声超标，按照两个单位计算应纳税额；声源一个月内超标不足 15 天的，减半计算应纳税额。

该企业 1 月噪声超标 10 天，不足 15 天，减半计算应纳税额。昼间超标值：77.6－65＝12.6，取 13 分贝；夜间超标值：60－55＝5 分贝。（超标 4～6 分贝，税额为每月 700 元；超标 13～15 分贝，税额为每月 5600 元）

该企业 1 月应缴纳环境保护税＝（5600+700）×0.5×2＝6300（元）

五、税收优惠

（一）免征规定

1. 农业生产（不包括规模化养殖）排放应税污染物的。

2. 机动车、铁路机车、非道路移动机械、船舶和航空器等流动污染源排放应税污染物的。

3. 依法设立的城乡污水集中处理、生活垃圾集中处理场所排放相应应税污染物，不超过国家和地方规定的排放标准的。

依法设立的生活垃圾焚烧发电厂、生活垃圾填埋场、生活垃圾堆肥厂，属于生活垃圾集中处理场所，其排放应税污染物不超过国家和地方规定的排放标准的，依法予以免征环境保护税。

4. 纳税人综合利用的固体废物，符合国家和地方环境保护标准的。

5. 国务院批准免税的其他情形，由国务院报全国人民代表大会常务委员会备案。

（二）减征规定

1. 纳税人排放应税大气污染物或者水污染物的浓度值低于国家和地方规定的污染物排放标准30%的，减按75%征收环境保护税。

2. 纳税人排放应税大气污染物或者水污染物的浓度值低于国家和地方规定的污染物排放标准50%的，减按50%征收环境保护税。

应税大气污染物或者水污染物的浓度值，是指纳税人安装使用的污染物自动监测设备当月自动监测的应税大气污染物浓度值的小时平均值再平均所得数值或者应税水污染物浓度值的日平均值再平均所得数值，或者监测机构当月监测的应税大气污染物、水污染物浓度值的平均值。

依照《环境保护税法》减征环境保护税的，应当对每一排放口排放的不同应税污染物分别计算。同时，其应税大气污染物浓度值的小时平均值或者应税水污染物浓度值的日平均值，以及监测机构当月每次监测的应税大气污染物、水污染物的浓度值，均不得超过国家和地方规定的污染物排放标准。

纳税人任何一个排放口排放应税大气污染物、水污染物的浓度值，以及没有排放口排放应税大气污染物的浓度值，超过国家和地方规定的污染物排放标准的，依法不予减征环境保护税。

纳税人噪声声源一个月累计昼间超标不足15昼或者累计夜间超标不足15夜的，分别减半计算应纳税额。

六、征收管理

（一）纳税义务发生时间

环境保护税的纳税义务发生时间为纳税人排放应税污染物的当日。

（二）纳税地点

纳税人应当向应税污染物排放地的税务机关申报缴纳环境保护税。应税污染物排放地是指：

1. 应税大气污染物、水污染物排放口所在地；
2. 应税固体废物产生地；
3. 应税噪声产生地。

纳税人跨区域排放应税污染物，税务机关对税收征收管辖有争议的，由争议各方按照有利于征收管理的原则协商解决；不能协商一致的，报请共同的上级税务机关决定。

（三）纳税期限

环境保护税一般情形下按月计算，按季申报缴纳。不能按固定期限计算缴纳的，可以按次申报缴纳。

纳税人申报缴纳时，应当向税务机关报送所排放应税污染物的种类、数量，大气污染物、水污染物的浓度值，以及税务机关根据实际需要要求纳税人报送的其他纳税资料。

纳税人按季申报缴纳的，应当自季度终了之日起15日内，向税务机关办理纳税申报并缴纳税款。纳税人按次申报缴纳的，应当自纳税义务发生之日起15日内，向税务机关办理纳税申报并缴纳税款。

（四）税务机关与生态环境主管部门职责分工

生态环境主管部门和税务机关应当建立涉税信息共享平台和工作配合机制。生态环境主管部门应当将排污单位的排污许可、污染物排放数据、环境违法和受行政处罚情况等环境保护相关信息，定期交送税务机关。税务机关应当将纳税人的纳税申报、税款入库、减免税额、欠缴税款以及风险疑点等环境保护税涉税信息，定期交送生态环境主管部门。

1. 税务机关职责

税务机关依法履行环境保护税纳税申报受理、涉税信息比对、组织税款入库等职责。同时还需做好以下工作：

（1）纳税人识别。税务机关应当依据生态环境主管部门交送的排污单位信息进行纳税人识别。在生态环境主管部门交送的排污单位信息中没有对应信息的纳税人，由税务机关在纳税人首次办理环境保护税纳税申报时进行纳税人识别，并将相关信息交送生态环境主管部门。

（2）信息比对。税务机关应当将纳税人的纳税申报数据资料与生态环境主管部门交送的相关数据资料进行比对。纳税人申报的污染物排放数据与生态环境主管部门交送的相关数据不一致的，按照生态环境主管部门交送的数据确定应税污染物的计税依据。

税务机关发现纳税人的纳税申报数据资料异常或者纳税人未按照规定期限办理纳税申报的，可以提请生态环境主管部门进行复核，生态环境主管部门应当自收到税务机关的数据资料之日起15日内向税务机关出具复核意见。税务机关应当按照生态环境主管部门复核的数据资料调整纳税人的应纳税额。

纳税人的纳税申报数据资料异常，包括但不限于下列情形：①纳税人当期申报的应税污染物排放量与上一年同期相比明显偏低，且无正当理由；②纳税人单位产品污染物排放量与同类型纳税人相比明显偏低，且无正当理由。

（3）涉税信息提交。税务机关应当通过涉税信息共享平台向生态环境主管部门交送下列环境保护税涉税信息：

①纳税人基本信息；

②纳税申报信息；

③税款入库、减免税额、欠缴税款以及风险疑点等信息；

④纳税人涉税违法和受行政处罚情况；

⑤纳税人的纳税申报数据资料异常或者纳税人未按照规定期限办理纳税

申报的信息；

⑥与生态环境主管部门商定交送的其他信息。

2. 生态环境主管部门职责

生态环境主管部门依法负责应税污染物监测管理，制定和完善污染物监测规范。同时还需做好以下工作：

（1）污染物排放信息纠正。生态环境主管部门发现纳税人申报的应税污染物排放信息或者适用的排污系数、物料衡算方法有误的，应当通知税务机关处理。

（2）涉税信息提交。生态环境主管部门应当通过涉税信息共享平台向税务机关交送在环境保护监督管理中获取的下列信息：

①排污单位的名称、统一社会信用代码以及污染物排放口、排放污染物种类等基本信息；

②排污单位的污染物排放数据（包括污染物排放量以及大气污染物、水污染物的浓度值等数据）；

③排污单位环境违法和受行政处罚情况；

④对税务机关提请复核的纳税人的纳税申报数据资料异常或者纳税人未按照规定期限办理纳税申报的复核意见；

⑤与税务机关商定交送的其他信息。

第二节　疑难解答

1. 居民个人产生的生活污水和垃圾，需要缴纳环境保护税吗？

答：根据《环境保护税法》第二条规定，在中华人民共和国领域和中华人民共和国管辖的其他海域，直接向环境排放应税污染物的企业事业单位和其他生产经营者为环境保护税的纳税人。居民个人不属于《环境保护税法》规定的“企业事业单位和其他生产经营者”，不需缴纳环境保护税。

2. 某食品生产企业，有污水排放口，要对污水中的全部污染物征收环境保护税吗？

答：根据《环境保护税法》第九条规定，每一排放口的应税水污染物，按照《应税污染物和当量值表》，区分第一类水污染物和其他类水污染物，按照污染当量数从大到小排序，对第一类水污染物按照前五项征收环境保护税，对其他类水污染物按照前三项征收环境保护税。

3. 应税大气污染物、水污染物、固体废物、噪声四类污染物是如何确定计税依据的？

答：对应税大气污染物、水污染物，按照污染物排放量折合的污染当量数确定。污染当量数，以该污染物的排放量除以该污染物的污染当量值计算。每种应税大气污染物、水污染物对应的污染当量值，依照《环境保护税法》所附《应税污染物和当量值表》执行。

对应税固体废物，按照固体废物的排放量确定。按照《环境保护税法实施条例》第五条的规定，固体废物的排放量为当期应税固体废物的产生量减去当期应税固体废物的贮存量、处置量、综合利用量的余额。

对工业噪声，按照超过国家规定标准的分贝数确定。超过国家规定标准的分贝数是指实际产生的工业噪声与国家规定的工业噪声排放标准限值之间的差值。

4. 应税水污染物污染当量数如何计算？

答：根据《财政部 税务总局 生态环境部关于环境保护税有关问题的通知》（财税〔2018〕23号）第二条规定，应税水污染物的污染当量数，以该污染物的排放量除以该污染物的污染当量值计算。其中，色度的污染当量数，以污水排放量乘以色度超标倍数再除以适用的污染当量值计算。畜禽养殖业水污染物的污染当量数，以该畜禽养殖场的月均存栏量除以适用的污染当量值计算。畜禽养殖场的月均存栏量按照月初存栏量和月末存栏量的平均数计算。

5. 污染物排放量是如何计算出来的？

答：《环境保护税法》第十条对污染物排放量规定了4种计算方法，依序使用：一是纳税人安装使用符合国家规定和监测规范的污染物自动监测设备的，按自动监测数据计算。二是对未安装自动监测设备的，按监测机构出具的符合国家有关规定和监测规范的监测数据计算。三是对不具备监测条件的，按照国务院环境保护主管部门公布的排污系数、物料衡算方法计算。四是不能按照前三种方法计算的，按照省级人民政府环境保护主管部门规定的抽样测算的方法核定计算。

6. 环境保护税的申报地点是如何规定的？

答：根据《环境保护税法》第十七条规定，纳税人应当向应税污染物排放地的税务机关申报缴纳环境保护税。

根据《环境保护税法实施条例》规定，应税污染物排放地是指：①应税大气污染物、水污染物排放口所在地；②应税固体废物产生地；③应税噪声产生地。纳税人跨区域排放应税污染物，税务机关对税收征收管辖有争议的，由争议各方按照有利于征收管理的原则协商解决；不能协商一致的，报请共同的上级税务机关决定。

7. 燃烧产生废气中的颗粒物、排放的扬尘、工业粉尘应具体按照大气污染物中哪一种应税污染物征收环境保护税？

答：根据《财政部 税务总局 生态环境部关于明确环境保护税应税污染物适用等有关问题的通知》（财税〔2018〕117号）规定，燃烧产生废气中的颗粒物，按照烟尘征收环境保护税。排放的扬尘、工业粉尘等颗粒物，除可以确定为烟尘、石棉尘、玻璃棉尘、炭黑尘的外，按照一般性粉尘征收环境保护税。

8. 某企业生产过程中有污水排放流入依法设立的污水集中处理厂，是否缴纳环境保护税？

答：根据《环境保护税法》第四条规定，有下列情形之一的，不属于直接向环境排放污染物，不缴纳相应污染物的环境保护税：①企业事业单位和其他生产经营者向依法设立的污水集中处理、生活垃圾集中处理场所排放应税污染物的；②企业事业单位和其他生产经营者在符合国家和地方环境保护标准的设施、场所贮存或者处置固体废物的。

9. 工业园区的污水处理厂需要缴纳环境保护税吗？

答：根据《环境保护税法》第十二条规定，依法设立的城乡污水集中处理场所排放相应应税污染物，不超过国家和地方规定的排放标准的，暂予免征环境保护税。

根据《环境保护税法实施条例》第三条规定，城乡污水集中处理场所，是指为社会公众提供生活污水处理服务的场所，不包括为工业园区、开发区等工业聚集区域内的企业事业单位和其他生产经营者提供污水处理服务的场所，以及企业事业单位和其他生产经营者自建自用的污水处理场所。

工业园区的污水处理厂不属于城乡污水集中处理场所，应当依法缴纳环境保护税。

10. 污水处理场所有哪些环境保护税优惠？

答：根据《环境保护税法》第十二条第一款第三项规定，依法设立的城乡污水集中处理、生活垃圾集中处理场所排放相应应税污染物，不超过国家和地方规定的排放标准的，暂予免征环境保护税。

根据《环境保护税法》第十三条规定，纳税人排放应税大气污染物或者水污染物的浓度值低于国家和地方规定的污染物排放标准30%的，减按75%征收环境保护税。纳税人排放应税大气污染物或者水污染物的浓度值低于国家和地方规定的污染物排放标准50%的，减按50%征收环境保护税。

11. 汽车尾气污染要缴环境保护税吗？

答：根据《环境保护税法》第十二条规定，机动车、铁路机车、非道路移动机械、船舶和航空器等流动污染源排放应税污染物的，暂免征收环境保护税。

12. A企业是一家建筑企业，施工过程中会有建筑噪声产生，是否需要缴纳环境保护税？

答：根据《环境保护税税目税额表》可知，应税污染物的噪声仅指工业噪声。因此对建筑施工产生的噪声暂不征收环境保护税。

13. 某畜禽养殖场未达省级人民政府确定的规模标准，是否需要缴纳环境保护税？

答：根据《环境保护税法实施条例》第四条规定，达到省级人民政府确定的规模标准并且有污染物排放口的畜禽养殖场，应当依法缴纳环境保护税；依法对畜禽养殖废弃物进行综合利用和无害化处理的，不属于直接向环境排放污染物，不缴纳环境保护税。故某畜禽养殖场未达省级人民政府确定的规模标准，不需要缴纳环境保护税。

14. 某公司一污水排放口，排放污水中包含总铜（浓度值低于规定标准30%的）和总锌（排污浓度值超过规定标准10%），可以享受环境保护税何种优惠，是否需要专门到税务机关办理减免税手续？

答：根据《环境保护税法》第十三条规定，纳税人排放应税大气污染物或者水污染物的浓度值低于国家和地方规定的污染物排放标准30%的，减按75%征收环境保护税；低于国家和地方规定的污染物排放标准50%的，减按50%征收环境保护税。

纳税人任何一个排放口排放应税大气污染物、水污染物的浓度值，以及没有排放口排放应税大气污染物的浓度值，超过国家和地方规定的污染物排放标准的，依法不予减征环境保护税。

此外，如果符合减免税情形的纳税人，通过填报纳税申报表履行备案手续，无须专门办理减免税备案手续。减免税相关资料由纳税人留存备查。

该公司排放口中总铜排放量符合减征标准，但总锌排污浓度值超过规定标准10%，排放浓度超标，不能享受优惠。

15. 某单位有自己的监测人员和监测设备，其自行监测的数据能否作为计算污染物排放量的依据？

答：根据《环境保护税法实施条例》第九条规定，属于《环境保护税法》第十条第二项规定情形的纳税人，自行对污染物进行监测所获取的监测数据，符合国家有关规定和监测规范的，视同《环境保护税法》第十条第二项规定的监测机构出具的监测数据。

16. 某企业纳税人申报数据与生态环境主管部门交送的相关数据不一致，如何确定计税依据？

答：根据《环境保护税法实施条例》第二十一条规定，纳税人申报的污染物排放数据与环境保护主管部门交送的相关数据不一致的，按照环境保护主管部门交送的数据确定应税污染物的计税依据。

第三节　案例解析

案例一

一、案例描述

鹏程公司是生产建筑材料的工业企业，有一个废气排放口，安装了符合国家监测标准的自动监测设备。监测数据显示，2023年10月，该公司共排放废气3000万立方米。大气污染物含应税污染物浓度分别为：一般性粉尘每立方米 40 毫克，二氧化硫每立方米 200 毫克，汞每立方米 0. 1 毫克，氮氧化物每立方米 150 毫克。求该公司 2023 年 10 月应缴多少环境保护税？

二、案例分析

1. 确定应税污染物

一般性粉尘、二氧化硫、汞、氮氧化物

2. 确定计税依据

排放量：

一般性粉尘＝3000×40÷100＝1200（千克）

二氧化硫＝3000×200÷100＝6000（千克）

汞＝3000×0. 1÷100＝3（千克）

氮氧化物＝3000×150÷100＝4500（千克）

污染当量数：

一般性粉尘＝1200÷4＝300

二氧化硫＝6000÷0. 95＝6315. 8

汞＝3÷0. 0001＝30000

氮氧化物＝4500÷0. 95＝4736. 8

同一排放口大气污染物按照污染当量数从大到小排序：汞>二氧化硫>氮氧化物>一般性粉尘，对前三项污染物征收环境保护税，污染当量数合计＝30000+6315. 8+4736. 8＝41052. 6。

3. 确定环境保护税应纳税额

应纳税额＝41052. 6×1. 2＝49263. 12（元）

案例二

一、案例描述

嘉华公司委托益达建筑公司建设一项施工工程，项目总建筑面积 10000 平方米，2023 年 10 月建筑 2000 平方米，该建筑施工时设置了边界围挡，对挖土方等易扬尘物料全部按照规定进行了覆盖，同时对运输车辆设置了机械冲洗装置防止二次扬尘污染，如何计算 10 月应缴纳的环境保护税？

二、案例分析

1. 确定纳税义务人

直接排放污染物的企业为益达建筑公司，益达建筑公司为环境保护税纳税义务人。

2. 确定征收方式

未安装自动监测设备，无监测报告，应当采用核定征收方式。

3. 确定应税污染物

根据规定，建筑行业的污染为建筑扬尘，适用一般性粉尘项目，污染当量值为 4。

4. 计算应纳税额

建筑扬尘排放当量值=（扬尘产生量-扬尘削减量）×月建筑面积或施工面积÷一般性粉尘污染当量值

对于建筑工地按建筑面积计算，建筑工程初始系数为 1.01，边界围挡削减系数 0.047，易扬尘物料覆盖削减系数 0.025，运输车辆机械冲洗削减系数 0.31，企业扬尘最终系数=1.01-0.047-0.025-0.31=0.628。

污染当量数=2000×0.628÷4=314

应纳税额=314×1.2=376.8（元）

（补充说明：本案例中“污染当量数”的计算涉及了一些“削减系数”的数值，不同地区可能存在差异，具体数值请查看当地规定。）

第十八章　社会保险费

第一节　社会保险费概要

一、基本养老保险

（一）企业职工基本养老保险

1. 征缴范围

（1）各类企业、非企业单位及其职工，实行企业化管理的事业单位及其职工，城镇个体工商户和灵活就业人员。外国人在中国境内就业的，参照《中华人民共和国社会保险法》（以下简称《社会保险法》）的规定参加社会保险。

（2）职工应当参加基本养老保险，由用人单位和职工共同缴纳基本养老保险费。无雇工的个体工商户、未在用人单位参加基本养老保险的非全日制从业人员以及其他灵活就业人员可以参加基本养老保险的，由个人缴纳基本养老保险费。

2. 缴费基数

（1）《社会保险法》规定："用人单位应当按照国家规定的本单位职工工资总额的比例缴纳基本养老保险费"。目前，用人单位缴费基数口径已统一为上年度本单位职工个人缴费工资基数之和。

（2）职工的个人缴费基数为本人缴费工资，原则上以上一年度本人月平均工资为基础，在本省上年全口径社会平均工资的60%～300%的范围内进行核定。本人工资高于本省上年全口径城镇单位就业人员平均工资300%的，以本省全口径城镇单位就业人员平均工资的300%为本人缴费基数；低于本省全口径城镇单位就业人员平均工资 60%的，以本省全口径城镇单位就业人员平均工资的 60%为本人缴费基数。

按照《国务院办公厅关于印发降低社会保险费率综合方案的通知》（国办发〔2019〕13 号）有关规定，调整就业人员平均工资计算口径。各省应以本省城镇非私营单位就业人员平均工资和城镇私营单位就业人员平均工资加权计算的全口径城镇单位就业人员平均工资，核定社保个人缴费基数上下限，合理降低部分参保人员和企业的社保缴费基数。（注：以下凡是涉及就业人员平均工资计算口径，均按此文件规定执行。）

（3）个体工商户和灵活就业人员参加企业职工基本养老保险，可以在本省全口径城镇单位就业人员平均工资的 60%~300%选择适当的缴费基数。

（4）凡是国家统计局有关文件没有明确规定不作为工资收入统计的项目，均应作为社会保险缴费基数。

（5）依据国家统计局《关于工资总额组成的规定》（1990 年 1 月 1 日国家统计局令第 1 号），工资总额是指各单位在一定时期内直接支付给本单位全部职工的劳动报酬总额，由计时工资、计件工资、奖金、加班加点工资、特殊情况下支付的工资、津贴和补贴等组成。（关于工资总额的构成下同，不再赘述。）

3. 缴费比例

（1）用人单位缴费比例为 16%。

根据《国务院办公厅关于印发降低社会保险费率综合方案的通知》（国办发〔2019〕13 号）规定，自 2019 年 5 月 1 日起，降低城镇职工基本养老保险（包括企业和机关事业单位基本养老保险）单位缴费比例。各省养老保险单位缴费比例高于 16%的，可降至 16%；低于 16%的，研究提出过渡办法。

（2）个人缴费比例为 8%。

（二）城乡居民基本养老保险

1. 征缴范围

年满 16 周岁（不含在校学生）、非国家机关和事业单位工作人员及不属于职工基本养老保险制度覆盖范围的城乡居民，可以在户籍地参加城乡居民基本养老保险。

2. 缴费标准

根据《国务院关于建立统一的城乡居民基本养老保险制度的意见》(国发〔2014〕8号)规定，参加城乡居民养老保险的个人应当按规定缴纳养老保险费。缴费标准设为每年100元、200元、300元、400元、500元、600元、700元、800元、900元、1000元、1500元、2000元12个档次，省人民政府可以根据实际情况增设缴费档次，最高缴费档次标准原则上不超过当地灵活就业人员参加职工基本养老保险的年缴费额，并报人力资源社会保险部备案。

(三) 机关事业单位基本养老保险

1. 征缴范围

(1) 按照《中华人民共和国公务员法》(以下简称《公务员法》) 管理的单位和参照《公务员法》管理的机关 (单位)、事业单位及其编制内的工作人员。

(2) 对划分为生产经营类，但尚未转企改制到位的事业单位，尚未参加企业职工基本养老保险的，暂参加机关事业单位基本养老保险，待其转企改制到位后，按有关规定纳入企业职工基本养老保险范围。

(3) 严格按照机关事业单位编制管理规定确定参保人员范围。

(4) 参加机关事业单位养老保险单位中的编制内劳动合同制工人，参加机关事业单位养老保险，具体办法由各地根据实际情况确定。

2. 缴费基数

(1) 单位缴纳基本养老保险费的基数为本单位工资总额。机关事业单位工资总额为参加机关事业单位基本养老保险的个人缴费工资基数之和。

(2) 个人缴纳基本养老保险费的基数为本人缴费工资。

机关单位 (含参照《公务员法》管理的单位) 工作人员的个人缴费工资基数包括：本人上年度工资收入中的基本工资、国家统一的津贴补贴 (警衔津贴、海关津贴等国家统一规定纳入原退休费计发基数的项目)、规范后的津贴补贴 (地区附加津贴)、年终一次性奖金。

事业单位工作人员的个人缴费工资基数包括：本人上年度工资收入中的基本工资、国家统一的津贴补贴 (国家统一规定纳入原退休费计发基数的项目）、绩效工资。

（3）个人工资超过全省上年度在岗职工平均工资 300%以上的部分，不计入个人缴费工资基数；低于全省上年度在岗职工平均工资 60%的，按全省上年度在岗职工平均工资的 60%计算个人缴费工资基数。

3. 缴费比例

基本养老保险费由单位和个人共同承担，单位缴纳基本养老保险费的比例自 2019 年 5 月 1 日起降至 16%。个人缴纳基本养老保险费的比例为 8%。

（四）职业年金

1. 征缴范围

职业年金制度适用的单位和工作人员范围与参加机关事业单位基本养老保险的范围一致。

职业年金所需费用由单位和工作人员个人共同承担。

2. 缴费基数

单位和个人缴费基数与机关事业单位工作人员基本养老保险缴费基数一致，即单位为本单位工资总额，个人为本人缴费工资。

3. 缴费比例

单位缴费比例为 8%，个人缴费比例为 4%。

二、基本医疗保险和生育保险

根据《国务院办公厅关于全面推进生育保险和职工基本医疗保险合并实施的意见》（国办发〔2019〕10 号）规定，各省要加强工作部署，督促指导各统筹地区加快落实，2019 年底前实现生育保险和职工基本医疗保险两险合并实施。

（一）基本医疗保险

1. 职工基本医疗保险

（1）征缴范围

①城镇所有用人单位，包括企业（国有企业、城镇集体企业、外商投资

企业、私营企业等)，机关、事业单位、社会团体、民办非企业单位及其职工，都应当参加职工基本医疗保险。

②无雇工的个体工商户、未在用人单位参加职工基本医疗保险的非全日制从业人员以及其他灵活就业人员可以参加职工基本医疗保险。

③与城镇用人单位签订规范劳务合同的农民工，随所在单位参加基本医疗保险，以灵活方式就业的，可按照当地灵活就业人员参保办法参加医疗保险。

④进城落户农民根据自身实际参加相应的城镇基本医疗保险。在城镇单位就业并有稳定劳动关系的，按规定随所在单位参加职工基本医疗保险；以非全日制、临时性工作等灵活形式就业的，可以灵活就业人员身份按规定参加就业地职工基本医疗保险。

⑤参加职工基本医疗保险的个人，达到法定退休年龄时累计缴费达到国家规定年限的，退休后不再缴纳基本医疗保险费；未达到国家规定年限的，可以缴费至国家规定年限。

⑥职工应当参加职工基本医疗保险的，由用人单位和职工共同缴纳基本医疗保险费。无雇工的个体工商户、未在用人单位参加职工基本医疗保险的非全日制从业人员以及其他灵活就业人员可以参加职工基本医疗保险，由个人按照国家规定缴纳基本医疗保险费。退休人员参加基本医疗保险的，个人不缴纳基本医疗保险费。

(2) 缴费基数

①职工基本医疗保险费用由用人单位和职工共同缴纳。用人单位缴费基数为本单位职工工资总额。职工缴费基数为本人工资收入。

②灵活就业人员参加基本医疗保险，缴费基数可参照当地上一年职工年平均工资核定。

③领取失业保险金的失业人员参加职工基本医疗保险应缴纳的基本医疗保险费，从失业保险基金中直接支付，个人不缴费。缴费基数可参照统筹地区全口径城镇单位就业人员平均工资的一定比例确定，最低比例不低于60%。

(3) 缴费比例

①用人单位缴纳职工基本医疗保险的比例应控制在职工工资总额的6%

左右。具体缴费比例主要由各统筹地区根据实际情况确定。

②职工缴费比例一般为本人工资收入的2%。

③灵活就业人员参加基本医疗保险的缴费比例原则上按照当地规定的缴费比例确定。

2. 城乡居民基本医疗保险

（1）征缴范围

①不属于职工基本医疗保险覆盖范围的人员，可以参加城乡居民基本医疗保险。包括农村居民、不属于城镇职工基本医疗保险制度覆盖范围的中小学阶段的学生（包括职业高中、中专、技校学生）、少年儿童和其他非从业城镇居民、新生儿、大学生以及已取得居住证的常住人口等特殊人群以及国家和各省规定的其他人员。

②农民工和灵活就业人员依法参加职工基本医疗保险，有困难的可按照当地规定参加城乡居民基本医疗保险。

（2）缴费标准

①城乡居民基本医疗保险费的缴费标准每年由国家医疗保障局、财政部确定年度筹资标准，各省据此制定本地标准。2023年城乡居民基本医疗保险个人缴费标准380元。

②最低生活保障对象、丧失劳动能力的残疾人、低收入家庭60周岁以上（含60周岁）的老年人和未成年人、建档立卡贫困人员以及符合规定的优抚对象所需个人缴费由政府给予补贴。

③城乡居民基本医疗保险的保险年度为自然年度，即每年的1月1日至12月31日。每年缴纳一次，集中缴费时间一般为每年的9月至12月。

（二）生育保险

1. 征缴范围

中华人民共和国境内的各类企业和国家机关、事业单位、社会团体、民办非企业单位、有雇工的个体工商户应当参加生育保险，为其职工缴纳生育保险费。

职工个人不缴纳生育保险费。

2. 缴费基数

用人单位按照其工资总额的一定比例缴纳生育保险费。生育保险和职工基本医疗保险合并实施后，生育保险的缴费基数原则上统一为职工基本医疗保险的缴费基数。

3. 缴费比例

（1）用人单位缴费比例不得超过工资总额的1%。具体比例由各统筹地区人民政府确定。

（2）自2015年10月1日起，生育保险基金累计结余大于9个月的统筹地区，缴费比例原则上调整到用人单位职工工资总额的0.5%以内（含），具体费率应按照“以支定收、收支平衡”的原则，根据近年来生育保险基金的收支和结余情况确定。

三、工伤保险

（一）征缴范围

1. 中华人民共和国境内的企业、事业单位、社会团体、民办非企业单位、基金会、律师事务所、会计师事务所等组织和有雇工的个体工商户。

2. 职工（包括非全日制从业人员）在两个或者两个以上用人单位同时就业的，各用人单位应当分别为职工缴纳工伤保险费。

3. 凡是与用人单位建立劳动关系的农民工，用人单位必须及时为他们办理参加工伤保险的手续。

4. 职工应当参加工伤保险的，由用人单位缴纳工伤保险费，职工不缴纳工伤保险费。

（二）缴费基数

工伤保险的缴费基数为本单位职工工资总额，即按上年用人单位月平均工资总额或上月工资总额确定缴费基数。工伤保险没有明确的缴费基数上下限规定。但实际操作中，由于多与养老保险同时申报，一般采用企业职工养老保险缴费基数上下限规定。

（三）费率

我国工伤保险实行行业差别费率和浮动费率制度。

1. 行业差别费率

不同工伤风险类别的行业执行不同的工伤保险行业基准费率。各行业工伤风险类别对应的全国工伤保险行业基准费率为，一类至八类分别控制在该行业用人单位职工工资总额的0.2%、0.4%、0.7%、0.9%、1.1%、1.3%、1.6%、1.9%左右。［具体标准参见《人力资源社会保障部 财政部关于调整工伤保险费率政策的通知》（人社部发〔2015〕71号）］

2. 浮动费率

通过费率浮动的办法确定每个行业内的费率档次。一类行业分为三个档次，即在基准费率的基础上，可向上浮动至120%、150%，二类至八类行业分为五个档次，即在基准费率的基础上，可分别向上浮动至120%、150%或向下浮动至80%、50%。

3. 费率的确定

统筹地区社会保险经办机构根据用人单位工伤保险费使用、工伤发生率、职业病危害程度等因素，确定其工伤保险费率，并可依据上述因素变化情况，每1至3年确定其在所属行业不同费率档次间是否浮动。对符合浮动条件的用人单位，每次可上下浮动一档或两档。统筹地区工伤保险最低费率不低于本地区一类风险行业基准费率。

4. 根据《人力资源社会保障部 财政部 国家税务总局关于阶段性降低失业保险、工伤保险费率有关问题的通知》（人社部发〔2023〕19号）规定，自2023年5月1日至2024年底，工伤保险基金累计结余可支付月数在18~23个月的统筹地区可以现行费率为基础下调20%，累计结余可支付月数在24个月以上的统筹地区可以现行费率为基础下调50%。

（四）特殊情况

建筑施工企业、小型服务企业、小型矿山企业等部分行业企业，难以直接按照工资总额计算缴纳工伤保险费，《部分行业企业工伤保险费缴纳办法》（人力资源社会保障部令第10号）规定了其缴纳工伤保险费的具体方式。

1. 建筑施工企业可以实行以建筑施工项目为单位，按照项目工程总造价的一定比例，计算缴纳工伤保险费。

2. 商贸、餐饮、住宿、美容美发、洗浴以及文体娱乐等小型服务业企业以及有雇工的个体工商户，可以按照营业面积的大小核定应参保人数，按照所在统筹地区上一年度职工月平均工资的一定比例和相应的费率，计算缴纳工伤保险费；也可以按照营业额的一定比例计算缴纳工伤保险费。

3. 小型矿山企业可以按照总产量、吨矿工资含量和相应的费率计算缴纳工伤保险费。

（五）阶段性减免政策

自 2023 年 5 月 1 日起，根据《人力资源社会保障部 财政部 国家税务总局关于阶段性降低失业保险、工伤保险费率有关问题的通知》（人社部发〔2023〕19 号）规定，按照《国务院办公厅关于印发降低社会保险费率综合方案的通知》（国办发〔2019〕13 号）有关实施条件，工伤保险基金累计结余可支付月数在 18 至 23 个月的统筹地区可以现行费率为基础下调 20%，累计结余可支付月数在 24 个月以上的统筹地区可以现行费率为基础下调 50%，实施期限延长至 2024 年底。

四、失业保险

（一）征缴范围

1. 国有企业、城镇集体企业、外商投资企业、城镇私营企业、股份制企业和其他城镇企业及其职工。

2. 事业单位及其职工。

3. 省、自治区、直辖市人民政府根据当地具体情况，可以规定将社会团体及其专职人员、民办非企业单位及其职工以及有雇工的城镇个体工商户及其雇工纳入失业保险的范围。

4. 农民合同制工人本人不缴纳失业保险费。

5. 职工应当参加失业保险，由用人单位和职工按照国家规定共同缴纳失业保险费。

（二）缴费基数

用人单位失业保险的缴费基数为本单位工资总额；职工的缴费基数为本人上年度月均工资。失业保险没有明确的个人缴费基数上下限规定。

（三）缴费比例

用人单位缴费比例为2%，个人缴费比例为1%。

（四）阶段性减免政策

根据《人力资源社会保障部 财政部 国家税务总局关于阶段性降低失业保险、工伤保险费率有关问题的通知》（人社部发〔2023〕19号）规定，自2023年5月1日起，继续实施阶段性降低失业保险费率至1%的政策，实施期限延长至2024年底。在省（区、市）行政区域内，单位及个人的费率应当统一，个人费率不得超过单位费率。

第二节　疑难解答

1. 社会保险费可以缓缴、减免吗？

答：用人单位应当自行申报、按时足额缴纳社会保险费，非因不可抗力等法定事由不得缓缴、减免。用人单位确因特殊困难需要缓缴的，需要报经省级人民政府社会保险行政部门批准。

2. 用人单位未按规定申报应当缴纳的社会保险费数额的，税务机关如何处理？

答：根据《社会保险法》规定，用人单位未按规定申报应缴纳的社会保险费数额的，税务机关按照该单位上月缴费额的110%确定应缴数额；没有上月缴费数额的，暂按该单位的经营状况、职工人数等有关情况确定应缴数额。用人单位补办手续后，税务机关按规定结算。

3. 用人单位未按时足额缴纳社会保险费的，税务机关将如何处理?

答：根据《社会保险法》规定，用人单位未按时足额缴纳社会保险费的，由税务机关责令其限期缴纳或者补足。

4. 个人养老保险交满 15 年后可以退休吗?

答：个人参加基本养老保险并达到法定退休年龄时，如果累计缴费满 15 年的，可以按月领取基本养老金。如果缴满 15 年之后，还没有达到退休年龄，依然需要继续缴纳到退休年龄，才可以办理退休。

缴费 15 年是最低的缴费年限。《社会保险法》明确规定，参加基本养老保险的个人，达到法定退休年龄时累计缴费年限满 15 年的，可以办理领取基本养老金，并不是缴费满 15 年就可以办理退休。

5. 快到退休年龄了，但养老保险没有缴满 15 年怎么办?

答：（1）延长缴费至满 15 年。参保人员达到法定退休年龄时，若城镇职工养老保险缴费不足 15 年，可以按照国家有关规定在待遇领取地延长缴费至满 15 年。其中《社会保险法》实施（2011 年 7 月 1 日）前参保，延长缴费 5 年后仍不足 15 年的，可以一次性缴费至满 15 年。

（2）转入城乡居民养老保险。参保人员也可以申请从城镇职工养老保险转入城乡居民养老保险，享受相应的养老保险待遇。

（3）申请终止职工基本养老保险关系。未转入新型农村社会养老保险或者城镇居民社会养老保险的，个人可以书面申请终止职工基本养老保险关系。社保经办机构按照程序，经本人确认后，终止其职工养老保险关系，并将个人账户储存额一次性支付给本人。

6. 个人可以自愿放弃参加社保、缴纳社保费吗?

答：不可以。根据《社会保险法》《中华人民共和国劳动合同法》相关规定，用人单位和劳动者应当依法参加社会保险，缴纳社会保险费。为劳动者参加社会保险并依法缴纳社会保险费系用人单位的法定义务，该项义务不能由用人单位和劳动者通过约定变更或者放弃。

第十九章　政府非税收入

第一节　政府非税收入概要

一、政府非税收入基本概念与主要分类

按照《政府非税收入管理办法》（财税〔2016〕33 号）中的定义，政府非税收入（以下简称非税收入）是指除税收以外，由各级国家机关、事业单位、代行政府职能的社会团体及其他组织依法利用国家权力、政府信誉、国有资源（资产）所有者权益等取得的各项收入，不包括社会保险费、住房公积金（指计入缴存人个人账户部分）。

财税〔2016〕33 号文件针对非税收入管理的特有属性，将非税收入分为 12 类，具体是：

1. 行政事业性收费收入

行政事业性收费，是指国家机关、事业单位、代行政府职能的社会团体及其他组织根据法律、行政法规、地方性法规等有关规定，依照国务院规定程序批准，在实施社会公共管理，以及在向公民、法人提供特定公共服务过程中，向特定对象收取的费用，包括不动产登记费、土地复垦费、防空地下室易地建设费等。

2. 政府性基金收入

政府性基金，是指各级人民政府及其所属部门根据法律、行政法规和中共中央、国务院有关文件规定，为支持特定公共基础设施建设和公共事业发展，向公民、法人和其他组织无偿征收的具有专项用途的财政资金，包括教育费附加、地方教育附加、残疾人就业保障金等。

3. 罚没收入

罚没收入，是指执法、司法机关依照法律、法规的规定，对违法者实施经济罚款的款项、没收的赃款和赃物变价款，包含一般罚没收入、缉私罚没收入和缉毒罚没收入等。

4. 国有资源（资产）有偿使用收入

国有资源有偿使用收入，是指有偿转让国有资源使用权而取得的收入，包括土地出让金、海域使用金、石油特别收益金专项收入、矿产资源专项收入、农村集体经营性建设用地土地增值收益调节金收入、新增建设用地土地有偿使用费收入等。

国有资产有偿使用收入，是指国家机关、实行公务员管理的事业单位、代行政府职能的社会团体以及其他组织的固定资产和无形资产出租、出售、出让、转让等取得的收入，包括世界文化遗产保护范围内实行特许经营项目的有偿出让收入和世界文化遗产的门票收入，利用政府投资建设的城市道路和公共场地设置停车泊位取得的收入，以及利用其他国有资产取得的收入。

5. 国有资本收益

国有资本收益，是指国家以所有者身份依法取得的国有资本投资收益，包括五个方面，一是应交利润，即国有独资企业按规定应当上交国家的利润；二是国有股股利、股息，即国有控股、参股企业国有股权（股份）获得的股利、股息收入；三是国有产权转让收入，即转让国有产权、股权（股份）获得的收入；四是企业清算收入，即国有独资企业清算收入（扣除清算费用），国有控股、参股企业国有股权（股份）分享的公司清算收入（扣除清算费用）；五是其他国有资本收益。

除上述5类非税收入外，还有彩票公益金收入、特许经营收入、中央银行收入、以政府名义接受的捐赠收入、主管部门集中收入、政府收入的利息收入及其他非税收入7类。

二、税务部门征收非税收入概况

现行由税务机关负责征收的政府非税收入可分为政府性基金、行政事业性收费、其他非税收入三大类项目。

部分非税收入项目在 2018 年之前就已由税务机关负责征收。依照 2018 年中共中央印发的《深化党和国家机构改革方案》中关于税务部门“承担所辖区域内各项税收、非税收入征管等职责”的规定，以及《财政部关于将国家重大水利工程建设基金等政府非税收入项目划转税务部门征收的通知》（财税〔2018〕147 号）、《财政部关于国家重大水利工程建设基金、水利建设基金划转税务部门征收的通知》（财税〔2020〕9 号）、《财政部关于水土保持补偿费等四项非税收入划转税务部门征收的通知》（财税〔2020〕58 号）、《财政部关于土地闲置费、城镇垃圾处理费划转税务部门征收的通知》（财税〔2021〕8 号）、《财政部 自然资源部 税务总局 人民银行关于将国有土地使用权出让收入、矿产资源专项收入、海域使用金、无居民海岛使用金四项政府非税收入划转税务部门征收有关问题的通知》（财综〔2021〕19 号）、《财政部关于将森林植被恢复费、草原植被恢复费划转税务部门征收的通知》（财税〔2022〕50 号）等文件规定，在 2019 年和 2020 年、2021 年、2023 年相继分批将规定的政府非税收入项目划转至税务机关征收。

截至 2024 年 2 月，由税务机关负责征收的政府非税收入项目有 30 项，具体情况见表 19-1：

表 19-1　　由税务部门征收的政府非税收入项目表

序号	项目名称	相关说明
1	教育费附加、地方教育附加、文化事业建设费、废弃电器电子产品处理基金①、残疾人就业保障金	2015 年前已征
2	国家重大水利工程建设基金、农网还贷资金、大中型水库移民后期扶持基金、可再生能源发展基金、核电站乏燃料处理处置基金、核事故应急准备专项收入、跨省际大中型水库库区基金、三峡水库库区基金、三峡电站水资源费；油价调控风险准备金、石油特别收益金、国家留成油收入；免税商品特许经营费	2019 年划转项目

① 根据《关于停征废弃电器电子产品处理基金有关事项的公告》（财政部 生态环境部 国家发展改革委 工业和信息化部 2023 年第 74 号）规定，自 2024 年 1 月 1 日起，停征废弃电器电子产品处理基金。

续表

序号	项目名称	相关说明
3	水利建设基金	2018 年前部分征收 2020 年全部划转
4	国有土地使用权出让收入、矿产资源专项收入、海域使用金、无居民海岛使用金、地方水库移民扶持基金、土地闲置费、城镇垃圾处理费、排污权出让收入、水土保持补偿费、防空地下室易地建设费	2021 年划转项目
5	森林植被恢复费、草原植被恢复费	2023 年 1 月起划转

三、税务部门征收非税收入征管制度

根据财税〔2018〕147 号文件的规定，税务部门征收非税收入实行属地征收、自行申报、假日顺延、分类退库等征管制度。

1. 属地征收。税务部门按照属地原则征收划转的非税收入，具体征收机关由国家税务总局各省、自治区、直辖市和计划单列市税务局按照“便民、高效”原则确定。

2. 自行申报。缴费人采用自行申报方式办理非税收入申报缴纳等有关事项。相关电网企业按照现行规定进行代征，并向税务部门申报缴纳。符合非税收入减免政策的，缴费人自行申报享受，相关资料由缴费人留存备查，并对资料的真实性和合法性承担责任。

3. 假日顺延。各项非税收入缴纳期限按现行规定执行，期限最后一日是法定休假日的，以休假日期满的次日为最后一日，期限内有连续 3 日以上法定休假日的，按休假日天数顺延。

4. 分类退库。涉及误收误缴、汇算清缴需要退库的，缴费人向主管税务机关申请办理。涉及收入减免等政策性原因需要退库的，按照财政部有关退库管理规定办理。

四、税务部门征收非税收入申报表单

申报表单分为专用申报表单和通用申报表单。部分项目使用专用申报表单，目前主要有 8 个，分别是《增值税及附加税费预缴表》《增值税及附加税费预缴表（一般纳税人适用）》《增值税及附加税费申报表（小规模纳税人适用）》《消费税及附加税费申报表》《文化事业建设费申报表》《残疾人就业保障金缴费申报表》《石油特别收益金申报表》《油价调控风险准备金申报表》。

通用申报表单为《非税收入通用申报表》。国家重大水利工程建设基金、农网还贷资金、可再生能源发展基金、中央水库移民扶持基金（含大中型水库移民后期扶持基金、三峡水库库区基金、跨省际大中型水库库区基金）、地方水库移民扶持基金、三峡电站水资源费、核电站乏燃料处理处置基金、核事故应急准备专项收入、国家留成油收入、免税商品特许经营费、水土保持补偿费、防空地下室易地建设费、土地闲置费、国有土地使用权出让收入、矿产资源专项收入、排污权出让收入、城镇垃圾处理费等 17 项非税收入，各省划转的省级非税收入项目，以及其他没有专用申报表的非税收入项目，均可使用《非税收入通用申报表》。

第二节　税务部门征收的部分政府非税收入

一、教育费附加和地方教育附加

（一）缴纳义务人

凡缴纳增值税、消费税的单位和个人（包括外商投资企业、外国企业及外籍个人），均为教育费附加、地方教育附加的缴纳义务人。

对外资企业 2010 年 12 月 1 日（含）之后发生纳税义务的增值税、消费税征收教育费附加。

凡代征增值税、消费税的单位和个人，亦为代征教育费附加、地方教育

附加的义务人。

（二）征收范围和标准

1. 征收范围

征费范围与增值税、消费税的征税范围相同。

2. 征收标准

以纳税人实际缴纳的增值税、消费税为计量依据，教育费附加、地方教育附加的费率分别为3%、2%。

（三）征收管理

1. 征收机关

教育费附加、地方教育附加的缴纳地点与纳税人缴纳增值税、消费税的规定一致。

2. 征缴时间

缴费人申报缴纳增值税、消费税的同时，申报缴纳教育费附加和地方教育附加。

3. 申报表单

根据《国家税务总局关于增值税 消费税与附加税费申报表整合有关事项的公告》（国家税务总局公告2021年第20号）规定，教育费附加和地方教育附加的申报可以分为四种申报表单：《增值税及附加税费申报表（一般纳税人适用）》《增值税及附加税费申报表（小规模纳税人适用）》《增值税及附加税费预缴表》和《消费税及附加税费申报表》。根据《国家税务总局关于进一步实施小微企业“六税两费”减免政策有关征管问题的公告》（国家税务总局公告2022年第3号）规定，修订了《增值税及附加税费申报表（一般纳税人适用）》《增值税及附加税费预缴表》和《消费税及附加税费申请表》。此处仅以《增值税及附加税费申报表（一般纳税人适用）》为例，说明教育费附加和地方教育附加的申报，见表19-2。

（四）优惠政策

1. 根据《财政部 国家税务总局关于扩大有关政府性基金免征范围的通

表 19-2

增值税及附加税费申报表（一般纳税人适用）附列资料（五）

（附加税费情况表）

税（费）款所属时间：　年　月　日至　年　月　日

纳税人名称：（公章）　　　　　　　　　　金额单位：元（列至角分）

本期是否适用小微企业“六税两费”减免政策					□是　□否		减免政策适用主体			□个体工商户　□小型微利企业				
							适用减免政策起止时间			年　月　至　年　月				
税（费）种		计税（费）依据			税（费）率（%）	本期应纳税（费）额	本期减免税（费）额		小微企业“六税两费”减免政策		试点建设培育产教融合型企业		本期已缴税（费）额	本期应补（退）税（费）额
		增值税税额	增值税免抵税额	留抵退税本期扣除额			减免性质代码	减免税（费）额	减征比例（%）	减征额	减免性质代码	本期抵免金额		
		1	2	3	4	5=（1+2-3）×4	6	7	8	9=（5-7）×8	10	11	12	13=5-7-9-11-12
城市维护建设税	1										—	—		
教育费附加	2													
地方教育附加	3													
合计	4	—	—	—	—				—		—			

续表

本期是否适用试点建设培育产教融合型企业抵免政策	□是 □否	当期新增投资额	5	
		上期留抵可抵免金额	6	
		结转下期可抵免金额	7	
可用于扣除的增值税留抵退税额使用情况		当期新增可用于扣除的留抵退税额	8	
		上期结存可用于扣除的留抵退税额	9	
		结转下期可用于扣除的留抵退税额	10	

填写说明：

1. “税（费）款所属时间”：指纳税人申报的附加税费应纳税（费）额的所属时间，应填写具体的起止年、月、日。

2. “纳税人名称”：填写纳税人名称全称。

3. “本期是否适用小微企业‘六税两费’减免政策”：纳税人在税款所属期内适用个体工商户、小型微利企业减免政策的，勾选“是”；否则，勾选“否”。

4. “减免政策适用主体”：适用小微企业“六税两费”减免政策的，填写本项。纳税人是个体工商户的，在“□个体工商户”处勾选；纳税人是小型微利企业的，在“□小型微利企业”处勾选。登记为增值税一般纳税人的新设立企业，从事国家非限制和禁止行业，且同时符合设立时从业人数不超过300人、资产总额不超过5000万元两项条件的，勾选“小型微利企业”。

5. “适用减免政策起止时间”：填写适用减免政策的起止月份，不得超出当期申报的税款所属期限。

6. “本期是否适用试点建设培育产教融合型企业抵免政策”：符合《财政部关于调整部分政府性基金有关政策的通知》（财税〔2019〕46号）规定的试点建设培育产教融合型企业，选择“是”；否则，选择“否”。

7. 第5行“当期新增投资额”：填写试点建设培育产教融合型企业当期新增投资额减去股权转让、撤回投资等金额后的投资净额，该数值可为负数。

8. 第6行“上期留抵可抵免金额”：填写上期的“结转下期可抵免金额”。

9. 第7行“结转下期可抵免金额”：填写本期抵免应缴教育费附加、地方教育附加后允许结转下期抵免部分。

10. 第8行“当期新增可用于扣除的留抵退税额”：填写本期经税务机关批准的上期留抵税额退税额。本栏等于《附列资料二》第22栏“上期留抵税额退税”。

11. 第9行“上期结存可用于扣除的留抵退税额”：填写上期的“结转下期可用于扣除的留抵退税额”。

12. 第10行“结转下期可用于扣除的留抵退税额”：填写本期扣除后剩余的增值税留抵退税额，结转下期可用于扣除的留抵退税额=当期新增可用于扣除的留抵退税额+上期结存可用于扣除的留抵退税额-留抵退税本期扣除额。

13. 第1列“增值税税额”：填写主表增值税本期应补（退）税额。

14. 第2列“增值税免抵税额”：填写上期经税务机关核准的增值税免抵税额。

15. 第3列“留抵退税本期扣除额”：填写本期因增值税留抵退税扣除的计税依据。当第8行与第9行之和大于第1行第1列与第1行第2列之和时，第3列第1至3行分别按对应行第1列与第2列之和填写。当第8行与第9行之和（大于0）小于或等于第1行第1列与第1行第2列之和时，第3列第1至3行分别按第8行与第9行之和对应填写。当第8行与第9行之和（小于等于0）小于或等于第1行第1列与第1行第2列之和时，第3列第1至3行均填写0。

16. 第4列“税（费）率”：填写适用税（费）率。

17. 第5列“本期应纳税（费）额”：填写本期按适用的税（费）率计算缴纳的应纳税（费）额。计算公式为：本期应纳税（费）额=（增值税税额+增值税免抵税额-留抵退税本期扣除额）×税（费）率。

18. 第6列“减免性质代码”：按《减免税政策代码目录》中附加税费适用的减免性质代码填写，增值税小规模纳税人、小型微利企业和个体工商户“六税两费”减免政策优惠不填写，试点建设培育产教融合型企业抵免不填写。有减免税（费）情况的必填。

19. 第7列“减免税（费）额”：填写本期减免的税（费）额。

20. 第8列“减征比例（%）”：填写当地省级政府根据《……》（财税〔2022〕××号）确定的减征比例填写。

21. 第9列“减征额”：填写纳税人本期享受小微企业“六税两费”减征政策减征额。计算公式为：小微企业“六税两费”减征额=［本期应纳税（费）额-本期减免税（费）额］×减征比例。

22. 第10列“减免性质代码”：符合《财政部关于调整部分政府性基金有关政策的通知》（财税〔2019〕46号）规定的试点建设培育产教融合型企业分别填写教育费附加产教融合试点减免性质代码61101402、地方教育附加产教融合试点减免性质代码99101401。不适用建设培育产教融合型企业抵免政策的则为空。

23. 第11列“本期抵免金额”：填写试点建设培育产教融合型企业本期抵免的教育费附加、地方教育附加金额。

24. 第12列“本期已缴税（费）额”：填写本期应纳税（费）额中已经缴纳的部分。该列不包括本期预缴应补（退）税费情况。

25. 第13列“本期应补（退）税（费）额”：该列次与主表第39至41栏对应相等。计算公式为：本期应补（退）税（费）额=本期应纳税（费）额-本期减免税（费）额-试点建设培育产教融合型企业本期抵免金额-本期已缴税（费）额。

知》（财税〔2016〕12号）规定，自2016年2月1日起，按月纳税的月销售额或营业额不超过10万元（按季度纳税的季度销售额或营业额不超过30万元）的缴纳义务人，免征教育费附加、地方教育附加、水利建设基金。

2. 根据《财政部 税务总局关于增值税期末留抵退税有关城市维护建设税 教育费附加和地方教育附加政策的通知》（财税〔2018〕80号）规定，对实行增值税期末留抵退税的纳税人，允许其从城市维护建设税、教育费附加和地方教育附加的计税（征）依据中扣除退还的增值税税额。

3. 根据《财政部 税务总局关于进一步支持小微企业和个体工商户发展有关税费政策的公告》（财政部 税务总局公告2023年第12号）规定，2023年1月1日至2027年12月31日，对增值税小规模纳税人、小型微利企业和个体工商户减半征收教育费附加、地方教育附加。

4. 根据《财政部 税务总局 退役军人事务部关于进一步扶持自主就业退役士兵创业就业有关税收政策的公告》（财政部 税务总局 退役军人事务部公告2023年第14号）规定：

（1）自2023年1月1日至2027年12月31日，自主就业退役士兵从事个体经营的，自办理个体工商户登记当月起，在3年（36个月，下同）内按每户每年20000元为限额依次扣减其当年实际应缴纳的增值税、城市维护建设税、教育费附加、地方教育附加和个人所得税。限额标准最高可上浮20%，各省、自治区、直辖市人民政府可根据本地区实际情况在此幅度内确定具体限额标准。

纳税人年度应缴纳税款小于上述扣减限额的，减免税额以其实际缴纳的税款为限；大于上述扣减限额的，以上述扣减限额为限。纳税人的实际经营期不足1年的，应当按月换算其减免税限额。

换算公式为：

$$减免税限额=年度减免税限额\div12\times实际经营月数$$

城市维护建设税、教育费附加、地方教育附加的计税依据是享受本项税收优惠政策前的增值税应纳税额。

（2）自2023年1月1日至2027年12月31日，企业招用自主就业退役士兵，与其签订1年以上期限劳动合同并依法缴纳社会保险费的，自签订劳动合同并缴纳社会保险当月起，在3年内按实际招用人数予以定额依次扣减增值税、城市维护建设税、教育费附加、地方教育附加和企业所得税优惠。定额标准为每人每年6000元，最高可上浮50%，各省、自治区、直辖市人民政府可根据本地区实际情况在此幅度内确定具体定额标准。

企业按招用人数和签订的劳动合同时间核算企业减免税总额，在核算减免税总额内每月依次扣减增值税、城市维护建设税、教育费附加和地方教育附加。企业实际应缴纳的增值税、城市维护建设税、教育费附加和地方教育附加小于核算减免税总额的，以实际应缴纳的增值税、城市维护建设税、教育费附加和地方教育附加为限；实际应缴纳的增值税、城市维护建设税、教育费附加和地方教育附加大于核算减免税总额的，以核算减免税总额为限。

纳税年度终了，如果企业实际减免的增值税、城市维护建设税、教育费附加和地方教育附加小于核算减免税总额，企业在企业所得税汇算清缴时以差额部分扣减企业所得税。当年扣减不完的，不再结转以后年度扣减。自主就业退役士兵在企业工作不满1年的，应当按月换算减免税限额。计算公式为：

$$企业核算减免税总额=\sum 每名自主就业退役士兵本年度在本单位工作月份\div 12\times 具体定额标准$$

城市维护建设税、教育费附加、地方教育附加的计税依据是享受此项税收优惠政策前的增值税应纳税额。

5. 根据《财政部关于调整部分政府性基金有关政策的通知》（财税〔2019〕46号）规定，自2019年1月1日起，纳入产教融合型企业建设培育范围的试点企业，兴办职业教育的投资符合该通知规定的，可按投资额的30%比例，抵免该企业当年应缴教育费附加和地方教育附加。试点企业属于集团企业的，其下属成员单位（包括全资子公司、控股子公司）对职业教育有实际投入的，可按该通知规定抵免教育费附加和地方教育附加。

允许抵免的投资是指试点企业当年实际发生的，独立举办或参与举办职业教育的办学投资和办学经费支出，以及按照有关规定与职业院校稳定开展校企合作，对产教融合实训基地等国家规划布局的产教融合重大项目建设投资和基本运行费用的支出。

试点企业当年应缴教育费附加和地方教育附加不足抵免的，未抵免部分可在以后年度继续抵免。试点企业有撤回投资和转让股权等行为的，应当补缴已经抵免的教育费附加和地方教育附加。

二、文化事业建设费

（一）缴纳义务人

在中华人民共和国境内提供广告服务的广告媒介单位和户外广告经营单位，提供娱乐服务的单位和个人，应按照规定缴纳文化事业建设费。广告服务业的征缴范围不包括个人，而娱乐服务业的征缴范围包括个人。

广告媒介单位和户外广告经营单位是指发布、播映、宣传、展示户外广告和其他广告的单位，以及从事广告代理服务的单位。

文化事业建设费的扣缴义务人包括：

1. 中华人民共和国境外的广告媒介单位和户外广告经营单位在境内提供广告服务，在境内未设有经营机构的，以广告服务接受方为文化事业建设费的扣缴义务人。

2. 境外单位和个人在境内提供娱乐服务，在境内未设有经营机构的，以娱乐服务的接受方为文化事业建设费的扣缴义务人。

（二）征收范围和标准

1. 征收范围

广告服务、娱乐服务，是指《营业税改征增值税试点实施办法》（财税〔2016〕36号附件1）所附的《销售服务、无形资产、不动产注释》中“广告服务”“娱乐服务”范围内的服务。

广告服务，是指利用图书、报纸、杂志、广播、电视、电影、幻灯、路牌、招贴、橱窗、霓虹灯、灯箱、互联网等各种形式为客户的商品、经营服务项目、文体节目或者通告、声明等委托事项进行宣传和提供相关服务的业务活动，包括广告代理和广告的发布、播映、宣传、展示等。

娱乐服务，是指为娱乐活动同时提供场所和服务的业务。具体包括：

歌厅、舞厅、夜总会、酒吧、台球、高尔夫球、保龄球、游艺（包括射击、狩猎、跑马、游戏机、蹦极、卡丁车、热气球、动力伞、射箭、飞镖）。

2. 征收标准

（1）提供广告服务文化事业建设费应缴费额的计算

缴纳文化事业建设费的缴纳义务人应按照提供广告服务取得的计费销售额的3%计算应缴费额，计算公式为：

应缴费额＝计费销售额×3%

计费销售额，为缴纳义务人提供广告服务取得的全部含税价款和价外费用，减除支付给其他广告公司或广告发布者的含税广告发布费后的余额。

缴纳义务人减除价款的，应当取得增值税专用发票或国家税务总局规定的其他合法有效凭证，否则，不得减除。

按规定扣缴文化事业建设费的，扣缴义务人应按下列公式计算应扣缴费额：

应扣缴费额＝支付的广告服务含税价款×费率

（2）提供娱乐服务文化事业建设费应缴费额的计算

根据《财政部 国家税务总局关于营业税改征增值税试点有关文化事业建设费政策及征收管理问题的补充通知》（财税〔2016〕60号）规定，缴纳义务人应按照提供娱乐服务取得的计费销售额的3%计算娱乐服务应缴费额，计算公式为：

娱乐服务应缴费额＝娱乐服务计费销售额×3%

娱乐服务计费销售额，为缴纳义务人提供娱乐服务取得的全部含税价款和价外费用。

（三）征收管理

1. 征收机关

文化事业建设费的缴纳义务发生时间和缴纳地点，与缴纳义务人的增值税纳税义务发生时间和纳税地点相同。

2. 征缴时间

文化事业建设费的缴纳期限与缴纳义务人的增值税纳税期限相同。

3. 申报表单

根据《国家税务总局关于营业税改征增值税试点有关文化事业建设费登记与申报事项的公告》（国家税务总局公告 2013 年第 64 号）及《国家税务总局关于调整部分政府性基金有关征管事项的公告》（国家税务总局公告 2019 年第 24 号）规定，缴纳人、扣缴人应在申报期内分别向主管税务机关报送《文化事业建设费申报表》（见表 19-3）、《文化事业建设费代扣代缴报告表》（见表 19-4）。

表 19-3　　**文化事业建设费申报表**

缴纳人识别号：□□□□□□□□□□□□□□□□□□□□

缴纳人名称（公章）：　　　　　　　　　　　　　　金额单位：元（列至角分）

费款所属期：　　年　月　日至　　年　月　日　　　　填表日期：　　年　月　日

项目			栏次	本月（期）数	本年累计
计费收入	应征收入		1		
	免征收入		2		
费额计算	减除项目期初金额		3		—
	减除项目本期发生额		4		
	本期减除额	应征收入减除额	5		
		免征收入减除额	6		
	减除项目期末余额		7＝3+4－5－6		
	计费销售额		8＝1－5		
	费率		9		—
	应缴费额		10＝8×9		
费额缴纳	期初未缴费额（多缴为负）		11		—
	本期已缴费额		12＝13+14+15		
	其中：本期预缴费额		13		
	本期缴纳上期费额		14		
	本期缴纳欠费额		15		
	期末未缴费额（多缴为负）		16＝10+11－12		
	其中：欠缴费额（≥0）		17＝11－14－15		—
	本期应补（退）费额		18＝10×（1-减征比例）－13		—
	本期检查已补缴费额		19		

续表

<table>
<tr><td rowspan="4">缴纳人或代理人声明：
此申报表是根据国家相关规定填报的，我确定填报内容是真实的、可靠的、完整的。</td><td colspan="2">如缴纳人申报，由缴纳人填写以下各栏：</td></tr>
<tr><td>经办人员（签章）：
法定代表人（签章）：</td><td>财务负责人（签章）：
联系电话：</td></tr>
<tr><td colspan="2">如委托代理人申报，由代理人填写以下各栏：</td></tr>
<tr><td>代理人名称：
代理人（公章）：</td><td>经办人（签章）：
联系电话：</td></tr>
</table>

以下由税务机关填写：

收到日期：　　　　接收人：　　　　主管税务机关盖章：

填表说明

一、本申报表适用于营业税改征增值税后，文化事业建设费缴纳人向税务机关办理申报时使用。

二、有关栏目填写说明：

（一）“缴纳人识别号”，填写税务机关为缴纳人确定的号码，即税务登记证号码。

（二）“缴纳人名称”，填写缴纳人名称全称，不得填写简称。

（三）“费款所属期”，指缴纳人申报的文化事业建设费所属时间，应填写具体的起止年、月、日。

（四）“填表日期”，指缴纳人填写本表的具体日期。

（五）“计费收入”，指缴纳人本期提供有关应税服务取得的全部含税价款和价外费用，包括“应征收入”和“免征收入”。当期第1栏“应征收入”有发生额时，第2栏“免征收入”应为零，当期第2栏“免征收入”有发生额时，第1栏“应征收入”应为零。

（六）第1栏“应征收入”：反映缴纳人本期按规定应征文化事业建设费的收入。按规定可以减除相关价款的，本栏填写减除之前的全部含税价款和价外费用。“本年累计”栏数据，为年度内各月（期）数之和。

（七）第2栏“免征收入”：反映缴纳人本期按规定免征文化事业建设费的收入。按规定可以减除相关价款的，本栏填写减除之前的全部含税价款和价外费用。"本年累计"栏数据，为年度内各月（期）数之和。

（八）第3栏"减除项目期初金额"：反映本期期初减除项目的金额，为上期本表第7栏"减除项目期末余额"。

（九）第4栏"减除项目本期发生额"：反映缴纳人本期发生的按规定可以从计费收入中减除的相关价款，等于文化事业建设费申报表附列资料《应税服务减除项目清单》的"合计"项。"本年累计"栏数据，为年度内各月（期）数之和。

（十）第5栏"应征收入减除额"：反映本期从应征收入中实际减除的价款数额。若第3栏"减除项目期初金额"+第4栏"减除项目本期发生额"≤第1栏"应征收入"，则第5栏"应征收入减除额"=第3栏"减除项目期初金额"+第4栏"减除项目本期发生额"；若第3栏"减除项目期初金额"+第4栏"减除项目本期发生额">第1栏"应征收入"，则第5栏"应征收入减除额"=第1栏"应征收入"。"本年累计"栏数据，为年度内各月（期）数之和。

（十一）第6栏"免征收入减除额"：反映本期从免征收入中实际减除的价款数额。若第3栏"减除项目期初金额"+第4栏"减除项目本期发生额"≤第2栏"免征收入"，则第6栏"免征收入减除额"=第3栏"减除项目期初金额"+第4栏"减除项目本期发生额"；若第3栏"减除项目期初金额"+第4栏"减除项目本期发生额">第2栏"免征收入"，则第6栏"免征收入减除额"=第2栏"免征收入"。"本年累计"栏数据，为年度内各月（期）数之和。

（十二）第7栏"减除项目期末余额"：反映本期期末尚未减除的项目金额，按表中公式计算填列。"本年累计"栏数据，与"本月（期）"数相同。

（十三）第8栏"计费销售额"：反映计算文化事业建设费的销售额，按表中公式计算填列。"本年累计"栏数据，为年度内各月（期）数之和。

（十四）第10栏"应缴费额"：反映本期应缴文化事业建设费金额，按表中公式计算填列。"本年累计"栏数据，为年度内各月（期）数之和。

（十五）第11栏"期初未缴费额"：反映本期期初欠缴费额、应缴未缴上期费额的合计数，等于上期本表第16栏"期末未缴费额"。

（十六）第 12 栏“本期已缴费额”：反映本期已缴上期费额、已缴欠缴费额、已预缴本期费额的合计数，按表中公式计算填列。其中，“本期预缴费额”填写本期已预缴的本期应缴费额；“本期缴纳上期费额”填写本期缴纳的上期应缴未缴费额；“本期缴纳欠费额”填写本期缴纳的以前各期形成的欠费额。“本年累计”栏数据，为年度内各月（期）数之和。

（十七）第 16 栏“期末未缴费额”：反映本期期末应缴未缴费额，按表中公式计算填列。其中，“欠缴费额”反映已形成的欠费额，按表中公式计算填列。“本年累计”栏数据，与“本月（期）数”相同。

（十八）第 18 栏“本期应补（退）费额”：反映本期应缴费额中应补缴或退回的数额。计算公式：18＝10×归属中央收入比例×（1−50%）＋10×归属地方收入比例×（1−归属地方收入减征比例）−13。

（十九）第 19 栏“本期检查已补缴费额”：反映税务、财政、审计部门检查已补缴的费额。

表 19-4　　文化事业建设费代扣代缴报告表

扣缴人识别号：□□□□□□□□□□□□□□□□□□□□

扣缴人名称（公章）：　　　　金额单位：元（列至角分）

费款所属期：　　年　月　日至　　年　月　日　　　　填表日期：　　年　月　日

项目	栏次	本月（期）数	本年累计
计费依据	1		
费率	2		—
本期应扣缴费额	3＝1×2		

<table>
<tr><td rowspan="4">扣缴人或代理人声明：
此表是根据国家相关规定填报的，我确定填报内容是真实的、可靠的、完整的。</td><td colspan="2">如扣缴人申报，由扣缴人填写以下各栏：</td></tr>
<tr><td>经办人员（签章）：
法定代表人（签章）：</td><td>财务负责人（签章）：
联系电话：</td></tr>
<tr><td colspan="2">如委托代理人申报，由代理人填写以下各栏：</td></tr>
<tr><td>代理人名称：
代理人（公章）：</td><td>经办人（签章）：
联系电话：</td></tr>
</table>

以下由税务机关填写：

收到日期：　　　　接收人：　　　　主管税务机关盖章：

填表说明

一、本表适用于营业税改征增值税后，文化事业建设费扣缴人，向税务机关办理代扣代缴申报时使用。

二、有关栏目填写说明：

（一）“扣缴人识别号”，填写税务机关为扣缴人确定的号码，即税务登记证号码或扣缴税款登记证件号码。

（二）“扣缴人名称”，填写扣缴人名称全称，不得填写简称。

（三）“费款所属期”，指代扣代缴文化事业建设费的所属时间，填写具体的起止年、月、日。

（四）“填表日期”，指扣缴人填写本表的具体日期。

（五）第1栏“计费依据”：反映代扣代缴文化事业建设费的计算依据，“本年累计”栏数据，应为年度内各月（期）数之和。

（六）第3栏“本期应扣缴费额”：反映扣缴人本期应扣缴文化事业建设费金额，按表中公式计算填列。“本年累计”栏数据，为年度内各月（期）数之和。

（四）优惠政策

1. 根据《财政部 国家税务总局关于营业税改征增值税试点有关文化事业建设费政策及征收管理问题的通知》（财税〔2016〕25号）规定，增值税小规模纳税人中月销售额不超过2万元（按季纳税不超过6万元）的企业和非企业性单位提供的应税服务，免征文化事业建设费。

2. 根据《财政部 国家税务总局关于营业税改征增值税试点有关文化事业建设费政策及征收管理问题的补充通知》（财税〔2016〕60号）规定，未达到增值税起征点的缴纳义务人，免征文化事业建设费。

3. 根据《财政部关于调整部分政府性基金有关政策的通知》（财税〔2019〕46号）规定，自2019年7月1日至2024年12月31日，对归属中央收入的文化事业建设费，按照缴纳义务人应缴费额的50%减征；对归属地方收入的文化事业建设费，各省（区、市）财政、党委宣传部门可以结合当地经济发展水平、宣传思想文化事业发展等因素，在应缴费额50%的幅度内减征。

三、残疾人就业保障金

（一）缴纳义务人

残疾人就业保障金的缴纳义务人为未按规定安排残疾人就业的机关、团体、企业、事业单位和民办非企业单位。

（二）征收范围和标准

1. 征收范围

用人单位安排残疾人就业达不到其所在地省、自治区、直辖市人民政府规定比例的，应当缴纳残疾人就业保障金。

2. 征收标准

残疾人就业保障金的计算公式为：

残疾人就业保障金年缴纳额=（上年用人单位在职职工人数×所在地省、自治区、直辖市人民政府规定的安排残疾人就业比例-上年用人单位实际安排的残疾人就业人数）×上年用人单位在职职工年平均工资

（1）用人单位在职职工，是指用人单位在编人员或依法与用人单位签订 1 年以上（含 1 年）劳动合同（服务协议）的人员。季节性用工应当折算为年平均用工人数。以劳务派遣用工的，计入派遣单位在职职工人数。

（2）用人单位安排残疾人就业未达到规定比例的差额人数，以公式计算结果为准，可以不是整数。

（3）用人单位在职职工年平均工资，按用人单位上年在职职工工资总额除以用人单位在职职工人数计算。用人单位上年在职职工年平均工资未超过当地社会平均工资 2 倍（含）的，按用人单位上年在职职工年平均计征残疾人就业保障金；超过当地社会平均工资 2 倍以上的，按当地社会平均工资 2 倍计征残疾人就业保障金。

（4）用人单位将残疾人录用为在编人员或依法与就业年龄段内的残疾人签订 1 年以上（含 1 年）劳动合同（服务协议），且实际支付的工资不低

于当地最低工资标准，并足额缴纳社会保险费的，方可计入用人单位所安排的残疾人就业人数。用人单位安排1名持有《中华人民共和国残疾人证》（1至2级）或《中华人民共和国残疾军人证》（1至3级）的人员就业的，按照安排2名残疾人就业计算。

用人单位安排残疾人就业的比例不得低于本单位在职职工总数的1.5%。具体比例由各省、自治区、直辖市人民政府根据本地区的实际情况规定。

（5）社会平均工资的口径为所在地城镇私营单位和非私营单位就业人员加权平均工资。

（三）征收管理

1. 征收机关

残疾人就业保障金由用人单位所在地的税务机关负责征收。

2. 征缴时间

根据《财政部 国家税务总局 中国残疾人联合会关于印发〈残疾人就业保障金征收使用管理办法〉的通知》（财税〔2015〕72号）规定，残疾人就业保障金一般按月缴纳。具体缴纳期限以当地税务机关确定的期限为准。

3. 申报表单

根据《国家税务总局关于修订〈残疾人就业保障金缴费申报表〉的公告》（国家税务总局公告2019年第49号），缴费人申报缴纳残疾人就业保障金的使用《残疾人就业保障金缴费申报表》，见表19-5。

4. 征收流程

用人单位应按规定时限如实向残疾人就业服务机构申报上年本单位安排的残疾人就业人数。残疾人就业服务机构进行审核后，确定用人单位实际安排的残疾人就业人数，并及时提供给残疾人就业保障金征收机关。

用人单位应按规定时限向残疾人就业保障金征收机关申报缴纳残疾人就业保障金。在申报时，应提供本单位在职职工人数、实际安排残疾人就业人数、在职职工年平均工资等信息，并保证信息的真实性和完整性。

用人单位未按规定缴纳的，由残疾人就业保障金征收机关提交财政部门，由财政部门予以警告，责令限期缴纳；逾期仍不缴纳的，除补缴欠缴数额外，还应当自欠缴之日起，按日加收5‰的滞纳金。

表19-5 残疾人就业保障金缴费申报表

费款所属期：自　年　月　日至　年　月　日

缴费人识别号（统一社会信用代码）：□□□□□□□□□□□□□□□□□□□□□□

缴费人名称：　　金额单位：列至角分

序号	*上年在职职工工资总额	*上年在职职工人数	*应安排残疾人就业比例	*上年实际安排残疾人就业人数	*上年在职职工年平均工资（或当地社会平均工资的2倍）	本期应纳费额	本期减免费额	本期已缴费额	本期应补（退）费额
1	2	3	4	5	6=2/3	7=（3×4−5）×6	8=7×100%（或50%、10%）	9	10=7−8−9

声明：此表是根据国家有关法律法规及相关规定填写的，本人（单位）对填报内容（及附带资料）的真实性、可靠性、完整性负责。

缴费人（签字或者加盖印章）：　　年　月　日

经办人： 经办人身份证号： 代理机构（签字或者加盖印章）： 代理机构统一社会信用代码：	受理人： 受理税务机关（印章）： 受理日期：　年　月　日

本表一式两份，一份缴费人留存，一份税务机关留存。

填表说明

1. 标记“＊”为必填项目。

2. “缴费人名称”指《营业执照》或其他核准证照上的“名称”。

3. “在职职工”是指用人单位在编人员或依法与用人单位签订1年以上（含1年）劳动合同（服务协议）的人员，季节性用工应当折算为年平均用工人数。

4.“应安排残疾人就业比例”依据各省、自治区、直辖市、计划单列市人民政府规定维护并调用。

5.“上年实际安排残疾人就业人数”依据残联（残疾人就业服务机构）审核的残疾人就业情况填写。

6.“上年在职职工年平均工资（或当地社会平均工资的2倍）”：上年在职职工年平均工资不超过当地社会平均工资2倍的，按用人单位在职职工平均工资计算；超过当地社会平均工资2倍的，按当地社会平均工资2倍计算。

7.“本期应纳费额”：按照公式计算为负数的，填写“0”。

8.“本期减免费额”：在职职工总数30人（含30人）以下的企业，按规定暂按“本期应纳费额”的100%计算减免费额。其他企业和其他用人单位，实际安排残疾人就业比例低于应安排残疾人就业比例的，实行分档征收政策，在2020年1月1日至2022年12月31日期间，对于实际安排残疾人就业比例达到1%（含）以上的，按“本期应纳费额”的50%计算减免费额；对于实际安排残疾人就业比例低于1%的，按“本期应纳费额”的10%计算减免费额。

（四）优惠政策

1. 根据财税〔2015〕72号文件的规定，用人单位遇不可抗力自然灾害或其他突发事件遭受重大直接经济损失，可以申请减免或者缓缴残疾人就业保障金。用人单位申请减免残疾人就业保障金的最高限额不得超过1年的残疾人就业保障金应缴额，申请缓缴的最长期限不得超过6个月。

2. 根据《财政部关于延续实施残疾人就业保障金优惠政策的公告》（财政部公告2023年第8号）规定，自2023年1月1日至2027年12月31日，对残疾人就业保障金实行分档减缴政策。其中，用人单位安排残疾人就业比例达到1%（含）以上，但未达到所在地省、自治区、直辖市人民政府规定比例的，按规定应缴费额的50%缴纳残疾人就业保障金；用人单位安排残疾人就业比例在1%以下的，按规定应缴费额的90%缴纳残疾人就业保障金。自2023年1月1日至2027年12月31日，在职职工人数在30人（含）以下的企业，暂免征收残疾人就业保障金。

四、国家重大水利工程建设基金

（一）缴纳义务人

国家重大水利工程建设基金的缴纳义务人为省级电网企业、企业自备电厂、地方独立电网企业。

（二）征收范围和标准

1. 征收范围

国家重大水利工程建设基金在除西藏自治区以外的全国范围内筹集，按照各省、自治区、直辖市扣除国家扶贫开发工作重点县农业排灌用电后的全部销售电量和规定征收标准计征。各省、自治区、直辖市全部销售电量包括省级电网企业销售给电力用户的电量、省级电网企业扣除合理线损后的趸售电量（即实际销售给转供单位的电量）、省级电网企业销售给子公司的电量和对境外销售电量、企业自备电厂自发自用电量、地方独立电网销售电量（不含省级电网企业销售给地方独立电网企业的电量）。跨省（自治区、直辖市）电力交易，计入受电省份销售电量。

根据《财政部关于征收国家重大水利工程建设基金有关问题的通知》（财综〔2010〕97号）规定，资源综合利用（利用余热余压发电、煤矸石发电等）、热电联产的企业自备电厂纳入基金征收范围，各地应按此规定对资源综合利用、热电联产的企业自备电厂征收基金，不得免征。

根据《财政部关于调整部分政府性基金有关政策的通知》（财税〔2019〕46号）规定，国家重大水利工程建设基金征收至2025年12月31日。

2. 征收标准

按每千瓦计算征收，各地标准不同，《财政部 国家发展改革委 水利部关于印发〈国家重大水利工程建设基金征收使用管理暂行办法〉的通知》（财综〔2009〕90号）规定各省（区、市）最初征收标准。拥有自备电厂企业、地方独立电网企业应准确计量自发自用电量和销售电量，不能准确计量的，由税务部门和省级财政部门按照其最大发电（售电）能力核定自发自用电量和销售电量，并确定国家重大水利工程建设基金征收数额。根据财税〔2019〕46号文件规定，从2019年7月1日起实行新的标准（见表19-6）。

表19-6　　国家重大水利工程建设基金征收标准

省（自治区、直辖市）	基金征收标准 /（厘/千瓦时）	省（自治区、直辖市）	基金征收标准 /（厘/千瓦时）
北京	1.96875	河南	3.189375
天津	1.96875	湖北	0
上海	3.915	湖南	1.0546875
河北	1.96875	广东	1.96875
山西	1.96875	广西	1.125
内蒙古	1.125	海南	1.125
辽宁	1.125	重庆	1.96875
吉林	1.125	四川	1.96875
黑龙江	1.125	贵州	1.125
江苏	4.1934375	云南	1.125
浙江	4.03875	陕西	1.125
安徽	3.63375	甘肃	1.125
福建	1.96875	青海	1.125
江西	1.5525	宁夏	1.125
山东	1.96875	新疆	1.125

（三）征收管理

1. 征收机关

根据财税〔2020〕9号文件规定，自2020年1月1日起，将地方政府及有关部门征收的国家重大水利工程建设基金，以及向企事业单位和个体经营者征收的水利建设基金，划转至税务部门征收；所属期为2019年度的国家重大水利工程建设基金收入，收缴及汇算清缴工作继续由原执收（监缴）单位负责；上述基金划转至税务部门征收后，以前年度应缴未缴的基金收入，由税务部门负责征缴入库；上述基金的征收范围、对象、标准、分成、使用和时限等政策继续按照现行规定执行。

国家重大水利工程建设基金由省级电网企业在向电力用户收取电费时一并代征，由税务部门负责征收。

2. 征缴时间

国家重大水利工程建设基金归属税务部门按月征收，实行直接缴库。省级电网企业、拥有自备电厂企业和地方独立电网企业应于每月 15 日前申报缴纳，次年 3 月底前完成对相关企业全年应缴国家重大水利工程建设基金的汇算清缴工作。

3. 申报表单

根据《国家税务总局关于国家重大水利工程建设基金等政府非税收入项目征管职责划转有关事项的公告》（国家税务总局公告 2018 年第 63 号）规定，国家重大水利工程建设基金的申报缴纳使用《非税收入通用申报表》，见表 19-7。

五、农网还贷资金

（一）缴纳义务人

农网还贷资金是对农网改造贷款“一省多贷”的省、自治区、直辖市（指该省市区的农网改造工程贷款由多个电力企业承贷）电力用户征收的政府性基金，专项用于农村电网改造贷款还本付息。

（二）征收范围和标准

1. 征收范围

农网还贷资金由电网经营企业在向用户收取电费时一并收取，并在电费收款凭证中注明农网还贷资金的征收电量、征收标准和征收金额。除规定的减免用量外，电力用户必须及时足额交纳农网还贷资金。

2. 征收标准

农网还贷资金按社会用电量每度电 2 分钱标准，并入电价收取。

表 19-7

非税收入通用申报表

金额单位：人民币元（列至角分）

缴费人名称									缴费人识别号（统一社会信用代码）						
征收项目	征收品目	征收子目	费款所属期起	费款所属期止	应缴费基数	应缴费基数减除额	计费依据	征收标准	扣除数	征收比例	本期应纳费额	减免费额	减免性质	本期已缴费额	本期应补（退）费额
（1）	（2）	（3）	（4）	（5）	（6）	（7）	（8）=（6）-（7）	（9）	（10）	（11）	（12）=［（8）×（9）-（10）］×（11）	（13）	（14）	（15）	（16）=（12）-（13）-（15）
合计	—	—	—	—	—	—	—	—	—			—			
主管单位名称			主管单位识别号（统一社会信用代码）							备注					
谨声明：本申报表是根据非税收入法律法规及相关规定填报的，内容是真实的、可靠的、完整的。 缴费人签章：															
代理机构签章： 代理机构统一社会信用代码： 经办人签字： 经办人身份证件号码：									受理人： 受理税务机关(章)： 受理日期： 年 月 日						

填报说明

1. 缴费人名称、缴费人识别号（统一社会信用代码）：必须填写。

2. 征收项目：必须填写。填写非税收入项目名称。

3. 征收品目：必须填写。填写非税收入征收品目名称。

4. 征收子目：非必须填写。非税收入品目下设定细目时，按相关规定填写。

5. 费款所属期起（止）：必须填写。按期缴纳的，填写所属期起始日期和截止日期；按次缴纳的，填写缴费义务发生日期。

6. 应缴费基数：必须填写。填写总数量、收入总额、销售数量、应缴费人数、原值、面积、利润总额等非税收入计费的基数。

7. 应缴费基数减除额：非必须填写。填写允许减除的数量、金额、面积、人数等。

8. 计费依据：必须填写。填写应缴费基数减去应缴费基数减除额的余额。

9. 征收标准：必须填写。填写征收的费率或单位费额等。

10. 扣除数：非必须填写。适用于累进费率的速算扣除数，或者其他扣除数。

11. 征收比例，本征收机关征收的比例数，必须填写，缺省值为100%。

12. 本期应纳费额：必须填写。填写计费依据乘以征收标准，再减除扣除数后的余额，乘以征收比例后计算出的本期应纳费额。

13. 减免费额：非必须填写。填写允许减免的费额。

14. 减免性质：如果减免费额>0，那么此项必填；减免性质选择相应代码。

15. 本期已缴费额：非必须填写。填写已经缴纳的本期费额。

16. 本期应补（退）费额：必须填写。填写本期应纳费额减去减免费额及本期已缴费额后的余额。

17. 主管单位名称：非必须填写。填写负责确定计费依据的主管单位名称。

18. 主管单位识别号（统一社会信用代码）：非必须填写。

19. 备注：非必须填写。

20. 代理机构签章、代理机构统一社会信用代码：代理机构代为办理申报的，应加盖代理机构印章，并填写代理机构统一社会信用代码。

21. 经办人签字、经办人身份证件号码：必须填写。由办理申报的经办人签字，并填写经办人身份证件号码。

（三）征收管理

1. 征收机关

根据国家税务总局公告2018年第63号的规定，自2019年1月1日起，将财政部驻地方财政监察专员办事处负责征收的农网还贷资金划转税务部门负责征收。

2. 征缴时间

电网经营企业将收取的农网还贷资金按月向税务机关申报缴纳。

3. 申报表单

根据国家税务总局公告2018年第63号的规定，农网还贷资金使用《非税收入通用申报表》，见表19-7。

（四）优惠政策

1. 根据《财政部关于印发农网还贷资金征收使用管理办法的通知》（财企〔2001〕820号）规定，农业排灌、抗灾救灾及氮肥、磷肥、钾肥和原化工部颁发生产许可证的复合肥生产用电免征农网还贷资金，自备电厂自用电量免征农网还贷资金，国有重点煤炭企业生产用电、核工业铀扩散厂和堆化工厂生产用电农网还贷资金暂按每千瓦时用电量三厘钱标准征收。

2. 根据财综〔2013〕103号文件的规定，对分布式光伏发电自发自用电量免收农网还贷资金。

六、可再生能源发展基金

（一）缴纳义务人

可再生能源发展基金包括国家财政公共预算安排的专项资金（以下简称

可再生能源发展专项资金）和依法向电力用户征收的可再生能源电价附加收入等。可再生能源发展专项资金，是指通过中央财政预算安排，用于支持可再生能源和新能源开发利用的专项资金。

可再生能源发展基金由电力用户缴纳，电网企业代征。

（二）征收范围和标准

1. 征收范围

可再生能源电价附加在除西藏自治区以外的全国范围内，对各省、自治区、直辖市扣除农业生产用电（含农业排灌用电）后的销售电量征收。

各省、自治区、直辖市纳入可再生能源电价附加征收范围的销售电量包括：省级电网企业（含各级子公司）销售给电力用户的电量；省级电网企业扣除合理线损后的趸售电量（即实际销售给转供单位的电量，不含趸售给各级子公司的电量）；省级电网企业对境外销售电量；企业自备电厂自发自用电量；地方独立电网（含地方供电企业，下同）销售电量（不含省级电网企业销售给地方独立电网的电量）；大用户与发电企业直接交易的电量。

省（自治区、直辖市）际间交易电量，计入受电省份的销售电量征收可再生能源电价附加。

2. 征收标准

居民生活用电征收标准为8厘/千瓦时。根据《财政部 国家发展改革委关于提高可再生能源发展基金征收标准等有关问题的通知》（财税〔2016〕4号）规定，自2016年1月1日起，将各省（自治区、直辖市，不含新疆维吾尔自治区、西藏自治区）居民生活和农业生产以外全部销售电量的基金征收标准，由每千瓦时1.5分提高到每千瓦时1.9分。

（三）征收管理

1. 征收机关

可再生能源发展基金由省级电网企业在向电力用户收取电费时一并代征，由电网企业向所在地税务机关申报缴纳。

2. 征缴时间

电网企业按月申报，次年 3 月底前完成年度汇算清缴。

3. 申报表单

根据国家税务总局公告 2018 年第 63 号的规定，可再生能源发展基金的申报缴纳使用《非税收入通用申报表》，见表 19-7。

（四）优惠政策

根据财综〔2013〕103 号文件规定，对分布式光伏发电自发自用电量免收可再生能源电价附加。

七、大中型水库移民后期扶持基金

（一）缴纳义务人

大中型水库移民后期扶持基金由各省级电网企业在向电力用户收取电费时一并代征。

（二）征收范围和标准

1. 征收范围

大中型水库移民后期扶持基金的征收范围是省级电网企业在本省（区、市）区域内全部销售电量。

2. 征收标准

按照每千瓦时计算征收。根据财税〔2017〕51 号文件规定，自 2017 年 7 月 1 日起，将大中型水库移民后期扶持基金的征收标准，统一降低 25%。征收标准见表 19-8。

（三）征收管理

1. 征收机关

大中型水库移民后期扶持基金由各省级电网企业在向电力用户收取电费时一并代征。由电网企业按照属地原则向税务部门申报缴纳。

表 19-8　各省（市、区）从销售电价加价中征收的后期扶持基金标准

省（区、市）	征收标准/（厘/千瓦时）	省（区、市）	征收标准/（厘/千瓦时）
北京	8.3	浙江	8.3
天津	8.3	安徽	8.3
上海	8.3	福建	8.3
河北	3.5	江西	8.3
山西	3.2	山东	8.3
内蒙古	3.1	河南	8.3
辽宁	8.3	湖北	8.3
吉林	5.5	湖南	8.3
黑龙江	3.9	广东	8.3
江苏	8.3	广西	8.3
海南	8.3	陕西	8.3
重庆	8.3	甘肃	3.5
四川	8.3	青海	1.9
贵州	6.3	宁夏	2.1
云南	5.0	新疆	2.8

2. 征缴时间

大中型水库移民后期扶持基金一般按月缴纳，省级电网企业应在每月 15 日前申报缴纳，并于次年 3 月底前完成全年汇算清缴的申报缴纳。

3. 申报表单

根据国家税务总局公告 2018 年第 63 号的规定，大中型水库移民后期扶持基金的申报使用《非税收入通用申报表》，见表 19-7。

（四）优惠政策

1. 根据财综〔2013〕103 号文件的规定，对分布式光伏发电自发自用电量免收大中型水库移民后期扶持基金。

2. 根据《财政监察专员办事处大中型水库移民后期扶持基金征收管理操作规程》（财监〔2006〕95 号）规定，大中型水库移民后期扶持基金的征收范围是省级电网企业在本省（区、市）区域内全部销售电量，但下列电量实行免征：农业生产用电量；省级电网企业网间销售电量（由买入方在最终销售

环节向用户收取)；经国务院批准，可以免除交纳后期扶持基金的其他电量。

八、跨省际大中型水库库区基金

（一）缴纳义务人

跨省际大中型水库为独立法人的，由水库（水电站）缴纳大中型水库库区基金；跨省际大中型水库为非独立法人的，由其归属企业缴纳大中型水库库区基金。

（二）征收范围和标准

1. 征收范围

跨省际大中型水库库区基金从有发电收入的大中型水库发电收入中筹集，根据水库实际上网销售电量，其中大中型水库是指装机容量在2.5万千瓦及以上有发电收入的水库和水电站。

2. 征收标准

根据《财政部关于征收跨省际大中型水库库区基金有关问题的通知》（财综〔2009〕59号）及《财政部关于印发〈大中型水库库区基金征收使用管理暂行办法〉的通知》（财综〔2007〕26号）规定，跨省际大中型水库库区基金，征收标准按照水库发电企业所在省份的大中型水库库区基金征收标准执行。根据水库实际上网销售电量，按不高于8厘/千瓦时的标准征收。

（三）征收管理

1. 征收机关

根据国家税务总局公告2018年第63号的规定，自2019年1月1日起，将专员办负责征收的跨省际大中型水库库区基金划转税务部门负责征收。

2. 征缴时间

征收跨省际大中型水库库区基金，实行直接缴库。水库（水电站）或其归属企业应在每月15日前足额上缴资金。企业应根据水库（水电站）全年实际销售电量，在次年3月底前完成全年应缴大中型水库库区基金的汇算清缴。

3. 申报表单

根据国家税务总局公告2018年第63号的规定，跨省际大中型水库库区基金的申报使用《非税收入通用申报表》，见表19-7。

九、地方水库移民扶持基金

（一）缴纳义务人

地方水库移民扶持基金包括两个项目：省级大中型水库库区基金、小型水库移民扶助基金。省级大中型水库库区基金的缴纳义务人为有发电收入的大中型水库。小型水库移民扶助基金为扣除农业生产用电后的全部销售电量提取资金征收，由省级电网企业在向电力用户收取电费时一并代征。

（二）征收范围和标准

各省在财政部规定范围内自行制定征收标准。

省级大中型水库库区基金，从行政区域内装机容量2.5万千瓦及以上的大中型水库和水电站发电收入中筹集，按实际上网销售电量不高于8厘/千瓦时标准征收。小型水库移民扶助基金从省辖区域内扣除农业生产用电外的全部销售电量按不高于0.5厘/千瓦时标准征收。

（三）征收管理

1. 征收机关

地方水库移民扶持基金自2021年2月1日起，由缴费人向税务部门自行申报缴纳。

2. 征缴时间

省级大中型水库库区基金按月缴纳，小型水库移民扶助基金可按月、按季、按半年、按年缴纳。具体时间各地规定不完全相同。

3. 申报表单

根据《国家税务总局关于水土保持补偿费等政府非税收入项目征管职责划转有关事项的公告》（国家税务总局公告2020年第21号）规定，地方水库移民扶持基金的申报使用《非税收入通用申报表》，见表 19-7。

十、三峡电站水资源费

（一）缴纳义务人

中国长江电力股份有限公司。

（二）征收范围和标准

1. 征收范围

中国长江电力股份有限公司的三峡电站实际发电量。

2. 征收标准

0.5 分/千瓦时，即 5 厘/千瓦时。

（三）征收管理

1. 征收机关

划转后，由所在地主管税务机关负责征收。

2. 征缴时间

按月（每月 15 日前申报缴纳），次年 3 月底前完成全年应缴水资源费的清算和征缴。

3. 申报表单

根据国家税务总局公告 2018 年第 63 号的规定，三峡电站水资源费的申报使用《非税收入通用申报表》，见表 19-7。

十一、水利建设基金

（一）缴纳义务人

水利建设基金，是由中央水利建设基金和地方水利建设基金组成，用于水利建设的专项资金。中央水利建设基金从车辆购置税、铁路建设基金、港口建设费以及经国务院批准的其他可用于水利建设基金的资金中提取，主要用于关系经济社会发展全局的重点水利工程建设。地方水利建设基金部分从其他收费中提取，部分向企事业单位和个体经营者征收，主要用于地方水利工程建设。企事业单位和个体经营者是水利建设基金的缴费义务人。

（二）征收范围和标准

水利建设基金由中央水利建设基金和地方水利建设基金组成。中央水利建设基金主要来源于两个方面，一是从车辆购置税收入中定额提取，二是从铁路建设基金、港口建设费收入中提取3%。

地方水利建设基金主要来源于四个方面：一是从地方收取的政府性基金和行政事业性收费收入中提取3%；二是经财政部批准，各省、自治区、直辖市向企事业单位和个体经营者征收的水利建设基金；三是地方人民政府按规定从中央对地方成品油价格和税费改革转移支付资金中足额安排资金，划入水利建设基金；四是有重点防洪任务和水资源严重短缺的城市要从征收的城市维护建设税中划出不少于15%的资金。

（三）征收管理

税务部门按月或按季征收水利建设基金，各地征收期限存在差异。缴费人采用自行申报的方式向税务部门办理申报缴纳水利建设基金。

对于水利建设基金申报表的使用，税务总局没有统一规定，部分省、市使用《非税收入通用申报表》，见表19-7。

（四）税收优惠

根据财税〔2016〕12号文件的规定，对按月缴纳增值税、消费税的缴费主体，其月销售额不超过10万元（按季度纳税的季度销售额不超过30万元）的，免征水利建设基金。

十二、核电站乏燃料处理处置基金

（一）缴纳义务人

凡拥有已投入商业运行5年以上压水堆核电机组的核电厂（以下简称核

电厂），应当按照规定缴纳核电站乏燃料处理处置基金。

（二）征收范围与标准

1. 征收范围

核电站乏燃料处理处置基金按照核电厂已投入商业运行5年以上压水堆核电机组的实际上网销售电量征收。

2. 征收标准

征收标准为0.026元/千瓦时。

（三）征收管理

1. 征收机关

核电厂向其主管税务机关申报缴纳。

2. 征缴时间

核电厂应于每年1月自行向所在地税务部门申报上年实际上网销售电量并缴纳乏燃料处理处置基金。

3. 申报表单

根据国家税务总局公告2018年第63号的规定，核电站乏燃料处理处置基金的申报使用《非税收入通用申报表》，见表19-7。

十三、核事故应急准备专项收入

（一）缴纳义务人

核事故应急准备专项收入的缴纳义务人为核电企业。

（二）征收范围和标准

1. 征收范围

核事故应急准备专项收入由核电企业按规定的比例，以财政专项收入的形式分别上缴中央和地方财政。基建期应在核电工程浇灌第一罐混凝土的当年起三年内按规定承担数额的30%、40%和30%分年度缴清；运行期应在商业运行后的次年开始，根据上一年的实际上网销售电量按规定标准缴纳。

2. 征收标准

核电企业在基建期和运行期分别按以下标准缴纳：基建期按设计额定容量每千瓦5元人民币的标准缴纳；运行期按年度上网销售电量每千瓦时0.2厘人民币的标准缴纳。

（三）征收管理

1. 征收机关

核电企业向其主管税务机关申报缴纳。

2. 征缴时间

核电企业应于每年3月，向税务机关申报缴纳核事故应急准备专项收入。

3. 申报表单

根据国家税务总局公告2018年第63号的规定，核事故应急准备专项收入的申报使用《非税收入通用申报表》，见表19-7。

十四、石油特别收益金

（一）缴纳义务人

石油特别收益金的缴纳义务人为在中华人民共和国陆地领域和所辖海域独立开采并销售原油的企业，以及在上述领域以合资、合作等方式开采并销售原油的其他企业。

（二）征收范围和标准

1. 征收范围

凡在中华人民共和国陆地领域和所辖海域独立开采并销售原油的企业，以及在上述领域以合资、合作等方式开采并销售原油的其他企业，均应当按照《财政部关于印发〈石油特别收益金征收管理办法〉的通知》（财企〔2006〕72号）规定缴纳石油特别收益金。

石油特别收益金，是指国家对石油开采企业销售国产原油因价格超过一定水平所获得的超额收入按比例征收的收益金。

2. 征收标准

石油特别收益金征收比率按石油开采企业销售原油的月加权平均价格确定。为便于参照国际市场油价水平，原油价格按美元/桶计价，起征点为65美元/桶。具体征收比率及速算扣除数见表19-9。

表19-9　石油特别收益金征收比率

原油价格/（美元/桶）	征收比率	速算扣除数/（美元/桶）
65~70（含）	20%	0
70~75（含）	25%	0.25
75~80（含）	30%	0.75
80~85（含）	35%	1.5
85以上（含）	40%	2.5

（三）征收管理

1. 征收机关

税务部门按照属地原则征收划转的非税收入，具体征收机关由国家税务总局各省、自治区、直辖市和计划单列市税务局按照“便民、高效”原则确定。

2. 征缴时间

石油特别收益金实行按月计算、按季申报，按月缴纳。

3. 申报表单

根据国家税务总局公告2018年第63号的规定，石油特别收益金的申报缴纳使用《石油特别收益金申报表》，见表19-10。

表 19-10

石油特别收益金申报表

费款所属期：自　　年　月　日至　　年　月　日　　　　金额单位：人民币元（列至角分）

缴费人名称						缴费人识别号（统一社会信用代码）				
被扣缴或下属企业名称	被扣缴或下属企业识别码	月份	当月加权平均销售价格（美元/桶）	征收标准	速算扣除数（美元/桶）	销售数量（桶数）	月平均美元汇率	本期应纳费额	本期已缴费额	本期应补（退）费额
(1)	(2)	(3)	(4)	(5)	(6)	(7)	(8)	(9)	(10)	(11) = (9) - (10)
合计	—	—	—	—	—	—				

谨声明：本申报表是根据非税收入法律法规及相关规定填报的，内容是真实的、可靠的、完整的。 缴费人签章：	
代理机构签章： 代理机构统一社会信用代码： 经办人签字： 经办人身份证件号码：	受理人： 受理税务机关（章）： 受理日期：　　年　月　日

填报说明

1. 费款所属期：必须填写。填写本次申报所属期的起止日期。

2. 缴费人名称、缴费人识别号（统一社会信用代码）：必须填写。应当缴纳石油特别收益金的合资合作企业，填写合资合作的中方企业；石油开采企业集团公司下属多家石油开采企业的，填写石油开采企业集团公司；独立开采的，填写开采企业。

3. 被扣缴或下属企业名称：必须填写。由合资合作的中方企业代扣代缴的，填写合资合作企业；由石油开采企业集团公司为单位汇总缴纳的，填写石油开采企业集团公司下属的石油开采企业。

4. 被扣缴或下属企业识别码：非必须填写。

5. 月份：必须填写。填写属于本次申报费款所属的月份，不同月份分行填写。

6. 当月加权平均销售价格（美元/桶）：必须填写。填写该月销售原油所实现的加权平均销售价格。

7. 征收标准：必须填写。依据石油特别收益金征收管理相关规定，填写该月适用的石油特别收益金征收比率。

8. 速算扣除数（美元/桶）：必须填写。依据石油特别收益金征收管理相关规定，填写该月适用的速算扣除数。

9. 销售数量（桶数）：必须填写。填写该月实际发生的销售桶数。计算销售桶数时，原油吨桶比按石油开采企业实际执行或挂靠油种的吨桶比计算。

10. 月平均美元汇率：填写美元兑换人民币汇率，以中国人民银行当月每日公布的中间价按月平均计算。

11. 本期应纳费额：必须填写。计算公式为：{[当月加权平均销售价格(美元/桶)−起征点(美元/桶)]×征收标准−速算扣除数(美元/桶)}×销售数量(桶数)×美元兑换人民币汇率。

美元兑换人民币汇率以中国人民银行当月每日公布的中间价按月平均计算。起征点和征收标准根据相关部门通知确定。

12. 本期已缴费额：非必须填写。填写已经缴纳的本期费额。

13. 本期应补（退）费额：必须填写。填写本期应纳费额减去减免费额及本期已缴费额后的余额。

14. 代理机构签章、代理机构统一社会信用代码：代理机构代为办理申报的，应加盖代理机构印章，并填写代理机构统一社会信用代码。

15. 经办人签字、经办人身份证件号码：必须填写。由办理申报的经办人签字，并填写经办人身份证件号码。

十五、国家留成油收入

（一）缴纳义务人

国家留成油收入的缴纳义务人为中国海洋石油总公司、中国石油天然气集团公司和中国石油化工集团公司。

（二）征收范围

中国石油天然气集团公司和中国石油化工集团公司对外合作项目的国家留成油收入从2007年1月1日起，两大公司的国家留成油收入全部上缴中央财政。

（三）征收管理

1. 征收机关

税务部门按照属地原则征收划转的非税收入，具体征收机关由国家税务总局各省、自治区、直辖市和计划单列市税务局按照“便民、高效”原则确定。

2. 征缴时间

国家留成油收入的征缴期限由石油企业报财政部核准。

3. 申报表单

根据国家税务总局公告2018年第63号的规定，国家留成油收入的申报使用《非税收入通用申报表》，见表19–7。

十六、油价调控风险准备金

（一）缴纳义务人

油价调控风险准备金的缴纳义务人为中华人民共和国境内生产、委托加工和进口汽、柴油的成品油生产经营企业。

（二）征收范围和标准

1. 征收范围

当国际市场原油价格低于国家规定的成品油价格调控下限时，缴纳义务人应按照汽油、柴油的销售数量和规定的征收标准缴纳风险准备金。

2. 征收标准

汽油、柴油销售数量是指缴纳义务人于相邻两个调价窗口期之间实际销售数量。

风险准备金征收标准按照成品油价格未调金额确定。

成品油价格未调金额由国家发展改革委、财政部根据国际原油价格变动情况，按照现行成品油价格形成机制计算核定，于每季度前 10 个工作日内，将上季度每次调价窗口期的征收标准，书面告知征收机关。

（三）征收管理

1. 征收机关

根据《财政部 国家发展改革委关于印发〈油价调控风险准备金征收管理办法〉的通知》（财税〔2016〕137 号）规定，油价调控风险准备金的缴纳地点为缴纳义务人的注册登记地。

2. 征缴时间

根据财税〔2016〕137 号文件规定，缴纳义务人可以选择按季度或者按年度缴纳风险准备金。具体缴纳方式由缴纳义务人报征收机关核准，缴纳方式一经确定，不得随意变更。

3. 申报表单

根据国家税务总局公告 2018 年第 63 号的规定，油价调控风险准备金的申报缴纳使用《油价调控风险准备金申报表》，见表 19-11。

表 19-11

油价调控风险准备金申报表

费款所属期：自　　年　月　日至　　年　月　日　　　　金额单位：人民币元（列至角分）

缴费人名称							缴费人识别号（统一社会信用代码）			
所属成品油生产经营企业名称	所属成品油生产经营企业识别号	征收品目	征收子目	调价窗口期		销售吨数	征收标准	本期应纳费额	本期已缴费额	本期应补（退）费额
				起	止					
（1）	（2）	（3）	（4）	（5）	（6）	（7）	（8）	（9）=（8）×（7）	（10）	（11）=（9）-（10）
合计	—	—	—	—	—					

谨声明：

本申报表是根据非税收入法律法规及相关规定填报的，内容是真实的、可靠的、完整的。

缴费人签章：

代理机构签章： 代理机构统一社会信用代码： 经办人签字： 经办人身份证件号码：	受理人： 受理税务机关（章）： 受理日期：　　年　月　日

填报说明

1. 费款所属期：必须填写。填写本次申报所属的季度起止日期。

2. 缴费人名称、缴费人识别号（统一社会信用代码）：必须填写。填写应当缴纳风险准备金的缴费义务人名称及缴费人识别号（统一社会信用代码）。缴费义务人有两个及以上从事成品油生产经营企业的，应填写集团公司或汇总缴纳的公司。

3. 所属成品油生产经营企业名称：必须填写。填写被汇总缴纳的所属成品油生产经营企业名称。

4. 所属成品油生产经营企业识别号：非必须填写。

5. 征收品目：必须填写。

6. 调价窗口期：必须填写。填写属于本次申报费款所属季度或年度的调价窗口期起、止日期。

7. 销售吨数：必须填写。填写缴费义务人在相邻两个调价窗口期之间汽油或柴油的实际销售吨数。

8. 征收标准：必须填写。根据相关规定，填写所属窗口期的征收标准。

9. 本期应纳费额：必须填写。填写销售吨数乘以征收标准的乘积。

10. 本期已缴费额：非必须填写。填写已经缴纳的本期费额。

11. 本期应补（退）费额：必须填写。填写本期应纳费额减去减免费额及本期已缴费额后的余额。

12. 代理机构签章、代理机构统一社会信用代码：代理机构代为办理申报的，应加盖代理机构印章，并填写代理机构统一社会信用代码。

13. 经办人签字、经办人身份证件号码：必须填写。由办理申报的经办人签字，并填写经办人身份证件号码。

十七、免税商品特许经营费

（一）缴纳义务人

免税商品特许经营费的缴纳义务人为经营免税商品或代理销售免税商品

的企业。

（二）征收范围和标准

1. 征收范围

征收免税商品特许经营费的企业包括：中国免税品（集团）总公司、深圳市国有免税商品（集团）有限公司、珠海免税企业（集团）有限公司、中国中旅（集团）公司、中国出国人员服务总公司、上海浦东国际机场免税店以及其他经营免税商品或代理销售免税商品的企业。

2. 征收标准

根据《财政部关于印发〈免税商品特许经营费缴纳办法〉的通知》（财企〔2004〕241号）和《财政部关于印发〈免税商品特许经营费缴纳办法〉的补充通知》（财企〔2006〕70号）规定，凡经营免税商品的企业，按经营免税商品业务年销售收入的1%，向国家上缴特许经营费。

根据《财政部 商务部 海关总署 国家税务总局关于印发〈海南离岛旅客免税购物商店管理暂行办法〉的通知》（财企〔2011〕429号）规定，离岛免税店按经营免税商品业务年销售收入的4%，向国家上缴免税商品特许经营费。

（三）征收管理

1. 征收机关

根据财税〔2018〕147号文件的规定，自2019年1月1日起，将免税商品特许经营费划转税务部门负责征收。

中国免税品（集团）总公司按其合并会计报表口径，由总公司集中缴纳；中国免税品（集团）总公司供货的其他免税商品经营企业在企业所在地就地解缴。

在国际交通工具上销售（或代理销售）免税商品的民航、交通、铁道等行业的企业，以及非全部经营免税商品的企业，应将免税商品销售额单独核算，并在企业纳税所在地缴纳特许经营费。

2. 征缴时间

免税商品经营企业于年度终了的5个月内，依据注册会计师的审计报告，清算当年应交免税商品特许经营费并上缴中央金库。

3. 申报表单

根据国家税务总局公告2018年第63号的规定，免税商品特许经营费的申报使用《非税收入通用申报表》，见表19-7。

（四）优惠政策

经营国产品的免税企业，应将享受出口退税政策的国产品及从境外以免税方式进口经营的国产品均视同免税商品，按规定缴纳特许经营费。企业经营完税国产品，不缴纳特许经营费。

十八、水土保持补偿费

（一）缴纳义务人

在山区、丘陵区、风沙区以及水土保持规划确定的容易发生水土流失的其他区域开办生产建设项目或者从事其他生产建设活动，损坏水土保持设施、地貌植被，不能恢复原有水土保持功能的单位和个人，应当缴纳水土保持补偿费。

（二）征收范围和标准

1. 征收范围

在山区、丘陵区、风沙区以及水土保持规划确定的容易发生水土流失的其他区域开办生产建设项目或者从事其他生产建设活动，损坏水土保持设施、地貌植被，不能恢复原有水土保持功能。

其他生产建设活动包括：取土、挖砂、采石（不含河道采砂）；烧制砖、瓦、瓷、石灰；排放废弃土、石、渣。

2. 征收标准

（1）对一般性生产建设项目，按照征占用土地面积一次性计征，东部地区每平方米不超过1.4元（不足1平方米的按1平方米计，下同），中部地区每平方米不超过1.5元，西部地区每平方米不超过1.7元。对水利水电工程建设项目，水库淹没区不在水土保持补偿费计征范围之内。

（2）开采矿产资源的，建设期间，按照征占用土地面积一次性计征，具体收费标准按照上述第（1）条执行。开采期间，石油、天然气以外的矿产资源按照开采量（采掘、采剥总量）计征。石油、天然气根据油、气生产井（不包括水井、勘探井）占地面积按年征收，每口油、气生产井占地面积按不超过2000平方米计算；对丛式井每增加一口井，增加计征面积按不超过400平方米计算，每平方米每年收费不超过1.4元。各地在核定具体收费标准时，应充分评估损害程度，对生产技术先进、管理水平较高、生态环境治理投入较大的资源开采企业，在核定收费标准时应按照从低原则制定。

（3）取土、挖砂（河道采砂除外）、采石以及烧制砖、瓦、瓷、石灰的，根据取土、挖砂、采石量，按照每立方米0.3~1.4元计征（不足1立方米的按1立方米计）。对缴纳义务人已按前两种方式计征水土保持补偿费的，不再重复计征。

（4）排放废弃土、石、渣的，根据土、石、渣量，按照每立方米0.3~1.4元计征（不足1立方米的按1立方米计）。对缴纳义务人已按前三种方式计征水土保持补偿费的，不再重复计征。

（三）征收管理

1. 征收机关

水土保持补偿费自2021年1月1日起，由缴纳义务人向税务部门自行申报缴纳。

2. 征缴时间

开办一般性生产建设项目的，缴纳义务人应当在项目开工前一次性缴纳水土保持补偿费。

开采矿产资源处于建设期的，缴纳义务人应当在建设活动开始前一次性缴纳水土保持补偿费；处于开采期的，缴纳义务人应当按季度缴纳水土保持补偿费。

从事其他生产建设活动的，缴纳水土保持补偿费的时限由县级水行政主管部门确定。

按次缴纳的，应于项目开工前或建设活动开始前，缴纳水土保持补偿费。按期缴纳的，在期满之日起 15 日内申报缴纳水土保持补偿费。

3. 申报表单

根据国家税务总局公告 2020 年第 21 号的规定，水土保持补偿费的申报使用《非税收入通用申报表》，见表 19-7。

（四）优惠政策

根据《财政部 国家发展改革委 水利部 中国人民银行关于印发〈水土保持补偿费征收使用管理办法〉的通知》（财综〔2014〕8 号）规定，对下列情形免征水土保持补偿费：

1. 建设学校、幼儿园、医院、养老服务设施、孤儿院、福利院等公益性工程项目的；
2. 农民依法利用农村集体土地新建、翻建自用住房的；
3. 按照相关规划开展小型农田水利建设、田间土地整治建设和农村集中供水工程建设的；
4. 建设保障性安居工程、市政生态环境保护基础设施项目的；
5. 建设军事设施的；
6. 按照水土保持规划开展水土流失治理活动的；
7. 法律、行政法规和国务院规定免征水土保持补偿费的其他情形。

十九、防空地下室易地建设费

（一）缴纳义务人

城市及城市规划区内的新建民用建筑，必须依法同步建设防空地下室。防空地下室易地建设费的缴费义务人为按规定需要同步配套建设，确因条件限制不能同步配套建设的建设单位。

（二）征收范围和标准

1. 征收范围

对按规定需要配套建设防空地下室的，防空地下室建设要随民用建筑项目计划一同下达，坚持同步配套建设，不得收费。对按规定需要同步配套建设，但确因下列条件限制不能同步配套建设的，建设单位可以申请易地建设：

采用桩基且桩基承台顶面埋置深度小于三米（或者不足规定的地下室空间净高）的；按规定指标应建防空地下室的面积只占地面建筑首层的局部，结构和基础处理困难，且经济很不合理的；建在流砂、暗河、基岩埋深很浅等地段的项目，因地质条件不适于修建的；因建设地段房屋或地下管道设施密集，防空地下室不能施工或者难以采取措施保证施工安全的。

2. 征收标准

防空地下室易地建设费的收费标准，由省、自治区、直辖市价格主管部门会同同级财政、人防主管部门按照当地防空地下室的造价制定，报国家计委、财政部、国家人防办备案。

（三）征收管理

1. 征收机关

防空地下室易地建设费自 2021 年 1 月 1 日起，由缴费人根据人防部门核定的收费金额向税务机关申报缴纳。

2. 征缴时间

防空地下室易地建设费按次缴纳。

3. 申报表单

根据国家税务总局公告 2020 年第 21 号的规定，防空地下室易地建设费的申报使用《非税收入通用申报表》，见表 19-7。

（四）优惠政策

1. 根据《国家计委 财政部 国家国防动员委员会 建设部印发关于〈关于规范防空地下室易地建设收费的规定〉的通知》（计价格〔2000〕474 号）规定，对以下新建民用建筑项目应适当减免防空地下室易地建设费：享受政府优惠政策建设的廉租房、经济适用房等居民住房，减半收取；新建幼儿园、学校教学楼、养老院及为残疾人修建的生活服务设施等民用建筑，减半收取；临时民用建筑和不增加面积的危房翻新改造商品住宅项目，予以免收；因遭受水灾、火灾或其他不可抗拒的灾害造成损坏后按原面积修复的民用建筑，予以免收。

2. 根据《财政部 国家发展改革委关于减免养老和医疗机构行政事业性收费有关问题的通知》（财税〔2014〕77号）规定：对非营利性养老和医疗机构建设全额免征防空地下室易地建设费、对营利性养老和医疗机构建设减半收取防空地下室易地建设费。

3. 根据《财政部 税务总局 发展改革委 民政部 商务部 卫生健康委关于养老、托育、家政等社区家庭服务业税费优惠政策的公告》（财政部 税务总局 发展改革委 民政部 商务部 卫生健康委公告2019年第76号）规定，对社区养老、托育、家政服务的，确因地质条件等原因无法修建防空地下室的，免征防空地下室易地建设费。

4. 根据《财政部 国家发展改革委关于免收全国中小学校舍安全工程建设有关收费的通知》（财综〔2010〕57号）规定，对所有中小学校“校舍安全工程”建设所涉及的防空地下室易地建设费全额免收。

二十、海域使用金

（一）缴纳义务人

海域使用金是国家以海域所有者身份依法出让海域使用权，而向取得海域使用的单位和个人收取的权利金。

单位和个人使用海域，应当按照国务院的规定缴纳海域使用金。

（二）征收范围和标准

1. 征收范围

持续使用特定海域3个月以上的排他性用海活动，以及使用特定海域不足3个月的排他性临时用海活动。海域使用权人通过审批或者招标、拍卖、挂牌方式取得海域使用权，或者在批准的海域使用年限内转让、出租其通过有偿方式取得的海域使用权（含海域设施一并转让）的，应当依法缴纳相关税费。

2. 征收标准

海域使用金征收标准见表19-12。

表 19-12　　　　　　　　海域使用金征收标准　　　　　　　单位：万元/公顷

用海方式			海域等别						征收方式
			一等	二等	三等	四等	五等	六等	
填海造地用海	建设填海造地用海	工业、交通运送、渔业基础设施等填海	300	250	190	140	100	60	一次性征收
		城乡建设填海	2700	2300	1900	1400	900	600	
	农业填海造地用海		130	110	90	75	60	45	
构筑物用海	非透水构筑物用海		250	200	150	100	75	50	
	跨海桥梁、海底隧道用海		17.30						
	透水构筑物用海		4.63	3.93	3.23	2.53	1.84	1.16	按年度征收
围海用海	港池、蓄水用海		1.17	0.93	0.69	0.46	0.32	0.23	
	盐田用海		0.32	0.26	0.20	0.15	0.11	0.08	
	围海养殖用海		由各省（自治区、直辖市）制定						
	围海式游乐场用海		4.76	3.89	3.24	2.67	2.24	1.93	
	其他围海用海		1.17	0.93	0.69	0.46	0.32	0.23	
开放式用海	开放式养殖用海		由各省（自治区、直辖市）制定						
	浴场用海		0.65	0.53	0.42	0.31	0.20	0.10	
	开放式游乐场用海		3.26	2.39	1.74	1.17	0.74	0.43	
	专用航道、锚地用海		0.30	0.23	0.17	0.13	0.09	0.05	
	其他开放式用海		0.30	0.23	0.17	0.13	0.09	0.05	
其他用海	人工岛式油气开采用海		13.00						
	平台式油气开采用海		6.50						
	海底电缆管道用海		0.70						
	海砂等矿产开采用海		7.30						
	取、排水口用海		1.05						
	污水达标排放用海		1.40						
	温、冷排水用海		1.05						
	倾倒用海		1.40						
	种植用海		0.05						

（1）离大陆岸线最近距离 2 千米以上且最小水深大于 5 米（理论最低潮面）的离岸式填海，按照征收标准的 80%征收；

（2）填海造地用海占用大陆自然岸线的，占用自然岸线的该宗填海按照征收标准的 120%征收；

（3）建设人工鱼礁的透水构筑物用海，按照征收标准的80%征收；

（4）地方人民政府管辖海域以外的项目用海执行国家标准，海域等别按照毗邻最近行政区的等别确定。养殖用海标准按照毗邻最近行政区征收标准征收。

（三）征收管理

1. 征收机关

海域使用金由海域所在地主管税务部门按属地原则负责征收。

2. 征缴时间

海域使用金根据不同的用海性质或者情形，可以按照规定一次缴纳或者按年度逐年缴纳。采用按年度逐年征收的，缴费人第一个缴费年度按批准通知书约定缴纳，从第二个缴费年度开始，应在每年9月向税务部门申报缴费。

3. 申报表单

根据财综〔2021〕19号文件的规定，海域使用金依据自然资源部门推送的费源信息，向竞得人开具《缴款通知书》，无须竞得人申报。

（四）优惠政策

1. 根据《海域使用金减免管理办法》（财综〔2006〕24号）规定，下列用海依法免缴海域使用金：

（1）军事用海；

（2）用于政府行政管理目的的公务船舶专用码头用海，包括公安边防、海关、交通港航公安、海事、海监、出入境检验检疫、环境监测、渔政、渔监等公务船舶专用码头用海；

（3）航道、避风（避难）锚地、航标、由政府还贷的跨海桥梁及海底隧道等非经营性交通基础设施用海；

（4）教学、科研、防灾减灾、海难搜救打捞、渔港等非经营性公益事业用海。

2. 根据《海域使用金减免管理办法》（财综〔2006〕24号）规定，下列用海可以经依法批准在一定期限内减缴或免缴海域使用金：

（1）除避风（避难）以外的其他锚地、出入海通道等公用设施用海；

（2）列入国家发展和改革委员会公布的国家重点建设项目名单的项目用海；

（3）遭受自然灾害或者意外事故，经核实经济损失达正常收益 60%以上的养殖用海。

二十一、无居民海岛使用金

（一）缴纳义务人

无居民海岛使用金，是指国家在一定年限内出让无居民海岛使用权，由无居民海岛使用者依法向国家缴纳的无居民海岛使用权价款，不包括无居民海岛使用者取得无居民海岛使用权应当依法缴纳的其他相关税费。利用无居民海岛的单位和个人为缴纳义务人。

（二）征收范围和标准

1. 征收范围

单位和个人利用无居民海岛，应当经国务院或者沿海省、自治区、直辖市人民政府依法批准，并按照规定缴纳无居民海岛使用金。

2. 征收标准

无居民海岛使用权出让最低标准见表 19-13。

表 19-13　　无居民海岛使用权出让最低标准

<table>
<tr><th>等别</th><th>用岛方式
用岛类型</th><th>原生利用式/（万元/公顷·年）</th><th>轻度利用式/（万元/公顷·年）</th><th>中度利用式/（万元/公顷·年）</th><th>重度利用式/（万元/公顷·年）</th><th>极度利用式/（万元/公顷·年）</th><th>填海连岛与造成岛体消失的用岛</th></tr>
<tr><td rowspan="9">一等</td><td>旅游娱乐用岛</td><td>0.95</td><td>1.91</td><td>5.73</td><td>12.41</td><td>19.09</td><td rowspan="9">2455.00 万元/公顷，按用岛面积一次性计征</td></tr>
<tr><td>交通运输用岛</td><td>1.18</td><td>2.36</td><td>7.07</td><td>15.32</td><td>23.56</td></tr>
<tr><td>工业仓储用岛</td><td>1.37</td><td>2.75</td><td>8.25</td><td>17.87</td><td>27.49</td></tr>
<tr><td>渔业用岛</td><td>0.38</td><td>0.75</td><td>2.26</td><td>4.90</td><td>7.54</td></tr>
<tr><td>农林牧业用岛</td><td>0.30</td><td>0.60</td><td>1.81</td><td>3.92</td><td>6.03</td></tr>
<tr><td>可再生能源用岛</td><td>1.04</td><td>2.08</td><td>6.25</td><td>13.54</td><td>20.83</td></tr>
<tr><td>城乡建设用岛</td><td>1.47</td><td>2.95</td><td>8.84</td><td>19.15</td><td>29.46</td></tr>
<tr><td>公共服务用岛</td><td></td><td></td><td></td><td></td><td></td></tr>
<tr><td>国防用岛</td><td></td><td></td><td></td><td></td><td></td></tr>
</table>

续表

等别	用岛方式 用岛类型	原生利用式/（万元/公顷·年）	轻度利用式/（万元/公顷·年）	中度利用式/（万元/公顷·年）	重度利用式/（万元/公顷·年）	极度利用式/（万元/公顷·年）	填海连岛与造成岛体消失的用岛
二等	旅游娱乐用岛	0.77	1.54	4.62	10.00	15.38	1976.00万元/公顷，按用岛面积一次性计征
	交通运输用岛	0.95	1.90	5.69	12.33	18.97	
	工业仓储用岛	1.11	2.21	6.64	14.38	22.13	
	渔业用岛	0.30	0.61	1.83	3.95	6.08	
	农林牧业用岛	0.24	0.49	1.46	3.16	4.87	
	可再生能源用岛	0.84	1.68	5.04	10.91	16.78	
	城乡建设用岛	1.19	2.37	7.11	15.41	23.71	
	公共服务用岛						
	国防用岛						
三等	旅游娱乐用岛	0.68	1.37	4.10	8.88	13.66	1729.00万元/公顷，按用岛面积一次性计征
	交通运输用岛	0.83	1.66	4.98	10.79	16.60	
	工业仓储用岛	0.97	1.94	5.81	12.59	19.36	
	渔业用岛	0.28	055	1.65	3.58	5.50	
	农林牧业用岛	0.22	0.44	1.32	2.86	4.40	
	可再生能源用岛	0.75	1.49	4.47	9.69	14.90	
	城乡建设用岛	1.04	2.07	6.22	13.48	20.75	
	公共服务用岛						
	国防用岛						
四等	旅游娱乐用岛	0.49	0.98	2.94	6.36	9.79	1248.00万元/公顷，按用岛面积一次性计征
	交通运输用岛	0.6	1.2	3.59	7.79	11.98	
	工业仓储用岛	0.7	1.4	4.19	9.08	13.98	
	渔业用岛	0.20	0.39	1.17	2.54	3.91	
	农林牧业用岛	0.16	0.31	0.94	2.03	3.13	
	可再生能源用岛	0.53	1.07	3.20	6.94	10.68	
	城乡建设用岛	0.75	1.50	4.49	9.73	14.97	
	公共服务用岛						
	国防用岛						

续表

等别	用岛方式 用岛类型	原生利用式/（万元/公顷·年）	轻度利用式/（万元/公顷·年）	中度利用式/（万元/公顷·年）	重度利用式/（万元/公顷·年）	极度利用式/（万元/公顷·年）	填海连岛与造成岛体消失的用岛
五等	旅游娱乐用岛	0.42	0.84	2.51	5.45	8.38	1056.00万元/公顷，按用岛面积一次性计征
	交通运输用岛	0.51	1.01	3.04	6.59	10.14	
	工业仓储用岛	0.59	1.18	3.55	7.69	11.83	
	渔业用岛	0.17	0.34	1.02	2.21	3.39	
	农林牧业用岛	0.14	0.27	0.81	1.76	2.71	
	可再生能源用岛	0.46	0.91	2.74	594	9.14	
	城乡建设用岛	0.63	1.27	3.80	8.24	12.68	
	公共服务用岛						
	国防用岛						
六等	旅游娱乐用岛	0.37	0.75	2.24	4.86	7.48	927.00万元/公顷，按用岛面积一次性计征
	交通运输用岛	0.45	0.89	2.67	5.79	8.90	
	工业仓储用岛	0.52	1.04	3.12	6.75	10.39	
	渔业用岛	0.15	0.31	0.93	2.01	3.09	
	农林牧业用岛	0.12	0.25	0.74	1.61	2.47	
	可再生能源用岛	0.41	0.82	2.45	5.30	8.16	
	城乡建设用岛	0.56	1.11	3.34	7.23	11.13	
	公共服务用岛						
	国防用岛						

最低价计算公式为：

无居民海岛使用权出让最低价=无居民海岛使用权出让面积×出让年限×无居民海岛使用权出让最低标准

（三）征收管理

1. 征收机关

无居民海岛使用金由海岛所在地主管税务部门按属地原则负责征收。

2. 征缴时间

无居民海岛使用金按照批准的使用年限实行一次性计征。

应缴纳的无居民海岛使用金额度超过1亿元的，无居民海岛使用者可以提出申请，经批准用岛的海洋主管部门商同级财政部门同意后，可以在3年时间内分次缴纳。

分次缴纳无居民海岛使用金的，首次缴纳额度不得低于总额度的50%。在首次缴纳无居民海岛使用金后，由国务院海洋主管部门或者省级海洋主管部门依法颁发无居民海岛使用临时证书；全部缴清无居民海岛使用金后，由国务院海洋主管部门或者省级海洋主管部门依法换发无居民海岛使用权证书。

3. 申报表单

根据财综〔2021〕19号文件的规定，无居民海岛使用金依据自然资源部门推送的费源信息，向竞得人开具《缴款通知书》，无须竞得人申报。

（四）优惠政策

根据《无居民海岛使用金征收使用管理办法》（财综〔2010〕44号）规定，下列用岛免缴无居民海岛使用金：

（1）国防用岛；

（2）公务用岛，指各级国家行政机关或者其他承担公共事务管理任务的单位依法履行公共事务管理职责的用岛；

（3）教学用岛，指非经营性的教学和科研项目用岛；

（4）防灾减灾用岛；

（5）非经营性公用基础设施建设用岛，包括非经营性码头、桥梁、道路建设用岛，非经营性供水、供电设施建设用岛，不包括为上述非经营性基础设施提供配套服务的经营性用岛；

（6）基础测绘和气象观测用岛；

（7）国务院财政部门、海洋主管部门认定的其他公益事业用岛。

二十二、土地闲置费

（一）缴纳义务人

土地闲置费是指土地使用者依法取得土地使用权后，未经原批准用地的人民政府同意，超过规定的期限未动工开发建设造成土地荒芜、闲置时，由土地使用者向土地行政主管部门缴纳的费用缴纳闲置费。

（二）征收范围和标准

1. 征收范围

根据《中华人民共和国土地管理法》（以下简称《土地管理法》）和《中华人民共和国城市房地产管理法》（以下简称《城市房地产管理法》）规定，土地闲置费的征收范围主要是针对已经签订了国有土地使用权出让合同，但未按照合同约定在批准延期开发满 1 年动工开发的开发利用的闲置土地。

闲置土地定义：指国有建设用地使用权人超过国有建设用地使用权有偿使用合同或者划拨决定书约定、规定的动工开发日期满 1 年未动工开发的国有建设用地；已动工开发但开发建设用地面积占应动工开发建设用地总面积不足 1/3 或者已投资额占总投资额不足 25%，中止开发建设满 1 年的国有建设用地，也可以认定为闲置土地。

2. 征收标准

土地闲置费的收费标准主要根据《土地管理法》和《城市房地产管理法》的规定，按照土地的取得方式和闲置时间来确定。

对于已经签订了国有土地使用权出让合同但未按照合同约定开发利用的闲置土地，根据《城市房地产管理法》第二十六条规定，以出让方式取得土地使用权进行房地产开发的，必须按照土地使用权出让合同约定的土地用途、动工开发期限开发土地。超过出让合同约定的动工开发日期满 1 年未动工开发的，可以征收相当于土地使用权出让金 20%以下的土地闲置费。

土地闲置费不得列入生产成本，也不能计入土地增值税扣除成本基数。具体土地闲置费标准规定由各地制定。具体的征收标准和程序可能因地区和具体政策的不同而有所差异，具体业务应咨询当地自然资源主管部门或相关机构以获取详细信息，以下以河南、北京等地标准为例：

（1）已经签订国有土地使用权出让合同的闲置土地，每月的土地闲置费标准为：

①经营性房地产用地为合同出让金总额的 1.2%；

②一般建设用地为合同出让金总额的0.8%；

③工业和基础设施用地为合同出让金总额的0.4%；

④各类用地累计征收土地闲置费总额不超过该宗用地土地使用权出让金合同总额的20%。

（2）未签订国有土地使用权出让合同或未办理划拨用地手续的闲置土地，土地闲置按各地规定的标准征收，计征时间累计不超过24个月。

（三）征收管理

1. 认定机关

闲置土地认定工作由各地市、县自然资源主管部门负责组织实施。

2. 征收机关

自2021年7月1日起，土地闲置费由自然资源部门向缴纳义务人（土地使用权人）出具《征缴土地闲置费决定书》等文书，并向税务部门推送《征缴土地闲置费决定书》等费源信息。缴纳义务人依据《征缴土地闲置费决定书》向税务部门申报缴纳，税务部门开具缴费凭证。土地闲置费申报期限按现行规定执行，未按时缴纳的，由税务部门出具催缴通知，并通过涉税渠道及时追缴。

3. 征缴时间

土地闲置费根据主管部门确认的应缴闲置费区间，按日计征，按月缴交。

4. 申报表单

根据国家税务总局公告2020年第21号的规定，土地闲置费的申报使用《非税收入通用申报表》，见表19-7。

（四）优惠政策

根据《财政部 税务总局 发展改革委 民政部 商务部 卫生健康委关于养老、托育、家政等社区家庭服务业税费优惠政策的公告》（财政部 税务总局 发展改革委 民政部 商务部 卫生健康委公告2019年第76号）规定，用于提供社区养老、托育、家政服务的房产、土地，免征不动产登记费、耕地开垦费、土地复垦费、土地闲置费。

二十三、国有土地使用权出让收入

（一）缴纳义务人

国有土地使用权出让收入是指各级政府土地管理部门将国有土地使用权出让给土地使用者，按规定向受让人收取的土地出让的全部价款（指土地出让的交易总额），或土地使用期满后土地使用者需要续期而向土地管理部门缴纳的续期土地出让价款，或将原通过行政划拨获得土地使用权有偿转让、出租、抵押、作价入股和投资按规定补交的土地出让价款。

（二）征收范围和标准

1. 征收对象

国有土地使用权出让收入的对象是国有土地使用者，包括各类法人和自然人。

2. 征收标准

国有土地使用权出让收入的征收标准是根据土地的用途、位置、年限等因素来确定，由当地政府或相关机构制定标准并发布，其出让金数额计算方法如下：

（1）有实际成交价的，且不低于所在级别基准地价平均标准的，按成交价不低于 40%的标准计算出让金。若成交价低于基准地价平均标准的，则依照标准地价平均标准的 40%计算。

（2）发生转让的划拨土地使用权补办出让时，按基准地价平均标准的 40%计算。

（3）通过以上方式计算的土地出让金数额，土地使用权受让人有异议的，由受让人委托有资质的土地估价机构进行评估，按评估价的 40%计算土地出让金。

（4）划拨土地使用权成本价格占土地价格的最高比例不得高于 60%，在以划拨土地使用权价格计算出让金时，必须将成本价格换算成市场土地价格，再按不低于 40%的标准计算土地出让金。

以上是土地使用权出让金的收费标准，具体数额根据成交价的不同而有所变化。

（三）征收管理

1. 管理机关

自2022年1月1日起，国有土地使用权出让收入划转税务部门征收。其征缴流程见图19-1、图19-2。

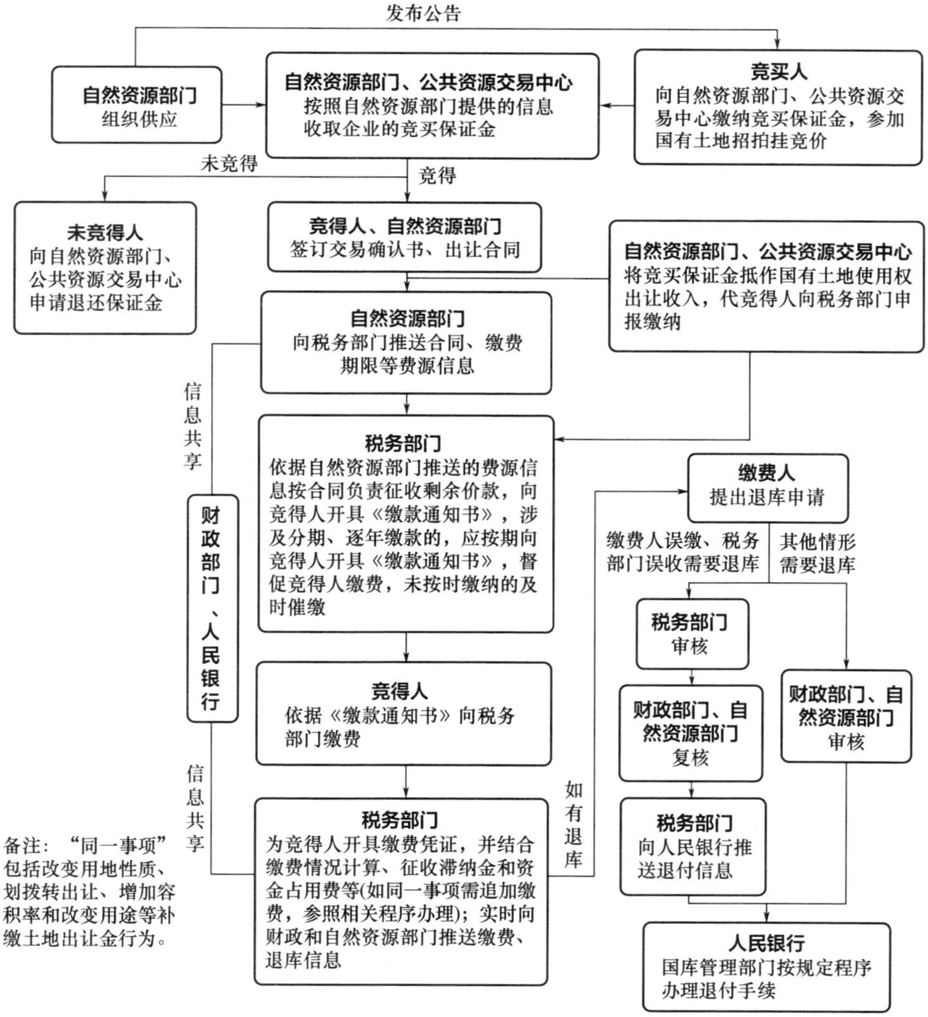

图19-1　国有土地使用权出让收入征缴流程（涉及竞买保证金的情形）

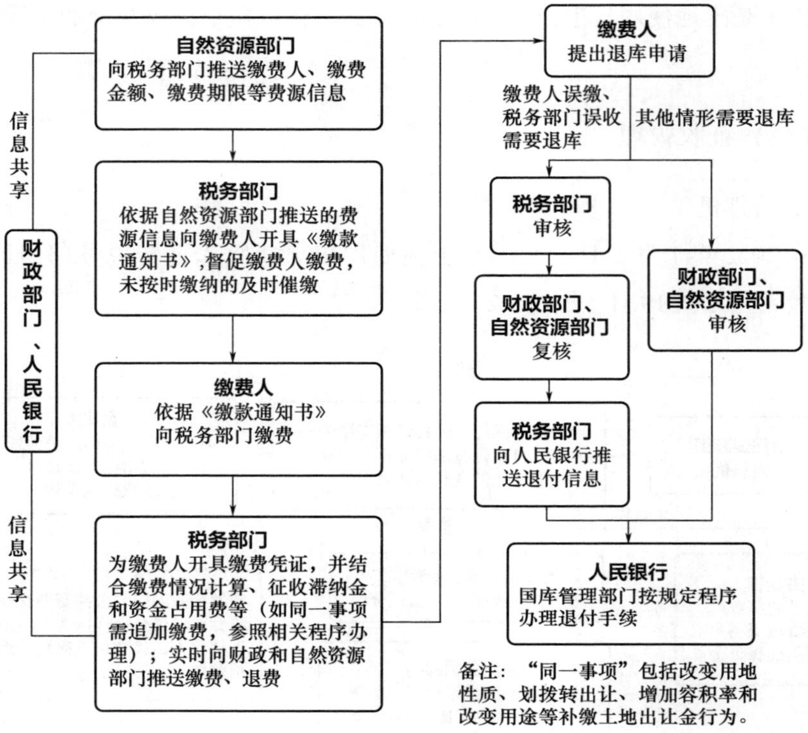

图 19-2 国有土地使用权出让收入征缴流程（按照规定标准确定出让金额，不涉及竞买保证金的情形）

2. 征缴时间

国有土地使用权根据主管部门确认的应缴费区间，按次缴交。

3. 申报表单

根据财综〔2021〕19 号文件的规定，国有土地使用权出让收入的申报使用《非税收入通用申报表》，见表 19-7。

二十四、矿产资源专项收入

（一）缴纳义务人

勘查出资人为探矿权申请人；国家出资勘查的，国家委托勘查的单位为探矿权申请人。

采矿权申请人应申请办理采矿许可证。

（二）征收范围和标准

1. 征收范围

矿产资源专项收入，是国家基于自然资源所有权对在中华人民共和国领域及管辖海域勘查、开采、使用、占用矿产资源的探矿权人或采矿权人收取的各项收入。这些收入由国家实行专款专用，主要用于矿产资源勘查、保护、管理等支出。

2. 征收标准

国家实行探矿权有偿取得的制度。探矿权使用费以勘查年度计算，逐年缴纳。

探矿权使用费标准：第一个勘查年度至第三个勘查年度，每平方公里每年缴纳 100 元；从第四个勘查年度起，每平方公里每年增加 100 元，但是最高不得超过每平方公里每年 500 元。

国家实行采矿权有偿取得的制度。采矿权使用费，按照矿区范围的面积逐年缴纳，标准为每平方公里每年 1000 元。

（三）征收管理

1. 征收机关

矿产资源专项收入由矿产资源所在地主管税务机关按属地原则负责征收。

2. 征缴时间

由地质矿产主管部门登记并颁发采矿许可证，探矿权申请人应当自收到通知之日起 30 日内，依照规定缴纳探矿权使用费，并缴纳国家出资勘查形成的探矿权价款，办理登记手续，领取勘查许可证，成为探矿权人。

3. 申报表单

根据财综〔2021〕19 号文件的规定，矿产资源专项收入的申报使用《非税收入通用申报表》，见表 19-7。

（四）优惠政策

1. 在我国西部地区、国务院确定的边远贫困地区和海域从事符合下列条件的矿产资源勘查开采活动，可以依照规定申请探矿权、采矿权使用费的减免：

（1）国家紧缺矿产资源的勘查、开发；

（2）大中型矿山企业为寻找接替资源申请的勘查、开发；

（3）运用新技术、新方法提高综合利用水平的（包括低品位、难选冶的矿产资源开发及老矿区尾矿利用）矿产资源开发；

（4）国务院地质矿产主管部门和财政部门认定的其他情况。

国家紧缺矿产资源由自然资源部确定并发布。

2. 探矿权、采矿权使用费的减免按以下幅度审批。

（1）探矿权使用费：第一个勘查年度可以免缴，第二至第三个勘查年度可以减缴50%；第四至第七个勘查年度可以减缴25%。

（2）采矿权使用费：矿山基建期和矿山投产第一年可以免缴，矿山投产第二至第三年可以减缴50%；第四至第七年可以减缴25%；矿山闭坑当年可以免缴。

申请减免探矿权、采矿权使用费的矿业投资人，应在收到矿业权领证通知后的10日内填写探矿权、采矿权使用费减免申请书。

二十五、排污权出让收入

（一）缴纳义务人

现有排污单位；新建项目排污权和改建、扩建项目新增排污权，排污单位为缴费主体。

（二）征收范围和标准

1. 征收范围

排污权，是指排污单位按照国家或者地方规定的污染物排放标准，以及污染物排放总量控制要求，经核定允许其在一定期限内排放污染物的种类和数量。

排污权出让收入，是指政府以有偿出让方式配置排污权取得的收入，包括采取定额出让方式出让排污权收取的排污权使用费和通过公开拍卖等方式出让排污权取得的收入。

现有排污单位，是指试点地区核定初始排污权以及排污权有效期满后重新核定排污权时，已建成投产或环境影响评价文件通过审批的排污单位。

试点地区地方人民政府采取定额出让或通过市场公开出让（包括拍卖、挂牌、协议等）方式出让排污权。

对现有排污单位取得排污权，采取定额出让方式。

对新建项目排污权和改建、扩建项目新增排污权，以及现有排污单位在排污许可证核定的排污权基础上新增排污权，通过市场公开出让方式。

2. 征收标准

排污权使用费的征收标准由试点地区省级价格、财政、环境保护部门根据当地环境资源稀缺程度、经济发展水平、污染治理成本等因素确定。

排污权有效期原则上为 5 年。有效期满后，排污单位需要延续排污权的，应当按照地方环境保护部门重新核定的排污权，继续缴纳排污权使用费。

现有排污单位将无偿取得的排污权进行转让、抵押的，应当按规定征收标准补缴转让、抵押排污权的使用费。

排污单位通过市场公开出让方式购买政府出让排污权的，应当一次性缴清款项，或者按照排污权交易合同的约定缴款。

（三）征收管理

1. 征收机关

由所在地主管税务机关按属地原则负责征收。

2. 征缴时间

自接到排污权使用费缴纳通知单之日起 7 日内。

3. 首次交款规定

缴纳排污权使用费金额较大、一次性缴纳确有困难的排污单位，可在排污权有效期内分次缴纳，首次缴款不得低于应缴总额的 40%。

4. 申报表单

根据国家税务总局公告 2020 年第 21 号的规定，排污权出让收入的申报使用《非税收入通用申报表》，见表19-7。

（四）优惠政策

根据《排污权出让收入管理暂行办法》规定，对现有排污单位取得排污权，考虑其承受能力，经试点地区省级人民政府批准，在试点初期可暂免缴纳排污权使用费。

二十六、城镇垃圾处理费

（一）缴纳义务人

所有产生生活垃圾的国家机关、社会团体、企事业单位、个体经营者、城市居民和城市暂住人口，均需要按照规定缴纳城镇垃圾处理费。

（二）征收范围和标准

1. 征收范围

行政区划内建成区、城区所属建制镇范围内的国家机关、事业单位、社会团体、学校、医院、部队、企业、个体经营者、居民户、暂住人口等产生的生活垃圾。

2. 征收标准

垃圾处理费一般指居民需支付一定的费用来获得生活垃圾处理服务。

（1）城（镇）居民10元/（户·月），流动人口2.5元/（人·月）。

（2）国家机关、社会团体、部队、事业单位1.5元/（人·月）或180元/吨。

（3）生产经营单位、个体经营者：

①日产垃圾量1吨（含1吨）以上的，按垃圾量180元/吨。

②日产垃圾量低于1吨的，按垃圾日产生量：

A. 日产垃圾量0.005吨（含0.005吨）以下，每月30元；

B. 日产垃圾量0.005~0.01吨（含0.01吨），每月60元；

C. 日产垃圾量0.01~0.05吨（含0.05吨），每月120元；

D. 日产垃圾量0.05~0.99吨（含0.99吨），每月180元。

③商铺0.75元/（月·平方米）；餐饮业1.5元/（月·平方米），或者双方协商计量收取。

④单位自清自运至垃圾中转站120元/吨，单位自清自运至焚烧发电厂处置费90元/吨。自清自运的车辆必须符合《城市垃圾管理办法》的相关规定。

⑤垃圾处置场（填埋）的处置费收费标准60元/吨。焚烧发电厂的处置费收费标准90元/吨。

⑥粪便属于生活垃圾，粪便清掏清运处置费180元/吨。

建筑垃圾（单位、居民改扩建装修所产生的弃土、弃料及其他废弃物）150元/吨。建筑工程类的建筑垃圾处理费收费标准按程序申报另行制定。

（三）征收管理

1. 征收机关

税务部门按照属地原则征收城镇垃圾处理费，具体征收机关由国家税务总局各省、自治区、直辖市和计划单列市税务局按照"便民、高效"原则确定。

2. 征缴时间

缴纳义务人或代征单位应当按规定的期限和程序，向税务部门申报和缴纳城镇垃圾处理费。

3. 申报表单

根据《国家税务总局 财政部 自然资源部 住房和城乡建设部 中国人民银行关于土地闲置费、城镇垃圾处理费划转有关征管事项的公告》（国家税务总局 财政部 自然资源部 住房和城乡建设部 中国人民银行公告2021年第12号）规定，城镇垃圾处理费的申报使用《非税收入通用申报表》，见表19-7。

（四）优惠政策

城镇垃圾处理费的减免政策主要由各地政府自行制定，存在一定的差异。例如，贵州省遵义市规定，对城市环卫、绿化、消防行业免收垃圾处理费，对取得民政部门核准的低保困难户实行减半征收垃圾处理费，对实行垃圾分类的小区住户和经营单位按垃圾处理费应征收数额的 10%减免。

二十七、森林植被恢复费

（一）缴纳义务人

森林植被恢复费的缴纳义务人为占用、征用或者临时占用林地的用地单位。

（二）征收范围和标准

1. 征收范围

凡勘查、开采矿藏和修建道路、水利、电力、通信等各项建设工程需要占用林地，经县级以上林业主管部门审核同意或批准的，用地单位应当按照规定缴纳森林植被恢复费。

2. 征收标准

森林植被恢复费征收标准应当按照恢复不少于被占用征收林地面积的森林植被所需要的调查规划设计、造林培育、保护管理等费用进行核定。具体征收标准如下：

（1）用材林林地、经济林林地、薪炭林林地、苗圃地，每平方米收取 6 元。

（2）未成林造林地，每平方米收取 4 元。

（3）防护林和特种用途林林地，每平方米收取 8 元；国家重点防护林和特种用途林地，每平方米收取 10 元。

（4）疏林地、灌木林地，每平方米收取 3 元。

（5）宜林地、采伐迹地、火烧迹地，每平方米收取 2 元。

城市及城市规划区的林地，可按照上述规定征收标准 2 倍征收。

（三）征收管理

1. 征收机关

自 2023 年 1 月 1 日起，将森林植被恢复费划转至税务部门征收。按照属地化征管原则，缴费人应向森林植被所在地税务机关申报缴纳。

森林植被跨区县的，由市税务局、市林业局共同研究后指定管辖，缴费人应向指定的税务机关申报缴纳。

2. 征缴时间

单位或个人在办理林业用地时，必须先交纳森林植被恢复费。

3. 申报表单

对于森林植被恢复费的申报缴纳，税务总局未明确规定使用何种申报表单，部分省、市使用《非税收入通用申报表》，见表 19-7。

（四）优惠政策

根据《财政部 国家林业局关于调整森林植被恢复费征收标准引导节约集约利用林地的通知》（财税〔2015〕122 号）规定，对农村居民按规定标准建设住宅，农村集体经济组织修建乡村道路、学校、幼儿园、敬老院、福利院、卫生院等社会公益项目以及保障性安居工程，免征森林植被恢复费。

二十八、草原植被恢复费

（一）缴纳义务人

草原植被恢复费的缴纳义务人为进行矿藏勘查开采和工程建设征用或使用草原的单位和个人。

（二）征收范围和标准

1. 征收范围

进行矿藏勘查开采和工程建设征用或使用草原的单位和个人，应向相关省、自治区、直辖市（以下简称省级）草原行政主管部门或其委托的草原监理站（所）缴纳草原植被恢复费。

因工程建设、勘查、旅游等活动需要临时占用草原且未履行恢复义务的单位和个人，应向县级以上地方草原行政主管部门或其委托的草原监理站（所）缴纳草原植被恢复费。

在草原上修建直接为草原保护和畜牧业生产服务的工程设施，以及农牧民按规定标准建设住宅使用草原的，不缴纳草原植被恢复费。

2. 征收标准

进行矿藏勘查开采和工程建设征用或使用草原的单位和个人，向省、自治区、直辖市草原行政主管部门或其委托的草原监理站（所）复缴纳草原植被恢复费的收费标准，以及因工程建设、勘查、旅游等活动需要临时占用草原且未履行恢复义务的单位和个人，向县级以上地方草原行政主管部门或其委托的草原监理站（所）缴纳草原植被恢复费的收费标准，由所在地省、自治区、直辖市价格主管部门会同财政部门核定，并报国家发展改革委、财政部备案。

（三）征收管理

1. 征收机关

自2023年1月1日起，将草原植被恢复费划转至税务部门征收。2023年1月1日以前审核（批准）的相关用地申请、应于2023年1月1日（含）以后缴纳的草原植被恢复费，收缴工作继续由原执收（监缴）单位负责，按原途径征缴入库。划转以前和以后年度形成的欠缴收入由税务部门负责征缴入库。

2. 征缴时间

单位或个人在办理草原林业用地时，必须先交纳草原植被恢复费。

3. 申报表单

对于草原植被恢复费的申报缴纳，税务总局未明确规定使用何种申报表单，部分省、市使用《非税收入通用申报表》，见表19-7。

（四）优惠政策

草原植被恢复费的减免政策主要由各地政府自行制定，但在实际执行中多地制定了以下减征或免征优惠政策，本文列出部分情形作为参考，具体规定应以各地政府规定为准：

1. 在草原上修建直接为草原保护和畜牧业生产服务的工程设施，以及农牧民按规定标准建设住宅使用草原的，不缴纳草原植被恢复费。

2. 对于特定情形，如因自然灾害等不可抗力因素需要占用草原的，可以减免草原植被恢复费。此外，对于国务院批准占用草原的，也可以按照规定减免草原植被恢复费。

第三节 疑难解答

1. 广告业一般纳税人取得其他广告公司开具的“广告活动服务费”增值税专用发票，是否可以在计算缴纳文化事业建设费时扣除？

答：文化事业建设费计费销售额的减除费用仅限支付给其他广告公司或广告发布者的含税广告发布费，应取得税收分类编码为广告服务的增值税发票，否则不得减除计费销售额。

2. 用人单位未按规定缴纳残疾人就业保障金的由哪个部门进行检查？

答：根据财税〔2015〕72 号文件和财税〔2017〕18 号文件规定，用人单位未按规定缴纳残保金的，按《残疾人就业条例》的规定处理，由残疾人就业保障金征收机关提交同级财政部门，由财政部门予以警告，责令其限期缴纳；逾期仍不缴纳的，除补缴欠缴数额外，还应当自欠缴之日起按日加收 5‰的滞纳金。

3. 用人单位跨地区招用残疾人的是否计入所安排残疾人就业人数？

答：用人单位跨地区招用残疾人的，应当计入所安排的残疾人就业人数。

4. 未按规定及时足额缴纳国家重大水利工程建设基金的电网企业是否要缴纳滞纳金？

答：由电网企业代征的国家重大水利工程建设基金应及时足额上缴国家重大水利工程建设基金，不得拖延缴纳，如逾期不缴纳的，税务机关和省级财政部门应责令其限期缴纳，并从滞纳之日起按日加收滞纳部分 2‰的滞纳金。滞纳金纳入本金一并核算。

5. 对国家重大水利工程建设基金是否免征城市维护建设税和教育费附加？

答：根据财税〔2010〕44 号文件规定，经国务院批准，为支持国家重大水利工程建设，对国家重大水利工程建设基金免征城市维护建设税和教育费附加。

6. 未按规定及时足额缴纳大中型水库移民后期扶持基金的电网企业，是否要缴纳滞纳金？

答：电网企业应按照规定及时足额上缴代征的后期扶持基金，不得延期缴纳。如发生延期缴纳，主管税务机关应责令其尽快足额缴纳基金，并从逾期之日起按每日2‰的标准加收滞纳金。

7. 未按规定及时足额缴纳核电站乏燃料处理处置基金的核电企业，是否要缴纳滞纳金？

答：核电厂应按照规定及时足额上缴核电站乏燃料处理处置基金，不得拖欠。凡无正当理由拖欠缴纳的，主管税务机关应责令其尽快补缴，并从逾期之日起按日加收滞纳金额1‰的滞纳金。滞纳金纳入核电站乏燃料处理处置基金收入管理。

8. 电网企业代征的各项政府性基金，是否可以加收手续费？

答：电网企业代征的国家重大水利工程建设基金、可再生能源发展基金、大中型水库移民后期扶持基金，由中央财政按电网企业代征额的2‰付给其代征手续费。代征手续费在该项基金的预算支出中安排，由中央财政分别支付给国家电网公司、中国南方电网有限责任公司和内蒙古自治区电力有限责任公司，具体支付方式按照财政部有关规定执行。代征电网企业不得从代征收入中直接提留代征手续费。

征收农网还贷资金的电网经营企业，可按年征收额的2‰提取手续费，并计入企业的应付工资科目。

9. 对未按规定缴纳石油特别收益金的企业，税务机关应采取哪些措施？

答：石油开采企业在规定的期限内未足额缴纳石油特别收益金的，由税务部门责令限期缴纳，并从滞纳之日起按日加收0.5‰的滞纳金。

石油开采企业未按照规定缴纳石油特别收益金的，并按照《财政违法行为处罚处分条例》的规定予以处罚。